Un préfet dans la Résistance

Arnaud Benedetti

Un préfet dans la Résistance

CNRS ÉDITIONS
15, rue Malebranche – 75005 Paris

Toutes les archives, à l'exception des sources familiales, ont été recueillies et dépouillées avec soin par Aude Chamouard. Ce travail fastidieux mais indispensable constituait le préalable nécessaire à l'écriture de ce livre. Durant ces deux années, j'ai ainsi pu bénéficier d'une aide essentielle dans la récolte des pièces d'un dossier éparpillé aux quatre coins de France. Les longues conversations que par ailleurs j'ai pu avoir avec Aude tout le long de ce projet ont contribué avec force à construire ma lecture de nombre des événements jalonnant cet ouvrage. Qu'elle soit sûre ici de toute ma gratitude. En historienne professionnelle, sa contribution me fut d'un soutien non seulement matériel mais moral quand parfois j'en arrivais à douter…

ISBN : 978-2-271-07073-9

Introduction

Jean Benedetti était sans doute trop modeste pour avoir songé un jour à son destin posthume. Il ne témoigna jamais, ne laissa aucun écrit et resta discret, y compris avec les siens, sur ses faits de guerre. On ne trouve que peu de choses sur sa carrière, même dans les études les plus monographiques sur le corps préfectoral.

Pourquoi cette absence ? Pourquoi un tel oubli ? Claude Bourdet, le fondateur des NAP (Noyautage des Administrations publiques), remarque dans le récit circonstancié de ses années de résistance que nombre d'acteurs de cette période ont choisi juste après la guerre ce long silence : « Mais il y a aussi autre chose, que je sens bien en ce qui me concerne : une sorte d'angoisse [...] devant la résurrection mentale de cette période[1] ». On imagine que Jean, rentré de déportation, a peut-être voulu oublier, très vite oublier. Qu'a-t-il vu à Flossenbourg qui blessa à jamais son regard, son goût pour la légèreté de la vie héritée de ses années d'insouciance algérienne et de l'entre-deux-guerres ? À moins que d'autres cicatrices plus secrètes, celles-là, indissociables de son éloignement forcé d'Odette, aient recouvert de silence ces années où l'énigme le dispute à l'audace... Il existe parfois des épopées qui pèsent peu au regard de douleurs intimes et l'on ne retient, alors, des époques héroïques que la musique un peu triste de peines plus discrètes. Laissons au silence ses mystères...

Mais c'est évidemment l'objet de ce livre que d'ouvrir une brèche dans l'oubli. Certes, le retour des grandes interrogations suscitées par quelques-uns des procès des années 1980 et 1990 (Barbie, Touvier et surtout Papon) ont fait émerger des bribes de souvenirs, notamment un article de la revue *Historia*[2] consacré au comportement du corps préfectoral sous l'Occupation au moment du premier procès Papon.

1. Claude Bourdet, *L'Aventure incertaine*, Stock, 1975.
2. Rémi Kauffer, « Préfets sous l'Occupation : se soumettre, se démettre... ou résister », *Historia*, octobre 1997.

Jean y est cité comme l'un des « oiseaux rares » retenus par Michel Debré pour faire partie des préfets de la Libération, du fait de son appartenance avérée aux NAP. Ils sont finalement très peu, ces préfets à avoir basculé délibérément du côté de la France résistante, encore moins à avoir subi les affres de la déportation et sans doute encore plus infimes ceux dont la prise de risques permit de sauver plusieurs centaines de vies... Jean Benedetti est de ceux-là ; pour autant, il ne s'agit pas ici de lui bâtir un mausolée que son ironie naturelle eût regardé avec réserve, mais de comprendre plutôt le mystère de cette existence, le basculement qui préside à la réalisation de cette destinée, le sens d'une vie qui, ne se prenant pas au sérieux, se révèle dans toute l'épaisseur de sa gravité.

Après tout, les événements traversés auraient pu écraser un homme qui jamais n'imagina un seul moment que l'existence l'avait prédestiné à cette confrontation avec l'heure des choix terribles. On peut croire que ce destin inattendu le transforma mais cette transformation, tout intérieure, ne changea en rien le style de l'homme. Toujours cette même décontraction, toujours cette distance, toujours l'humour et la légèreté qui accordent si peu de crédit aux tragédies, fussent-elles de celles qui marquent un siècle au fer rouge de la guerre. Jean sortit de celle-ci en apparence indemne : indemne au regard de l'honneur, indemne au regard de la vie, indemne au regard de sa conscience. Apparence bien sûr trompeuse, factice mais qui ne concédait rien à l'emphase, au tragique, à la grandiloquence. Il existe des formes d'humour distancié, de décontraction innée, de relâchement souverain, de bonhomie aussi qui constituent l'autre face du secret, du goût pour celui-ci, de la pudeur qui conserve en son sein ce que quelque part Huysmans appelle « les litiges de l'âme ».

Parce qu'il n'était pas une personnalité à s'épancher sur les maux de l'existence, sur la traversée des souffrances, Jean Benedetti a très peu parlé, très peu raconté et s'est ainsi très peu souvenu. Il faut chercher sans doute dans cette retenue, cette discrétion, la faiblesse des traces et l'oubli dans lequel il s'est injustement estompé.

Un autre facteur, celui-ci lié aux représentations du rôle du corps préfectoral durant la guerre, est à prendre en compte. Histoire sans nuance que celle de ces hauts fonctionnaires, ayant prêté serment au maréchal et dont la « Révolution nationale » voulait qu'ils fussent l'armature du nouveau régime. Après le politique, le préfet est l'agent le plus exposé du régime ; il doit gérer le quotidien, assumer des mesures impopulaires, se confronter à l'occupant, osciller en permanence entre Vichy et la résistance dont il ne peut ignorer le développement sur le terrain. Tâche impossible, nécessairement dramatique, l'exercice préfectoral n'engage pas seulement le fonctionnaire mais l'homme dans sa totalité : au pire on joue sa peau, au mieux sa dignité.

L'incubateur de la Troisième République a fourni les cadres préfectoraux ; majoritairement le radical-socialisme s'impose comme le moule idéologique du personnel préfectoral. À ce jeu trois hommes, trois destins : Bousquet, technocrate brillant, froid, applique sans ciller la loi de l'occupant et du régime – c'est la face sombre du corps. Moulin, pur produit aussi de la Troisième République, non pas révoqué mais placé hors cadre, martyr de la France combattante – c'est la face héroïque de la corporation. Entre l'obscur et le lumineux, Benedetti incarne un patriotisme pragmatique, courageux, chanceux sans doute aussi, moins flamboyant et moins charismatique que celui de l'unificateur de la résistance, jamais compromis avec les tares du régime comme le secrétaire général de la police de Vichy – c'est la face qui sauve l'honneur d'un corps avec ses trente-six préfets ainsi que sous-préfets qui payeront de leur vie leur engagement et ses trente-cinq déportés. Cette histoire d'une préfectorale résistante, certes minoritaire mais néanmoins réelle, reste à faire, tant les figures de Bousquet, voire de Papon d'un côté, de Moulin de l'autre, ont simplifié à l'excès le spectre des appréciations et des représentations sur la préfectorale dans son ensemble. Cette mémoire partielle, partiale, explique aussi pour une part l'oubli dans lequel a pu tomber un acteur comme Jean Benedetti et d'autres encore.

***

Comment concilier l'ordre du récit, avec ce que ce mouvement a de personnel, de subjectif et d'inévitablement affectif, avec l'ordre du travail historique qui vise non seulement à relater mais aussi à comprendre et à expliquer ? Ce livre, et c'est sans doute sa faiblesse essentielle, faiblesse revendiquée et assumée, n'est pas un travail d'historien, même s'il s'efforce de recourir à l'investigation ainsi qu'à l'analyse historique ; il n'est pas pour autant un récit littéraire, personnel, même s'il ne dissimule nullement la part qu'il doit non seulement à une forme certaine d'introspection mais à un questionnement plus moral, plus politique en résonance avec notre époque : cette recherche de figures disparues interroge notre présent. Qu'est-ce que le destin des hommes d'hier nous apprend sur nos faiblesses d'aujourd'hui ? Et qu'est-ce que nos faiblesses d'aujourd'hui nous apprennent sur la dureté, la violence de ce passé qu'une fascination romanesque magnifie sans doute mais ne restitue pas dans son épaisseur historique avec ses alluvions de souffrances, de haines, de douleurs ?

Les deux plans – le plan de l'histoire et le plan de la quête personnelle – se confondent pour retracer la vie d'un homme au travers des prismes du matériau historique, de la mémoire familiale et de la recherche identitaire. Je sais qu'en explorant les arcanes entrecroisés de cette existence c'est aussi une part de moi-même que je m'en vais chercher au loin.

Le reflet renvoyé par le grand ancêtre a les éclats du miroir brisé ou « ce quelque chose de compliqué dans un tapis d'orient » dont parle Henry James dans l'un de ses romans. Que retenir de l'oncle, du préfet, de Jean enfant en Algérie, de Jean étudiant à Paris, de Jean l'enfant d'une famille corse, de Jean entrant dans la carrière et débarquant un beau matin à Port-Vendres pour rejoindre son premier poste, de Jean le frère de René, l'époux d'Odette, de Jean déporté en Allemagne et relançant son parcours de préfet dans une France échappée du pire ? Les intuitions, les souvenirs polis par une transmission incertaine, les documents, souvent trop rares, les témoignages sédimentés et que cette sédimentation rend parfois confuse tissent un récit hypothétique où, derrière quelques certitudes, se dressent aussi des questions qui s'inscrivent comme autant de mystères dans une existence qui ne rendra sans doute jamais toute sa vérité – et ce sont ces interrogations en suspens qui donnent sa dynamique romanesque à ce destin.

Aux couleurs méditerranéennes des débuts et au soufre des années noires succèdent les parfums capiteux et les effluves virevoltants de l'après-guerre et d'une trajectoire où tout semble réussir à Jean et à Odette. La ronde du succès dans cette époque de reconstruction, période bénie de la préfectorale, qui de Dijon à Beauvais, de Beauvais à Rennes, de Rennes à Lille et enfin de Lille à Paris leur fait gravir toutes les marches d'une ascension presque sans anicroche, les emporte dans une société qui aujourd'hui, soixante ans après, distille la petite musique d'un monde révolu où s'entrecroisent les ombres légères de silhouettes oubliées. La seule évocation de quelques-uns de ces noms, leur euphonie, rappelle les patronymes des personnages incertains de Patrick Modiano. Les Clauzel, les Darmon, les Rosenthal, Germaine Leconte, Duray, etc. Le fil rompu, parce qu'avec le temps l'oubli repousse ce passé vers des continents disparus, renforce cette sensation étrange où ces êtres ont perdu jusqu'au poids de leur réalité. Parce que la vie a séparé, les années ont fui, la mort est venue, on en vient à s'interroger sur la consistance de femmes et d'hommes dont le souvenir ténu n'a pas plus de densité qu'une mince pellicule de poussière suspendue dans une raie de lumière. Ces gens-là flottent. Ont-ils seulement existé ? Ne sont-ils pas devenus au fil du temps des figures autres, un condensé reconstruit de réminiscences diffuses, morcelées, où les uns se confondent avec les autres ?

***

Bonheur des archives : qui dira ces instants de fébrilité et d'émotion aussi quand dénouant de vieilles liasses – rapports, lettres, notes administratives – on se sent comme investi de la grâce presque frénétique dont on imagine qu'elle accompagna les premiers pas des explorateurs sur des terres inconnues. C'est un sentiment proche sans doute qui étreint le chercheur quand il parcourt ces vieux dossiers caressés par la seule poussière des années… À Fontainebleau, les Archives nationales nous réserveraient quelques-uns de ces moments de franche exaltation quand au détour de documents mineurs surgirent certaines de ces pièces dont la quête fastidieuse vient soudainement récompenser une patience parfois ingrate. Il faut alors faire vite car l'heure de fermeture approche et que toute reproduction du dossier de carrière est interdite.

La guerre est une énigme. Toute l'interrogation que suscite la trajectoire de Jean Benedetti durant cette période consiste à comprendre comment il parvint à concilier ainsi la tenue de son poste avec une activité résistante. C'est bien le secret que nous essayons de percer.

Nous cherchons ces traces qui permettront d'abord d'attester cette résistance. Car malgré les témoignages, la carrière, les décorations, il faut poser le doute comme pierre angulaire de la démarche. Teitgen, l'un des chefs du mouvement « Combat », raconte dans ses mémoires que le préfet de l'Hérault l'a sauvé d'une arrestation imminente. René Mayer, autre figure marquante de l'après-guerre, semble avoir pu gagner l'Afrique du Nord grâce au concours de Jean. D'autres témoignages, indirects, viennent confirmer le parti pris d'un préfet acquis à la « dissidence », et ce vraisemblablement depuis 1940, si l'on en croit certaines sources qui mentionnent aussi son rôle actif et déterminant dans le sauvetage de nombreux enfants juifs à Montpellier avec la complicité exemplaire de ses adjoints, le secrétaire général de la préfecture, Camille Ernst et Jean Fridrici, l'un de ses chefs de bureau. Dès 1947, le Centre de documentation juive contemporaine, dans un ouvrage consacré à « l'activité des organisations juives en France pendant l'Occupation », fait état des liens qui unissent les trois hommes avec l'Office de Secours des Enfants (OSE[1]).

Mais les archives peuvent-elles délivrer le sésame qui nous fournirait l'intelligibilité de cette trajectoire de haut fonctionnaire sous l'Occupation, l'éclairage qui nous manque pour enfin comprendre comment on peut tenir son poste sans se compromettre, désobéir et parallèlement donner le change au régime ? Car sur le fond rien ne prédestine un préfet de Vichy à basculer dans la résistance. C'est tout le sens de ce travail sur ce moment singulier : renverser la charge d'une preuve évidente, collectivement portée par tout un corps durant l'Occupation et ensuite, selon laquelle le service de l'État français obstruerait tout engagement résistant. Et pourtant, au sortir de la guerre, ils sont quelques-uns (dont Jean Benedetti) à échapper à l'indignité. Au cœur du dispositif vichyste, détenteur de pouvoirs exceptionnels par le caractère-même d'une situation historique sans précédent, comment retournent-ils les leviers qu'ils ont en main au service de la France combattante ? Comment subvertissent-ils les ordres les plus contraires à la tradition républicaine, tout en fournissant les gages indispensables qui, au sein même d'un système politique tous les jours un peu plus engagé dans la voie de la collaboration, assurent la confiance que leur accordent non seulement leur tutelle mais aussi l'occupant ?

On comprend tout ce que cet engagement infirme de la défense que d'autres mirent en avant après la guerre pour justifier leurs actes, une défense selon laquelle il n'existait pas d'interstices, de marges

1. *L'Activité des organisations juives en France pendant l'Occupation 1940-1944*, Centre de documentation juive contemporaine, 1947.

pour se déprendre de la mécanique de la collaboration. Ces interstices ont existé, même si leur dynamique exigeait des qualités propres, un contexte propice – ce que Jean trouva à coup sûr, notamment à Montpellier – et une certaine chance, ingrédient indispensable qui confère à l'opportunité les conditions de sa mise en œuvre. Ces qualités, ce ne sont pas seulement le courage ou les convictions, certes nécessaires pour « opérer » ce positionnement mais insuffisantes pour lui garantir la durée. Seule une maîtrise éprouvée des jeux politiques, un immense art de la dissimulation et un contrôle permanent de soi sont susceptibles de conforter un comportement porté par la prise de risques.

Pour autant tout ceci ne serait que de peu d'efficacité si ne s'ajoutait un environnement tissé de complicités, d'amitiés et de solidarités professionnelles, tant il est vrai qu'il n'existe peu ou prou de résistances construites qui puissent s'exprimer de manière solitaire.

Les signes se manifestent en creux – presque par défaut. De cette résistance doublement intérieure – intérieure au pays mais aussi à l'intérieur du régime – il est possible de reconstituer l'écheveau à travers un éparpillement d'indices. En effet l'exercice de fonctions officielles exclut, plus encore que pour n'importe quel acteur, la plus insigne des publicités. Parce que l'aide apportée à la cause de Londres exige une prudence redoublée, les archives parlent peu, ce qui ne signifie pas qu'elles soient muettes. Ainsi ce 29 juillet à Fontainebleau où, assis à notre table dans une salle presque vide, silencieuse, nous examinions avec Aude Chamouard le dossier de carrière de Jean.

Plus de deux mois que nous attendions cette consultation. Après Lille, Montpellier, Avignon, Dijon – étapes presque mémorielles de notre itinéraire – où nous avions accumulé de nombreux matériaux sur le quotidien d'un préfet sous l'Occupation et sur l'état de l'opinion, nous fondions beaucoup d'espoirs sur ces documents qui retraçaient la géographie d'une trajectoire professionnelle. L'examen de ces archives confère une vision quasi panoramique de la carrière : si l'on exclut les pièces relatives aux calculs des pensions, on y retrouve les morceaux d'un puzzle qui dessine à grands traits les strates d'un itinéraire de haut fonctionnaire avec ses réseaux, l'appréciation de la hiérarchie, les faits marquants, etc.

Reste cependant la question centrale de la guerre où l'épaisseur de l'histoire ne livre pas facilement ses vérités. Mais viendrait le moment où soudain nous approcherions ces traces tant recherchées : une sous-chemise, très mince au demeurant, dont le contenu s'avérerait si ce n'est définitif, tout au moins éclairant. C'était déjà une joie, la joie de mettre la main sur ces clefs qui ouvriraient les portes sur des épisodes méconnus : tout d'abord une lettre de trois pages, très circonstanciée, d'Oberg, chef de la SS en France, relatant l'arrestation d'une petite dizaine de préfets, dont Jean Benedetti ; ensuite un autre courrier, celui-là inattendu, du numéro deux du Rassemblement national populaire de Marcel Déat, dénonçant au secrétaire d'État à l'Intérieur de Vichy les agissements du préfet du Vaucluse.

L'intérêt de cette dernière pièce est multiple : elle dit tout d'abord par l'entreprise dénonciatrice qui la traverse que le préfet, dans ce moment précis de la guerre, ne dissimule plus ses sympathies gaullistes et républicaines – cette liberté de ton est significative de l'évolution de l'opinion la plus éclairée quant à l'issue du conflit. Elle révèle ensuite la radicalisation du régime où les collaborationnistes prennent désormais le dessus sur toutes les autres tendances de l'État français. Elle atteste enfin en creux la visibilité de l'engagement de Jean, dénoncé ici non pas par un second couteau de la collaboration mais par un cadre de tout premier rang de l'une des formations les plus influentes du collaborationnisme. Car c'est bien la personnalité du dénonciateur et son parcours ultérieur qui donnent son importance à ce document. Nous y reviendrons, mais la mise à jour de cet élément confirme encore une fois le recyclage de certains cadres avérés de la collaboration sous la Quatrième et la Cinquième République. Le cas de Georges Albertini, homme de l'ombre influent de la droite française, a valeur d'emblème. Les destins croisés du futur préfet de la Seine du général de Gaulle et du militant perdu de la collaboration, futur conseiller occulte du patronat et de la droite post-gaulliste, du dénoncé et du dénonciateur, du résistant et du collaborateur, illustrent, par-delà une évidente dimension romanesque, cette persistance du passé, avec toutes ses ambiguïtés et tous ses paradoxes, dans les régimes de l'après-guerre, véritables bouillons de culture politique. Mais pouvait-il en être autrement ?

***

Ernst, Benedetti, Fridrici : ces hommes n'étaient pas destinés à devenir des héros et sans doute, leurs actes accomplis, n'eurent-ils jamais le sentiment du caractère exceptionnel de leur comportement. Ils furent des héros parce qu'ils agirent en toute simplicité, refusant le rôle froid que tout bureaucrate, oubliant sa condition d'homme, est susceptible d'accepter par cynisme, par routine, par carriérisme, par inaptitude à se déprendre de son costume de haut fonctionnaire, et aussi par servilité. Ce sont donc là des héros très humains parce que leur conscience d'homme est au-dessus de l'idéologie des professionnels qui comme Bousquet et d'autres encore, ne surent pas, eux, rétablir dans l'exercice de leur tâche la distance qui redonne tout son sens, justement, à ce qu'être humain veut dire. Dans un monde où tout s'effondrait, où la machine implacable de la guerre disséminait partout sa folie, ces trois hommes furent suffisamment lucides pour rejeter avec toute l'habileté que requéraient leurs fonctions l'application sans scrupule de consignes administratives qui conduisaient inéluctablement à l'assassinat collectif des milliers d'individus. Cet héroïsme discret, empirique, n'avait à leurs yeux sans doute rien d'extraordinaire mais sa valeur, qui n'était pas un cri ostentatoire d'indignation, reposait sur la rareté d'un geste qui sapait, à sa place, l'horrible travail de mort perpétré, porté, facilité par des multitudes qui, un tel dans un bureau apposant sa signature sur une liste, tel autre conduisant un train, tel autre encore fermant les yeux sur l'irréparable, participèrent ainsi à la terrible entreprise planifiée par les techniciens du crime. Ne pas se faire complice de cette impitoyable mécanique, c'était déjà adopter une conduite héroïque tant le mal, dans sa grise banalité, emportait presque tous les autres. Cette expression du bien relevait d'une marginalité mais dans toute aventure, n'est-ce pas souvent, voire toujours, la marginalité qui sauve l'humanité ?

La lâcheté, l'avilissement des uns, l'attentisme du plus grand nombre, relèvent ainsi l'humanité tranquille et bienveillante des autres. Pourtant, il est des moments où se comporter en homme, quand autour plus rien ne résiste à l'inhumanité au point de se confondre avec celle-ci, constitue un acte hors norme. Rester humain, privilégier sa conscience au détriment du respect de l'ordre outrageusement dominant, prendre le parti de l'autre contre les automatismes et les calculs de la carrière, ce sont là des conduites qui en deviennent subversives, transgressives dans un contexte où d'autres, conseillers d'État ou préfets, dissertent au nom d'un juridisme aberrant du statut des Juifs et exécutent méthodiquement les ordres de rafles. Dans un univers où l'administration administre le pire, rétablir la conscience, l'humanité du jugement dans l'exercice de sa fonction, n'est-ce pas déjà entrer en rébellion ?

***

Et puis il y a tout le reste. En recherchant les traces de Jean, il était inévitable que du passé ressurgissent d'autres existences dont notre homme provoquait la rencontre inespérée. Magie d'une vie qui après la mort continue à déployer ses effets comme s'il fallait que la poussière suspendue du temps, encore elle, ressuscite quelque chose qui, tapie dans l'ombre du passé, prenne enfin forme. « Vivre, c'est s'obstiner à achever un souvenir ». Mettant mes pas dans ceux de Jean Benedetti, je pensais à ce vers de René Char qui plus que jamais prenait alors une résonance cristalline. Destinée malicieuse d'un homme, qui là où il était désormais, continuait à induire le frottement inattendu d'autres existences : Raymond Aubrac, Anne Castillo, Paul Niederman, Katy Hazan, Jean Fridrici, Paul Camous... Mouvement singulier où le moins étrange ne résidait pas dans le croisement de ces figures héritières d'un passé évanoui mais dans la formation d'une sorte de petite société qui chemin faisant s'agrégeait autour d'un effort de mémoire, comme portée par la quête du détective cherchant à comprendre et à démêler l'écheveau d'une mystérieuse sédimentation. Je comprenais que se tissait, la recherche aidant, une toile complexe aux ramifications nombreuses.

Raymond Aubrac, tout d'abord. Figure avec le temps devenue légendaire. Arrêté à Caluire avec Moulin, évadé grâce à Lucie, son épouse, commissaire de la République en août 1944 à Marseille à tout juste 30 ans. L'Histoire au plus près en quelque sorte, un des derniers grands témoins et acteurs d'une époque qui n'en finit pas de nous hanter.

Charles-Louis Foulon, auteur du seul ouvrage de référence sur les commissaires de la République[1], a bien voulu ménager l'entretien. C'est un 5 décembre, par une nuit pluvieuse, quelques mois

1. Charles-Louis Foulon, *Le Pouvoir en province à la Libération*, Fondation Nationale des Sciences Politiques, Armand Colin, 1975.

seulement avant sa disparition, que je le retrouve à son domicile parisien, rue de la Glacière, à quelques encablures du Val-de-Grâce. Appuyé sur sa canne, courbé, l'œil vif, un vieux monsieur m'ouvre. Il classe des papiers avec sa fille. Nous discuterons pendant plus de deux heures, installés dans son salon aux murs ornés de plusieurs masques africains. Il évoque la figure de Jean Mairey, commissaire de la République en Bourgogne, avec lequel Benedetti nommé préfet de Dijon à son retour de déportation, entretint des relations conflictuelles. Mairey a précédé Aubrac de quelques années en Côte-d'Or sur les bancs du lycée Carnot. « Mairey, me dit-il, était un professeur un peu raide et il n'est pas étonnant que votre oncle ait rencontré quelques difficultés à son contact… »

Puis lentement, il revient sur sa propre expérience de jeune commissaire qui au mois d'avril 1944 débarque d'Alger en Provence. Lorsque vient le moment de nous séparer, il me lance : « Je serai très heureux de lire l'histoire du préfet Benedetti mais hatez-vous car à mon âge… » L'intonation de sa voix résonne encore en moi avec cette pointe de remords de n'avoir pu faire plus vite…

Avec Anne Castillo que je rencontrais la première fois sur les hauteurs de Montpellier, un jour d'été où la chaleur montait du sol à faire fondre l'asphalte, j'entrais dans un monde où l'on communiait dans le souvenir de ces enfants cachés, protégés, traqués… Celles et ceux d'Izieu par exemple dont on allait découvrir qu'ils avaient connu dans l'Hérault, sous l'aile protectrice de Sabine Zlatin et de Miron son époux, une pause bienheureuse avant que la machine barbare ne les broie dans l'épaisseur de la guerre. Et d'autres encore comme Paul Niederman, rescapé parmi les rescapés, adolescent juif déplacé en octobre 1940 du pays de Bade avec 6 000 de ses coreligionnaires. Errant de Gurs à Rivesaltes et échappé de la désolation des camps de rétention grâce à l'intervention miraculeuse des Zlatin ! Avec Katy Hazan, dans la pénombre de son petit bureau de l'OSE, 170 rue du Faubourg-du-Temple, je retrouvais les enfants, leurs pérégrinations, les efforts immenses de sauvetage que quelques-uns, Juifs et non Juifs, entreprirent parfois avec succès et parfois… en vain. Et ce mur, toujours dans cet immeuble de l'OSE rendant hommage, au cœur du Paris populaire, à celles et à ceux qui partout où ils le purent participèrent à l'édification de cette arche d'humanité dans les ténèbres et la tempête. Les noms de Benedetti, de Fridrici et de Ernst y figuraient comme le témoignage discret, presque élégant, de ce que des hommes peuvent faire quand la machine à broyer s'emballe.

De fil en aiguille, j'entreprenais comme une marche à rebours où s'échappaient de l'obscure densité des années les figures miraculeuses d'une aventure jamais ou si peu racontée. Des voix soudainement se détachaient de la nuit... Ainsi Jean Fridrici dont le père, Mosellan discret et persévérant, prendra tous les risques à sa place pour prévenir, aider, sauver celles et ceux qui, pourchassés, échappèrent au pire grâce à cette bienveillance courageuse. Nous retrouvâmes son fils, un après-midi pluvieux d'automne au fin fond de la Seine-et-Marne : Jean Fridrici était là, heureux, ému d'être rejoint dans ce combat pour la mémoire qu'il menait, solitaire ou presque, depuis des années. Au feu du souvenir nous nous réchauffions du silence un peu glacial qui avait recouvert les actions de ces fonctionnaires qui dans une époque de stupeurs avaient réussi à conserver leur humanité. Mais les racines du passé prenaient d'autres détours et jetant nos sondes nous ramenions parfois par miracle quelques témoignages égarés.

C'est rue Claude-Bernard, dans sa salle à manger encombrée de livres, que je fis la connaissance de Paul Camous : préfet, intellectuel, le vieil homme se souvenait, lui aussi, de Jean. Autre époque, celle des années 1950 et 1960, où le jeune Camous croise Jean Benedetti à la fois au sein de l'Association du corps préfectoral et quelques années plus tard encore, alors que les Charbonnages de France sont en pleine restructuration. Conversations passionnées où la jeunesse, la seule qui ait un sens et une vitalité, celle de l'esprit, vivifiait mes interrogations sur la carrière de mon oncle. De la lettre du général Oberg relatant l'arrestation de Jean et d'une dizaine de ses collègues en mai 1944, Paul Camous, découvrant celle-ci, s'efforçait d'en rechercher le point de lumière qui soudain nous éclairerait dans notre obscurité. La mention des NAP et des super NAP dans la correspondance illumina son visage attentif et lui arracha avec l'enthousiasme d'un jeune homme une réflexion qui ne manquerait pas de me suivre tout au long de ma tentative d'élucidation de ces années d'Occupation.

En effet, cette référence aux NAP et aux super NAP, si triviale en apparence, pouvait expliquer pour une part l'incompréhension qui, aujourd'hui, accompagnait le rôle de certains fonctionnaires durant toute cette période. Toute systématisation, tout effort visible d'organisation au service de la résistance constituaient un risque objectif car objectivable pour les nazis et le démantèlement d'une grande partie de ces réseaux en apportait quelque part la preuve supplémentaire. Il fallait certainement, comme me le suggérait alors mon interlocuteur, rechercher dans le gisement des initiatives individuelles, désorganisées, émancipées, des traces diffuses de luttes contre l'occupant qui à leur place, et portées par des fonctionnaires moins obéissants que l'historiographie récente tendait parfois à l'accréditer, permirent aussi de préserver les populations, y compris une part importante des populations pourchassées. Nos échanges pouvaient prendre des tours imprévus pour se frotter à une métaphysique inattendue : « Cette conversation que nous avons ce matin, combien a-t-il fallu de millions de combinaisons de hasards pour qu'elle advienne ? »

Avec Paul Camous, c'était bien ce temps disparu dont je voulais retrouver le rythme dense auquel j'accédais : grande culture, expérience de la décision, parole soignée, sens de l'épaisseur de l'histoire et cette malice, permanente, qui affleurait dans le regard, sans oublier cet art subtil de la connaissance des hommes. Le portrait brossé à grands traits de Jean en était une illustration : modération en toutes choses, sûreté du jugement, une intelligence innée de la situation… et une capacité ostensible à ne rien dire s'il le fallait.

1

Les racines de Jean sont corses. Par la mère et par le père. Du côté maternel, les Salini, originaires de Tolla en Corse du Sud – berceau familial également de la mère du futur maréchal Juin, elle aussi Salini – on appartient à la petite paysannerie en voie de fonctionnarisation. Le grand-père, déjà instituteur, verra trois de ses quatre enfants suivre sa trace, dont la mère de Jean, Marie-Catherine, laquelle exercera peu, et François, l'oncle, qui *de facto* élèvera Jean et son frère, René. Entre l'oncle et les neveux, les liens seront forts, denses, filiaux. C'est l'oncle qui les élève, qui les façonne et qui leur inculquera patriotisme et républicanisme. Car pour les Salini, à l'instar d'une grande majorité de leurs compatriotes insulaires, la France républicaine avec ses colonies, ses administrations, ses opportunités diverses constituent un formidable levier d'ascension sociale.

Du côté paternel, on plonge dans l'aventure avec ses aléas, ses incertitudes, ses zones d'ombre. D'Antoine Benedetti, le père, né à Bastia en 1864, on pressent une généalogie tumultueuse, à tiroirs, mais aussi les existences multiples d'un même homme dont les souvenirs familiaux ne parviennent pas à départir ce que la légende doit à la vraie vie et, inversement, ce que la vraie vie doit à la légende. Antoine est l'enfant d'un magistrat remarié. De sa mère on ne sait que ce que la rumeur familiale veut bien livrer : une fille de peu, légère avec tout ce que l'épithète peut charrier d'insinuations, qui à la mort de son mari – une grande différence d'âge les sépare – abandonne son fils. À moins que ce ne soit le fils qui décide de s'en aller… Commence alors la vie d'un orphelin qui, à 11 ans, se retrouverait recueilli par un cordonnier avant de s'embarquer sur les bateaux qui font la traversée de la Méditerranée entre l'Europe et l'Afrique du Nord. Adolescence chaotique, misérable sans doute dont il parle peu apparemment, mais dont les bribes surnageant à la surface ne rencontreront jamais la curiosité de ses deux fils, tant le centre de gravité maternelle est prégnant dans la construction de leur identité. Époque de pionniers aussi pour lesquels la quête des racines et la nostalgie restent secondaires. De sa jeunesse, tout juste lâche-t-il que jusqu'au décès de son père, il eut une enfance heureuse. Le mutisme des aventuriers. Mais après ? Le mystère des origines s'épaissit, se double du mystère de l'entrée précoce dans la vie d'adulte.

Séducteur, Antoine l'est sans doute : élégance nonchalante, souci de l'image extérieure, malice du regard de celui qui, circonstance oblige, a appris à se défaire par lui-même des embuscades de la vie. Son existence avant sa rencontre avec Marie-Catherine a vraisemblablement ses secrets. A-t-il un enfant né d'une précédente liaison ? Rien ne l'indique même si de lointains échos évoquent la venue d'une jeune femme à Marseille prétendant être sa fille. Antoine a vécu. Sa réussite professionnelle traduit un solide sens des opportunités. Maître d'hôtel sur les navires assurant les liaisons entre la France et l'Algérie, son esprit d'indépendance forgé dans l'adversité de l'adolescence l'incite très vite à se mettre à son compte. Il gère, puis il achète : des hôtels à Alger, un casino à Biskra aux confins du sud algérien, des brasseries. C'est la grande époque de l'Algérie, celle du début du siècle, âge d'or d'une colonisation qui rebâtit une seconde France de l'autre côté de la Méditerranée. On ne doute pas alors et la chance, sur cette terre dont on n'imagine pas un seul instant qu'elle puisse être un jour autre chose qu'une continuation naturelle de la République, sourit aux entreprenants dans une atmosphère de société cosmopolite, de sables brûlants et d'aventures coloniales. Les officiers méharistes jouent leur solde à Biskra, le père de Foucaud y promène parfois sa longue silhouette et à Alger la molle frondaison des palmiers se balance le long des corniches du bord de mer. L'Algérie est un eldorado pour qui a soif de réussites, une Californie française dans laquelle tout un peuple hétéroclite et bariolé vient tenter sa chance. Et à ce jeu, Antoine, enfant de Corse et de nulle part, ne sera pas le moins malhabile. L'homme a de l'allure, une prestance naturelle, des cheveux poivre et sel, la moustache finement élégante du début du siècle. Sa rencontre avec Maire Catherine a ce caractère d'aubaine qui donne toute sa future force à certains couples. Lui, jeté dans la vie ; elle, adossée à son milieu social en quête de respectabilité. Leur couple oscille entre deux pôles, deux systèmes de valeurs dont leurs enfants feront leur miel : le sens de l'initiative, l'intelligence des situations d'un côté, le souci de la sécurité, la thésaurisation de l'autre.

***

Jean naît à Marseille le 3 juin 1902, presqu'un an jour pour jour après son frère. Très vite on embarque pour l'Algérie pour rejoindre père et oncle. Ce dernier se voit confier la tâche d'éduquer les enfants pendant que les parents vaquent à leurs entreprises professionnelles. Enfance confortable, insouciante où l'on oscille entre l'oncle instituteur, les parents qui entre Alger et Biskra font fructifier le patrimoine, et la Corse, jamais très loin, où l'on se rend chaque été et où l'on construit une villa à Ocana, symbole de la réussite de l'autre côté de la rive. On y plante des tilleuls mais aussi un palmier qui rappelle le sud algérien ; et les vacances sont l'occasion de se retrouver en famille mais également d'y manifester sans ostentation mais avec fierté les signes d'ascension sociale qui accompagnent désormais la destinée familiale. On s'y rend avec du personnel et bientôt l'on sera les premiers à gravir en automobile et avec chauffeur les vingt kilomètres de montagne séparant Ajaccio d'Ocana.

Durant toutes ces années une figure domine, celle de l'oncle François, Ceccé en Corse. Petit homme, santé de fer qui en fera un centenaire, marié à une institutrice, produit comme lui de cette école normale qui forge l'architecture de la Troisième République. Ceccé est un maître exigeant, élevant ses neveux comme s'ils étaient ses propres enfants, économe aussi mais dont les idéaux sont laïques, anticléricaux et patriotiques. Il se dit socialiste mais sans doute est-il surtout radical. Il n'hésite pas à exhiber un athéisme de bon aloi. Il parle corse, mais sa patrie c'est la France jacobine, une et indivisible… Les principes n'excluent pas la malice mais aussi une certaine idée de supériorité fondée sur la méritocratie. Il y a d'un côté ceux qui savent, qui font des études, qui s'exportent, qui réussissent et ceux qui restent au pays, des paysans sans doute braves mais qu'il convient d'éclairer.

De l'oncle, Antoine apprécie l'instruction qu'il n'a pas et, tout à ses affaires, il décide en accord avec son épouse de lui déléguer cette responsabilité. Quelque part Jean et René auront deux pères, mais sous la coupe d'un fonctionnaire c'est cette partie intellectuelle qui prédominera, bien plus encore chez René alors que Jean de son côté héritera pour une bonne part du pragmatisme virevoltant d'Antoine. De ce dernier, Ceccé comprend qu'il a les qualités complémentaires des siennes : intelligence pratique, sens des affaires, entregent relationnel. Les deux beaux-frères, quoique fort différents, s'entendent. Benedetti a trouvé chez les Salini la famille qu'il n'a plus. Les Salini ont trouvé en Benedetti une locomotive qui accélère la promotion. Bien sûr comme dans toute entente l'intérêt opère. Pendant longtemps Antoine et Marie-Catherine penseront que leurs deux enfants seront les seuls de la lignée. Sur le tard, l'oncle François aura un héritier, Roland, qui perpétuera le nom et qui avec quinze ans de moins que Jean et René sera tout au long de leur existence bien plus qu'un cousin : un petit frère.

C'est à Bône, dans la cité de Saint-Augustin, que les deux frères effectuent une grande partie de leur scolarité. Ceccé y terminera sa carrière comme directeur d'école. Les deux enfants y coulent une existence studieuse, agrémentée de rencontres familiales, d'escapades dans le sud Algérien et de longues villégiatures dans la Corse des origines. Jours heureux que seul le fracas de la Première Guerre vient perturber. Mais quand les parents ont passé l'âge d'être mobilisés, les fils sont encore trop jeunes pour aller combattre. Au beau milieu du conflit René, l'aîné, est saisi d'une ferveur patriotique qui le conduit à trafiquer sa date de naissance et à rejoindre un bureau de recrutement. Le sergent recruteur est peu regardant sur la validité des documents et, *in extremis*, Antoine récupère son rejeton avant son embarquement pour la France. Le petit frère, Jean, a parlé au dernier moment et René en est quitte pour une bonne correction. L'anecdote enrichit la légende familiale…

La proximité fraternelle est très forte. Cette complicité perdurera, même lorsque la vie les séparera, notamment durant la Seconde Guerre quand l'un est en Algérie et l'autre en métropole. Après le collège à Bône et le baccalauréat passé au lycée d'Alger, ils ont respectivement 18 et 19 ans quand ils arrivent dans le Paris des années 1920. Études identiques là aussi : le droit au Panthéon dont ils sortent licenciés et l'École libre des Sciences politiques, dont ils obtiennent le diplôme. La rue Saint-Guillaume forme déjà pour une bonne part les futurs cadres du pays. L'orientation universitaire qu'ils choisissent ne laisse guère de doute sur leurs projets professionnels. Ces littéraires, encouragés vraisemblablement par leur ascendance maternelle, n'ont pas l'âme d'entrepreneurs. Les aventures auxquelles ils se consacreront seront administratives, voire politiques. La haute fonction publique sera leur horizon.

Dans la capitale, émancipés des tutelles familiales, ils vont s'amuser, profitant à pleines dents de leur vie estudiantine. Tous deux logent dans une petite chambre rue de Beaune, dans le sixième arrondissement, à deux pas de la Seine où René aime à courir les bouquinistes. Études et insouciance guident leurs pas dans cette ville décrite par l'oncle François comme la clef de la réussite. Loin de souffrir du déracinement et de l'éloignement, ils goûtent sans modération à leur époque qui s'enivre des joies de la paix retrouvée pour oublier le carnage encore proche et qui se libère des angoisses à venir en s'adonnant à un nouvel hédonisme. Intermède fugace, et léger entre deux temps, deux mondes, deux catastrophes, les années 1920 offrent un bonheur précaire mais réel à ces étudiants qui sans être fortunés sont privilégiés par les succès économiques de leur famille. Ils font la fête, beaucoup ; travaillent, suffisamment ; et dépensent, assez... pour envoyer un matin un SOS télégraphié dans un style potache dont on ne sait s'il déclencha le sourire de leurs parents : « Plus un sou en poches. Faites sauter caisson ! » Et quand le mandat paternel se fait attendre, on donne des cours de danse.

À quelques mois d'intervalle, le drapeau les appelle. C'est en Algérie qu'ils accomplissent leurs obligations militaires. De novembre 1925 à mai 1927, Jean effectue son service dans les Zouaves. Il en conservera le souvenir amusé du bidasse sans doute peu doué pour les choses militaires. Pour les deux frères « l'adieu aux armes » correspond, à l'instar des diplômés de leur génération, à l'entrée dans la vie active. La post-adolescence s'achève à l'heure des premiers choix. Pour René, ce sera l'entrée comme rédacteur au Gouvernement général d'Alger. Il y fera toute sa carrière pour devenir par la suite directeur de l'Office des blés et des céréales. Quant à Jean, il se fait plus hésitant. Il prête serment, devient avocat, plaide peu et rentre au service de deux amis parlementaires de ses parents. Une première rencontre en forme de tournant dans une existence qui en connaîtra bien d'autres.

2

Ambitieux, Jean Benedetti l'est assurément, comme tout jeune haut fonctionnaire entrant dans la carrière. Mais il n'est pas prêt à tout pour réussir. Son ambition, bien réelle, décuplée sans doute par l'intelligence d'une femme anticonformiste pour son temps, est comme contenue par une forme de bonté naturelle. Le caractère n'est certes pas exempt de malice, voire de rouerie. Mais Jean aime trop la vie pour se résoudre à des compromissions brutales. Il ne dispose pas de ce froid arrivisme porté haut et fier par les jeunes arrogants que l'on retrouve sous toute latitude et à toute époque. Il y a dans la genèse professionnelle du futur préfet un mélange de hasard, de séduction innée et, cela va sans dire, de disposition avérée au calcul.

Jean est bien sûr le fils de son milieu ; et son milieu, c'est tout à la fois la Corse et l'Algérie.

En Algérie, les Corses sont nombreux : dans l'administration, l'agriculture, le commerce et… la politique. Antoine, entreprenant, a su tisser les liens qu'il faut dans une Algérie coloniale où les Corses ont conservé l'attache avec la terre natale et les solidarités insulaires. Pour un Corse, exilé ou non, tout devient très vite « politique », réseau, clientèle, et ces coloniaux, fervents de la République qui facilite leur promotion sociale, ont toujours en réserve leur origine, comme si cette identité fondatrice constituait un recours au cas où… Les Benedetti n'échappent pas à la règle ; on s'intègre dans la société coloniale, mais les affinités culturelles demeurent. Si l'Algérie est une seconde terre, la Corse n'est jamais loin. On y construit la maison familiale à Ocana, symbole de la réussite algérienne et on cultive à Alger les relations insulaires. Parmi celles-ci, Paul et Jules Cuttoli, deux frères qui jouent à l'aube de la carrière de Jean un rôle essentiel qui en dit long tout à la fois sur les racines politiques du jeune homme et sur les réseaux qu'il tissera méthodiquement à partir de ce coup de pouce initial. Fils du greffier du tribunal de commerce de Constantine, les Cuttoli s'engagent l'un comme l'autre en politique. Et celle-ci sera aux couleurs de la Troisième

République : radicale, socialiste, laïque, progressiste, mais toujours soucieuse des intérêts de l'Algérie coloniale.

Des deux frères, c'est Paul, né en 1864, qui dicte incontestablement la ligne, qui entraîne l'autre, Jules, de sept ans son cadet, et qui décédera en 1942. Après des études secondaires au lycée de Constantine avec René Viviani pour condisciple, Paul « fait son droit », comme on dit à l'époque. À 19 ans, il s'inscrit au barreau. Première élection à Biskra comme conseiller général en 1899, là même où les Benedetti gèrent Casino et hôtel...

Le cursus qui suit est révélateur d'une adhésion très forte aux idéaux de la Troisième République. À une période où se joue une lutte intense entre l'autorité étatique soutenue par les mouvements patriotiques et l'opposition menée par les libéraux, promoteurs du progrès social, Paul Cuttoli a fait son choix. Le début du XXe siècle est une époque cruciale où le temps n'est ni au remords ni à la névrose, ni à la culpabilité : il est à l'exaltation, à l'aventure, au sentiment que l'on construit quelque chose qui nous dépasse, qui transcende. La France a encore un destin et les Cuttoli, élus combatifs, y prennent leur part.

Député de Constantine de 1906 à 1919, puis sénateur jusqu'en 1941, délégué à l'Assemblée consultative provisoire de 1943 à 1945, enfin député de Constantine de la première Assemblée nationale constituante, l'engagement politique de Paul Cuttoli ne porte pas l'ombre d'un doute : il est républicain, de gauche, patriote et fervent défenseur d'une Algérie dont il n'imagine pas un seul instant qu'elle puisse être autre chose que française.

Très tôt opposé au Parti démocratique français de Constantine d'Émile Morinaud, formation qui ne dissimule pas son antisémitisme, Paul Cuttoli appartient à cette lignée de Corses pour lesquelles la double adhésion à l'idéal républicain et à l'aventure coloniale constitue la voie la plus rapide de toute ascension sociale. Paul est le lutteur, le théoricien, quand Jules, qui sera également député, est un fidèle second cultivant les réseaux, à commencer par la très influente Fédération des groupements corses de l'Afrique du Nord dont il est l'un des dirigeants.

Si sur la question algérienne, les Cuttoli se montrent d'un conservatisme de bon aloi et défendent sans complexe l'œuvre colonisatrice, ils feront preuve vis-à-vis du gouvernement de Vichy d'une intransigeance républicaine incontestable. Paul[1] ne participera pas au vote du 10 juillet 1940 confiant les pleins pouvoirs au maréchal. En octobre 1943, il siège à l'Assemblée consultative. Ses interventions dans cette enceinte sont empreintes tout à la fois d'une vision lyrique de la République et de l'esprit du Conseil national de la résistance. Saluant « les preux de la résistance » et le général de Gaulle qui « symbolise l'âme de la France », il formule le vœu que la France « remporte une victoire sur elle-même » et se prononce avec des accents quasi révolutionnaires pour des changements profonds : « Détruisons les privilégiés des trusts, brisons les barrières entre les classes sociales, brisons la caste des diplomates comme la caste des finances ».

Le 12 mai 1944, il exhorte le Comité français de la libération nationale à mettre à pied une partie du personnel diplomatique et se déclare favorable au « redressement des grands corps de l'État » ainsi qu'à une administration démocratique puisant sa force et son recrutement dans les masses populaires. Élu le 21 octobre 1945 à la première Assemblée nationale constituante, c'est à lui que revient la charge d'ouvrir la session en sa qualité de président d'âge. Ironie rétrospective de l'histoire, ce représentant des Français d'Algérie, emblème parlementaire de la France coloniale, rend un hommage appuyé au général de Gaulle « l'homme le plus qualifié pour présider à la construction définitive des institutions de la patrie ». À l'époque où l'incorporation des colonies à la République française est en train de s'étioler, Paul Cuttoli incarne ce dernier moment de symbiose entre la République et son empire. Très vite, tout basculera et au temps des colonies succédera bientôt celui des incertitudes, des malentendus, puis des ruptures. Mais l'heure, en ce 6 novembre 1945, n'est pas aux doutes et aux inquiétudes. Il s'agit de reconstruire, et le discours de Paul Cuttoli, dernier acte ou presque d'une vie politique d'un autre siècle, pose les conditions de cette reconstruction.

Mettant en garde contre un « conservatisme timoré et hésitant », il en appelle à l'application du programme du Conseil national de la résistance : « La France a manifesté qu'elle est à gauche et veut une démocratie politique mais aussi une démocratie économique[2] ». Quelques jours plus tard, il votera avec son groupe les nationalisations.

---

1. À cette date, son frère Jules n'est plus député.
2. Toutes ces citations sont extraites du *Dictionnaire des parlementaires français de 1940 à 1958*, La Documentation française, 1988.

Sa trajectoire éclaire pour une part les racines politiques de Jean Benedetti. Le radicalisme dont sont issus Paul et Jules Cuttoli constitue l'un des piliers de cette Troisième République dans laquelle de nombreux Corses vont trouver un exutoire bienveillant à leur soif de réussites.

Au-delà des seuls principes de démocratie, de justice sociale et de laïcité portés par le radical-socialisme, cette conception très pratique de la politique, fondée sur l'entraide, la solidarité, l'échange de services, rencontre presque naturellement les traits culturels de la société corse. Si le clientélisme n'a pas vocation à émanciper, à faciliter le libre arbitre, il fournit à l'individu un cadre protecteur, rassurant, une forme archaïque de socialisation où en échange de l'adhésion au groupe, celui-ci offre une aile protectrice. De ce point de vue, le clientélisme que suscite électoralement le Parti radical développe aussi une conception très humaine des rapports sociaux et si la politique électorale n'est pas un acte gratuit, désintéressé, sa pratique oriente la psychologie des individus, engage ceux-ci dans une voie où l'attention aux autres tend de manière presque mécanique à se développer. Les ressorts de ce mode d'action politique orientent l'économie psychique de celles et de ceux qui sont élevés, socialisés à l'intérieur de cet espace culturel.

En Corse, le radical-socialisme forge l'un de ses bastions ; loin de leurs bases, les émigrants perpétuent le plus souvent, là où ils se trouvent, les traditions politiques de leur île. En Algérie, la communauté corse, dans son immense majorité, reste fidèle aux radicaux : les Cuttoli dans la première moitié du XXe siècle et René Mayer après-guerre, qui croisera lui aussi la route de Jean. Cette atmosphère imprégnée de républicanisme, d'attachement aux racines corses et de foi en l'avenir dessine l'univers originel de Jean et de son frère René.

La rencontre de Jean avec les frères Cuttoli est le fruit d'une dynamique familiale. Tout d'abord l'oncle, François Salini, qui pourvoit à l'éducation intellectuelle de ses neveux, ne dissimule pas ses convictions de gauche, de cette gauche radicale, anticléricale, dreyfusarde ; ensuite le père, Antoine, homme sociable, charmeur, à l'esprit entreprenant et dont la jolie réussite professionnelle a permis de créer des liens avec les notabilités corses de la société algérienne ; enfin la mère, Marie-Catherine, qui porte toutes les ambitions de ses enfants.

En entrant au service des frères Cuttoli comme secrétaire parlementaire, Jean Benedetti s'inscrit d'emblée dans une filiation républicaine qui va déterminer son début de carrière et une suite importante de celle-ci. C'est aussi à leur contact qu'il se familiarise avec ce sens du service, cette prédisposition à l'assistance portée aux autres qui l'accompagneront tout au long de sa trajectoire professionnelle. Les ingrédients initiaux de cette dernière plongent dans la terre meuble du radicalisme.

Les dix premières années de la trajectoire administrative de Jean, qui vont de 1929, année de son arrivée à la préfecture de Perpignan, à la veille de la guerre, mettent en jeu plusieurs réseaux qui s'entrecroisent, se mobilisent, et permettent ainsi de dessiner la première étape de la carrière. Ce creuset original fait jouer plusieurs soutiens qui tous, à un moment ou un autre, interfèrent dans le cheminement de Jean. Le réseau corse est à coup sûr très actif. Non seulement les Cuttoli recruteront le jeune Benedetti, mais ils vont par la suite l'aider à plusieurs reprises, comme l'atteste son dossier de carrière. On trouve trace d'une première intervention, en date du 30 juin 1934, de Jules Cuttoli auprès du ministre de l'Intérieur, Albert Sarraut. Le 15 avril 1935, cette fois-ci, c'est au tour de Paul, associé à son frère, d'intervenir auprès du directeur du personnel du ministre de l'Intérieur :

> « Mon Cher directeur,
> Mon frère et moi nous nous intéressons à M. Benedetti, actuellement secrétaire général du Cantal, qui serait heureux d'être nommé en la même qualité à Perpignan. Les deux préfectures en question sont de troisième classe. Vous seriez bien aimable de donner satisfaction à cet excellent fonctionnaire[1]. »

Le courrier est cosigné et une réponse suit, spécifiant que la demande a été transmise au ministre.

Autre parlementaire insulaire à se fendre d'un mot en faveur de Jean, César Campinchi[2], ténor du barreau, député de la Corse, plu-

1. CAC, 19910794.

2. César Campinchi (1882-1941), député radical-socialiste de Corse, sera successivement ministre de la Marine (juin 1937-janvier 1938) dans le Gouvernement de Camille Chautemps ; Garde des Sceaux (janvier 1938-mars 1939) ; à nouveau ministre de la Marine jusqu'en juin 1940. Il embarquera avec Georges Mandel

sieurs fois ministre à partir de 1936, intervient le 26 octobre 1932, toujours auprès du ministre de l'Intérieur :

> « J'ai l'honneur d'appeler d'une façon toute spéciale votre bienveillante attention sur M. Benedetti, chef de cabinet dans le Morbihan qui sollicite sa nomination au poste de sous-préfet. Mon recommandé compte trois ans et deux mois de services. »

Le 12 janvier 1934, César Campinchi réitère sa recommandation : « Mon protégé, âgé de 31 ans compte quatre ans de fonctions [...]. »

Les interventions dont bénéficie Jean Benedetti illustrent pleinement la culture politique de la Troisième République finissante, régime ancré tout à la fois dans ses terroirs, sa culture radicale et sa politisation assumée de l'administration. Car l'autre soutien massif qui irrigue durant toutes ces années ce parcours réside bel et bien au sein de la sensibilité radicale-socialiste, ce mélange de républicanisme affirmé et de progressisme tempéré, hostile à la droite mais méfiant à l'égard de l'extrême gauche. Encore une fois, le dossier de carrière, authentique dépôt de ce qu'un administrateur peut recueillir de témoignages professionnels, reflète avec profusion cette filiation.

Une rapide chronologie des interventions offre un aperçu lumineux de la sédimentation progressive d'un carnet d'adresses en pleine construction. Les pérégrinations du jeune fonctionnaire aux quatre coins de la France lui fournissent l'opportunité de tisser une toile riche et diversifiée de relations. Il ne s'en prive pas et sait manifestement se faire apprécier, déployant d'évidentes qualités de séduction qui contribuent à laisser partout où il passe d'excellents souvenirs.

Florilège de ce bouquet de soutiens : le 11 juillet 1933, c'est le parlementaire radical et président du Conseil général du Morbihan, l'industriel Alfred Brard, qui se fend d'une intervention pour pousser la promotion du jeune homme au rang de sous-préfet[1] ; une semaine auparavant le cabinet du ministre de l'Intérieur, Camille Chautemps, se voit signaler selon les pièces bien incomplètes du dossier de carrière les aspirations et les mérites de Benedetti. À suivre les méandres

---

sur le *Massilia* pour poursuivre la lutte contre l'Allemagne. Il sera déchu de son mandat.

1. Jean, à cette époque, est chef de cabinet du préfet du Morbihan.

oubliés, parcellaires, des amitiés qu'une carrière administrative peut agréger au cours d'une existence, l'observateur, inévitablement, est confronté à des questions qui restent sans réponse : ainsi, ces annotations faisant état d'appuis de journalistes intervenant eux aussi en faveur du futur préfet. Le 12 juin 1933, un feuillet retrouvé dans une liasse des Archives nationales mentionne ainsi les soutiens de rédacteurs du *Petit Parisien*. On peut imaginer l'entregent qui œuvre de la sorte à la fabrication d'un parcours. Jeune chef de cabinet travaillé par l'ambition, Jean fait fructifier les opportunités que lui apporte une position professionnelle au plus près du pouvoir préfectoral, manifestant d'indéniables qualités d'intermédiaire. Chef de cabinet du préfet dans une République centralisée, voilà qui offre un excellent poste d'observation mais aussi d'apprentissage, permettant de se frotter à toute sorte de contacts. Parmi ceux-ci, la presse occupe une place de choix, puisque *Le Petit Parisien* est l'un des principaux soutiens du régime. Fondé en 1876 par un parlementaire radical, Louis Andrieux, puis dirigé par la famille Dupuy dont l'un des membres, Jean Dupuy, sera également sénateur, puis ministre de Waldeck-Rousseau, *Le Petit Parisien* tirera jusqu'à deux millions d'exemplaires et disposera de signatures aussi prestigieuses que celle d'Anatole France, Albert Londres ou Henri Béraud. Il est l'un des fleurons de la presse française, emblématique de la convergence du politique et du journalisme au service de l'idéologie dominante du régime.

Les marques d'intérêt manifestées par des correspondants du *Petit Parisien*[1] en disent autant sur la diversité des réseaux de Jean Benedetti que sur cette caractéristique d'une Troisième République fortement marquée par la collusion du politique et de la presse. Imagine-t-on aujourd'hui l'intervention d'un journaliste auprès d'un cabinet ministériel pour hâter la promotion d'un jeune fonctionnaire ? Le parcours de Jean Benedetti révèle des jeux d'influence qui constituent autant de traits d'une époque où l'indifférenciation symbolique des champs de pouvoir – politique, économique, médiatique – reste la règle, même si des voix, encore minoritaires, s'élèvent contre cet état de fait.

1. Dans le dossier de carrière (CAC, 199174) sont mentionnées plusieurs interventions de journalistes du *Petit Parisien*, dont l'une d'un certain René Gatineau.

L'intervention étant l'une des pratiques les plus manifestes du régime, les recommandations dont bénéficie Benedetti ne font pas de lui un cas exceptionnel. Au printemps 1934, Jean occupe son troisième poste de chef de cabinet, cette fois-ci auprès du préfet du Haut-Rhin qui n'est autre que Fernand Leroy, qu'il accompagne depuis sa première nomination à Perpignan en 1929. On verra que Leroy constitue l'un de ses mentors en « préfectorale » et que le personnage, lui aussi, est emblématique du « régime radical-socialiste »... Mais en ce mois de juin 1934, Jean, manifestement, ronge son frein. Un mouvement préfectoral dont il attendait beaucoup le laisse en proie à l'amertume d'autant plus que des jeunes gens moins capés ont obtenu un avancement. Le défaitisme ne le gagne pas longtemps et le voilà qui frappe à de nouvelles portes. Le mois de juin 1934 est le théâtre d'une intense campagne de *lobbying* en faveur de Jean. Tout d'abord le 5 juin, le président de la section radical-socialiste de Colmar écrit au ministre de l'Intérieur, Albert Sarraut :

> « Monsieur le Ministre,
> En qualité de président du groupe radical-socialiste de Colmar, je me permets de signaler à votre attention le cas de M. Benedetti, actuel chef de cabinet de notre préfet du Haut-Rhin. Le court séjour parmi nous de ce jeune homme a suffi pour nous convaincre de ses qualités d'intelligence, de travail et surtout de vive compréhension d'une situation locale dont vous n'ignorez certes pas les multiples et incessantes difficultés.
>
> Âgé de 33 ans, marié, il a vu comprendre dans le dernier mouvement préfectoral quatre de ses collègues plus jeunes et comptant moins d'ancienneté que lui-même.
> M. Benedetti, en posant sa candidature à un poste de sous-préfet ou indifféremment de secrétaire général, ne formule du reste aucune préférence de région[1]. »

Après presque cinq années de bons et loyaux services en tant que chef de cabinet, Jean vise l'intégration dans le corps. Celle-ci est indissociable de sa nomination en tant que secrétaire général ou sous-préfet. Mais le courrier, s'il fixe assurément les aspirations du

1. CAC, 1991074.

jeune fonctionnaire à ce moment de sa vie administrative, en dit bien plus encore sur la vision singulièrement partisane qui régit la relation des radicaux à l'État. La question de l'impartialité n'est pas à l'ordre du jour et la politisation, au nom certes de la République, est spontanément assumée, sans fausse pudeur, comme en témoignent les archives. L'ordre naturel de la chose publique est radical et l'on ne s'en cache pas. Vingt-quatre heures après cette salve initiale, Maurice Sarraut[1], le propriétaire de *La Dépêche*, ancien sénateur de l'Aude, se fend également d'une recommandation auprès de… son frère Albert[2].

Le 19 juin, c'est au tour de Paul Jourdain, sénateur radical du Haut-Rhin et plusieurs fois ministre, d'envoyer un télégramme au ministère de l'Intérieur afin de demander la nomination de son protégé au poste de sous-préfet de Bonneville[3]. Au 25 juin, le dossier de carrière signale une intervention en provenance de la commission de la Marine du Sénat afin de promouvoir Benedetti à un poste de sous-préfet, cette fois-ci dans le Haut-Rhin[4]. Et le 30 juin, on l'a déjà vu, l'un des deux protecteurs « historiques » de Jean, Jules Cuttoli, écrit lui aussi au ministre de l'Intérieur[5].

Feu croisé, intense, soutenu et pour finir efficace puisqu'il aboutit à la promotion attendue : de chef de cabinet, Jean Benedetti accède au rang de secrétaire général de la préfecture du Cantal. La campagne a porté ses fruits car elle entérine l'entrée officielle dans le corps préfectoral. Ce printemps 1934 marque une étape importante dans sa carrière car avec cette intégration la voie administrative est balisée. C'est ce que recherchait Jean, et l'obstination dont il fit preuve, actionnant les divers éléments d'un carnet d'adresses fourni, traduit le doute qui l'assaille à l'époque. En effet, alors que plusieurs de ses jeunes collègues, parfois avec moins d'ancienneté, connaissent une promotion rapide[6], il demeure au bord du chemin des avancements, commençant à s'interroger sur cette apparente

1. Maurice Sarraut, qui s'y connaissait en soutiens préfectoraux, fut aussi le premier mentor de René Bousquet, futur secrétaire général de la police nationale de Vichy.
2. CAC, 1991074.
3. CAC, 1991074.
4. *Ibid.*
5. *Ibid.*
6. *Ibid.*

stagnation[1]. Cette inquiétude[2] sur le rythme de progression de sa carrière, révélatrice d'un moment de fébrilité propre aux ambitions naissantes, le convainc certainement de déployer tous ses réseaux afin de donner un nouveau tour à sa trajectoire.

Il a alors 32 ans, cinq années d'ancienneté au service d'un préfet, Fernand Leroy, qui successivement en fera son chef de cabinet à Perpignan, à Vannes et enfin à Colmar. Avec Leroy, on accède ainsi à un troisième réseau qui, après la filière corse et la mouvance radicale-socialiste, parachève en quelque sorte un emboîtement en forme de poupées russes. L'horlogerie fine des réseaux laisse entrevoir ainsi une mécanique transparente. Corse en Algérie, Jean Benedetti rejoint les frères Cuttoli, figures locales du radical-socialisme dont on peut dire à ce stade de l'aventure qu'il porte les espoirs professionnels du jeune homme. Dans la trajectoire de ce dernier, le préfet Leroy apporte la touche secrète qui au ciel du radicalisme peut parfois contribuer à l'accomplissement d'une destinée.

Jean a-t-il été franc-maçon ? Non. A-t-il bénéficié d'appuis francs-maçons ? Sans aucun doute, tant la maçonnerie irrigue le radicalisme. Fernand Bernard Alexandre Leroy[3] est un homme du XIXe siècle, né en 1882 à Lille. Docteur en droit, cet ancien avocat bifurque rapidement vers la carrière administrative. Dans le Nord, sa région d'origine, il gravit un à un les échelons de l'administration pour, après le premier conflit mondial, être nommé secrétaire général pour la reconstitution des régions atteintes par les événements de guerre. Sous-préfet d'Avesnes, il devient secrétaire général de la préfecture du Nord avant d'être promu en juillet 1929 préfet des Pyrénées-Orientales. Il a 47 ans, et trois semaines après sa nomination, il accueille son jeune chef de cabinet, âgé de 27 ans, débarquant tout droit d'Algérie à Port-Vendres. On imagine sans peine qu'entre les deux hommes des liens de grande proximité aient très vite vu le jour au point qu'à chaque changement de poste, Leroy emmène avec lui son collaborateur.

1. Courrier déjà mentionné du président de la section radicale-socialiste de Colmar au ministre de l'Intérieur Albert Sarraut (CAC, 1991074).

2. Entretien avec François Benedetti, décembre 2010 : celui-ci confirme avoir entendu sa mère évoquer cette période où le couple s'interroge alors sur le blocage apparent de la carrière de Jean.

3. René Bargeton, *Dictionnaire biographique des préfets (septembre 1870-mai 1982)*, Archives nationales, 1994.

Reste entière la question de l'origine du croisement de ces deux trajectoires. Ici, le silence des archives comme la disparition des derniers témoins obligent aux supputations.

La rencontre de Leroy et de Benedetti pourrait ainsi avoir été facilitée par les frères Cuttoli, encore eux... Amitiés maçonnes des Cuttoli et de Leroy ? Rien ne le démontre, même s'il ne faut pas écarter cette hypothèse. Leroy est proche des loges : la loi du 17 juillet 1940, excluant entre autres de l'administration les fonctionnaires appartenant à une loge, entraîne son éviction de la préfectorale. Quant aux Cuttoli, leur radicalisme les incline naturellement vers les loges. Quoi qu'il en soit, tout laisse à penser que les deux frères ne sont pas étrangers à l'arrivée du jeune Benedetti aux côtés du préfet des Pyrénées-Orientales. Le recrutement des chefs de cabinet n'obéit *de facto* à cette époque à aucune règle statutaire : il relève de choix discrétionnaires, essentiellement portés par un système d'interventions politiques[1]. Et la nomination de Jean n'échappe certainement pas à ce processus. Elle est l'objet d'une recommandation dont on ne trouve plus trace mais la piste « radicalo-maçonne » est à retenir. La chronologie, si elle ne constitue pas un marqueur indiscutable, indique *a minima* qu'« il était secrétaire particulier de Jules Cuttoli, député de Constantine, quand il entra dans l'administration préfectorale en qualité de chef de cabinet des Pyrénées-Orientales[2] ».

Après les deux parlementaires d'Algérie, Jean Benedetti va ainsi trouver en Leroy un autre protecteur qui parraine ses premiers pas dans les milieux préfectoraux. À Perpignan, à Vannes, à Colmar, le voilà aux côtés d'un préfet républicain, patriote, homme du Nord profondément marqué par le premier conflit mondial. En effet, Leroy est l'ancien secrétaire général du préfet du Nord, Trépont, qui en 1914 doit faire face à l'Occupation allemande. Page de l'histoire de France oubliée mais Lille, durant la Première Guerre, est envahie par les troupes de Guillaume II. Trépont sera déporté en Allemagne

1. Pierre-Olivier Baruch, « Le Haut Commis de l'État », dans Jean-Pierre Azéma (dir.), *Jean Moulin face à l'Histoire*, Champs Flammarion 2003, p. 55, 66. L'auteur y rappelle, retraçant le parcours préfectoral de Jean Moulin, que les chefs de cabinet de préfet ne sont pas intégrés au corps préfectoral.

2. CAC, 1991074 (note sur Benedetti préfet du Nord, 13 juillet 1955).

avec d'autres notables, jusqu'en 1916. On peut penser que Leroy en conservera un souvenir particulièrement marquant au point de l'évoquer devant le jeune Benedetti. Ce dernier puisera-t-il plus tard dans cette mémoire déléguée pour se construire un comportement dans sa confrontation à une nouvelle Occupation ? Aucune source, certes, ne vient conforter cette hypothèse. Mais l'influence d'un homme comme le préfet Leroy sur son jeune collaborateur n'est pas à négliger. Leroy apprécie Benedetti, comme l'attestent les notations du dossier de carrière[1]. Tutelle souvent ombrageuse qui ne verra pas d'un bon œil les efforts d'émancipation déployés par Jean pour obtenir une nouvelle affectation[2].

Le départ à Aurillac en juillet 1934 conclut une première étape. S'émancipant de l'un de ses mentors, Benedetti en arrivant dans le Cantal fait sans doute preuve d'une satisfaction modérée, voire relative. Après tout, le Cantal n'est qu'une préfecture de troisième classe, un pis-aller dont il faut bien se contenter. Mais là-bas, hasard bienveillant des promotions inhérent à une vie de fonctionnaire, Jean va faire la connaissance de l'une des étoiles montantes du radical-socialisme. La conjonction de cette rencontre et la victoire électorale du Front populaire en 1936 conforteront l'assise professionnelle du jeune homme.

1. CAC, 1991074.

2. François Benedetti (entretien décembre 2010) indique que sa mère se fit souvent l'écho du mécontentement manifesté par Leroy au départ de son collaborateur.

3

Printemps 1934 : que l'on soit dans le Limousin ou dans le Cantal, le cœur de la France du Giraudoux d'*Intermezzo* bat encore. La campagne, des notables, des fonctionnaires et ce charme suranné et poétique d'une République rurale… Pour Jean le Cantal n'est peut-être pas la panacée, mais tout au moins est-ce déjà un progrès dans une carrière qui jusqu'alors restait tributaire des promotions de son préfet. Le voilà affranchi de Leroy, bienveillant protecteur mais pour lequel Jean était devenu un collaborateur trop précieux pour vouloir s'en séparer. De simple chef de cabinet, il devient responsable d'une administration, apprenant désormais un nouveau métier : il va lui falloir convaincre qu'il sait organiser et mener des hommes. C'est un changement d'échelle mais il suit là le parcours somme toute assez classique de tout jeune entrant dans la préfectorale.

Entre-temps, en décembre 1932, il s'est marié civilement à Paris avec Odette Micheline Ravel. Femme de tête, à la tête politique comme la suite le démontrera, elle est issue de la bourgeoisie rurale catalane. Odette a de l'ambition à revendre, un caractère affirmé, un sens des relations éprouvé et une liberté assumée. Ses parents sont tout à la fois propriétaires terriens et négociants, un pied à la campagne, un pied en ville, soucieux de leurs racines provinciales mais également installés à Paris où ils exploitent pour un temps, rue des Archives, un commerce de vins et spiritueux. Dans les Pyrénées-Orientales, ils possèdent deux belles propriétés, l'une où les vignes se déploient avec les sommets enneigés pour horizon à Villelongue-de-la-Salanque et l'autre située à Vingrau, un petit village surplombé par une chaîne rocheuse. France rurale, bourgeoise, périphérique où s'échafaude un caractère ; où les échanges, fréquents avec l'Espagne fomentent une culture d'ouverture et parfois de rébellion ; où se fabrique l'éducation d'une jeune fille qui tisse son émancipation au contact rugueux de la tradition. Car Odette est libre, et dans ce milieu conservateur elle ne va pas tarder à user de cette liberté. Mariée une première fois à 19 ans à un médecin perpignanais de dix ans son aîné, elle le quitte pour le jeune chef de cabinet du préfet avec lequel elle n'hésite pas à afficher sa liaison. On est en 1930... Le microcosme provincial de Perpignan bruisse de cette témérité revendiquée. Faut-il déduire que ce premier mariage fut « arrangé », conformément aux mœurs de la bourgeoisie terrienne de l'époque ? À moins qu'il n'ait obéi déjà à cet irrépressible désir de maîtriser son destin qui toute sa vie durant accompagnera une femme audacieuse. A-t-elle tout simplement par ce premier acte voulu desserrer l'étreinte familiale, et notamment maternelle, de cette mère dont elle héritera pour une part du caractère mais avec laquelle les conflits ne manqueront jamais de sourdre ? Quoi qu'il en soit, Odette, éperdument amoureuse, et au mépris du « qu'en dira-t-on », jeune épouse sans doute un peu délaissée par un mari plus âgé, engoncé peut-être dans son notabilisme de province, va trouver en Jean l'appel d'une ambition affirmée et d'un humour séducteur. Il ne l'enlève pas ; elle le rejoint. Il rayonne dans un monde où l'ennui guette, rythmé par la monotonie des messes, des vendanges et des réunions de famille. Là où elle se morfond, il lui apporte une légèreté, toujours prêt à s'amuser et à se divertir, ainsi qu'un avenir qu'elle estime sans doute prometteur et brillant.

Le couple se marie donc le 3 décembre 1932 avec pour témoins un journaliste parlementaire, officier de la Légion d'honneur et croix de guerre, Victor Barbier et... Fernand Leroy, alors préfet du Morbihan. Deux ans plus tard, les voilà dans le Cantal, où ils ne tardent pas à se faire apprécier et à poursuivre avec succès le savant tissage de leur carnet d'adresses. Quelques mois avant l'accession de Jean comme secrétaire général à Aurillac, un nouveau préfet vient de prendre ses fonctions dans le Cantal. Il s'agit de Jean-Joseph Mativat. Ce Corrézien, licencié en droit, a pratiquement fait toute sa carrière dans la préfectorale avec quelques intermèdes dans les cabinets ministériels, principalement en tant que chef de cabinet d'Eugène Raynaldy, sénateur gauche démocratique de l'Aveyron et ministre du Commerce[1]. C'est un homme du sérail lui aussi, radical et franc-maçon, une appartenance qui lui vaudra d'être révoqué et

1. Eugène Raynaldy (1869-1938), député, puis sénateur de l'Aveyron, ancien maire de Rodez, successivement ministre du Commerce et de l'Industrie (juin 1924-août 1925), puis ministre de la Justice (novembre 1933-janvier 1934).

mis d'office à la retraite « en vertu » de la loi du 17 juillet 1940[1], date à laquelle il est toujours en poste à Aurillac.

Avec Mativat, Benedetti entretient des relations cordiales et professionnelles. À son habitude, le jeune secrétaire général sait se montrer utile, suscitant au-delà de la seule préfecture de nouvelles sympathies. Le 18 décembre 1936, alors qu'il vient de rejoindre d'autres horizons[2], le préfet dresse un portrait flatteur de son collaborateur :

« Direction actuelle : très républicain. Très sérieux et appliqué, très bon fonctionnaire et très bon collaborateur à tout point de vue, intelligent, sérieux, travailleur et sûr. Il a très rapidement acquis de très nombreuses sympathies parmi les élus du département et la confiance de tous les parlementaires[3]. »

Entreprenant et toujours aimable, il manifeste une intelligence aiguë de la situation locale. Déjà, il travaille à laisser un souvenir positif et bien des années plus tard, durant la guerre, il sera pressenti par la résistance du Cantal pour devenir préfet de ce département à la Libération, comme en témoigne un courrier du vice-président du Comité départemental de libération[4]. Document doublement intéressant dans la mesure où il confirme les relations amicales bâties durant ces deux années mais qui atteste aussi des contacts ténus qui

1. René Bargeton, *Dictionnaire biographique des préfets, op. cit.*

2. À cette date, il vient d'être nommé chef adjoint du cabinet de Paul Bastid, ministre du Commerce du premier gouvernement Blum.

3. Dossier de carrière, CAC 19910794, art. 27.

4. On doit l'exhumation de ce document à Marc-Olivier Baruch. Qu'il en soit ici sincèrement remercié. Il s'agit d'une correspondance du vice-président du Comité départemental de Libération au préfet du Cantal. Daté du 15 janvier 1945 (à cette date, Jean Benedetti est encore déporté en Allemagne), ce courrier traite du cas d'un fonctionnaire de la préfecture, M. Carsac, chef de bureau, dont le dossier est examiné par le CDL. Un temps suspecté, Carsac fait état de nombreux témoignages tendant à démontrer qu'il a durant l'Occupation rendu de nombreux services à la résistance, mais il met aussi en avant son ancienne proximité avec Jean Benedetti que le vice-président du CDL n'ignore pas au demeurant : « Je dois ajouter qu'en 1942, je ne peux préciser l'époque exacte, j'avais été chargé par la résistance de Londres et par l'intermédiaire d'un agent de l'Alliance de proposer deux ou trois personnes susceptibles d'être nommées préfet du Cantal. J'ai eu l'occasion de voir Mme Benedetti et de lui demander si son mari accepterait que je le propose. Au cours de la conversation elle m'a assuré que je pouvais compter d'une façon absolue sur M. Carsac. Elle maintient son point de vue malgré les doutes émis sur lui. » (Archives départementales du Cantal). Les archives départementales de l'Hérault témoignent aussi qu'à plusieurs reprises, alors que son mari est en poste à Montpellier, Odette Benedetti se rendit dans le Cantal.

le lient avec la résistance en pleine tourmente des années noires. Ainsi se forgent sur les plateaux du Cantal ces amitiés qui en font une personnalité dont les milieux républicains ne doutent pas du loyalisme et de la force de caractère. Benedetti est des leurs ; il sert l'État mais la République est son école, sa matrice, sa conviction.

Mais c'est une rencontre encore bien plus décisive qu'il s'apprête à effectuer à Aurillac, l'une de ces rencontres qui fournissent si ce n'est la clef d'une trajectoire, à tout le moins une accélération solide à un parcours. L'élan déjà pris par Jean en est redoublé, renforçant sa dynamique de carrière et propulsant celle-ci sur une courbe ascendante. Paul Bastid est non seulement l'homme fort du département mais également l'une des figures importantes du Parti radical. Né en 1892, ce juriste rigoureux et brillant est élu député du Cantal depuis 1924. Marié à Suzanne Basdevant, première femme à obtenir l'agrégation de droit public et elle-même fille d'un grand juriste, Jules Basdevant, Bastid incarne l'aile droite du radicalisme. C'est un républicain, certes plutôt conservateur, mais résolument hostile à ceux qui mettent en péril le régime. À l'instar de ses collègues radicaux, son ralliement à la stratégie du Front populaire se fait naturellement. Grand notable issu d'une longue lignée de parlementaires[1], cet intellectuel qui parle couramment allemand, ancien élève de l'École Normale Supérieure, titulaire d'une double agrégation de droit et de philosophie, préside aussi le Conseil général. À son ancrage local il allie une connaissance approfondie des relations internationales qui le conduit à prendre la tête, succédant à Édouard Herriot en janvier 1932, de la commission des Affaires étrangères de l'Assemblée nationale.

Daniel Cordier, ancien secrétaire de Jean Moulin, dresse dans ses souvenirs le portrait d'un homme à l'urbanité presque désuète : « Chauve, la moustache noire, il m'observe d'un regard insistant. Son élégance surannée et ses guêtres blanches me rappellent mon aïeul paternel [...]. Je déduis de son grand âge que le CGE doit être le comité directeur de la résistance[2]. »

---

1. Paul Bastid est le fils d'Adrien Bastid (député du Cantal), petit-fils de Raymond Bastid (lui aussi député du Cantal) et de Paul Devès (ancien député de l'Hérault, ancien sénateur du Cantal et ancien ministre). Voir *Dictionnaire des parlementaires français de 1889 à 1940*, PUF, 1960.

2. Bastid ne prendra pas part en juillet 1940 au vote confiant les pleins pouvoirs au maréchal Pétain. Destitué de son mandat de conseiller général, il milite

Figure injustement oubliée aujourd'hui que celle de Paul Bastid, qui au mois de mai 1936 rejoint en tant que ministre du Commerce le premier gouvernement Blum. Son épouse, Suzanne, et Jean Benedetti l'accompagnent, respectivement comme chef et chef adjoint de son cabinet. Pour Jean, cette nomination constitue une opportunité supplémentaire et Bastid, soucieux de l'avenir de son collaborateur, va très vite appuyer ses demandes de promotion. Ainsi, dès l'été, il écrit à son collègue de l'Intérieur, Roger Salengro, pour soutenir l'accession de Benedetti à la 2e classe de ses fonctions : « J'insiste pour ma part très vivement pour que satisfaction soit donnée à M. Benedetti dans le prochain mouvement[1]. »

Trois parlementaires du Cantal[2] s'associent au courrier de Bastid. Quelques semaines plus tard, Salengro répond qu'il a pris bonne note, que le requérant ne remplit pas encore les conditions exigées, mais il ajoute : « Je n'en conserve pas moins la meilleure note de votre intervention en sa faveur[3]. »

Installé au ministère du Commerce, en pleine fièvre d'un Front populaire qui oscille entre volonté de réforme et exigence de stabilité politique, positionné auprès d'un ministre plus enclin au réalisme gouvernemental qu'à l'« illusion lyrique », Jean Benedetti, à sa place, est le témoin des difficultés de la nouvelle majorité parlementaire. Nul doute qu'à telle école il continue à parfaire son apprentissage des pratiques politico-administratives.

Son patron est un modéré, défenseur de la stabilité monétaire et opposé à l'intervention militaire en Espagne. Au sein du cabinet, Jean gère les affaires réservées, notamment celles du Cantal mais aussi, avec d'autres, l'épineux dossier de l'Exposition internationale de Paris. Programmée par une loi du 6 juillet 1934, l'Exposition vise à promouvoir les arts et les techniques mais, à la suite des différents mouvements sociaux nés du Front populaire, prend un retard important : grèves et incidents de toutes sortes paralysent un chantier qui doit être achevé pour une inauguration au… 1er mai 1937.

---

au Comité général des études (CGE), organe de la résistance chargé de rédiger le projet du Conseil national de la résistance, structure dont il est membre et au sein de laquelle il représente les radicaux.

1. Dossier de carrière, CAC, 19910794, art. 27.

2. Respectivement les sénateurs Dauzier et Brunet, et le député de Saint-Flour, Martel, Dossier de carrière, CAC, 19920794, art. 77.

3. Dossier de carrière, CAC, 19910794, art. 27.

L'opposition de droite ne manque pas de dénoncer l'« impéritie » d'un Gouvernement incapable à ses yeux de tenir les engagements contractés par ses prédécesseurs. La pression est intense et c'est le ministère de Bastid qui est chargé, entre autres, de s'assurer de la conduite des opérations dans les délais impartis. Urgence de l'enjeu : un nouveau commissaire de l'exposition est nommé. Centralien, parlementaire socialiste de l'Indre, Max Hymans (1900-1961) est l'homme de la situation. Avec énergie, il prend les mesures qui permettront de mener à bien les travaux, notamment en faisant travailler les ouvriers jours, nuits et dimanches, le Gouvernement payant pour la circonstance des sursalaires.

Dans ce climat d'effervescence, Benedetti fait ses armes ; il ne ménage ni son temps, ni sa peine. Le suivi de l'exposition auprès de Bastid l'accapare, mais conscient que la vie de cabinet ministériel est par nature, en ces temps d'instabilité, une chose aléatoire, il n'oublie pas d'assurer son avenir. La progression et la stabilisation dans le corps préfectoral demeurent ses objectifs. Il ne lui faudra pas quatre mois après son arrivée au ministère du Commerce pour être nommé sous-préfet de Vire le 19 octobre 1936, une sous-préfecture de deuxième classe dans le Calvados. Installé le 25 novembre par le préfet de Caen, Alexandre Angeli, Jean va néanmoins bénéficier d'une situation, si ce n'est atypique tout au moins exceptionnelle[1]. Manifestement, Bastid ne souhaite pas se séparer d'un collaborateur qu'il estime précieux. En conséquence, Jean s'apprête à cumuler plusieurs casquettes. Et alors que l'Exposition est ouverte depuis plusieurs mois et qu'il est désormais, tout en étant en poste à Vire, chef de cabinet du ministre, ce dernier sollicite auprès de Marx Dormoy[2], son collègue de l'Intérieur, un prolongement de ce détachement :

> « Par lettre en date du 23 octobre courant répondant à ma communication du 19 du même mois, vous avez bien voulu me faire connaître que vous étiez disposé à prononcer le détachement de M. Benedetti

1. En fait, il s'agit là de la pratique unanimement critiquée à l'époque mais tout aussi unanimement acceptée des nominations pour ordre qui autorisent ce cumul. Merci à Marc-Olivier Baruch de nous avoir permis d'éclaircir ce point.

2. Max Dormoy (1888-1941) : parlementaire socialiste de Montluçon, il succède à Roger Salengro au ministère de l'Intérieur. En 1940, il fait partie des quatre-vingt parlementaires refusant de voter les pleins pouvoirs au maréchal Pétain. Il est assassiné en 1941 par d'anciens cagoulards.

> sous-préfet à Vire, auprès du commissaire général de l'exposition internationale de Paris, conformément aux dispositions de la loi du 30 décembre 1913.
>
> J'ai l'honneur de vous faire connaître qu'il n'entre nullement dans mon intention de vous demander de mettre ce fonctionnaire à l'entière disposition du commissariat général. Dans mon esprit, M. Benedetti serait appelé à conserver son poste à Vire mais pourrait, autorisé par vous, effectuer certains séjours à Paris, seconder très utilement le président du jury de l'Exposition auquel le commissaire général a confié la mission de présider le jury international.
>
> Les fonctions qui pourraient être confiées à ce titre à M. Benedetti seraient loin d'absorber entièrement son activité ; elles seraient de durée limitée et prendraient fin au plus tard le 31 décembre 1937. J'ajoute que ces fonctions seraient entièrement gratuites. C'est dans cet esprit que je vous serais obligé de bien vouloir examiner la proposition dont je vous ai saisi[1]. »

Un pied à Paris, un autre à Vire, pour être bancale administrativement, la situation est cependant tolérée, d'autant plus que le jeune sous-préfet s'appuie sur un ministre qui, en lui offrant l'opportunité d'un passage en cabinet ministériel, contribue à l'accélération de sa carrière. Il n'en demeure pas moins que les absences répétées de Benedetti dans sa sous-préfecture créent quelques remous et perturbent le bon fonctionnement administratif de l'arrondissement. Les premiers à se plaindre de la présence intermittente du représentant de l'État sont les élus mais également les syndicats. Le préfet du Calvados alerte à ce sujet son ministre dans un courrier du 26 avril 1937 où, se plaignant de l'absence d'un secrétaire général dans sa préfecture, il souligne également les problèmes posés par la situation administrative de Vire :

> « La sous-préfecture de Vire n'est pas beaucoup mieux partagée que le secrétaire général ; le titulaire de cette sous-préfecture, détaché dans un cabinet ministériel, n'occupe son poste qu'un jour par semaine et cela depuis le mois de novembre. L'administration de

1. Dossier de carrière, lettre du ministre du Commerce au ministre de l'Intérieur, CAC, 19910794, art. 77.

cette sous-préfecture distante de quatre-vingts kilomètres de la préfecture souffre elle aussi de cette situation contre laquelle proteste l'unanimité des maires. Les représentants de la CGT protestent également et se plaignent de la lenteur apportée au règlement des conflits sociaux. Il y aurait lieu de pourvoir cette sous-préfecture d'un titulaire en titre[1]. »

Dans une période d'affrontements sociaux exacerbés, le préfet (connivence ou hasard ?) trouve en effet dans les syndicats ouvriers du Calvados un appui pour relayer sa requête. Le 18 mai 1937, ceux-ci saisissent à leur tour le ministre de l'Intérieur afin d'insister sur les inconvénients de cette situation :

« Or nous avons pour Vire et la région un mouvement syndical et des organisations importantes, en particulier dans l'exploitation et la taille du granit, le textile, etc. En face de nous, un patronat assez réfractaire aux lois sociales, et combatif avec de nombreux adhérents au PSF[2]. Pour nous aider à résoudre certains conflits la plupart du temps il n'y a personne à Vire qui veuille en prendre la responsabilité. Nous avons besoin de l'aide du Gouvernement que nous défendons naturellement de toutes nos forces. Aussi nous insistons pour que la situation de notre département devienne normale dans un temps très proche[3] ».

La revendication ainsi véhiculée par les syndicats illustre un climat où s'exprime ostensiblement, sur fond de tensions sociales, une conception très instrumentale du rôle et des moyens de l'État ainsi que de ses représentants. Le corps préfectoral est clairement désigné comme un corps politique, au service d'une majorité, celle du Front Populaire, engagée dans une lutte sans merci contre la droite. Au regard des syndicalistes, le sous-préfet doit être un rempart contre le patronat et contre des forces perçues comme « réactionnaires ». Cette exigence politique nécessite sa présence et Benedetti, en cette

1. Correspondance du préfet du Calvados au ministre de l'Intérieur, 26 avril 1937, dossier de carrière, CAC, 19910794, art. 27.

2. Parti social français, fondé par le colonel de La Roque le 7 juillet 1936 à la suite de la dissolution des ligues.

3. Courrier des syndicats ouvriers du Calvados au ministre de l'Intérieur, 18 mai 1937, dossier de carrière, CAC, 19910794, art. 27.

année 1937, apparaît bien plus comme un homme de cabinet qu'un acteur de terrain, tant ses venues dans l'arrondissement restent épisodiques. La mission qu'il effectue auprès du Commissariat général de l'exposition internationale et du cabinet du Commerce le mobilise pleinement ; et les doléances locales, qu'elles s'expriment par la voix syndicale ou préfectorale, ne rencontrent qu'un écho limité auprès de l'administration centrale, même si le ministre de l'Intérieur, dans sa réponse à Bastid en novembre 1937, rappelle *mezzo voce* les exigences de service indissociables de l'occupation du poste :

> « Pour faire suite à nos différentes correspondances concernant M. Benedetti, sous-préfet de Vire, vous avez bien voulu me préciser [...] qu'il n'entrait pas dans vos intentions de solliciter le détachement de ce fonctionnaire, en raison de ce que les fonctions qui lui seraient confiées auprès du président du jury supérieur de l'exposition internationale n'absorberaient qu'une partie de son activité.
>
> J'ai l'honneur de vous faire connaître que je ne m'oppose pas à l'accomplissement de la mission que vous avez l'intention de confier à M. Benedetti à la condition expresse que celle-ci soit strictement temporaire et qu'elle n'apporte aucune gêne dans l'exercice de fonctions dont il a la charge en son arrondissement. Cependant, je ne puis, à ce sujet, vous laisser ignorer les doléances qu'a provoquées et que provoque encore l'absence prolongée des sous-préfets hors de leur arrondissement tant de la part des élus que de la commission des Finances du Sénat ou encore du Comité de contrôle financier[1]. »

Il faut attendre la fin de 1937, et notamment le départ de Bastid du gouvernement, pour que Benedetti devienne un sous-préfet à plein-temps. À Vire, il s'installe alors dans le confort de sa nouvelle vie préfectorale. Il y prend plaisir, nouant dans le bocage normand de solides et durables amitiés. Douceur de l'existence qui, entre les conseils d'arrondissements, les banquets républicains, les mille et une charges de l'administration de proximité et « le temps des copains et des amis[2] » égrène les derniers instants de paix et de bonheur avant que ne surgisse le chaos des événements. Dans l'attente du

---

1. Courrier du ministre de l'Intérieur au ministre du Commerce, 12 novembre 1937, Dossier de carrière, CAC, 19910794, art. 27.
2. Entretien avec François Benedetti, mai 2012.

pire, la routine politico-administrative suit son cours. Benedetti s'y adonne, parfaisant sa connaissance de la circonscription, labourant son terrain et développant son implantation. Il redouble d'efforts, paraissant vouloir rattraper le temps qu'il n'a pas pris pour arpenter désormais la région alors que ses activités parisiennes le retenaient éloigné de Vire. Son préfet, fort mécontent de ses absences, infléchit son jugement :

> « M. Benedetti nommé en octobre 1936 sous-préfet de Vire s'est fait détacher dans un cabinet ministériel et n'a rejoint son poste qu'en juin 1937[1]. Pendant ce long laps de temps, M. Benedetti n'a rendu aucun service. Je dois à la vérité de reconnaître qu'il s'est efforcé depuis son arrivée définitive de remédier à la situation qu'il avait lui-même créée et déployé pour y arriver de réelles qualités d'intelligence, de travail et de dévouement et m'a donné satisfaction. C'est un bon fonctionnaire que l'expérience ne pourra pas manquer d'améliorer encore[2]. »

Dans le microcosme virois, il apporte un soin tout particulier à répondre aux attentes des élus. Les Conseils d'arrondissement qu'il anime sont l'occasion de procéder à un vaste tour d'horizon de la situation économique et sociale du pays virois. Ils sont aussi un lieu où il donne libre cours à une urbanité qui séduit les notables, sachant avec un art consommé de la séduction prodiguer une attention particulière pour chacun d'entre eux. Aux uns et aux autres, il manifeste très vite une connaissance granulaire de son environnement, et des profils qui l'entourent :

> « M. le sous-préfet adresse à M. Duchastellier, ancien président du Conseil d'arrondissement qui ne s'est pas représenté aux dernières élections, les remerciements de l'Administration pour le concours dévoué qu'il n'a cessé de lui apporter pendant plus de vingt-cinq ans ; il lui exprime dans sa retraite des vœux et des sentiments de respectueuse sympathie.

---

1. En juin 1937, il continue encore les allers et retours entre le Calvados et Paris. Ce n'est réellement qu'à la fin 1937 qu'il demeure à plein-temps à Vire.
2. Dossier de carrière, CAC, 19910794, art. 27.

M. le sous-préfet adresse également un hommage ému et attristé à la mémoire de M. Groult, conseiller d'arrondissement, maire de Roucamps, décédé depuis la dernière réunion et dont la disparition prématurée prive la région du Bocage Virois d'un représentant particulièrement dévoué[1]. »

Le mot, l'intonation, l'attention : dans cette France rurale des notables, Benedetti est à son aise, n'oubliant jamais la reconnaissance qui flatte, la solennité qui donne de l'importance. Tout en représentant l'État, il ne manque jamais de jouer la carte de la proximité avec des élus dont il a compris qu'ils étaient des partenaires incontournables pour asseoir réputation et légitimité. Le sous-préfet en exercice est un fonctionnaire dont l'action, et par-delà même l'autorité, s'édifie également dans le sens de la représentation, dans le rite républicain qui n'exclut jamais l'aménité et la convivialité. Dans la relation entre l'État et les élus, le corps préfectoral est l'élément central qui tout à la fois officialise, objective, humanise et rapproche.

Ainsi pas de République sans banquet ; les conseils d'arrondissement sont le théâtre naturel de ces déjeuners qui respirent la France du radicalisme gastronomique et de la connivence du terrain. La table des notables constitue l'un de ces moments privilégiés de cohésion forcément masculine et républicaine où les plats succèdent aux plats dans un ballet ininterrompu traînant sur plusieurs heures. Tout se passe comme si la République se célébrait aussi autour de ces gueuletons prodigues en mets variés et en vins abondants. La consultation de quelques-uns de ces menus post-conseils d'arrondissement est en soi éloquente. Ainsi en juillet 1938, le restaurant Lebourg accueille les convives autour d'une suite sans fin ou presque. Qu'on en juge : hors-d'œuvre variés, frivolités parisiennes, beurre du bocage, sole meunière, poulet chasseur, haricots maître d'hôtel, gigot d'agneau, salade mimosa, riz à l'impératrice, fruits, biscuits, le tout arrosé successivement de Sainte-Croix-du-Mont, de Brown Cantenac et de champagne[2]. La République sera roborative ou ne sera pas. Quelques mois plus tôt[3], la réception se tenait à l'Hôtel du Cheval blanc, lieu

1. Archives départementales du Calvados, compte-rendu du Conseil d'arrondissement de la séance du 19 octobre 1937, 2 M 51.
2. Archives départementales du Calvados, 2 M 51.
3. En juillet 1937, Archives départementales du Calvados, 2 M 51.

des agapes entre amis qu'affectionnait particulièrement Jean[1], et la carte n'a rien à envier à celle proposée chez Lebourg : hors d'œuvre du bocage, homard à la russe, tournedos des gourmets, petits pois grand-maman, poulet de grain broché, salade mimosa, flan de poires poitevines, gâteaux secs, le tout cette fois-ci accompagné de château Liot, de Pommard et de champagne.

Désormais libéré de ses obligations parisiennes, Benedetti a bien pris le poste en main, avec une maîtrise toute professionnelle mais également très politique qui lui vaut le soutien plein et entier des radicaux. Ces derniers s'alarmant des rumeurs donnant pour partant le sous-préfet de Lisieux, sollicitent le ministre de l'Intérieur afin qu'il procède à la désignation éventuelle de son collègue de Vire, lequel manifestement n'en demande pas tant mais se réjouit sans doute intérieurement de se voir ainsi signalé :

> « Monsieur le Président,
> J'ai l'honneur d'attirer votre attention sur les faits suivants : M. Le Gentil, sous-préfet de Lisieux, serait en passe d'être nommé préfet. La possibilité de cette nomination a provoqué un mouvement d'opinion parmi les meilleurs radicaux du département qui seraient extrêmement heureux de voir nommer à Lisieux un sous-préfet de gauche tel que M. Benedetti, sous-préfet de Vire, ancien chef de cabinet de M. Bastid qui jouit dans le Calvados de la plus flatteuse notoriété[2]. »

Clairement identifié à gauche, le sous-préfet de Vire pense-t-il déjà à une nouvelle étape dans une carrière où la mobilité est l'un des ressorts de la réussite ? Quoi qu'il en soit, Vire constituera un excellent moment dans sa vie professionnelle, nonobstant les événements futurs qui en juin 1940, dans le bocage normand, viendront défier son caractère et son comportement. Bien sûr ce fleuve tranquille peut connaître des anicroches, souvent anecdotiques, au regard de ce qui adviendra par la suite. En mars 1939, Benedetti est sommé par son préfet[3] de s'expliquer sur des accusations que porte contre lui l'un de ses administrés. Dans une correspondance adressée au ministre

1. Entretien avec François Benedetti, mai 2012.
2. Lettre du secrétaire général adjoint du Parti radical-socialiste du Calvados au ministre de l'Intérieur, Albert Sarraut. Dossier de carrière, CAC, 19910794, art. 27.
3. Fin 1937, le préfet Peretti della Rocca succède à Alexandre Angeli.

de l'Intérieur, un certain Léon Robbes se plaint des agissements du sous-préfet, reprochant à ce dernier de faire publiquement état d'un casier judiciaire quelque peu chargé. Robbes menace d'une plainte et dénonce un abus d'autorité :

> « J'ai la conviction, monsieur le Ministre, que vous y mettrez bon ordre, sinon je me verrais dans l'obligation de déposer une plainte au Parquet. Je ne sache pas qu'un homme fut-il sous-préfet, ait le droit d'abuser ainsi de son autorité contre un homme qui ne demande qu'à gagner sa croûte... d'autant plus que les condamnations portées sur mon casier sont vieilles de dix ans[1]. »

Les explications de Benedetti à la demande expresse de sa hiérarchie sont tranchantes ; elles révèlent un caractère qui pour être aimable n'en est pas moins vif, pour ne pas dire cassant et qui, dans le conflit, peut s'exprimer avec une force surprenante. Jean a l'impulsivité mordante des tempéraments aimables, de ceux qui puisent à cet équilibre psychologique où l'art de séduire peut parfois dissimuler une personnalité susceptible de colères et d'emportements. Fort de son autorité mais aussi de son bon droit, comme le démontrera la suite, Benedetti se fend d'une réponse étayée :

> « En me communiquant une lettre de M. Léon Robbes, 24 rue Armand Gasté à Vire, vous m'invitez à vous adresser tous éléments d'information utiles au sujet de l'affaire qui en fait l'objet.
>
> La stupidité de l'accusation portée contre moi par le signataire de cette lettre suffirait à me dispenser d'y répondre. Cependant, en exécution de votre prescription, j'ai l'honneur de vous informer que, contrairement à son affirmation, je n'ai jamais été en possession du casier judiciaire de l'intéressé. Je n'ai donc pu comme il le prétend "le faire voir à tous les ouvriers appartenant à la CGT". Au surplus, il est de notoriété à Vire que le sieur Robbes a déjà à son actif quelques condamnations. Tout dernièrement il a été traduit en Correctionnel pour coups et blessures. Le président du Tribunal, devant l'arrogance de l'inculpé qui entreprenait le procès de la justice bourgeoise a, pour le rappeler à plus de décence, donné publiquement

1. Courrier de M. Robbes au ministre de l'Intérieur, 21 février 1939, Archives départementales du Calvados, 2 M 51.

connaissance du contenu de son casier. Je n'avais donc nul besoin de le divulguer à mon tour[1] […]. »

S'ensuit la longue liste des condamnations de Robbes, avant que le courrier n'insiste sur son parcours pour prendre un ton plus politique :

« J'ajoute que Robbes, né le 24 janvier 1910 – il avait donc à peine 18 ans, lors de sa première condamnation pour vol – a fait des études pour devenir prêtre ; membre du syndicat chrétien, il en a été exclu pour non-paiement de cotisation. Il s'est alors affilié à la CGT mais le même sort lui était réservé récemment. Il en a été chassé en raison de l'action extra-syndicaliste qu'il y menait. Il est devenu depuis président de la cellule communiste de Vire. C'est un agitateur professionnel qu'il convient de surveiller tout spécialement. Il est complètement discrédité à Vire et surtout parmi les éléments sains de la classe ouvrière. Il cherche par tous les moyens à provoquer le scandale et il a cru bon à cet effet de mettre en cause le sous-préfet. Il aurait dû compléter sa dénonciation par l'indication des démarches que j'ai faites plusieurs fois en sa faveur et notamment auprès de la Direction de l'usine qui l'employait au moment de son congédiement. Elles tendaient à lui redonner le moyen de gagner sa "croûte" pour reprendre le vocable dont il s'est servi dans sa lettre à M. le ministre de l'Intérieur[2]. »

S'estimant diffamé, Benedetti rapporte les antécédents judiciaires de Robbes mais il n'hésite pas à brosser le portrait politique d'un individu dont l'activisme militant le dispute à une propension certaine à la délinquance. *Mutatis mutandis*, c'est une vision de la classe ouvrière qu'il délivre, où il convient de distinguer « le bon grain de l'ivraie » tout en réactivant quelque part la fonction de contrôle social qu'exerce également le corps préfectoral. Indéniablement, voici un homme qui pratique toutes les facettes du métier.

Mais l'étape du Calvados correspond aussi au domaine plus personnel de l'amitié, celui où se fixe l'une de ses relations qui une existence durant l'accompagnera. Là-bas, il retrouve le Dr Abraham Drucker, l'ami proche, le plus proche sans doute, de la famille

1. Courrier du sous-préfet de Vire au préfet du Calvados, 6 mars 1939, Archives départementales du Calvados, 2 M 51.

2. *Ibid.*

Benedetti, dont il a fait la connaissance en 1932 à Vannes chez un autre ami, le Dr Colas Pelletier[1]. À plusieurs reprises Jean aide Drucker dans ses démarches administratives et professionnelles, lui facilitant sa naturalisation, lui obtenant un premier poste en 1934 à l'hôpital psychiatrique de Grenoble, puis à Vire en 1936 quand devenu sous-préfet, il lui conseille de postuler au sanatorium de Saint-Sever. Au-delà des pérégrinations et des années, les deux hommes restent en contact, se voient et se parlent ; leurs épouses sympathisent, s'écrivent, se reçoivent. Abraham a connu les pogroms en Roumanie, l'exil, les difficultés pour exercer son métier en France. Devenu médecin généraliste à Vire, dans ce bocage improbable pour lui, né aux confins des Carpates, peut-être retrouve-t-il en Benedetti un *alter ego* : même malice, même pragmatisme, même sens de la dérision. Leur complicité, déjà grande, se resserre au fil de ses années viroises. Jean élevé au lait du radicalisme, Abraham éduqué à l'école des exclus : ils partagent sans doute bien des choses qui contribuent à édifier une belle et franche amitié, mais un élément inattendu et dramatique s'apprête à renforcer leurs liens déjà forts. L'événement aura les traits de la maladie que Jean contracte durant l'hiver 1938, une double broncho-pneumonie. Drucker le soigne et le sauve, alors que son état est considéré comme désespéré et qu'il sombre dans un délire semblant annoncer une fin prochaine. Le remède que pratique le docteur a tout de la tentative de la dernière chance : il lui applique un « abcès de fixation », une technique que l'on administre traditionnellement... aux chevaux. Le patient est guéri, déjouant les pronostics les plus sombres.

De cet épisode rien ne sera oublié par Jean et par Odette qui vont vouer un grand attachement à Abraham et à son épouse. Lorsque la guerre et la ligne de démarcation les séparent, ils continuent à s'écrire, s'inquiétant les uns pour les autres, s'informant de la situation de chacun. Les menaces contre les Juifs se précisant, l'ami sous-préfet aurait conseillé à Abraham de procéder au baptême catholique de ses enfants, Jean – dont il sera le parrain – et Michel... Paradoxe des événements : Benedetti le mécréant préconisant la conversion au Juif Drucker. Quoi qu'il en soit, tous les deux survivront à la guerre,

---

1. Abraham Drucker, marié à Lola Schafler, n'est autre que le père de Jean Drucker, ancien patron de France Télévision et de M6, et de Michel Drucker, producteur et animateur de nombreuses émissions de la télévision française.

même si la captivité à Flossenbürg pour le premier, à Drancy pour le second, marquera douloureusement cette traversée du conflit. Les archives familiales recèlent de quelques témoignages précis et émouvants sur les conditions d'existence des Drucker durant la guerre. Ne pouvant plus exercer sa profession de médecin[1], Abraham se réfugie avec sa famille non loin de Vire, au sanatorium de Saint-Sever, dirigé par un autre ami de Jean, le Dr Faget. Là, sous la protection de son collègue, Drucker peut continuer à prodiguer ses soins, officiellement en tant qu'infirmier, jusqu'à son arrestation le 28 août 1942. Benedetti et son épouse, alors à Montpellier, en sont informés par un courrier du lendemain, envoyé par l'un de leurs correspondants virois. La lettre insiste sur le climat, tendu et oppressant, qui se fait jour en même temps qu'elle confirme au détour d'un paragraphe l'activisme d'Odette :

> « Deux mots en hâte pour vous prévenir de l'arrestation du Dr Drucker. La gendarmerie d'Occupation est venue le chercher. Cette arrestation m'a fait beaucoup de peine pour le docteur si sympathique ainsi que pour sa femme ! Quelle horreur et quelles souffrances morales pour ces pauvres gens ! Lui, partant et laissant son fils déjà si mignon. De plus, sa femme est enceinte. Elle, de dire tous les jours "Où est-il ? Que va-t-on faire de lui ?" C'est très inquiétant en ce moment, le Calvados est toujours puni. Un train a déraillé entre Caen et Mézidon, à la suite d'un acte de sabotage. Nous sommes réoccupés depuis quelques jours, et ce n'est pas la crème. Tous jouent du revolver avec une facilité ! Surtout le soir après 10 heures. J'espère que vous êtes en bonne santé. Je sais que M. le préfet délégué a beaucoup de travail. J'ai su que madame est allée chercher des enfants de Dunkerque pour les emmener en zone libre au repos. Pauvres gosses ! Pauvres gens ! qui sont sous les bombardements depuis si longtemps.
>
> Nous subirons le même sort d'ici quelque temps, sans doute. Chacun attend avec patience et résignation. Il faut une fin à cette horrible guerre, et elle ne peut se terminer sans que nous en goûtions[2] […] ».

---

1. Le 16 août 1940 voit la promulgation de la loi conditionnant la profession de médecin aux personnes de nationalité française, nées d'un père français ou naturalisé avant 1927 ; Abraham Drucker, lui, ne sera français qu'en 1939.
2. Archives familiales François Benedetti.

Le 8 juin 1942, c'est au tour de Lola Drucker, toujours réfugiée avec son fils au sanatorium de Saint-Sever, de poster quelques lignes à Odette Benedetti[1]. Lettre qui exprime une grande solitude : mari interné, accouchement imminent... Le 18 septembre, un nouveau courrier toujours signé de Lola, annonce la naissance de Michel :

> « Mes chers amis, je viens vous annoncer la naissance de notre second fils Michel. Tout s'est bien passé. La maman et le fils se portent bien. Nous avons pu prévenir le papa par télégramme. Voilà une grande charge pour moi maintenant. Je pense quand même pouvoir m'en tirer. Maintenant moins que jamais, il ne faut perdre le courage. Et pourtant par le temps qui court et les <u>événements récents</u>[2], ce n'est pas facile de garder son sang-froid ! ! J'ai bien reçu votre carte et j'espère plus que jamais revoir Odette auprès de laquelle j'aurais tant de choses à dire. C'est souvent si dur de se débattre avec mille questions et de prendre des décisions toute seule. Abraham va bien – j'ai régulièrement des nouvelles. Il lance des SOS plus que jamais – mais maintenant je pourrais plus facilement recommencer des démarches. Hélas ! jusqu'à maintenant, ça n'a pas donné grand-chose[3] [...] ».

Quelques mois plus tard, Lola Drucker trouve refuge auprès d'Odette qui cherche à la mettre en sécurité à Montpellier, hors de la zone occupée[4].

Sans doute est-ce aussi une cartographie plus personnelle que dessine la carrière d'un préfet. Force est de constater que Jean Benedetti, par l'empathie qu'il exprime, agrège autour de lui des amitiés qui perdurent. Celle des Drucker, tout à la fois légère ou grave selon les circonstances, brille d'un éclat particulier : née avant-guerre dans une sous-préfecture de Normandie, elle ne se démentira jamais ni pendant, ni après le conflit. Happés ensemble et au même moment par la tourmente, Jean comme Abraham tendront peut-être à développer des réflexes identiques de survie et de combats. En attendant, dans ces derniers mois d'insouciance précé-

---

1. Archives familiales François Benedetti.
2. Souligné par Lola Drucker.
3. Archives familiales François Benedetti.
4. Discours d'Abraham Drucker, lors de la remise de la légion d'honneur. Archives familiales François Benedetti.

dant les hostilités, Benedetti, pleinement rétabli, sait ce qu'il doit à son ami. Après plusieurs semaines de convalescence et quelques congés en Corse et dans les Pyrénées-Orientales, il a repris son poste, ses activités, ses mondanités locales. Très bientôt le rythme de la paisible sous-préfecture, au diapason de toute l'Europe, va s'emballer…

4

C'est donc à Vire, en septembre 1939, que la guerre l'attend. Il a 37 ans, une expérience déjà solide d'administrateur et une carrière qui s'annonce prometteuse. La République en a fait un sous-préfet, son passage en cabinet ministériel auprès de Paul Bastid a étoffé son carnet d'adresses et ses états de service l'ont élevé au grade de chevalier dans l'ordre de la Légion d'Honneur.

Mais la tempête qui vient va redistribuer les cartes. Les temps d'exception qui s'annoncent constituent de ces forges où les destinées peuvent se transformer, s'altérer ou se révéler. Pour toute une génération formée au service de l'État, c'est en quelque sorte un baptême du feu, notamment pour ceux qui comme Jean n'ont connu, trop jeunes pour combattre lors de la Grande Guerre, que les intrigues d'un régime parlementaire à bout de souffle. Dans l'histoire du pays, aucune autre lignée de fonctionnaires ne traversera un tel séisme : ni avant, ni après. À l'école de la catastrophe, l'échelle des valeurs exige des qualités qui ne sont pas toujours celles des premiers de la classe : l'adaptation, l'indiscipline, l'anticonformisme, le courage, le sens de l'initiative…

L'évaluation des comportements sous l'Occupation suppose toujours de considérer deux paramètres : le niveau de refus ou d'adhésion des individus à une situation historiquement écrasante ; et, lorsqu'une conduite de rejet se manifeste, le moment de son expression, sachant que s'opposer n'a pas la même signification en 1941 qu'en 1942, 1943 ou 1944.

Encore faut-il ne pas surestimer des gestes de défis à l'occupant qui en juin 1940, par exemple, prolongent une pratique de guerre n'excluant pas, ensuite, un alignement sans faille sur les normes qui seront celles de la Révolution nationale. Quoi qu'il en soit, la hiérarchie du refus est indissociable de la chronologie et de la nature de celui-ci. Quant à l'entrée dans l'événement, elle permet néanmoins de mesurer, à défaut d'être toujours un indicateur permanent sur les choix ultérieurs des acteurs, les prédispositions psychologiques de ces derniers et l'énergie qui les anime. Aptitudes à subir ou à agir, à contrôler ou à se soumettre : à l'aube du conflit se dessinent ainsi, sur un axe allant de l'attentisme à l'engagement, les déterminismes mentaux qui laissent entrevoir les forces ou les faiblesses des tempéraments. Très tôt, le contexte permet de jauger les caractères et leurs nuances, sans toutefois préciser la tournure politique qu'ils pourront prendre.

Le 21 août, Benedetti sollicite et obtient un congé de quinze jours pour se rendre à Vingrau dans la propriété familiale de son épouse, dans les Pyrénées-Orientales[1]. À peine est-il arrivé, le 23, qu'un télégramme signé du préfet du Calvados lui signifie de rejoindre Vire au plus vite[2]. Jean s'exécute et télégraphie pour annoncer son retour immédiat. Le 23 justement, un coup de tonnerre vient de retentir dans des cieux déjà peu sereins : contre toute attente, Staline et Hitler concluent un pacte de non-agression, prélude au dépeçage de la Pologne. Cette fois-ci, la côte d'alerte est atteinte et après Munich, les démocraties ne restent pas sans réagir. À tous les niveaux de l'État, c'est le branle-bas de combat et le sous-préfet regagne son poste en toute précipitation. Le 1er septembre, les Allemands envahissent la Pologne et à Paris, la mobilisation générale est décrétée. Le 3, la France et le Royaume-Uni déclarent la guerre à l'Allemagne.

Placé dans le service auxiliaire qui le maintient dans ses fonctions à la sous-préfecture, Benedetti formule la demande de se présenter devant le Conseil de réforme afin d'être incorporé dans le service armé. Tout en la regrettant, Peretti della Rocca, le préfet de Caen, transmet la requête de son subordonné au ministère de l'Intérieur. Le 24 septembre, le ministre, *via* son secrétariat général, autorise Benedetti à se présenter devant une commission de réforme et « prie de bien vouloir lui exprimer [ses] félicitations pour son initiative[3]. »

Au printemps 1940, en mars très précisément, alors que les rumeurs d'offensive allemande à l'ouest se propagent, il réitère son souhait de cessation de classement en affectation spéciale[4]. À nouveau, son

---

1. Courrier du 21 août 1939 du sous-préfet de Vire, Jean Benedetti, à M. le préfet du Calvados, Archives départementales du Calvados, 2 M 51.

2. Télégramme de M. Peretti della Rocca, préfet du Calvados, à Jean Benedetti, sous-préfet de Vire, 23 août 1939, Archives départementales du Calvados, 2 M 51.

3. Courrier du préfet du Calvados à M. le ministre de l'Intérieur, 20 septembre 1939 et réponse du ministre de l'Intérieur au préfet du Calvados, 24 septembre 1939, Archives départementales du Calvados, 2 M 51.

4. Note du sous-préfet de Vire à M. le préfet du Calvados, 4 mars 1940, Archives départementales du Calvados, 2 M 51.

autorité de tutelle relaie son vœu tout en émettant pour la circonstance un avis défavorable, motivé par la perspective qu'un afflux possible et considérable de réfugiés exige « la présence des sous-préfets [...] plus utiles à leur poste que partout ailleurs[1] ».

La France, en cet automne 1939, s'installe dans « cette drôle de chose » que constitue « la drôle de guerre » comme la qualifie Anatole de Monzie dans son journal[2]. Une atmosphère imprégnée d'attente, d'incrédulité aussi, de supputations et... de préparation enveloppe la Nation. Malgré ses démarches pour aller combattre, Jean reste consigné dans sa sous-préfecture. Il faut mobiliser l'arrière et soutenir ceux qui, sur la ligne de front, protègent nos frontières. C'est une administration de guerre qui se met en place sous le gouvernement d'Édouard Daladier. En Normandie, comme ailleurs, on s'organise. Tout l'enjeu dans cette veillée d'armes consiste à construire et à entretenir la solidarité de la Nation avec ses soldats. La préfecture du Calvados prend l'initiative d'instaurer un comité départemental des œuvres de guerre. Dans la salle des délibérations du Conseil général, le préfet, avant d'en définir les objectifs, en rappelle le contexte qui est celui d'un conflit que la France a tout fait pour éviter mais qui en raison des violations successives de la parole donnée, devient désormais inévitable :

> « Malgré les clauses d'un traité qu'ils ont signé, ils ont établi chez eux le service militaire obligatoire ; pour sauver la paix, nous nous sommes inclinés. Ils ont remilitarisé la Rhénanie : pour sauver la paix, nous nous sommes inclinés. Ils ont annexé l'Autriche, puis la région des Sudètes, annexé la Tchécoslovaquie : toujours pour sauver la paix, nous nous sommes inclinés devant le fait accompli. Aujourd'hui la coupe est pleine et elle déborde. Les dés sont jetés[3]. »

Déclinant ainsi la longue litanie des multiples renoncements qui caractérisent depuis 1933 la politique extérieure des démocraties, le représentant de l'État trace ensuite le portrait lyrique d'une nation

1. Note du préfet du Calvados, à M. le ministre de l'Intérieur, 7 mars 1940, Archives départementales du Calvados, 2 M 451.
2. Anatole de Monzie, *Ci-devant*, Flammarion, 1941.
3. Allocution du préfet du Calvados, M. Peretti della Rocca, octobre 1939, Archives départementales du Calvados, 2 M 51.

soudée autour de ses soldats[1]. L'union avec les mobilisés s'impose comme une représentation dominante du discours et de l'action préfectorale. La création du comité départemental obéit à cet objectif qui vise à concrétiser dans les faits l'unité mentionnée dans le discours. Dans une France fortement fracturée durant les années 1930, l'impératif est de réactiver l'image d'une nation parvenue, dans l'adversité, à transcender ses divisions pour affronter le péril. Implicitement, la référence à la mystique de « l'union sacrée », héritage de la Grande Guerre gagnée, joue comme un rappel mobilisateur pour conjurer les menaces qui se profilent à l'horizon. Et c'est bien l'arrière qui est ici sollicité pour illustrer cet élan.

L'initiative du préfet, autour du comité, vise ainsi à soutenir tant les soldats « qui ont laissé une famille dans le besoin » que « toutes les victimes directes et indirectes de la guerre[2] ». À Vire, Jean annonce dans un courrier qu'il adresse aux maires le 13 novembre, la création d'un comité d'arrondissement[3]. Il s'agit de coordonner les efforts de tous les groupements qui à leur niveau ont décidé d'agir en faveur des mobilisés. Quelques jours auparavant, une réunion avait été organisée avec la plupart des notabilités de son secteur pour préciser les missions assignées au comité. Celles-ci permettront de recueillir et de répartir les dons et ressources destinés à prêter secours aux soldats, à leur famille et aux victimes du conflit. Sur le terrain, le sous-préfet s'active, identifiant les relais qui localement assureront le bon fonctionnement de la structure de bienfaisance, écrivant aux uns et aux autres pour les inciter à s'impliquer dans leur canton respectif, constituant le conseil d'administration qui au sein de l'arrondissement pilotera l'association. Dans le même temps, Odette, aux côtés de son mari, participe à l'effort, récoltant les moyens et procédant à l'envoi de colis aux Virois mobilisés, notamment à Noël.

Aux maires qui parfois s'interrogent[4] sur la valeur ajoutée du comité et qui disent disposer d'une connaissance exhaustive de leurs administrés mobilisés, Jean répond, argumente, développe en

1. « Les Français, réconciliés dans le culte de la patrie, ne forment plus qu'un seul peuple, n'ont plus qu'un seul cœur, ne sont qu'une seule armée », Allocution du préfet du Calvados, *op. cit.*

2. *Ibid.*

3. Courrier du sous-préfet de Vire à MM. les maires d'arrondissement, 13 novembre 1939, Archives départementales du Calvados, 2 M 51.

4. *Ibid.*

insistant sur les avantages qui président au regroupement de l'effort de solidarité : péréquation garantissant une équité de traitement au regard de la situation économique des familles, des militaires, transparence dans la gestion des fonds, etc. C'est toute une effervescence qui accompagne l'action du sous-préfet dont le dynamisme trouve à s'employer avec détermination. Une note retrouvée dans les archives départementales du Calvados fournit un aperçu du climat de mobilisation qui entoure alors l'activité du comité, lequel vient par ailleurs de recueillir plus de vingt mille francs :

> « Aussitôt les fonds recueillis on s'est mis à confectionner les colis, pendant huit jours, la salle mise à la disposition du Comité a été une véritable ruche dans laquelle s'affairèrent vingt dames ou jeunes filles. Dans chaque cassette de carton s'entassent gants et chaussettes, conserves et boîtes de beurre, etc. On y joignait une carte à l'adresse du militaire le consultant sur la composition du prochain envoi ; des mains agiles confectionnaient les emballages, écrivaient les adresses compliquées des secteurs militaires, et vite, on descendait le tout à la gare. Deux cent vingt colis ont été ainsi expédiés du 29 au 31 décembre, et déjà des lettres de remerciement sont arrivées du front[1]. »

Atmosphère de dames patronnesses d'une France qui se prépare sans paraître trop y croire à la rudesse des combats alors qu'outre-Rhin, le sort de la Pologne est déjà réglé. Sous l'égide de son sous-préfet, la petite société viroise, ses élus, ses associations, ses notables, exprime une solidarité conviviale, tout à la fois patriotique et chrétienne, à l'adresse de ses enfants dont elle espère secrètement encore sans doute qu'ils n'auront pas… à se battre. La drôle de guerre s'étire en longueur mais tout doit concourir à présenter le visage d'un pays uni derrière son gouvernement et son président du Conseil.

Des tréfonds des terroirs s'élève le soutien apporté à « Édouard Daladier […] pour le patriotisme avec lequel il a su, dans des heures particulièrement graves, galvaniser toutes les énergies françaises et sauvegarder l'honneur du pays[2] ». Cette délibération émise le

1. Une note intitulée « Œuvre de guerre », Archives départementales du Calvados, 2 M 51.

2. Extrait du registre des délibérations du conseil d'arrondissement des vins, session 1939, Archives départementales du Calvados, 2 M 51.

21 novembre par le Conseil d'arrondissement de Vire est votée à l'unanimité. Transmise par le sous-préfet, qui précise qu'il n'a pas « manqué de [s'] associer aux sentiments [...] exprimés », la motion conforte l'idée d'un pays adossé à ses dirigeants. Le président du Conseil, tout à la fois ministre de la Défense nationale et de la guerre ainsi que ministre des Affaires étrangères, exprime quelques jours plus tard ses remerciements aux membres du Conseil d'arrondissement[1].

La drôle de guerre n'exclut pas le retour aux délices empoisonnés de l'instabilité parlementaire. En mars 1940, à une voix de majorité, Paul Reynaud renverse Daladier. Pour autant, la confiance demeure. Le nouveau chef du Gouvernement peut proclamer tout à la fois, à la suite de l'opération franco-britannique en Norvège, que « la route du fer est coupée » et que « nous allons l'emporter parce que nous sommes les plus forts ». Espoir de courte durée. Le 10 mai, l'armée allemande se met en branle. En quelques jours, les événements se précipitent, catapultant vers l'ouest la progression nazie dont l'onde de choc n'en finit pas d'altérer heure après heure l'ordre de l'Europe des démocraties. Voici l'exode, sans fin et anarchique ; l'accession de Churchill au pouvoir ; le franchissement le 13 mai de la Marne par les blindés de l'ennemi ; l'entrée de Pétain le 19 au gouvernement ; le renvoi de Gamelin et son remplacement par Weygand ; la capitulation de la Belgique ; la bataille de Dunkerque et sa résistance héroïque qui permettra peut-être de sauver l'essentiel...

Qu'en est-il alors dans ce Calvados où œuvre Benedetti ? La tourmente se rapproche. Le 1er juin, à Caen, arrive un nouveau préfet. Henry Graux est un homme énergique, courageux, bon connaisseur des hommes et non dénué d'humour[2]. Ayant accompli sa carrière dans la préfectorale, il arrive des Deux-Sèvres où il est parvenu à gérer dans l'improvisation l'afflux de cent mille réfugiés. Il rejoint son nouveau poste fin mai, remontant à contre-courant la cohue hétéroclite de ceux qui du Nord, de l'Est ou de la région parisienne fuient devant l'avancée des troupes allemandes. La France se transforme peu à peu en « bateau ivre ». « Seule, la conscience des lourdes tâches qui m'attendaient interdisait toute propension au

1. Courrier du président du Conseil à M. le sous-préfet de Vire, 25 novembre 1939, Archives départementales du Calvados, 2 M 51.

2. Pierre Aubert, « Le Calvados sous l'Occupation », *Administration*, n° 137.

découragement. On devait au contraire se durcir », écrira-t-il dans ses souvenirs[1]. Se durcir pour ne pas se résigner, pour faire face à « l'étrange défaite » qui vient et sans doute se préparer psychologiquement à la confrontation avec les officiers de la Wehrmacht.

Contrairement à son poste précédent dans les Deux-Sèvres, département d'accueil pour les réfugiés, le Calvados est identifié par les autorités comme zone de transit, particulièrement pour les habitants du Havre. Par ailleurs, l'état-major vise à faire de Caen et de sa région une poche de repli afin de regrouper éventuellement les troupes exfiltrées de Dunkerque. Graux s'installe en conséquence dans un secteur sensible, tactique, tout à la fois refuge et voie de passage. Il découvre à Caen une indescriptible confusion où se croisent des civils en transhumance et des soldats échoués des armées déjà vaincues du Nord. Du front, les mauvaises nouvelles s'accumulent : la Somme, l'Aisne et les Vosges sont attaquées, la région parisienne bombardée. Tout l'effort du préfet et de ses collaborateurs se résume en un mot : tenir. Sur l'estuaire de la Seine, les réservoirs d'essence brûlent, contribuant à épaissir un climat où la désolation, fille du découragement, ne cesse de gagner du terrain. Le 9 juin, un nouveau remaniement ministériel signe d'une certaine manière la montée des inquiétudes. De Gaulle, à cette occasion, est nommé sous-secrétaire d'État. Le 6, le front est enfoncé ; le 10, le Gouvernement évacue la capitale et l'Italie déclare la guerre à la France. Alors que partout craquelle l'armature d'un État où nombre de fonctionnaires fuient avec la population, vidant certaines villes et certaines campagnes de toute autorité nationale, Graux insuffle à ses équipes une inflexibilité à toute épreuve. Alors que le sentiment de panique, inexorablement, gagne les esprits, il s'agit de rassurer, d'exhorter au sang-froid et de faire montre d'une détermination inébranlable. Le 11 juin, un appel signé par le préfet est lancé à la population. En quelques lignes sont démenties les rumeurs les plus alarmistes, principalement les bruits annonçant la proche occupation du département et son évacuation. Parallèlement les fonctionnaires, les commerçants, les entrepreneurs reçoivent l'ordre de demeurer en place. « Les magasins d'alimentation et d'objets de première nécessité abandonnés par les exploitants, ajoute le texte préfectoral,

1. Henry Graux, « *Mémoires* », cité par Pierre Aubert, dans *Le Calvados sous l'Occupation*, *op. cit.*

seront réquisitionnés. Des sanctions sévères seront prises contre tous fauteurs de troubles et contre tous coupables d'abandon de poste ou d'emploi[1]. »

Alors que le 14 un palier supplémentaire dans la dégradation du rapport de force est franchi avec l'arrivée des Allemands à Paris, le préfet adresse le lendemain une note à ses sous-préfets de Bayeux, de Lisieux et de Vire pour leur rappeler qu'ils doivent rester en poste, conformément aux instructions[2]. Comment contenir l'affolement d'administrés qui assistent jour après jour à l'effondrement de toutes les défenses et maîtriser le prurit d'administrations tentées par le départ ? C'est cette équation que vont s'efforcer de résoudre les agents préfectoraux. Le 17 juin, la trésorerie générale quitte Caen, malgré les injonctions du préfet qui décide de démettre le trésorier-payeur général. En ce début de matinée, la journée s'annonce tendue, d'autant qu'à la suite de la démission de Reynaud, la veille, et de son remplacement par le maréchal Pétain, les informations relatives à une demande d'armistice commencent à se propager : elles seront confirmées quelques heures plus tard. Le 15 juin déjà, le procureur de la République à Vire saisissait Jean Benedetti dans un courrier confidentiel afin de l'interroger sur les mesures qu'il entendait prendre, en tant que sous-préfet, pour enlever les archives et transporter les magistrats ainsi que leurs familles[3].

Afin de colmater les brèches et d'enrayer la panique, Henry Graux multiplie encore une fois les appels. Le 16, un télégramme est relayé par Benedetti à tous les maires d'arrondissement pour leur intimer l'ordre de ne quitter leur poste sous aucun prétexte, sauf indication des autorités militaires[4]. Le 17, le préfet cosigne avec le maire de Caen un nouveau texte dans lequel les deux hommes réaffirment qu'ils ne bougeront pas « quelles que soient les circonstances » et qu'ils prendront toutes les dispositions indispensables afin de garan-

1. Pierre Aubert, *Le Calvados sous l'Occupation*, *op. cit.*

2. Le préfet du Calvados à M. le sous-préfet de Bayeux, de Lisieux et Vire, 15 juin 1940, Archives départementales du Calvados, 2 M 51.

3. Courrier du procureur de la République de Vire au sous-préfet de Vire, 15 juin 1940, Archives départementales du Calvados, 2 M 51.

4. Télégramme transmis par le sous-préfet de Vire, signé du préfet du Calvados, à MM. les maires d'arrondissement, 16 juin à 17 h 45, Archives départementales du Calvados, 2 M 51.

tir le fonctionnement normal de la vie quotidienne[1]. Le même jour à 11 h 55, un autre câble est redirigé par le sous-préfet de Vire aux maires. Ceux-ci sont appelés à prendre « toutes initiatives pour sauvegarder richesses agricoles et maintenir production ». Il leur est également demandé de rendre compte de la situation[2].

Mais dans le bocage virois surgissent déjà en cette fin de journée les premiers blindés allemands. À 18 heures, l'avant-garde est à Vire. Précédant les automitrailleuses, un motocycliste casqué apparaît, habillé d'un imperméable vert et couvert de poussière. C'est le prélude à une soirée où durant trois longues heures les blindés de la 7e *Panzer division* du général Rommel vont dans un fracas indescriptible se succéder, interminable cohorte, sur le pavé de la petite ville. Abasourdie, la population regarde défiler la centaine de chars *Skoda*.

À 20 heures, une délégation allemande se rend à l'Hôtel de Ville pour y rencontrer le premier adjoint, Alfred Mesrouze qui y fait office de maire, le secrétaire général de la commune, Charles Morand, et quelques employés municipaux. Aussitôt, dans une atmosphère tendue, les Allemands exigent des locaux pour cantonner leurs troupes. Très vite, en concertation avec la sous-préfecture, le problème est résolu. Les centres d'accueil initialement prévus pour les réfugiés sont mis à la disposition des occupants. Le lendemain, ces derniers réquisitionnent d'autres sites et installent leur *Kommandantur* dans la salle des Fêtes de la mairie. Au balcon flotte désormais le drapeau à croix gammée. Enfin, les nouveaux maîtres des lieux font part de leur souhait de disposer d'un interprète pour faciliter leurs relations avec les autorités locales.

À Caen, Henry Graux fait face, s'efforçant de rétablir l'ordre et d'assurer la continuité de l'autorité préfectorale. À Vire, son sous-préfet donne toute la mesure d'un activisme habile pour préserver les populations et pour maintenir, aux yeux des Allemands, les symboles d'une autorité nationale que la défaite a naturellement démonétisée. Le premier défi pour ces administrateurs confrontés à l'épreuve du contact direct et immédiat avec l'ennemi consiste à ne rien céder de leur dignité. De l'attitude qu'ils adopteront – servilité ou réso-

1. Pierre Aubert, *Le Calvados sous l'Occupation*, *op. cit.*
2. Télégramme du 17 juin 1940, 11 h 45, Archives départementales du Calvados, 2 M 51.

lution, nervosité ou sang-froid –, on peut déduire une part de leurs comportements à venir. Tenir sa place, c'est déjà tenir son rang dans un moment où d'autres, à niveau de responsabilités équivalent, voire supérieur, ont suivi le flot ininterrompu de l'exode. Il s'agit là d'un premier indice, si ce n'est d'insoumission, tout au moins de non-soumission.

Afin d'en imposer à des officiers allemands élevés dans la tradition prussienne de l'exigence de la présentation de soi, la tenue constitue un moyen élémentaire d'expression de l'autorité. Benedetti met ainsi un point d'honneur, lors de ces rencontres avec ses interlocuteurs allemands, à revêtir son uniforme de sous-préfet[1]. Son supérieur à Caen adopte des codes identiques, y ajoutant pour sa part une canne dont il se munit à chacun de ses entretiens avec l'occupant[2]. Voilà des hommes qui doivent se construire une conduite, mesurer jusqu'où ils peuvent borner les exigences des vainqueurs, évaluer un rapport de force qu'ils savent excessivement dissymétrique mais où ils recherchent des marges pour conserver l'autonomie indispensable à l'exercice de leur tâche administrative, protéger leurs concitoyens des injonctions de l'armée étrangère. Entre la désorganisation d'une société, le contrôle souvent coercitif, toujours insistant des Allemands et la sauvegarde des intérêts nationaux, il faut trouver ses marques. Jean se révèle peut-être à lui-même dans cette phase d'entre-deux où la République n'est pas encore morte, et où l'État français ne s'est pas encore édifié sur les décombres du régime emporté par la défaite militaire. Il montre surtout les capacités dont font preuve les administrateurs de temps de crise : goût pour l'action, sens de l'anticipation, assurance dans la prise de décision et une maîtrise permanente de soi. Comme ailleurs dans le Calvados, la débâcle a précipité à Vire des multitudes de réfugiés. La sous-préfecture devient le centre névralgique où se déploie une activité soutenue. Benedetti s'y affirme, développe des qualités de chef. À l'occasion de la remise de la Légion d'honneur à Odette Benedetti quelques années plus tard, le maire de Vire, André Halbout, évoquant ces moments, dressera un portrait forcément élogieux du jeune sous-préfet : « Jean domine heureusement

1. « L'Occupation de Vire par les Allemands du 17 juin 1940 au 5 août 1944 », Archives familiales.

2. Pierre Aubert, *Le Calvados sous l'Occupation*, *op. cit.*

de sa forte personnalité et de son autorité le cortège de chefs civils et militaires vraiment peu glorieux[1] ».

Faut-il voir, dans ces premiers instants de face-à-face avec le désastre, le début de cette intimité combattante de Jean avec son épouse ? Sans doute moins que d'autres, et Odette de manière encore plus marquée que Jean, refusent-ils de se rendre à ce sentiment d'inéluctabilité du destin qui envahit, telle une marée montante, la conscience de nombre de leurs compatriotes – et parmi ceux-ci, d'une majorité de ceux qui appartiennent à la classe dirigeante du pays… Pensent-ils dans ces instants dramatiques à gagner Londres ? Odette y aurait songé mais Jean, soucieux de leurs familles, s'y serait montré défavorable[2]. Toujours est-il que le couple[3], en ce printemps 1940, déploie une intense activité, cherchant à secourir les réfugiés et autre victimes de guerre, à aider les populations civiles en plein désarroi et à soustraire les soldats vaincus aux griffes du vainqueur. Temps des premières initiatives qui constituent déjà les prémisses d'une disposition d'esprit où le refus se construit avec toutes les armes de la discrétion affûtées non sans habileté et détermination.

Sens du devoir et altruisme se combinent tout d'abord pour accueillir au mieux les réfugiés. Il faut les loger, les vêtir, les nourrir. Des centres d'accueil sont improvisés, l'hôpital est réquisitionné. Un train de ravitaillement de l'intendance militaire est abandonné, proie à venir des troupes allemandes. Odette, toujours elle, avec l'appui de son mari détourne, celui-ci au nez et à la barbe de l'occupant pour en faire bénéficier les diverses structures de secours mises en place sur le territoire de la commune[4].

Aux soldats vaincus, perdus et souvent démoralisés, on procure toute affaire cessante des vêtements civils et toutes les ressources indispensables pour leur éviter de tomber entre les mains des Allemands dont l'avancée vers l'Ouest est désormais fulgurante.

---

1. Discours de remise du grade de chevalier de la Légion d'honneur, Archives familiales.

2. Entretien avec François Benedetti, mai 2010.

3. « Pour toi, Odette, en plein accord avec Jean, les faits exceptionnels de courage et de résistance vont devenir œuvre courante », André Halbout, Discours de remise du grade de chevalier de la Légion d'honneur, Archives familiales.

4. Tous ces éléments et ceux qui suivent sont extraits du discours d'André Halbout, maire de Vire, lors de la remise du grade de chevalier de la Légion d'honneur à Odette Benedetti, Archives familiales.

Ceux-ci font leur entrée dans Vire le 17. Décrivant à nouveau l'attitude du couple Benedetti, André Halbout écrit en s'adressant à Odette : « Toi et Jean, ne vous laissez pas abattre. Dès lors votre attitude fière et courageuse soutient et galvanise le moral des Virois ».

L'enjeu devient plus tactique, d'autant que les occupants implantent sur le territoire de la commune – réquisitionnant pour la circonstance une usine – un camp de prisonniers français. Odette, toujours en parfaite intelligence avec son mari, est à la manœuvre, agissant dans un environnement où s'accroissent les menaces qu'inévitablement font peser les armées d'Occupation. C'est dans ce contexte que l'entreprise de libération des militaires se noue, faisant intervenir en complicité plusieurs personnalités viroises sans lesquelles cette action eût été impossible[1].

Première urgence : établir le contact avec les familles des prisonniers. En un temps record, Odette y parvient. Une filière d'évasion est ensuite mise sur pied, l'objectif étant de permettre à un maximum de soldats d'échapper à la captivité. Résistance civile qui ne dit pas son nom. Dans cette phase où l'urgence des événements rend l'organisation compliquée, une telle initiative contient les indices d'une future désobéissance tant administrative que sociale, économique et symbolique. On expérimente, on bricole, on se débrouille. C'est une action au jour le jour, qui s'alimente à la double source de l'audace individuelle et de l'entraide collective.

L'exfiltration des prisonniers est une activité d'une tout autre nature que l'accueil et la gestion des réfugiés. Elle esquisse un geste de prérébellion, anticipant une représentation de l'avenir qui ne se résout pas à l'abdication.

Le réseau d'évasions où opère Odette avec l'appui des services de la sous-préfecture s'inscrit avant l'heure dans une perspective de refus du renoncement. La filière se révèle efficace, ainsi qu'en témoigne encore une fois le maire de Vire :

> « Le sanatorium de Saint-Sever devient un précieux relais, mais les départs se font dans toutes les directions. Les hommes virois voient

---

1. « Bien sûr les Berger sont aussitôt dans le coup et en particulier leur contremaître Dimet, mais souviens-toi aussi, Odette, de l'aide efficace que nous trouverons auprès des Jourdan, de Mme Duro, des Faget, des Drucker, des Chaperon, des Delaunay », André Halbout, Discours de remise de la Légion d'honneur à Odette Benedetti, Archives familiales.

leur vestiaire diminuer dans des proportions inquiétantes par les prélèvements opérés par Mme Duros et la fabrication des fausses cartes d'identité fonctionne à bloc. Bref, à la barbe du boche, le quart de l'effectif des prisonniers français retrouve la liberté et nous partageons leur joie[1]. »

Le témoignage d'Abraham Drucker, lui aussi aux premières loges de ces événements, va dans le même sens lorsque s'adressant toujours à Odette, il souligne les initiatives dont elle fit preuve en juin 1940 :

« Je n'oublie pas que c'est grâce à ton initiative et sous ta direction qu'un certain nombre de prisonniers ont pu s'évader d'un camp virois. Tu n'as pas hésité à courir de grands risques. Je n'oublie pas non plus ce train de ravitaillement soustrait aux Allemands pour la plus grande joie des habitants de Vire [...]. »

L'effervescence qui accompagne ces premiers jours de défaite dévoile certes des aptitudes, des dispositions, des caractères mais elle révèle également entre l'annonce de l'armistice et la convocation au 10 juillet de l'Assemblée nationale, une mise en suspend des ordres venant des autorités administratives et de l'État. Il en résulte que les détenteurs d'une position à forte responsabilité politique ou administrative doivent décider en conscience quelle sera la marche à suivre. Soutenu par une épouse énergique, dont on peut imaginer qu'elle le précède parfois dans la voie de l'audace, Jean Benedetti opte pour une double position : pourvoyant efficacement aux urgences, couvrant les activités d'Odette et de ses amis et... assumant les relations avec les occupants. Les servitudes inhérentes à la défaite submergent rapidement le quotidien des fonctionnaires confrontés à un vainqueur qui entend imposer son ordre, sécuriser ses troupes et voir ses exigences appliquées. Dès le 6 juillet, le sous-préfet adresse une circulaire aux maires de l'arrondissement, relayant une instruction de la *Kommandantur* visant à recenser et à remettre aux gendarmeries de chefs-lieux de canton toutes les armes et toutes les munitions rassemblées dans chacune des communes.

1. Discours de remise de la Légion d'honneur à Odette Benedetti, Archives familiales.

Dans la même note est demandé un état des démobilisés, qui auraient repris d'une manière irrégulière la vie civile[1].

Le 12 juillet, une vexation supplémentaire parvient sur le bureau de Benedetti et du maire de Vire. Signée du major, commandant la *Kommandantur*, la correspondance interdit toute solennité à l'occasion du 14 juillet[2].

Le 2 août, la sous-préfecture saisit à nouveau les élus, cette fois-ci sur ordre du chef d'état-major des armées d'Occupation en France, afin qu'ils inventorient « les trésors et art », y compris ceux des particuliers, que recèlent leurs collectivités[3]. Le 27 du même mois, les maires sont invités, par instruction des autorités militaires d'Occupation, à signaler les véhicules à l'abandon[4].

Le 25 octobre, le préfet du Calvados annonce à son sous-préfet qu'une décision de la *Feld-Kommandantur* interdit désormais toutes les activités des groupements de scouts[5]. Un mois auparavant, le major et commandant de la place de Vire rappelait à Benedetti que les fonctionnaires français portant l'uniforme de la gendarmerie et de la police devaient saluer « correctement les officiers allemands ainsi que les autres gradés de l'armée allemande ayant rang d'officier ». Au cas où ces consignes ne seraient pas respectées, des sanctions seraient envisagées[6].

Alors que se succèdent en rafales les injonctions des occupants, l'impératif est de sauver les apparences. Illusion d'une autorité française dissoute sous le joug du vainqueur ? On joue sur les symboles, contournant les obstacles, afin d'entretenir comme une faible espérance la flamme fragile du souvenir. Le 30 octobre, une note du sous-préfet invite les maires de l'arrondissement à faire déposer le jour de la Toussaint une couronne de fleurs au pied

1. Note du sous-préfet de Vire à MM. les maires d'arrondissement, 6 juillet 1940, Archives départementales du Calvados, 2 M 51.

2. *Orstskommandantur* à M. le sous-préfet et à M. le maire, 12 juillet 1940, Archives départementales du Calvados, 2 M 51.

3. Courrier du sous-préfet de Vire à MM. les maires d'arrondissement, 2 août 1940, Archives départementales du Calvados, 2 M 51.

4. Courrier du sous-préfet de Vire à MM. les maires d'arrondissement, 27 mai 1940, Archives départementales du Calvados, 2 M 51.

5. Le préfet du Calvados à M. le sous-préfet de Vire, 25 octobre 1940, Archives départementales du Calvados, 2 M 51.

6. Courrier manuscrit du major et commandant de la place de Vire au sous-préfet, 21 septembre 1940, Archives départementales du Calvados, 2 M 51.

des monuments aux morts[1]. Quand tout semble perdu, la mémoire des sacrifices de la Grande Guerre est convoquée pour combler le passif du présent.

À Vire, Benedetti apprend bien plus que son métier ; il y apprend la guerre et une conduite où son professionnalisme ne vaut pas compromission, où sa fonction ne rogne en rien son patriotisme et où son administration évite la corrosion de la soumission. Son supérieur Henry Graux apprécie sans réserve les dispositions de son sous-préfet. Dans l'évaluation qu'on lui demande de fournir au sujet de son collègue, il note :

> « Servira très fidèlement le Gouvernement. Ses qualités lui permettront vraisemblablement de prétendre plus tard au grade de préfet. Peut être affecté partout sauf en Corse. Conduite digne des plus grands éloges, a témoigné d'une réelle activité (au début des hostilités) et d'un dévouement absolu. Excellent sous-préfet qui mérite entièrement la confiance de ses chefs, rendra les plus grands services là où il sera appelé[2]. »

À la fin de la guerre, le comité de Libération du Calvados authentifie l'exemplarité du comportement de Benedetti :

> « Excellent français, de sentiments antiallemands, a toujours fait preuve de beaucoup de courage auprès des autorités d'Occupation. Mme Benedetti a favorisé l'évasion des prisonniers français[3]. »

Évoquant la somme des faiblesses individuelles ayant entraîné le désastre collectif du printemps 1940, Marc Bloch observe que « mobilisés », nombre de civils emportés dans la débâcle auraient sans doute « accompli leur devoir jusqu'au bout », ajoutant qu'« ils avaient oublié et on ne leur avait pas assez répété qu'il n'est, plus en temps de guerre, de métier ». Et de conclure : « La nation armée ne connaît que des postes de combat[4]. »

---

1. Note du sous-préfet de Vire à MM. les maires d'arrondissement, 30 octobre 1940, Archives départementales du Calvados, 2 M 51.
2. Dossier de carrière, CAC, 19910794, art. 27, Archives nationales, Fontainebleau.
3. Avis du CDL du Calvados, dossier de carrière, CAC, 19910794, art. 27, Archives nationales, Fontainebleau.
4. Marc Bloch, *L'Étrange défaite*, Folio histoire, Gallimard, 1990, p. 163-166.

Sans pour autant manifester un goût ostentatoire pour le sacrifice patriotique sur les champs de bataille, Benedetti s'était rendu à cette évidence que le drame et l'adversité peuvent, pour certains tempéraments, renforcer leur investissement et favoriser l'exercice de leur mission. Au fin fond de la Normandie, Jean avait certes déjà taraudé le bois dur de son expérience mais d'autres épreuves, plus redoutables encore que ce début de conflit, allaient confronter ce caractère, fait de prudence et d'audace à la fois, aux défis toujours plus excessifs des événements.

5

21 janvier 1942 : Jean Benedetti prend ses fonctions de préfet délégué à Montpellier. En moins de deux ans sa carrière a connu une accélération certaine. Secrétaire général de la Somme durant à peine quatre mois (novembre 1940-avril 1941), sous-préfet d'une sous-préfecture hors classe, Dunkerque, durant neuf mois (avril 1941-janvier 1942), le voilà nommé à Montpellier dans l'Hérault où il s'apprête à occuper son premier poste de préfet. Jean n'a pas encore 40 ans et il retrouve le Languedoc-Roussillon où débuta treize ans plus tôt sa trajectoire de fonctionnaire.

À ce stade surgit une interrogation : alors que tous les témoignages, tous les comptes-rendus, souvent corroborés par nombre de documents d'archives, traduisent la très grande prudence, voire la réserve de Benedetti vis-à-vis de sa tutelle vichyssoise, alors que son attitude est jugée irréprochable par les milieux les plus engagés[1] dans l'opposition à la politique de collaboration, comment une ascension aussi rapide dans le corps préfectoral a-t-elle été rendue possible ? Il nous faut interroger cet hiatus entre, d'une part, un comportement apprécié rétrospectivement comme exemplaire[2], et d'autre part une progression professionnelle facilitée par le régime de Vichy. Jean Benedetti est-il l'acteur conscient d'un double jeu permanent donnant des gages minimaux aux uns et aux autres ? Est-il, comme tant d'autres, engagé dans une voie où l'incertitude gouverne chacun de ses actes ? Ou faut-il voir dans le déroulement de sa carrière, tout au long de ces années, une montée en puissance progressive mais permanente d'un esprit de résistance convaincu par la victoire inéluctable des Alliés ?

1. P. H. Teitgen, *Faites entrer le témoin suivant ; 1940-1958, de la Résistance à la Ve République*, éd. Ouest-France, Rennes, 1988.

2. Voir les divers rapports des Comités départementaux de Libération qui rendent tous un avis positif quant à la conduite de Jean Benedetti dans les différents départements où il fut en poste durant l'Occupation (CAC, 19910794).

Benedetti joue à coup sûr une partie serrée, faisant alterner prudence et audace, esprit de compromis et refus des compromissions. Il avance à son rythme, prenant en compte et ménageant la complexité et l'instabilité des conditions dans lesquelles il évolue. Aucune exaltation, de la modération en toutes choses, et l'esprit en alerte constante, ainsi va notre homme, conscient qu'il a beaucoup à perdre mais – pourquoi pas ? – beaucoup à gagner aussi. Ce que démontre la trajectoire de Jean dans le contexte de la guerre, c'est que, tout en ne rompant pas avec le régime pour lequel il assure un minimum « syndical » de loyauté, il parvient à prendre ses distances avec les mesures les plus arbitraires et *a posteriori* condamnables de Vichy. Son engagement discret mais jamais démenti en faveur de tous les pourchassés (résistants, Juifs, etc.) est exemplaire de cet équilibre, qu'il manifestera durant toutes ces années, entre la tenue de son poste et ce qu'il faut bien appeler sa conscience d'homme. Pour autant, en dix-huit mois, Jean devient préfet. À l'intérieur du système, il a su nouer sans aucun doute de solides appuis. Étonnante martingale que celle de Vichy où près de tout perdre Jean l'habile va tout gagner par un effort constant de subversion.

Dix-huit mois séparent donc sa prise de fonction de secrétaire général de la Somme de son retour en zone non-occupée : Amiens, Dunkerque, Montpellier. Une année et demie où se forme au gré des évolutions d'un régime otage d'une histoire qu'il ne maîtrisera jamais, un jugement sur la nature de l'État dont il est le représentant ; où se développent aussi sur le terrain du nomadisme professionnel de nouvelles rencontres avec quelques-uns des grands noms de la préfectorale.

À l'automne 1940, quittant Vire et le Calvados où il est confronté à l'arrivée des occupants, le voici à Amiens dans la Somme, département traversé par une ligne de démarcation entre la zone occupée et la zone interdite. Il y fait la connaissance de Pierre Aubert, chef de cabinet du préfet Émile Pelletier :

> « La présence des Allemands était oppressante. Nous vivions et prenions nos repas ensemble avec quelques amis : deux fonctionnaires de l'Enregistrement, un magistrat. En ces moments difficiles, je peux témoigner de son courage et de sa loyauté. J'avais monté un service de fausses cartes d'identité qui étaient rédigées à la main, ce qui per-

mettait des adjonctions avec des modifications de la même écriture, après avoir reçu le cachet officiel allemand. Jean Benedetti participait étroitement à cette activité et à de nombreuses autres pour lesquelles nous étions en rapport étroit avec la résistance[1]. »

De cette époque naîtra entre les deux hommes l'une de ces amitiés professionnelles qui, les événements aidant, se solidifiera au fil du temps[2].

Années de guerre, années d'adversité, de doutes aussi, la traversée de l'époque est tout à la fois circonstances, hasards et rencontres, à commencer par les liens qu'il va nouer dans l'univers préfectoral qui constitue quelque part sa biosphère. Tout en nuances, les relations qu'il tisse à cette époque avec ses supérieurs hiérarchiques laissent deviner une frontière ténue entre d'une part, les exigences du service professionnel et du devoir limité aux strictes nécessités de la tâche et d'autre part, la complicité fraternelle du combat née du secret des luttes et des prises de risques. D'un côté, De Sardan à Montpellier ou Carles dans le Nord ; de l'autre, Hontebeyrie dans l'Hérault ou Pelletier à Amiens : l'homme se dévoile aussi au contact des personnalités avec lesquelles il est amené à collaborer, forgeant son caractère à l'ombre des grands noms de la préfectorale. Heureux aléas qui le conduisent à trouver sur sa route ces fortes figures qui cristallisent l'habitus du préfet : sang-froid, loyalisme, sûreté dans l'exécution de la mission.

À Amiens, durant les quelques mois où il occupe le poste de secrétaire général, Jean travaille aux côtés d'Émile Pelletier. Les trajectoires des deux hommes se croiseront à nouveau à la fin des années 1950[3]. Né en 1898, Pelletier est lui aussi un pur produit de la préfectorale. Comme Jean, son cadet de quatre ans, il a commencé sa carrière comme jeune chef de cabinet à la préfecture de Loire inférieure avant d'être nommé, après son engagement volontaire en 1917, à Colmar, toujours comme chef de cabinet. Quelques années plus tard, Jean occupera le même poste dans le Haut-Rhin où est

1. Pierre Aubert, « In memoriam », *Administration*, mai 1981.
2. Pierre Aubert sera secrétaire général de l'Association du corps préfectoral.
3. Jean Benedetti sera nommé en 1958 par Émile Pelletier, ministre de l'Intérieur du général de Gaulle, à la préfecture de la Seine.

conduite une politique républicaine prise entre le patriotisme des Alsaciens et les pressions pangermanistes d'une minorité instrumentalisée par les SS à partir de 1933.

Successivement sous-préfet de Montreuil-sur-Mer dans le Pas-de-Calais, puis de Cambrai et de Valenciennes dans le Nord, ayant connu un bref intermède en cabinet ministériel en 1934 auprès du sous-secrétaire d'État à l'Aviation, Charles Delesalle, Pelletier est nommé à la préfecture de la Somme en septembre 1940. Cette nomination à un véritable poste de combat lui est obtenue par le général Fornel de la Laurencie qu'il a connu à Valenciennes en septembre 1939, quand il commandait le 3e corps d'armée, et qui est devenu entretemps délégué général du gouvernement de Vichy[1]. Dans ses mémoires, Pelletier confirme ce fait et rapporte une conversation tenue avec le militaire peu avant sa prise de fonction à Amiens :

> « Monsieur le Préfet, ce n'est pas un cadeau que l'on vous fait. Ce département est le plus sinistré de France parce que le plus atteint par les combats ; il est au surplus, du fait des conditions d'armistice, coupé en deux par la ligne de démarcation imposée entre une zone dite interdite et la zone occupée. Les rivages, bases stratégiques de l'Armée allemande, avec des effectifs importants, aggravent cette situation. Je vous connais, je suis certain qu'à tant de difficultés vous ferez front[2]. »

Confrontés à la pression de l'occupant, Pelletier et ses collaborateurs doivent tout à la fois veiller au ravitaillement des populations, à l'hébergement des sinistrés, à la reconstruction des bâtiments, à la remise en route de la vie économique et sociale et à la protection de leurs administrés face aux exigences tous les jours un peu plus grandes des armées d'Occupation.

Tâche immense, presque impossible, que celle de ces hommes isolés entre zone occupée et zone interdite, subissant la pression allemande dans une atmosphère de désolation physique et morale où toute espérance semble bannie. Dans cette ambiance de déshérence, y a-t-il place, si ce n'est pour l'action, ne serait-ce pour l'idée de résistance ? Est-ce que résister a encore un sens ? Par quel chemine-

1. Émile Pelletier, *Traversée d'une époque*, Toulouse, éd. Émile Pelletier, 1974.
2. *Ibid.*, p. 65.

ment et quel effort sur soi-même en vient-on à ne pas s'abandonner à la résignation ?

Ainsi imagine-t-on ce mois de décembre 1940 où dans la pénombre d'un coin d'une préfecture à moitié investie par les Allemands et sous le ciel bas de Picardie un visiteur inattendu à l'écharpe blanche, radié de l'administration quelques semaines auparavant, fait son apparition là où quelques années plus tôt il avait lui-même occupé le poste de secrétaire général[1]. Pelletier, toujours dans ses mémoires, évoque la silhouette, le regard, la passion de l'homme, qui en 1943 irait à la rencontre de son destin. Benedetti croisa-t-il alors son prédécesseur ou Moulin réserva-t-il sa visite à Pelletier ? Toujours est-il que, comme l'écrit celui-ci, « la trame de la résistance était déjà sur le métier[2] ». À défaut d'une organisation structurée, le temps est encore aux rencontres, à la gestation des complicités qui formeront la clandestinité combattante.

Dans ce halo imprégné d'une discrète espérance et de prudentes prises de contact, Jean, comme d'autres, échafaude les ressorts de son comportement à venir. À l'orée de son aventure, la résistance a quelque chose de pointilliste et le court passage dans la Somme éclaire dans toutes ces nuances cette réalité en gestation.

En avril 1941, Jean est à Dunkerque dans une sous-préfecture hors classe, détruite, rasée, en pleine zone interdite. Pour autant, ce nouveau poste est bien une promotion. Une note de l'administration d'Occupation précise qu'« il apparaît que c'est par le ministre de l'Intérieur, Pucheu, qu'il a été nommé sous-préfet de Dunkerque[3] ». Tout laisse ainsi à penser qu'aux yeux du régime, Benedetti est un professionnel suffisamment aguerri pour occuper un poste requérant une grande maîtrise dans l'art d'administrer.

Dans le Nord, Benedetti trouve tout d'abord un climat très hostile à l'occupant, une anglophilie souvent non dissimulée et un sentiment d'isolement plus grand encore que dans la Somme. Car le Nord ne fait pas seulement partie de la zone interdite : il dépend de la zone réservée, autrement dit, du commandement de Bruxelles. Dans ce contexte, l'effort de l'administration, au-delà du seul objectif de

1. *Ibid.*
2. *Ibid.*
3. Voir Fiches allemandes du Majestic.

remettre en marche la machine économique, consiste à maintenir les apparences minimales d'une autorité française. Or, la zone réservée est traitée en otage par l'occupant[1]. Les conditions d'exercice du métier de préfet y sont particulièrement difficiles, comme le destin de Fernand Carles, qui sera un peu moins d'un an le supérieur hiérarchique de Jean, en fournit l'illustration tragique.

Fernand Carles s'inscrit dans la tradition républicaine de la haute fonction publique. Après avoir commencé sa carrière dans l'administration coloniale[2], il est nommé sous-préfet en 1916. Au début des années 1920, il est membre de plusieurs cabinets ministériels avant de devenir successivement préfet des Pyrénées-Orientales (1922) et de Constantine (1927). Le 21 mars 1936, il accède à la préfecture de Lille, qu'il ne quittera plus jusqu'à la fin du conflit.

Fernand Carles assume la tâche singulière de l'exercice de l'autorité de l'État dans un territoire où celle-ci a *de facto* disparu sous la botte de l'ennemi. Pierre Aubert explique :

> « Le grand drame administratif du Nord-Pas-de-Calais consista du début à la fin à lutter contre les Allemands pour leur faire admettre sans succès l'application de la législation française. La position fut souvent insoutenable[3]. »

Cette mission « insoutenable », le préfet Carles l'accomplira durant toute la guerre dans un département quasi annexé par le Reich et où la législation française a presque disparu. Il s'efforcera de faire face dans un climat hostile où ses marges de manœuvres se réduisent comme peau de chagrin de jour en jour. Il parvient ainsi à mettre un terme à l'exode[4] tout en restaurant les municipalités et les sous-préfectures. En juin 1940, il ordonne de descendre le drapeau nazi de la préfecture et à plusieurs reprises, malgré les demandes pressantes des occupants, qui ne manquent jamais de lui rappeler sa responsabilité personnelle, il s'oppose à livrer des listes d'otages. Peu suspect d'antisémitisme (son épouse est de confession juive), Carles se livre à un effort souvent pathé-

1. Pierre Aubert, « Le Nord sous l'Occupation », *Administration*, n° 137.
2. Fernand Carles, docteur en droit, est diplômé de l'École coloniale.
3. Pierre Aubert, « Le Nord sous l'Occupation », *op. cit.*
4. *Ibid.*

tique pour préserver les populations, et son patriotisme n'est pas contestable[1]. Ce comportement, à bien des égards courageux, ne lui épargne pas l'arrestation à la Libération. Le préfet paye sans aucun doute son anticommunisme et les camps d'internement qu'il fait implanter avec son collègue du Pas-de-Calais dans la... Somme[2]. À bout psychologiquement, épuisé par de longs mois de détention, Carles met fin à ses jours le 23 avril 1945. Tout en servant loyalement le régime, il a résisté aux exigences brutales des Allemands autant que le contexte de la zone réservée le lui permettait[3]. C'est avec cet homme, dans cette atmosphère d'extrême tension, que Jean va travailler durant quelques mois. Le 1er mars 1942, Fernand Carles ne tarit pas d'éloges sur son jeune sous-préfet de Dunkerque, comme le révèle le dossier de carrière. Évoquant son attitude au moment de la débâcle alors qu'il est en poste à Vire, le préfet du Nord observe :

> « M. Benedetti est resté à son poste. Nommé sous-préfet de Dunkerque le 25 mars 1941, a fait preuve à ce poste des plus belles qualités de maîtrise, d'activité heureuse et de courage[4]. »

Carles poursuit :

> « Loyalisme entier à l'égard du nouveau régime. A obtenu des résultats remarquables. Haut fonctionnaire de très réelle valeur, M. Benedetti est appelé à mon avis à faire une très belle carrière grâce à ses qualités d'intelligence, de fermeté et à son exemplaire conscience professionnelle[5]. »

Et d'associer dans ses commentaires gratifiants Odette, dont on mesure toute l'influence qu'elle continue à jouer auprès de son mari :

---

1. Émile Pelletier confirme ce fait dans ses mémoires, évoquant « [son] préfet dont le patriotisme ne pouvait être mis en doute mais qui, en raison d'apparences de collaboration cordiale avec l'occupant, fut arrêté à la Libération et se suicida en détention », *Traversée d'une époque*, *op. cit.*, p. 59.

2. C'est en tous cas l'interprétation de Pierre Aubert dans *Le Nord sous l'Occupation*, *op. cit.*

3. Voir Sonia Mazey, Vincent Wright, « Les Préfets », dans Jean-Pierre Azéma et François Bédarida), *Vichy et les Français*, Fayard, 1991.

4. CAC, 19910794.

5. *Ibid.*

« Caractère très amène, influence sans nul doute, très favorable, très intelligente, active, relations nombreuses et choisies. Tenue de la maison parfaite. Réceptions nombreuses dans l'intimité[1] ».

Au-delà de l'appréciation flatteuse de Carles, ces quelques mois passés à Dunkerque scellent la relation privilégiée de Benedetti avec une région qu'il retrouvera treize années plus tard, en 1954. Le contexte si particulier de ce département meurtri et occupé a-t-il renforcé son patriotisme et son hostilité aux Allemands ? De-ci, de-là, remontent à la surface des indices qui pointent déjà cette geste qui le conduira, malgré un sens tactique éprouvé, à la déportation. Cependant, Jean n'est pas homme à s'emporter, à s'exalter brusquement : sa modération, la tempérance de son caractère ont peu à voir avec la brutalité militaire de l'occupant. Tout juste à Dunkerque, son premier acte consiste à fleurir le monument aux Morts[2] et à déclarer à la presse qu'il poursuivrait l'action de son prédécesseur contre le marché noir. Plusieurs sources attestent l'existence des liens de Jean avec certains cercles résistants, dès cette époque. Ainsi aurait-il été familier de nombreuses réunions se déroulant à Wattrelos, au 269 rue Carnot, où plusieurs personnalités locales de la résistance avaient pour habitude de se retrouver. Parmi celles-ci, un futur préfet du Nord, Roger Verlomme ; le commandant de la police de Lille, Bonnaud ; Jules Houcke, sénateur-maire de Nieppe[3]. Le jeune sous-préfet s'oppose même ouvertement à l'occupant, exigeant, lorsque celui-ci lui réclame une liste d'otages, d'être le premier d'entre eux… Exaspérés par son comportement peu coopératif, les Allemands finissent par exiger son départ vers la zone non occupée, comme en témoigne cette note non signée et recopiée à la main par Odette Benedetti, issue sans doute d'un dossier administratif de renseignements :

« D'excellente présentation, a acquis à Dunkerque comme sous-préfet une réelle popularité par son courage et son altruisme. Les Allemands

1. *Ibid.* À noter que ces commentaires de Carles interviennent en mars 1942, alors que Jean est, depuis janvier de la même année, nommé à Montpellier comme préfet délégué.

2. *Le Nouveau Nord*, non daté, Archives familiales.

3. Voir site officiel de la ville de Wattrelos.

ont exigé sa nomination en zone non occupée en lui reprochant à tort semble-t-il certaines mesures de polices prises dans le Haut-Rhin alors qu'il était chef de cabinet[1]. »

L'avis du Comité départemental de la libération de la Somme confirme les faits :

« Bon souvenir. Sous-préfet de Dunkerque, les Allemands exigèrent son départ en souvenir de sa politique française en Alsace[2]. »

Les mois passés dans le Nord confirment ce que l'expérience de la défaite dans le Calvados avait déjà souligné : Benedetti s'emploie depuis son poste à s'opposer aux occupants, et ne se résigne pas à la vulgate officielle du régime qu'il sert et selon laquelle la défaite est une donnée politique désormais irréversible. Bien au contraire, son départ de Dunkerque paraît renforcer sa foi en la victoire des Alliés. Le journal *Le Nouveau Nord*, à la veille du retour de Benedetti dans la région en 1955, évoque les mots de ce dernier alors qu'il s'apprête à quitter sa sous-préfecture :

« Il nous souvient qu'en quittant Dunkerque en janvier 1942, M. Jean Benedetti nous avait dit “Je compte fermement revenir dans le Nord après la victoire[3].”. »

L'avis délivré par le Comité de libération du Nord en 1945 vient confirmer une attitude générale imprégnée de patriotisme et de sentiments antiallemands :

« S'est montré toujours partisan du général de Gaulle, a tout fait pour sauvegarder les intérêts français, a été très énergiquement secondé par sa femme[4]. »

Quelques années plus tard, toujours à la veille du grand retour de Jean dans le Nord, la presse locale se souviendra encore une fois de l'activisme du couple :

1. Archives familiales ; document non sourcé.
2. AN, F1b1/93.
3. *Le Nouveau Nord*, non daté, Archives familiales.
4. Avis des CDL, CAC, 19910794.

« Durant tout son séjour dans nos Flandres, M. Jean Benedetti se multiplia, visitant inlassablement toutes les communes rurales, y soutenant le courage des habitants, maintenant en fonctionnement, au prix des plus grands efforts, tous les services indispensables, tandis que Mme Jean Benedetti, non moins dévouée, allait elle-même au secours de toutes les détresses et de toutes les afflictions[1]. »

En janvier 1942, Jean retrouve les rives de la Méditerranée peu après l'instauration par le régime de Vichy des préfectures régionales[2]. Faut-il voir dans cette promotion la patte du secrétaire général du ministre de l'Intérieur, Georges Hilaire, qui tout en écartant les cadres les plus marqués par l'esprit « Révolution nationale », s'efforce de nommer les préfets issus du sérail républicain ? Quoi qu'il en soit, le contexte du ministère est à la reprise en main par les professionnels de la maison, non pas dans une démarche de résistance, mais au nom d'une logique de corps. Benedetti profite peut-être aussi de ce mouvement-là[3]. À Montpellier, on est encore en zone non occupée, sans la pression d'une armée d'Occupation. Néanmoins, la préfecture est confrontée aux multiples difficultés nées de la guerre : la question du ravitaillement s'avère particulièrement délicate, ainsi que celle des internés, notamment avec le camp d'Agde dans l'Hérault et celui de Rivesaltes dans les Pyrénées-Orientales. Montpellier, par ailleurs, accueille depuis août 1940 l'Œuvre de secours aux enfants (OSE) une association dont la mission est de protéger les enfants juifs en nouant des contacts qui s'avèrent précieux avec la préfecture.

En apparence moins oppressante, la situation que Jean découvre à son nouveau poste n'en demeure pas moins complexe. Le régime est explicitement engagé dans la voie de la collaboration ; il applique avec brutalité une législation antisémite qui stigmatise les Juifs nationaux et pourchasse les apatrides ; il lance sans vergogne sa police contre les réseaux clandestins en voie de constitution. Au cœur du Languedoc, le mouvement « Combat », sous l'influence des démocrates-chrétiens, prend son essor, d'autant que fin 1941 en zone sud la fusion est opérée[4] entre le Mouvement de libé-

1. Voir *Le Nouveau Nord*, *op. cit.*

2. La loi du 19 avril 1941 institue les préfets régionaux.

3. Limore Yagil, *La France, terre de refuge et de désobéissance civile (1936-1944)*, tome II Cerf, 2010, p. 21.

4. Claude Bourdet, *L'Aventure incertaine*, *op. cit.*, p. 88.

ration nationale et le groupe « Liberté », dirigé principalement à Montpellier depuis l'université par un professeur de droit, Pierre-Henri Teitgen, avec lequel Benedetti va tisser par la suite des liens étroits. Dans ce département de l'Hérault, œuvre également le futur maréchal De Lattre de Tassigny qui commande alors la 16ᵉ région militaire. La société civile fabrique sa propre résistance et génère, en dehors de tout schéma préétabli, l'antidote aux souffrances du temps. Associations juives où l'OSE joue le rôle de pivot ; entraides chrétiennes où une chaîne de solidarité se développe autour, entre autres, des abbés Prévost, Chaillet, et des sœurs du couvent des Tourelles ; amitiés alsaciennes et mosellanes à de nombreux niveaux de la préfecture ; résistance intellectuelle au sein de l'université : un écheveau d'initiatives prend forme autour et au sein d'une autorité préfectorale immergée jusqu'à fin 1943 dans un microclimat culturel particulièrement favorable à cette forme civile de dissidence, un monde à la fois officiel et clandestin, laïc et religieux, aux motivations bien plus souvent compassionnelles qu'idéologiques. À Montpellier, peut-être plus qu'ailleurs, les conditions sont réunies pour faciliter ce travail humanitaire. Jean Benedetti retrouve une région qui l'a accueilli en 1929 en tant que tout jeune chef de cabinet du préfet de Perpignan. À Montpellier, le voilà enfin promu, mais à ce stade de la trajectoire se pose une nouvelle interrogation qui, telle une ombre subite et fugace, fait se briser les enchaînements de causalité contre les récifs du hasard et de l'énigme. À n'en pas douter, l'ambition continue de tarauder notre homme et les événements qu'il traverse ne freinent pas cette motivation. Toujours dans cette même note de l'administration allemande datée du 26 mai 1943, sa personnalité et son déroulement de carrière sont évoqués dans les termes suivants :

> « Il a été demandé, au sujet de la personne rappelée en objet, des éléments sur sa personnalité et sa carrière, à partir des données dont nous disposons. Benedetti est Corse. D'une grande intelligence, il donne l'impression d'être ouvert et bienveillant vis-à-vis de l'Allemagne.
>
> Il a été précédemment sous-préfet de Dunkerque et vient, depuis peu de temps, d'être nommé préfet délégué de l'Hérault. À Montpellier, il a pris en charge ses nouvelles fonctions en travaillant d'abord pendant un mois avec le préfet de région Olivier

de Sardan, avant que celui-ci ne soit remplacé par le préfet de région Hontebeyrie.

Il apparaît que c'est grâce au ministre de l'Intérieur Pucheu qu'il a été nommé sous-préfet de Dunkerque.

On a l'impression que des intrigues se seraient nouées contre Benedetti par le corps de ses collègues français. C'est ainsi qu'il avait été pressenti pour prendre la Préfecture de l'Ain, mais cette promotion fut corrigée, et remplacée par la position actuelle.

Concernant ses insistantes requêtes auprès de ses supérieurs hiérarchiques pour que cessent les retards apportés à son avancement, il ressort de ce qui a été exposé ci-dessus que les autorités allemandes ne souhaitent pas les soutenir.

Il est demandé aux bureaux allemands compétents de transmettre à qui de droit ces conclusions[1]. »

La nomination de Jean à Montpellier est-elle le fruit d'une cabale orchestrée par certains collègues hostiles à sa nomination apparemment initialement prévue dans l'Ain ? Dans cette hypothèse, quels motifs viendraient nourrir ces intrigues ? Jalousie professionnelle ? Méfiance politique ? À vrai dire, les réponses potentielles se perdent dans l'incertitude des sources, la béance des documents et par-dessus tout dans cette complexité si française du moment.

Toujours est-il que Jean ne renonce pas à faire carrière ; il y parvient même et, prouesse indéniable pour un haut fonctionnaire en première ligne sur la terre meuble d'une France occupée, il évite le pire là où d'autres, encore une fois, ne pourront y échapper. Les circonstances sans aucun doute, le caractère aussi, l'alliage d'une bonne providence et d'une intuition efficace pourvoient à cette heureuse alchimie. Une note de l'administration allemande adressée en mai 1943 au commandant en chef de l'Administration

1. Voir les Fiches allemandes du Majestic : Bureau FP. Mr 21 476, Ref Ritty V. Ledeber. Au chef de l'administration militaire en France, Dr Medicus, Direction de l'administration, Hôtel Majestic. Signature illisible.

militaire témoigne de cette préoccupation constante du préfet quant au déroulement de sa carrière :

> « Le préfet de région s'est déplacé à Vichy pour parler de l'avancement de Benedetti. Il s'en est suivi une réserve puisque les bureaux allemands veulent peser sur ces promotions[1]. »

Pour autant, Benedetti garde ses distances. Ainsi en atteste ce portrait dans une note rédigée entre 1942 et 1943 :

> « Il est haut fonctionnaire d'avenir, intelligent, fin et distingué : très travailleur, compétent en questions administratives, mais un peu agité. Domine bien ses administrés. Juge à la fois avec emportement et bon sens. Parle bien. Travaille vite et régulièrement. Semble désigné pour des postes supérieurs. Cependant son attitude politique (sentiment absolument antiallemand) est dominée plus par ses idées que par les consignes du Gouvernement [...] loyauté relative envers Vichy[2]. »

Cette « loyauté relative » ne l'empêche pas – et pour cause – de prêter serment au maréchal le 19 février 1942, dans le grand salon de l'Hôtel de Ville de Vichy. À l'instar de ses collègues et du plus ancien d'entre eux dans la fonction, Fernand Carles, il jure fidélité au chef de l'État entouré ce jour-là de l'amiral Darlan et de Pierre Pucheu. Mais la prestation aux yeux du préfet Benedetti ne vaut sans doute pas adhésion absolue, et laisse libre cours à une interprétation toute personnelle.

Dans le creuset montpelliérain, durant ces deux années décisives de 1942 à 1943, ce sont toutes les facettes de sa personnalité que Jean va mobiliser pour assurer au fil de l'évolution du conflit – et notamment à partir de l'occupation totale du territoire métropolitain en novembre 1942 – la préservation d'une apparence de loyauté et la poursuite simultanée d'une action de désobéissance administrative. Équilibre précaire qui, on le verra, exige un réseau de complicités et de protections qui fait peut-être de la préfecture de l'Hérault un cas atypique des préfectures sous l'Occupation.

---

1. Voir Fiches allemandes du Majestic : « Au commandant en chef de l'Administration militaire de la France [...] Objet : commande téléphonique du 20/05 : appréciation du préfet Benedetti Jean à Montpellier ».
2. Archives familiales, source non renseignée.

La présence de quelques fonctionnaires alsaciens et mosellans à des postes stratégiques entretient dans la préfecture, dès 1940, une forte hostilité à l'Allemagne.

Lorsque la nomination de Benedetti intervient, le préfet de région est Olivier de Sardan, conseiller d'État, nommé préfet de l'Hérault en août 1940, puis préfet de région. C'est un ancien du cabinet de Laval dont il fut, entre autres, le chef de cabinet au ministère des Affaires étrangères en 1935. De Sardan est relevé de ses fonctions en 1942[1] pour devenir président du Conseil d'administration du comptoir des phosphates du Nord. Suspendu à la Libération, il sera réintégré en 1957. Nonobstant son limogeage sous la pression allemande, De Sardan laissera le souvenir d'un « fonctionnaire vichyssois essentiellement opportuniste » selon l'avis du comité de libération de l'Hérault[2] qui pointe son « manque de caractère », son impopularité auprès de la population, l'orientation réactionnaire de sa politique, ses activités anti-franc-maçonnes et antisémites ainsi que son attachement à Pierre Laval. Dans ses mémoires, Pierre-Henri Teitgen n'est guère plus tendre : « Le préfet régional, Olivier de Sardan, tout dévoué à Vichy n'était pas digne d'estime[3]. » Pour autant, les relations de Jean avec son autorité hiérarchique, sans être chaleureuses, restent courtoises et les renseignements fournis par Pierre Olivier de Sardan sur son préfet délégué ne manquent pas de souligner les qualités professionnelles de ce dernier ainsi que celles de maîtresse de maison de son épouse. Ainsi peut-on lire dans le dossier de carrière cette appréciation datée du 15 juin 1942 :

> « Caractère droit parfois un peu vif ; loyal à l'égard du Gouvernement ; travaille avec rapidité et régularité. Est-il capable de devenir préfet régional ? Si ses qualités se confirment, oui.

---

1. « Le préfet Olivier de Sardan manifeste une hostilité aux mouvements collaborateurs, notamment au groupe “Collaboration” animé par Georges Claude ou le Pr Grimm. Il devient alors indésirable auprès des Allemands. Sur intervention de l'ambassade d'Allemagne, Pierre Laval doit accepter de se séparer de lui le 12 septembre 1942 en le plaçant en position hors cadre », *Bulletin de la Société de l'histoire du Protestantisme français*, 2008.

2. Voir Avis du CDL, AN F1b1 1930, région Sud-Ouest, préfectures de région.

3. Pierre-Henri Teitgen, *Faites entrer le témoin suivant. 1940-1958 : De la Résistance à la Ve République*, Rennes, Ouest-France, 1988.

Intelligent et fin, ayant de solides connaissances administratives ; collaborateur loyal et dévoué ; paraît avoir un bel avenir devant lui[1]. »

Jean Benedetti va très vite nouer des liens amicaux avec le successeur d'Olivier de Sardan, qui perdureront après la guerre. Né en 1895 à Philippeville en Algérie, Alfred Roger Hontebeyrie est un ancien combattant de la Première Guerre mondiale au cours de laquelle il a contracté une invalidité à 65 %. Diplômé de l'École libre des sciences politiques, licencié en droit, Hontebeyrie, lorsqu'il arrive à Montpellier, est pourvu d'une longue expérience des cabinets ministériels et de la préfectorale. À plusieurs reprises chef de cabinet, dont celui de Président du conseil comme Camille Chautemps ou André Tardieu en 1930, il multiplie les nominations dans la préfectorale : préfet des Basses-Alpes en 1933, du Doubs en 1937, de la Côte-d'Or en 1940, de Saône-et-Loire en 1941, de la région de Montpellier en septembre 1942. Hontebeyrie est un administrateur chevronné, nourri d'un ardent républicanisme et qui, arrivant dans l'Hérault, trouve en Jean Benedetti un collaborateur qui lui ressemble à certains égards : enfant de l'Algérie et des classes moyennes, ancien de l'École libre de la rue Saint-Guillaume, bourlingueur de préfectures. Les deux hommes s'apprécient très vite, se reconnaissant sans doute de nombreux points communs et partagent ce même sens de l'intérêt général et de la Nation qui les amènera à être arrêtés le même jour et déportés quelques semaines plus tard. L'appréciation que rédige le préfet de région sur son jeune collègue le 31 décembre 1942 illustre l'osmose qui unit les deux fonctionnaires :

« Plein d'autorité ; exerçant une influence réelle sur les hommes. Est resté à son poste pendant l'Occupation ennemie à Vire, Amiens et Dunkerque. Tenue impeccable. Travailleur acharné, parole facile, rédige avec élégance, règle toutes les affaires sur l'heure, valeur professionnelle très grande.

Est-il capable de devenir un jour préfet régional ? Trois semaines de travail constant avec M. Benedetti me permettent de dire en toute conscience : fera un grand préfet régional. M. Jean Benedetti est un fonctionnaire de grande classe, il a su par ses initiatives régler

1. *Ibid.*

les épineuses questions du ravitaillement dans le département de l'Hérault[1]. »

Avec Hontebeyrie, préfet de région, et Benedetti, préfet délégué, la préfecture de l'Hérault s'installe dans une autogestion contrôlée de la désobéissance. Elle administre, gère au plus près les problèmes suscités par le ravitaillement, entre autres, mais utilise toutes les marges possibles pour se soustraire à l'application des mesures les plus persécutrices du régime. Durant plusieurs mois, une poignée d'hommes déterminés, compétents, résolument hostiles à l'idée selon laquelle l'Allemagne aurait gagné la guerre, s'organisent autour du préfet délégué, bénéficiant lui-même de la bienveillance de sa hiérarchie, pour contourner, amortir, saper les injonctions que réprouve leur conscience patriotique.

1. Dossier de carrière, CAC, 19910794.

6

Lors de sa prise de fonction à Montpellier, Jean Benedetti arrive en zone non occupée après deux années passées au cœur d'une région où l'autorité française relève plus de la fiction juridique que de la réalité administrative. L'étau, ici, se desserre, comme son futur supérieur hiérarchique, Hontebeyrie, tout juste nommé à Maçon, le formule dans un courrier adressé à l'un de ses amis, directeur de la sécurité publique à Rabah :

> « Je suis content d'avoir quitté la zone occupée, quelle que soit l'importance de la tâche en zone libre. On est tout de même beaucoup plus indépendant et tout au moins on est délivré des rapports avec les autorités d'Occupation qui devenaient de plus en plus impossibles.
>
> J'ai maintenant la conviction très nette qu'il n'y a rien à tirer des Allemands et qu'on ne peut faire fond sur aucune de leurs promesses, tout au moins, pour ceux avec lesquels j'étais en rapport. D'ailleurs, il en est de même dans les autres départements dont j'ai vu les collègues[1]. »

Deux paragraphes qui en disent long tout à la fois sur le scepticisme grandissant qui gagne quelques-uns des serviteurs préfectoraux de Vichy et sur le soulagement, certes relatif, dont font preuve ceux qui, chanceux, reviennent au gré d'une mutation en zone dite libre.

Ce sentiment est également celui de Jean Benedetti. Non content de retrouver une région où sa femme conserve tout près de Perpignan des attaches familiales, il s'installe dans un environnement vers lequel convergent des formes disparates, protéiformes, parfois peu identifiables de résistances. C'est dans ce climat traversé par des courants variés où se croisent diverses sensibilités religieuses, culturelles

1. Voir lettre du préfet Hontebeyrie au directeur de la sécurité publique de Rabah, Archives départementales de l'Hérault, 1010119 W.

et politiques, toutes portées par un souci d'esquive pour les uns, d'affrontement pour les autres, que le préfet délégué va devoir exercer son autorité durant deux ans. En apparence, tout s'annonce plus simple : pas d'Allemands, une tutelle française, un contexte local propice, car bien souvent hostile – avec discrétion mais déterminé – à la politique de collaboration... Ce cadre favorable a sa contrepartie : il exige une attention de tous les instants pour fournir un système de protection qui permette d'échapper aux contraintes de l'État français. Et quelques mois plus tard, en novembre 1942, cette vigilance devra redoubler puisque désormais l'ensemble du territoire métropolitain sera occupé. Tout l'enjeu pour la préfecture de Montpellier durant ces deux années consiste à appliquer superficiellement la politique de Vichy mais à ne pas l'exécuter, à envoyer des signaux de loyauté en direction de l'État français tout en édifiant *de facto* un contre-pouvoir local, discret, humanitaire, et toujours branché sur la société civile.

Exception montpelliéraine ? Il faudrait bien sûr approfondir les comparaisons, croiser les approches avec d'autres préfectures pour asseoir avec certitude cette hypothèse. Mais on décèle dans le comportement global de la préfecture de l'Hérault une volonté singulière de détourner le cours des événements imposé par le régime. Aux racines de cette singularité, il convient de démêler ce que cette situation doit d'abord aux individus, ensuite au contexte, enfin à cette alchimie de la rencontre des acteurs avec un environnement spécifique. Mais le regard doit d'abord se porter sur ce que l'Histoire a en première instance délivré de témoignages et d'appréciations. Dès 1947, un ouvrage publié par le Centre de documentation juive contemporaine souligne, non sans une certaine imprécision[1], le rôle joué par un trio de fonctionnaires dans l'aide apportée au sauvetage des Juifs et plus particulièrement des enfants :

> « Un reconnaissant hommage est à rendre à cet égard à trois hauts fonctionnaires dont le patriotisme n'a pas été avili par les ordres de Vichy : M. Benedetti, préfet régional, déporté en 1944 et mort

1. En effet, Jean Benedetti est tout à la fois mentionné comme préfet régional et comme étant décédé en déportation. Un exemple qui traduit la fragilité constante des sources de seconde main, mais surtout l'extrême confusion mémorielle qui règne dans les années suivant la fin du conflit.

en déportation [...], M. Ernst, secrétaire général de la préfecture de l'Hérault, et M. Fridrici, chef de service de cette préfecture[1]. »

Et quelques pages plus loin, les trois hommes sont à nouveau cités pour leur comportement :

« De rares hommes comme MM. Benedetti, Ernst et Fridrici de la préfecture de l'Hérault [...] méritent un souvenir reconnaissant pour avoir su concilier leur condition de fonctionnaires et leur conscience d'hommes[2]. »

La mémoire des victimes témoigne de la possibilité de contrebalancer les contraintes du poste de fonctionnaire par un attachement constant aux valeurs humanistes. Encore plus tôt, alors que la guerre n'est pas achevée, Roger Fridrici, devenu sous-préfet de Sarreguemines, reçoit un courrier de Sabine Zlatin daté du 10 mars 1945[3]. Celle qu'on appellera « la dame d'Izieu » pour son inlassable combat visant à sauver, entre autres, une colonie d'enfants juifs raflés dans l'Ain par Klaus Barbie en 1944, annonce à Fridrici qu'elle entreprend une tournée de conférences sur le thème des camps d'internement et précise au détour d'un paragraphe :

« Naturellement, qu'il me fallait parler de la préfecture et de nous. C'était des bons souvenirs que j'ai réunis là[4]. »

Cette correspondance atteste ainsi de la porosité qui unit les services de la préfecture à l'un des réseaux les plus déterminés de sauvetage des enfants, celui animé par Sabine Zlatin et son époux Miron[5].

1. *L'Activité des organisations juives en France pendant l'Occupation. 1940-1944*, *op. cit.*, p. 126.
2. *Ibid.*, p. 131.
3. Courrier de Sabine Zlatin à Roger Fridrici, 10 mars 1945, Archives familiales de Jean Fridrici, son fils.
4. Nous reviendrons plus loin sur le parcours et l'action de Sabine Zlatin. Pour son témoignage, on lira avec profit *Mémoires de la dame d'Izieu*, Gallimard, 1993.
5. Miron Zlatin sera arrêté avec les quarante-quatre enfants d'Izieu le 6 avril 1944 par Klaus Barbie. Il sera fusillé par les Allemands le 2 août de la même année à Talin en Estonie.

Si l'on excepte le dossier de reconnaissance de « Juste parmi les Nations » établi pour Camille Ernst en 1971[1], la réactivation des témoignages relatifs à cette période et au rôle de la préfecture de l'Hérault s'opère au tout début des années 1990, dans le contexte de réexamen des responsabilités de l'administration de Vichy dans la mise en œuvre de la Shoah. C'est aussi l'époque des derniers grands procès pour crimes et complicités de crimes contre l'humanité : procès Barbie (1987), Touvier (1994), Papon (1997), instructions Bousquet…

Plusieurs témoignages directs ou sources plus historiographiques sont mobilisables pour étudier la situation de la préfecture. Les témoignages les plus significatifs sont portés par trois fortes personnalités : Pierre-Henri Teitgen, l'un des animateurs de « Combat », futur ministre de la Justice à la Libération et figure de la démocratie chrétienne ; Sabine Zlatin, déjà évoquée, qui en concertation avec l'OSE œuvre à l'exfiltration des enfants juifs des camps d'Agde et de Rivesaltes ; Joseph Weill enfin, médecin, résistant qui fera office durant toute la guerre de conseiller médical de la branche française de l'OSE[2]. Relatant son séjour à Montpellier, Claude Bourdet dépeint Pierre-Henri Teitgen en animateur d'un lieu où se déploie un activisme presque ostentatoire :

> « Tous deux[3], professeurs de droit, avaient une grande autorité sur leurs étudiants, et leurs cours étaient souvent de véritables manifestations politiques[4]. »

Mais si Teitgen peut mener son activité résistante, il le doit à un environnement institutionnel propice avec d'un côté l'université, de l'autre la préfecture :

1. Michaël Iancu, *Spoliations, déportations, résistance des Juifs à Montpellier et dans l'Hérault (1940-1944)*, Éditions André Bathélémy, 2000.

2. Notice rédigée par Georges Weill avec le concours de Ruth Fivez-Silbermann et de Katy Hazan pour le *Nouveau dictionnaire de biographie alsacienne*, 2007, p. 5011-5016 : Joseph Weill est cité par tous les historiens de la résistance, de même que tous les membres de l'OSE, pour leur action d'aide aux internés des camps de Vichy et pour leur contribution essentielle au sauvetage des enfants juifs. En 1954, Joseph Weill sera élu président du Consistoire israélite du Bas-Rhin.

3. L'autre personnalité évoquée par Claude Bourdet n'est autre qu'Alfred Coste-Floret, futur député MRP de Haute-Garonne de 1945 à 1958.

4. Claude Bourdet, *L'Aventure incertaine*, *op. cit.*, p. 92.

« J'ai bénéficié durant cette période d'une double protection. D'abord je n'étais pas seul. J'étais bien encadré par une équipe d'universitaires parfaitement solidaires [...] mais j'ai largement bénéficié de la protection de l'autorité préfectorale [...] l'esprit et la volonté de résistance du préfet de l'Hérault, Benedetti, et de son secrétaire Ernst, étaient indiscutables. J'ai su par la suite qu'ils ne transmettaient pas à leur ministre les dénonciations et les plaintes susceptibles de me mettre sérieusement en danger et quand, un matin, mon frère François, étudiant en première année de la faculté de droit fut arrêté, ils le firent le soir même remettre en liberté[1]. »

La mécanique protectrice qui contourne le contrôle du régime joue également sur l'autre versant de la politique persécutrice de Vichy, qui ne vise pas seulement le délit d'opinion mais le délit d'appartenance religieuse ou communautaire. Sabine Zlatin ne manquera pas de rappeler à plusieurs reprises l'aide toujours active et bienveillante dont elle bénéficiera pour mener à bien son entreprise de sauvetage, notamment lors du procès de Klaus Barbie en 1987 où, à la barre du tribunal, elle évoquera le soutien constant de la préfecture et de son « Cher Roger Fridrici ». Elle revient sur cette protection sous forme d'une mise au point dans ses mémoires :

« Je ne peux omettre ici de me souvenir des paroles d'un représentant d'Association juive, prononcées lors d'une récente journée nationale de la Déportation, célébrée à Izieu. Ce représentant, stigmatisant à juste titre l'attitude des autorités françaises de Vichy à l'égard des déportations de Juifs, insistait sur le rôle ignoble joué par la gendarmerie et la police française [...] le fait est strictement exact. Mais il serait équitable de dire à ceux qui n'ont pas vécu cette époque que bien des gendarmes et policiers français ont sauvé des Juifs. Et que d'autres représentants qualifiés du gouvernement de Vichy ont fait preuve de courage dans ces circonstances. Je pense en particulier au sous-préfet de Belley en 1943[2] [...] et au préfet de l'Hérault en 1941-1943[3]. »

1. Voir Pierre-Henri Teitgen, *Faites entrer le témoin suivant : 1940-1958, de la Résistance à la Vᵉ République*, *op. cit.*

2. Il s'agit de Pierre-Marcel Wiltzer qui deviendra à la fin de sa vie président de l'Association du musée Mémorial d'Izieu.

3. Sabine Zlatin, *Mémoires de la Dame d'Izieu*, *op. cit.*, p. 100-101.

Quelques mois auparavant, en février 1992, dans un courrier qu'elle adresse à l'un de ses correspondants, enfant de résistant, la dame d'Izieu précise les conditions pratiques d'exfiltration des enfants hors des camps et le soutien procuré à cet effet par l'administration préfectorale :

> « Pour être libérés des camps, les enfants devaient être en possession d'un certificat d'hébergement délivré par le préfet du département d'accueil. Grâce au préfet de l'Hérault, M. Benedetti, et son secrétaire général de la préfecture, M. Ernst, et de M. Fridrici, chef de service de la préfecture, nous avons pu obtenir des certificats d'hébergements dans le département de l'Hérault, c'est-à-dire à Palavas-les-Flots[1]. »

Avec Sabine Zlatin, une complicité quasi instinctive s'est construite tout au long de ces mois terribles de traques et de caches : couvert par ses supérieurs, Benedetti d'un côté, Ernst de l'autre, Roger Fridrici aide Sabine Zlatin dans sa tâche. Au prix d'un bricolage permanent, fruit d'une ingéniosité administrative et d'un savoir-faire politique, la préfecture devient un havre vers où convergent les attentes, les détresses, les sollicitations des pourchassés, des apatrides, des exclus. Paradoxe : le lieu qui incarne la dureté intransigeante d'une Révolution nationale est devenu celui du dernier espoir. Joseph Weill ne dit pas autre chose dans le récit de sa vie publié par ses enfants, lorsqu'il évoque l'installation de l'OSE dans l'Hérault :

> « De Paris à Vichy, de Vichy à Vic-sur-Cère, la direction [...] se fixa à Montpellier à la faveur d'une équipe préfectorale exceptionnellement compréhensive et coopérante, le préfet régional[2], Benedetti, le préfet Ernst et le secrétaire général Fridrici[3]. »

Ainsi, de manière cyclique et quel que soit le support, reviennent ces trois noms. Avec Camille Ernst et Roger Fridrici, Jean Benedetti dispose de relais opposés à la collaboration, à la compé-

1. Lettre de Mme Sabine Zlatin à M. Maurice Gardien, 24 février 1992. Nous reviendrons plus loin sur ce courrier dont on doit la connaissance à Mme Anne Castillo. Qu'elle soit remerciée ici pour avoir exhumé ce précieux document.
2. On aura rectifié : Benedetti est préfet délégué, et non préfet régional.
3. Joseph Weill, *Le Combat d'un Juste*, Cheminement, 2002, p. 169-170.

tence administrative incontestable, et qui l'ont précédé de quelques mois[1] au sein de la préfecture. L'un comme l'autre sont natifs de l'Est : Ernst est né en 1900 à Sélestat dans le Bas-Rhin, Fridrici est né en 1897 à Metz. Tous deux ont vu le jour dans une Alsace-Lorraine allemande. Ils nourrissent un patriotisme ardent décuplé par leur hostilité à cette Allemagne nazie dont ils maîtrisent par ailleurs couramment la langue. L'un comme l'autre, enfin, dans les derniers jours du printemps 1940, se sont confrontés directement à la présence foudroyante de l'occupant : secrétaire général de la Meuse, Ernst est arrêté et détenu par les Allemands durant une quinzaine de jours quand Fridrici, chef de cabinet à la préfecture de Moselle doit fuir, échappant de peu à l'arrestation de la Gestapo[2].

Benedetti a en commun avec ces hommes cette même expérience de la confrontation brutale et immédiate avec l'occupant ; il sait, à l'instar de ses deux collaborateurs, à quoi s'en tenir, d'autant plus que l'expérience des deux années dans la Somme puis dans le Nord l'a sans doute renforcé dans cette lucidité sur la politique de collaboration. Le partage de ce point de vue s'élabore aussi sur des affinités sociales, Benedetti étant également un enfant de la périphérie de la République. Un corse élevé en Algérie pour lequel la Nation, ainsi que pour l'Alsacien Ernst et le Lorrain Fridrici, constitue un objet sublimé et respecté. Les uns comme les autres, parce qu'ils viennent d'une France des frontières où l'identité, au prix de l'éloignement, est à la fois fantasmée et construite, non sans cohésion idéologique, grâce au pacte républicain, endossent une vision de la Nation et de l'intérêt général qui surdétermine alors leur engagement. Voilà des hommes qui, avant de revêtir cet habit de préfet, disposent d'un héritage commun. Ils déclineront dès lors, chacun avec leur tempérament, une même attitude au cœur de la tourmente. Les passages antérieurs de Camille Ernst et de Roger Fridrici à la préfecture de l'Hérault déterminent d'emblée l'action de Jean Benedetti. Ce dernier, loin d'interrompre l'élan impulsé par son secrétaire général, va le prolonger en lui assurant une protection bienveillante et active.

1. Camille Ernst est nommé secrétaire général à Montpellier en septembre 1940 ; Roger Fridrici, pour sa part, intègre la préfecture de l'Hérault début 1941.

2. Notice biographique de Roger Fridrici (1897-1981), Archives familiales de Jean Fridrici, son fils.

Dès les premières mesures d'internement visant les Juifs étrangers, Ernst avait alerté les responsables des multiples organisations juives qu'à partir du moment où les personnes n'étaient pas à la charge du département, il n'appliquerait pas les ordres de Vichy[1]. Le 1er avril 1941[2], Ernst, toujours lui, se fend d'une lettre auprès du surveillant chef de la prison de Montpellier afin d'obtenir la remise en liberté immédiate de Berein Shapira, un Juif allemand. L'opérationnalité de la subversion est alors indissociable de l'environnement professionnel au sein duquel elle se déploie. Elle suppose une chaîne élargie de complicités dans l'entourage administratif du préfet et du secrétaire général. Benedetti et Ernst s'appuient en toute confiance sur des agents sûrs qui, à leur niveau et en toute discrétion, contribuent à amortir, quand ce n'est pas à détourner, les mesures les plus discriminatoires et répressives. Il semblerait que Camille Ernst se soit attelé dès 1940 au recrutement de fonctionnaires avec lesquels il puisse travailler en bonne intelligence. L'arrivée de Roger Fridrici en 1941 à la tête d'un service particulièrement sensible obéit sans doute à cette logique. Prenant la responsabilité, en tant que chef de division, du 3e bureau en charge des étrangers, c'est une recrue de choix, au regard d'états de services qui démontrent dès 1940 sa détermination et sa combativité[3]. Un autre homme, doublement proche de Benedetti par sa fonction – il sera son chef de cabinet en 1942 – et ses origines alsaciennes, complète le dispositif : Jean-Jacques Kielholz[4], tout juste âgé de 26 ans et ancien de l'École libre des sciences politiques, accompagne le préfet dans son action au quotidien. Le réseau qui s'organise autour de Jean Benedetti agrège ainsi des personnalités fortes, marquées par l'histoire de l'Alsace-Lorraine, socialisées dans une culture hostile au pangermanisme.

1. Limore Yagil, *Chrétiens et Juifs sous Vichy (1940-1944) : sauvetage et désobéissance civile*, *op. cit.*, p. 325.

2. *Ibid.*

3. Dossier de Roger Fridrici pour l'établissement de sa carte de combattant volontaire de la résistance, attestation d'appartenance au FFC n° 31784, Archives familiales de son fils Jean Fridrici.

4. Jean-Jacques Kielholz (1916-2004) deviendra par la suite directeur du cabinet du commissaire de la République de Montpellier, près de l'administration de la zone française d'Occupation en Autriche (1945). Gouverneur du Tyrol de 1947 à 1950, il rejoint ensuite les *Dernières Nouvelles d'Alsace* dont il sera directeur (1950), puis directeur général à partir de 1961. Il présidera également aux destinées du syndicat de la presse régionale.

Il s'enracine dans un contexte local qui lui fournit l'occasion de décliner, toujours avec précaution, ses convictions et ses valeurs[1].

Car l'Hérault connaît en 1940, comme d'autres départements, un afflux important de réfugiés, mais surtout c'est à Montpellier que s'installe l'OSE, dont la création remonte à 1912 en Russie et dont la vocation initiale est de prêter une assistance médico-sociale aux populations juives. L'association va, avec la guerre, concentrer sa mission sur le sauvetage des enfants. Mission cruciale car, comme le rappellent Katy Hazan et Georges Weill, « La France de Vichy fut une véritable nasse pour les enfants étrangers que l'OSE dut protéger et sauver par d'autres moyens[2]. »

Le choix de Montpellier comme siège d'implantation de la direction de l'association peut s'expliquer par la proximité frontalière de l'Espagne. D'autres raisons, plus politiques, ont pu aussi inciter les dirigeants de l'OSE à se replier dans la capitale de l'Hérault : tout d'abord un embryon de militants très hostile à la collaboration qui, autour de Vincent Badie[3], ne fait pas mystère de sa volonté d'en découdre ; mais aussi – c'est une hypothèse – la présence de fonctionnaires, comme Camille Ernst, dont on sait qu'ils sont des amis de la communauté juive.

Quoi qu'il en soit, c'est à partir de Montpellier que va rayonner – tout au moins jusqu'en novembre 1942 – l'action de l'OSE en zone sud. Avec son secrétaire général Joseph Millner mais en s'appuyant aussi sur les conseils avisés du Dr Weill, l'organisation décidera l'ouverture de plusieurs centres médico-sociaux mais favorisera surtout la sortie des enfants des sinistres camps d'internement d'Agde, de Rivesaltes ou du Gurs avec l'aide énergique, entre autres, de Sabine Zlatin qui, elle-même frappée par les lois antisémites, parvient à se

1. De ce point de vue, on lira avec attention les rapports sur l'état de l'opinion rédigés par Jean Benedetti, Archives départementales de l'Hérault, fonds du cabinet du préfet, 1000 W.

2. « L'OSE et le sauvetage des enfants juifs, de l'avant-guerre à l'après-guerre » dans *Sauveteurs, sauvés, sauvetage, Actes du colloque de Paris, 11-13 décembre 2006*, FNSP.

3. Vincent Badie, député radical-socialiste et avocat, figure parmi les tout premiers opposants au régime de l'État français, il est notamment l'un des quatre-vingts parlementaires à avoir voté contre les pleins pouvoirs à Pétain le 10 juillet. Voir Limore Yagil, *Chrétiens et Juifs sous Vichy (1940-1944). Sauvetage et désobéissance civile*, *op. cit.*

faire agréer assistante sociale par la préfecture de Montpellier en 1941. Le terreau où s'implante l'OSE est propice et, très vite, se met en place une assistance médico-sociale qui parvient, non sans mal et parfois avec des moyens de fortune, à alléger les souffrances des populations internées et pourchassées. Une nouvelle fois, dès 1947, le Centre de documentation juive contemporaine décrit avec précision le cadre favorable que représente la préfecture pour l'action de l'OSE :

> « En dehors des centres de Marseille, Lyon, et Limoges, le centre de Montpellier est à signaler particulièrement. Siège de la Direction de l'OSE, d'avril 1940 à novembre 1942, Montpellier s'est vu doté, en mars 1941, d'un centre médico-social indépendant. Les conditions administratives de cette région ont motivé la création de plusieurs colonies de vacances destinées en réalité à conférer à ces déplacements d'enfants une sécurité renforcée[1]. »

Nonobstant la discrétion requise afin de ne pas compromettre certaines actions de sauvetage, les relations entre l'OSE et la préfecture se déploient presque à ciel ouvert[2] dans un département où, comme on l'examinera par ailleurs, la société civile secrète ses propres défenses « immunitaires ». Deux documents illustrent la routine de cette interface permanente et transparente entre les services préfectoraux et l'association. Le 18 novembre 1941, Joseph Millner, secrétaire général de l'OSE transmet un rapport d'activités à Roger Fridrici :

> « Monsieur,
> J'ai l'honneur de vous adresser ci-inclus deux rapports concernant l'activité générale de l'OSE. Étant donné que notre siège social se trouve à Montpellier, notre comité considère comme de son devoir de vous tenir au courant. Veuillez agréer, Monsieur[3]… »

Le 21 novembre 1942, dix jours après le franchissement de la ligne de démarcation par les armées d'Occupation, le préfet délégué

1. *L'Activité des organisations juives en France pendant l'Occupation 1940-1944*, *op. cit.*, p. 126.
2. Du moins jusqu'à l'Occupation totale du territoire en novembre 1942.
3. Archives départementales de l'Hérault, 2 W art. 612.

reçoit un courrier de Joseph Millner dont le ton traduit la gravité de l'heure mais aussi une reconnaissance émue :

> « Monsieur le Préfet,
> Nous nous permettons de solliciter l'examen favorable de la proposition que nous avons l'honneur de vous exposer ci-contre : les conditions actuelles nous conduisent à examiner l'opportunité du transfert de notre siège. Nous aurions la possibilité matérielle de nous fixer à Vic-sur-Cère (Cantal).
>
> L'extrême bienveillance que vous avez bien voulu nous témoigner nous fait un devoir de ne pas prendre pareille décision sans vous en tenir informé et sans votre bienveillant accord. De plus, établissement de droit public, nous ne voudrions pas procéder à cette mesure, sans votre consentement.
>
> En prenant la résolution grave pour nous et imposée par les événements de quitter la ville hospitalière de Montpellier, il nous tient à cœur de vous exprimer, monsieur le Préfet, ainsi qu'à vos services, notre gratitude profonde des nombreux témoignages de sympathie compréhensive et d'appui efficient qui nous ont été prodigués ici, durant les deux années de notre séjour et dont nous garderons un souvenir agissant[1]. »

Ce sont là les ultimes instants d'un humanisme précieux avant que ne s'enclenche une machine dont on sait que, dans son implacable mouvement, elle laisse peu de place à l'espoir. Non que le régime de Vichy, avec son statut des Juifs, ses internements et ses rafles de l'été 1942, ait fait preuve de clémence mais, en tout état de cause, les failles subsistent au sein même de l'appareil d'État et permettent d'adoucir le calvaire des populations juives. Si l'on sait que l'opinion publique, dans ce département, n'approuve pas dans son immense majorité l'antisémitisme officiel du régime et son cortège de mesures discriminatoires[2], Millner, lucide, pressent que désormais, avec l'armée d'Occupation, partout la société civile locale comme l'administration verront se réduire leurs marges de manœuvres. Que

1. Courrier de Joseph Millner (Section française de l'OSE) à M. le préfet de l'Hérault, 21 novembre 1942, Archives familiales de Jean Fridrici.

2. Voir rapports du préfet, Archives départementales de l'Hérault, fonds du cabinet du préfet, 1000 W.

ressent Millner, s'adressant comme pour une dernière fois à Benedetti, si ce n'est une incertitude grandissante planant sur le destin des enfants dont il a la charge ? L'avenir à partir de novembre 1942 s'assombrit ; la pression, à nouveau, se fera plus forte sur des administrations qui savent cependant que le tissu social de l'Hérault reste fécond en poches de résistances civiles. L'émergence d'une agitation politique et intellectuelle précoce travaille en profondeur la région, plus particulièrement les centres universitaires. En effet, le groupe « Liberté » est créé à l'automne 1940 à l'initiative de Pierre-Henri Teitgen et de François de Menthon. Très vite, il gagne à sa cause nombre d'étudiants, mais également des professeurs, parmi lesquels René Courtin, un juriste qui jouit d'une belle audience. Teitgen comme Courtin affichent ouvertement leur opposition à la politique de collaboration tant dans leurs cours que dans leurs conférences. À la suite de Claude Bourdet[1], un autre résistant, Léo Hamon confirme la manifestation très visible de l'engagement de Teitgen :

> « P.-H. Teitgen avait à Montpellier une attitude extrêmement ferme et […] consacrait son cours à l'étude des procédés de police sous le Second Empire, ce qui en disait suffisamment long[2]. »

Courtin est tout aussi explicite. Il déclare ainsi lors d'une conférence qu'il prononce en septembre 1941 :

> « La Révolution nationale est une révolution manquée parce qu'on ne fait pas une révolution sans enthousiasme, dans une situation de défaite et de honte. Mais il y aura un retournement brutal et une autre révolution interviendra à ce moment-là : tout ce qui a collaboré à l'ordre nouveau sera éliminé et les formules lancées par ce gouvernement, même si elles sont bonnes, seront abandonnées[3]. »

Le groupe « Liberté » de Montpellier s'impose dès le début comme l'un des foyers les plus dynamiques de la résistance. Bien implanté au sein de l'université, il prône la lutte tout en participant à la

---

1. Claude Bourdet, *L'Aventure incertaine*, *op. cit.*
2. Témoignage de Léo Hamon dans Henri Noguères, *Histoire de la Résistance en France. Juin 1940-Juin 1941*, Laffont, p. 235.
3. Cité par Limore Yagil dans *Chrétiens et Juifs sous Vichy (1940-1944) Sauvetage et désobéissance civile*, *op. cit.*, p. 336.

protection des étudiants juifs et étrangers. Ainsi un professeur de droit, Alfred Legal, met sur pied un fonds européen qui tout à la fois garantit la poursuite de leurs études aux étrangers et organise des filières d'exfiltration des étudiants juifs vers la Suisse. De son côté, la faculté de médecine, sous l'impulsion du doyen Giraud et du Pr Balmès, ne respecte pas le *numerus clausus* imposé par les lois de Vichy aux étudiants juifs[1]. Grâce à la vigilance d'Ernst, Benedetti et Hontebeyrie, « Liberté » agit en toute impunité dans l'enceinte de l'université et en dehors. La préfecture ferme les yeux, édulcore ses rapports et surtout prévient les intéressés des rafles qui se préparent. Au printemps 1942, Teitgen et Courtin, menacés d'une arrestation imminente, sont alertés par Benedetti et Ernst :

> « La préfecture me fit savoir au mois de juin que nous allions incessamment, Courtin et moi, faire l'objet d'un mandat d'arrêt, qu'il nous fallait donc faire nos paquets et disparaître dès que possible[2]. »

Les contacts sont avérés et plus surprenant encore, Benedetti ne s'en cache pas dans un rapport qu'il transmet à Bousquet au sujet du 14 juillet 1942 :

> « J'avais fait prévenir les dirigeants présumés des différents mouvements anglophiles que s'ils apparaissaient dans les rues indiquées à l'heure de la manifestation, eux et leurs partisans seraient immédiatement mis en état d'arrestation. Tous m'ont donné l'assurance qu'ils ne paraîtraient pas dans la rue et ont tenu parole[3]. »

1. *Ibid.*, p. 317-338.

2. Pierre-Henri Teitgen, *Faites entrer le témoin suivant. 1940-1945, de la Résistance à la Ve République*, *op. cit.*

3. On doit la connaissance de ce document (brouillon de rapport sans date, Archives départementales de l'Hérault, 1000 W 224) à la lecture de l'article d'Olivier Dedieu, « Mai 1943, la décapitation de la résistance languedocienne. Retour interrogatif sur l'attitude de la police française face au fait résistant », *Le Midi rouge. Bulletin de l'association Maitron Languedoc-Roussillon*, décembre 2009. L'étude s'interroge sur les négligences, complaisances, et parfois complicités actives de la police montpelliéraine dans sa « lutte » contre les mouvements de résistances languedociens, tout au moins dans la période allant de 1941 à fin 1943. Les ambivalences policières traduisent-elles une interprétation, voire une anticipation des positionnements préfectoraux ? L'auteur, sans répondre explicitement à la question, en émet l'hypothèse.

D'autres relais, en liaison avec la préfecture toujours, servent de messagers auprès de la résistance afin d'anticiper les arrestations : le commissaire de police Massez, le Pr Balmès, mais aussi l'intendant de police Paul Durraffour, proche de De Lattre, qui prévient régulièrement des rafles et des perquisitions[1]. Durraffour sera déplacé et cette mesure est vécue comme une sanction par l'opinion. Dans son rapport de septembre 1942, Benedetti note :

> « Les départs de M. Durraffour, intendant de police et de M. Ponnovoy, commissaire central à Montpellier sont considérés comme des limogeages à la suite des incidents du 14 juillet[2]. »

Hontebeyrie, de son côté, entretient également des liens avec les groupes clandestins. Il fournit des renseignements précieux, garde sous le coude des dénonciations et s'efforce d'aider l'un des principaux responsables de la résistance de la région, le colonel Guilhot[3].

Les réseaux catholiques sont une autre ramification de cette toile qui se tisse entre administration et société civile. Avec la préfecture, l'OSE et Sabine Zlatin, ils participent à la protection des Juifs. Le père Prévost, directeur de Saint-François, constituera un maillon essentiel du dispositif qui, des services préfectoraux à Sabine Zlatin et l'OSE, se met en place sur le terrain pour procéder notamment au sauvetage des enfants.

Le mécanisme, subtil, utilise souvent aux marges les ressources de la loi, qui autorise la sortie des camps pour les enfants de moins de quinze ans, sous réserve qu'ils aient reçu un « certificat d'hébergement ». Outre l'acceptation par le préfet d'accueillir dans son département – pour ceux qui n'y résident pas déjà – des enfants relevant d'autres préfectures, cette facilité suppose une double condition : un « certificateur » qui ne peut être que l'État, et un hébergeur réel ou virtuel. Benedetti et ses services d'un côté, l'abbé Prévost de l'autre, vont y pourvoir. Et très souvent du côté de la préfecture on n'est pas trop sourcilleux quant à l'âge des « exfiltrables ».

1. Limore Yagil, *Chrétiens et Juifs sous Vichy (1940-1944) Sauvetage et désobéissance civile*, *op. cit.*, p. 317-338.

2. Archives départementales de l'Hérault, fonds du Cabinet du préfet, 1000 W, art. 2.

3. Limore Yagil, *Chrétiens et Juifs sous Vichy (1940-1944) Sauvetages et désobéissance civile*, *op. cit.*, p. 324.

C'est à Palavas-les-Flots que, dès la mi-mai 1941, le père Prévost met à la disposition de Sabine Zlatin une maison au bord de mer, située au 81 de l'avenue Saint-Maurice. Louée au nom de l'abbé, elle sera pour bon nombre d'enfants évacués des camps de la zone sud une fenêtre vers la liberté. Cette échappatoire devient *de facto* une plaque tournante[1] qui contribue à réorienter les enfants vers les différents sites de l'OSE et au sein de familles d'accueil.

Le concours combiné des autorités préfectorales et du père Prévost s'avère, on le comprend, indispensable. Cette matrice assure la libération de centaines d'enfants qui peuvent être ainsi pris en charge, cachés pour certains ou envoyés à l'étranger pour d'autres, notamment par le biais des Quakers. Sabine Zlatin rappelle que l'homme d'Église parachève le dispositif de sauvetage : « De nombreux enfants ont été sauvés. Tout cela a été possible grâce au père Prévost, à sa bonté[2]. »

D'autres institutions religieuses manifestent un élan salvateur. Il en va ainsi du couvent des Tourelles, dont le rôle actif est souligné par Michaël Iancu qui écrit : « À Montpellier les religieuses dominicaines du monastère des Tourelles ont hébergé un groupe important de Juifs étrangers[3]. »

Là aussi, les dominicaines savent trouver un point d'appui opportun à la préfecture, comme l'atteste une lettre envoyée le 29 septembre 1943 à Odette Benedetti, par sœur Albert qui sollicite une intervention pour une jeune réfugiée :

> « Madame,
> Je ne saurais laisser partir le dossier de Mlle Bay-Foss pour la préfecture sans l'accompagner d'un mot qui vous porte le merci très ému de ma reconnaissance. Je ne sais pas quelle sera l'issue d'une démarche qui part se heurter à d'autres portes, mais je comprends maintenant le conseil de mon parent, et qu'il m'ait ôté les scrupules que j'avais à occuper M. Benedetti de cette affaire au milieu des soucis plus graves que lui apporte sa charge. Vous avez mis un si déli-

1. Limorne Yagil, *Chrétiens et Juifs sous Vichy (1940-1944), Sauvetage et désobéissance civile*, *op. cit.*, p. 329.
2. Lettre de Mme Zlatin à M. Maurice Gardien, 24 février 1992.
3. Michaël Iancu, *Spoliations, déportation, résistance des Juifs à Montpellier et dans l'Hérault*, *op. cit.*, p. 136-137.

cat empressement à prendre en main la cause de cette pauvre petite norvégienne, qu'il donnait tant de vérité au mot de Mlle Martin[1] me disant que vous aimez à rendre service, à faire le bien[2]. »

Assurément, Odette joue un rôle important aux côtés de son mari. Elle est aussi l'une de ceux qui, au sein de la préfecture, sont identifiés comme des relais efficaces et secourables.

En août 1942, une rafle de la police française vise les Juifs étrangers ; les enfants sont arrêtés et internés à Agde et à Rivesaltes. Sur intervention de la préfecture, ces derniers sont libérés et reviennent à Palavas-les-Flots, d'où ils seront par la suite dispersés dans les établissements de l'OSE. Dora Leidervarger, monitrice de mars à novembre 1942, confirmera que Sabine Zlatin lui avait confié que trois fonctionnaires de la préfecture de l'Hérault étaient intervenus directement pour permettre cette évacuation[3].

Novembre 1942 : le général De Lattre de Tassigny, Commandant de la 16e division militaire, est arrêté par des gendarmes français car il refuse de se plier au contre-ordre[4] de l'état-major de Vichy, qui enjoint l'armée d'armistice de rester à son poste, alors que les troupes allemandes franchissent la ligne de démarcation, à la suite du débarquement allié en Afrique du Nord. L'épouse du général, lequel a noué des liens amicaux avec Hontebeyrie et Benedetti, sollicite ces derniers pour qu'une entrevue lui soit facilitée auprès de Laval, président du Conseil, dans le but, si ce n'est de faire libérer son mari, du moins d'empêcher qu'il soit livré aux Allemands. L'audience, consécutive à l'intervention des deux préfets, est accordée à Mme De Lattre de Tassigny ; Laval promet à cette occasion de ne pas remettre le général aux troupes d'Occupation.

---

1. Paulette Martin est l'assistante de Jean Benedetti, recrutée à Montpellier ; elle le suivra tout au long de sa carrière.

2. Archives familiales de François Benedetti.

3. Témoignage de Dora Leidervarger, devant le Comité français pour Yad Vashem, en vue de la constitution du dossier de reconnaissance de « Juste parmi les Nations » de Roger Fridrici, Archives personnelles de Jean Fridrici.

4. Contre-ordre, car comme l'explique Robert Aron, l'ordre initial consistait à mettre en mouvement les troupes afin d'éviter leur reddition à l'occupant, et d'envisager un embarquement de celles-ci vers l'Afrique du Nord.

Robert Aron, *Les Grands Dossiers de l'histoire contemporaine*, Librairie académique Perrin, 1962, p. 15-38.

Fin 1942 : c'est cette fois un jeune Juif allemand du pays de Bade, caché par Sabine et Miron Zlatin, qui doit fuir à l'arrivée des Allemands à Montpellier. Paul Niedermann, après avoir brûlé les archives du siège de l'OSE, part pour Vic-sur-Cère dans le Cantal. Démuni de papiers, le jeune Niedermann est en sursis. Sabine Zlatin, fin 1942, contacte à nouveau la préfecture de Montpellier pour qu'une solution soit trouvée. La veille du Jour de l'an, Niedermann, alors âgé de 15 ans, prend en pleine France occupée un train qui le ramène à Montpellier où lui seront fournis les précieux documents :

> « À la fin de la guerre, j'ai su que Sabine Zlatin, évoquant ses amis de la préfecture, se référait nommément au préfet de l'Hérault, Jean Benedetti, au secrétaire général de la Préfecture Camille Ernst et au chef de la 1re division Roger Fridrici qui avait sous sa responsabilité le service des cartes d'identité. Comme elle l'a expliqué souvent, c'est leurs actions concertées qui lui permettaient d'obtenir les "certificats d'hébergements" préalables obligatoires, pour faire sortir plusieurs centaines d'enfants des camps d'internement vers des hébergements complices ; puis également de leur fournir les "vrais" papiers, portant nos fausses identités et dont j'ai ce jour-là bénéficié. À côté de vies de camarades ainsi épargnés, leurs actions concertées ont préservé la mienne[1]. »

L'activisme de la préfecture de Montpellier, aussi audacieux soit-il, s'inscrit donc dans un contexte doublement favorable : dans l'administration, où des relations de confiance se sont développées entre des hommes qui travaillent en parfaite symbiose ; en dehors également, car ces fonctionnaires œuvrent sur un terrain où se concentrent des personnalités (tant à l'université que dans les milieux ecclésiastiques, l'armée, voire les cercles politiques locaux) engagées très tôt dans des actions humanitaires. Fruit des circonstances mais aussi d'un savoir-faire en termes d'entrisme, les solidarités au sein de l'administration préfectorale sont engagées au jour le jour dans un travail précautionneux de résistance administrative. Mais comment le système parvient-il à perdurer plus de deux ans, *a fortiori* après l'Occupation totale de l'Hexagone qui accroît le contrôle policier ? Le noyautage de la préfecture n'épuise pas la question. La souplesse

1. Entretien avec Paul Niedermann, janvier 2011.

de Jean Benedetti, adossée à une organisation humaine solide, s'impose comme un atout maître et une clé d'explication. La lecture des fonds d'archives permet de dresser un tableau des convictions et des priorités du préfet, de son cabinet et de ses services, tout en laissant transparaître entre les lignes les stratégies d'évitement qui protègent l'action des agents les plus impliqués dans la désobéissance.

7

À quoi pense le jeune Niedermann en cette fin décembre dans le train qui de Vic-sur-Cère le conduit à Montpellier ? Délaissant les brumes hivernales des plateaux du Cantal, le voilà redescendant vers cette lumière languedocienne où quelques mois auparavant il découvrit pour la première fois une mer que de son pays de Bade il ne connaissait sans doute qu'à travers les livres. Le jeune adolescent regarde défiler le paysage qui imperceptiblement, à mesure de la lente et chaotique progression de la micheline, reprend les formes et les teintes de la Méditerranée. Progressivement les premières garrigues, les premiers cyprès, les premiers ceps annoncent ce bel Hérault auquel tant de souvenirs le rattachent.

L'adolescent, encore une fois, est en fuite ; lui qui a connu le nazisme en Allemagne, la déportation de ses parents, l'expulsion en octobre 1940 du Bade-Wurtemberg vers la France et le camp de Gurs avant de se retrouver à Rivesaltes et d'être délivré par Sabine Zlatin, est à nouveau en chemin vers Montpellier, quitté précipitamment trois semaines auparavant. Les Zlatin savent que, plus que tout autre, l'enfant est en sursis : Juif allemand, sans-papiers, parlant le français avec un fort accent germanique, il accumule tous les stigmates qui en font un proscrit parmi les proscrits, errant parmi les errants, et Juif parmi les Juifs. Mais son périple est ponctué d'heureuses rencontres. Ainsi ce 29 décembre, lorsqu'à la suite d'une action clandestine sur la ligne menant à Montpellier, le convoi est arrêté par les Allemands qui décident d'inspecter les wagons. Par chance, une mère de famille avec ses enfants repère la subite détresse de Paul, le prend sous sa coupe, lui conseille de se taire et lorsque passe l'officier, le présente comme son fils. Le périple du jeune Niedermann peut se poursuivre. Montpellier, décidément, est une promesse.

La prise de risque de l'organisation du retour du protégé des Zlatin peut s'expliquer par leur réseau amical et résistant. Tout juste arrivé à bon port, Paul est pris en charge par un homme d'une trentaine d'années qui le conduit dans un appartement entre le jardin du Pérou et la rue de Lodève[1]. S'ensuit un jeu de pistes précis avec ses intercesseurs, ses codes, ses lieux, ses planques et sa clandestinité qui offre aux pourchassés et protecteurs l'ombre nécessaire pour se dissimuler des regards indiscrets et des contrôles policiers. Photos d'identités prises, il faut attendre la confection des papiers. Deux jours durant, l'adolescent est hébergé chez des relations de Miron et de Sabine Zlatin. Il y passe le réveillon du 31 décembre. Un souvenir indélébile qui se grave à tout jamais dans sa mémoire : on y mange des huîtres ; ces gens si bienveillants et si accueillants ne sont donc pas des Juifs. Qui sont-ils ? Encore de ces anonymes qui dans l'épaisseur tragique du moment contribuent à préserver quelques îlots. Les yeux de l'enfant traqué perçoivent-ils en cet instant l'heureuse conjonction d'enchaînements – les Zlatin, la dame du train, l'homme de la gare, ces hôtes et tout au bout du bout la petite machinerie humaine de la préfecture – qui s'articulent comme par miracle pour veiller à sa sécurité ? À moins que ce ne soit l'image de ses parents disparus qui vienne à lui, réminiscence des temps heureux où la famille n'était pas encore dispersée.

Mais à 15 ans, le destin s'est déjà chargé d'en faire un homme ; la longue marche de Paul ne fait que commencer :

> « Le 2 janvier 1943 je repris le train pour Vic. Ces papiers étaient tellement précieux qu'une fois arrivé en Suisse et donc sauvé, l'OSE me les reprit pour en faire bénéficier une autre personne[2]. »

L'adolescent a désormais une identité, il s'appelle toujours Paul et il est né à Gérardmer dans les Vosges, un lieu de naissance qui justifie son accent allemand.

L'aventure du jeune Niedermann condense presque métaphoriquement ce qui se joue plus loin dans l'atmosphère feutrée de la préfecture : divers cercles concentriques qui autour de Jean entretiennent un dialogue souterrain permanent et souvent efficace ; un préfet qui aux yeux du régime accomplit avec loyauté sa mission ; un rythme toujours soutenu d'initiatives en matière d'entraides et

1. Entretien avec Paul Niedermann, le 6 janvier 2011.
2. *Ibid.*

de sauvetages. C'est tout cet arrière-fond qui fournit les alibis indispensables au sauvetage de Paul, comme de tant d'autres.

De l'organisation des réseaux et des complicités qui s'installent dans le sillage de Jean Benedetti, l'épisode De Lattre en novembre 1942 offre un autre exemple. Dans ses souvenirs publiés en 1970[1], l'épouse du maréchal de France livre un témoignage riche en informations sur les dispositions de Jean, de l'infatigable Camille Ernst et du jeune chef de cabinet Jean-Jacques Kielholz. Le récit de Simonne De Lattre témoigne tout d'abord d'une atmosphère où alternent les émois du quotidien, une montée croissante des inquiétudes et parfois des instants, rares, où la légèreté de l'existence paraît de nouveau prendre le dessus. Ainsi ce déjeuner en compagnie de Jean et Odette, par une belle journée de printemps à l'invitation du duc de Castries dans son château du XVIIe siècle : « Nous n'étions que six convives, écrit Simonne De Lattre, mais cette réception avait grande allure. » Court répit à la sortie d'un hiver rigoureux et où plus que jamais se fait sentir le cruel problème du ravitaillement :

> « Ce mois de février était particulièrement humide. Aucune maison n'était chauffée, pas une goutte d'eau chaude. Les menus étaient invariablement composés de rutabagas alternant avec de la choucroute, naturellement sans lard ni saucisses[2] ! »

Les De Lattre et les Benedetti sympathisent. Dans l'adversité, le préfet et sa femme témoigneront d'un soutien sans faille aux premiers, alors que l'ordre dominant avec tout ce qu'il suppose de lâchetés et de mesquineries, de conformisme aussi, déchaîne contre le général et son épouse tous les ostracismes : « J'ai à affronter le "clan des traîtres" qui ne me disait plus bonjour », note avec énergie Mme De Lattre[3]. Les Benedetti n'appartiennent pas à cette catégorie.

---

1. Simonne De Lattre, *Jean De Lattre, mon mari*, Perrin, Collection Coup d'œil, 1970.

2. *Ibid.*, p. 218-228.

3. Alors que son époux, pour avoir refusé d'attendre l'occupant l'arme aux pieds, est en prison, Simonne De Lattre relate cette scène : « Je me souviens en particulier de l'attitude incroyable des "classes militaires" à une séance de l'ouvroir de garnison qui avait lieu chez la femme du sous-chef d'état-major. À mon entrée, grand silence, stupeur, personne ne me salue alors que depuis six mois j'étais la présidente de cet ouvroir. » *Ibid.*, p. 247.

Le préfet, sa femme, ainsi que le secrétaire général de la préfecture et le chef de cabinet vont constituer un cercle protecteur autour du général au moment où celui-ci rompt avec le régime de Vichy.

Les mois qui précèdent cette rupture ont vu la politique de collaboration se radicaliser. En avril 1942, Pierre Laval revient au pouvoir ; en juin, il déclare souhaiter la victoire de l'Allemagne ; en juillet et en août les rafles se multiplient tant en zone occupée qu'en zone sud ; en septembre, la loi instituant le travail obligatoire voit le jour… Tous ces signes de durcissement ébranlent quelques-uns des soutiens du maréchal, tout au moins ceux qui envisagent encore une France souveraine… et pourquoi pas à terme libérée. Des hommes comme François Valentin, qui dirige la Légion française des combattants et donne sa démission en mai, ou Charles Vallin, député du Parti social français, s'apprêtent à rejoindre la résistance.

Sur le théâtre des opérations, la guerre s'est internationalisée avec l'entrée des États-Unis dans un conflit qui se joue aussi désormais depuis 1941 sur le front de l'Est. Ainsi lorsqu'à la suite du débarquement allié en Afrique du Nord les Allemands franchissent la ligne de démarcation, le général De Lattre refuse de rendre les armes et décide de faire mouvement. Des gendarmes français l'arrêtent et l'incarcèrent[1]. À défaut d'avoir pu sauver l'honneur de l'armée de Vichy, Jean De Lattre a sauvé le sien. Ses amis, Valentin et Vallin[2], ont fait leur chemin de Damas. Le futur maréchal entame là une partie difficile et toute la question pour ses amis de la préfecture consiste à l'extirper des geôles d'une France désormais totalement sous le joug de l'occupant. Quelques heures avant que la ligne de démarcation ne soit définitivement franchie, Kielholz vient prévenir les De Lattre que Benedetti a reçu des instructions pour renforcer la surveillance autour de lui[3]… Le chef de cabinet agit ici en émissaire du préfet, tout comme Ernst, qui quelques jours plus tard, préparera des faux papiers visant à permettre une évasion de De Lattre. Durant toute cette période où se joue dans une atmosphère de complot et d'incertitude le sort du général, les hommes de la

1. Jugé, De Lattre sera condamné à dix ans de réclusion par la justice de Vichy. Emprisonné à Monluc à Lyon, il parviendra à s'évader et à regagner l'Afrique du Nord.

2. Les deux hommes sont des proches de Jean De Lattre ; voir Simonne De Lattre, *Jean De Lattre, mon mari, op. cit.*

3. *Ibid.*, p. 240.

préfecture échafaudent divers stratagèmes afin d'aider un militaire dont ils apprécient la personnalité et le comportement. Simonne De Lattre évoque la mobilisation toujours audacieuse dont le couple Benedetti fait alors preuve :

> « Depuis le 11 novembre, à part les quelques militaires fidèles et leurs familles, je n'avais trouvé réconfort et appui que chez les Benedetti. Ils élaboraient ouvertement avec le secrétaire général Ernst [...] des projets d'évasion pour le Général[1]. »

Organisation informelle, soudée autour de quelques hommes, l'équipe préfectorale ne laisse rien paraître de ce qui se trame dans le secret de son cabinet, même si jusque dans les archives on peut au détour d'une correspondance, d'un rapport, repérer les signes vivants d'un état d'esprit peu enclin à la compromission. Ainsi en février 1943, Benedetti s'oppose explicitement au Commissariat général aux questions juives et à sa représentation régionale[2].

Le Commissariat applique une politique systématique de confiscation et de spoliation des biens et des avoirs juifs. Un négociant, Henri Bloch, dont l'immeuble doit être vendu à l'initiative de son administrateur provisoire, demande l'appui de la préfecture dans l'action judiciaire qu'il lance afin de bloquer la procédure de liquidation. Sans hésiter, Benedetti lui accorde son soutien, rappelant notamment au représentant local du Commissariat que le contentieux Bloch relève des tribunaux judiciaires et certainement pas du juge administratif. Il réitère son appui en l'argumentant avec plus de précisions en avril de la même année. Montrant d'astucieuses qualités de juriste, Benedetti argue d'un certain nombre de vides juridiques au sein de la législation antisémite pour confirmer sa position initiale :

> « La loi du 22 juillet 1941, relative aux entreprises, biens et valeurs appartenant aux Juifs, ainsi que la loi du 12 novembre 1941, qui modifie les articles 1, 10, 15, 17, 22, 24 de la dite loi, sont sur (*sic*) les recours accordés aux Juifs intéressés dans la procédure de la vente de leurs biens. En conséquence, à défaut d'exception prévue,

1. *Ibid.*, p. 248.
2. Michaël Iancu, *Spoliations, déportation, résistance des Juifs à Montpellier et dans l'Hérault (1940-1944)*, *op. cit.*

il est de règle de s'en rapporter au droit commun. Puisqu'il s'agit d'un transfert de propriété privée, ce seront donc les tribunaux judiciaires qui devraient statuer ».

Recourant non sans malice à la doctrine jurisprudentielle amortissant l'aliénation des domaines et des biens des congrégations[1] – ce que des zélés de la Révolution nationale ne peuvent qu'interpréter comme une provocation supplémentaire, le préfet renvoie dans ses buts le Commissariat général aux questions juives :

> « Pour tous ces motifs, j'estime ne pas devoir adresser à M. le procureur de la République, une déclaratoire de compétence, tendant à dessaisir le tribunal civil de Montpellier, de l'affaire Bloch pour laquelle il s'est déclaré à bon droit compétent[2]. »

L'opposition préfectorale au dessaisissement de la juridiction civile provoque les foudres de la direction régionale du Commissariat, qui voit immanquablement dans l'attitude de Benedetti une volonté d'obstruction à la politique de l'organisation. Le 9 avril 1943, le CGQJ de la région du Midi interpelle dans des termes particulièrement vifs et menaçants sa hiérarchie au sujet de l'attitude du représentant de l'État dans l'affaire Bloch :

> « Malgré la jurisprudence récente des cours d'appel de Chambéry, Aix et Toulouse, malgré le précédent, que je lui avais signalé de mon collègue de Haute-Garonne, M. le préfet de l'Hérault refuse, pour la deuxième fois, de donner suite à la demande que je lui ai adressée au nom de M. le commissaire général, et il entend faire, lui seul, juge de la compétence des juridictions, auxquelles, sans doute en vertu de la personnelle compétence qu'il s'attribue, il entend se substituer pour rejeter souverainement la thèse du commissariat général aux questions juives. »

L'agressivité du ton, mêlant tout à la fois des attaques presque personnelles et une exaspération non dissimulée, révèle également

1. *Ibid.*, p. 40-42. Les correspondances du préfet ainsi que la lettre du commissariat réagissant à ces courriers sont issues du Centre de documentation juive contemporaine (source CDDJC, XVIIa).

2. *Ibid.*

les conflits qui s'exacerbent à l'intérieur du régime entre des entités « idéologiques » issues de la Révolution nationale et des corps administratifs, comme le corps préfectoral, produits de la tradition républicaine. Tout à sa vindicte, le responsable régional suggère alors de demander au service contentieux du CGQJ les moyens juridiques de passer outre le blocage de Benedetti, mais il invite surtout à appeler l'attention du chef du gouvernement sur « l'incident, en lui signalant la singulière attitude de M. le préfet de l'Hérault ». La dénonciation, « marque de fabrique » de tout système autocratique, fait ici de Benedetti au mieux un fonctionnaire déloyal, au pire un adversaire de l'État qu'il est censé servir. Quelques mois plus tard, il sera de nouveau en butte à une forme encore plus violente de soupçon.

Les relations avec l'occupant, non plus, ne sont pas exemptes de litiges ; toujours soucieux de préserver son périmètre d'autorité, aussi réduit soit-il, Jean Benedetti entend freiner les exigences allemandes, en matière de remboursement... des frais de cantonnement ! Le préfet refuse d'honorer des factures concernant des fournitures au motif que rien ne démontre que celles-ci aient été acquises dans le département de l'Hérault[1] et l'écrit au chef du service des cantonnements allemands à Montpellier[2].

Prenant acte du litige né des instructions différentes de leurs autorités hiérarchiques respectives, Benedetti suggère à son interlocuteur, comme il s'apprête à le faire lui-même auprès de la tutelle du ministère des Finances, de saisir ses supérieurs pour que le commandement allemand et le gouvernement français se mettent d'accord sur la conduite à tenir... Encore une fois, c'est une intelligence fine des événements que déploie ici le préfet qui, ne cédant en rien, et anticipant la psychologie gouvernementale régnant à Vichy ainsi que des rapports de force du moment un recul de sa tutelle, engage sa

1. Archives départementales de l'Hérault, 24 W, art. 3, « Service des relations avec les troupes d'Occupation ».

2. Courrier du préfet délégué de l'Hérault à M. le chef du service des cantonnements allemands : « Au cours d'une liaison effectuée à Vichy, le chef du Service des Réquisitions du ministère des Finances a confirmé d'une façon formelle au chef du service des Réquisitions de la Préfecture de Montpellier, que, seules devront être remboursées les fournitures de matériel régulièrement pris en charge et que ne pouvaient être considérés comme pris en charge que les objets dont la position nous était indiquée », 14 août 1943, Archives départementales de l'Hérault, 24 W, art. 3, « Service des relations avec les troupes d'Occupation ».

hiérarchie à assumer ses responsabilités et par la même occasion ses contradictions. La fermeté du préfet délégué va contraster avec la faiblesse de l'administration des Finances. L'issue du différend offre un bel exemple de la soumission quotidienne de la technostructure vichyssoise aux exigences de l'occupant. Le 31 octobre, un *oberfeldintendant* du commandement militaire en France adresse un courrier à la Direction du Trésor, dans lequel, réfutant l'argumentation de Benedetti, il ne laisse pas le choix à son interlocuteur.

> « Un contrôle spécial du préfet dans ce sens doit donc être refusé. Prière d'en aviser d'urgence le préfet du département de l'Hérault et de me faire connaître la suite donnée[1]. »

Le 10 décembre, une instruction du ministère de l'Économie nationale et des Finances donne l'ordre au préfet délégué de satisfaire la demande de l'administration d'Occupation :

> « En application des instructions de principe que je vous ai adressées, vous avez refusé de rembourser à la HUV de Montpellier certaines dépenses de mobilier qui vous paraissaient contestables, soit en raison des conditions dans lesquelles elles ont été effectuées, soit en raison du lieu d'achat. La HUV de Montpellier a porté cette affaire devant l'Intendant supérieur du Commandant de la zone armée du sud à Lyon qui, à son tour, en a saisi les autorités supérieures allemandes du Majestic à Paris. Celles-ci viennent de faire connaître leur décision [...] dont ci-joint copie. Bien que les considérants de cette décision appellent les plus expresses réserves, force est de s'incliner devant l'obligation qui est faite de rembourser à la HUV les dépenses en litige[2]. »

Cette tranche de la vie quotidienne de l'administration sous Vichy en serait réduite à son caractère quasi anecdotique si elle ne dévoilait

---

1. Courrier de l'intendant en chef auprès du Commandement militaire en France au ministère des Finances, 31 octobre 1943. Direction du Trésor. Service central des réquisitions allemandes, Archives départementales de l'Hérault, 24 W, art. 3, « Service des relations avec les troupes d'Occupation ».

2. Courrier du ministre secrétaire d'État à l'Économie nationale et aux finances à M. le préfet de l'Hérault, 10 décembre 1943, Archives départementales de l'Hérault, 24 W, art. 3, « Service des relations avec les troupes d'Occupation ».

l'horlogerie fine d'un régime devenu incapable de s'opposer à la moindre des injonctions allemandes. L'épisode des frais de cantonnement fonctionne ici comme une loupe grossissante des lâchetés d'un État français qui a abdiqué toute volonté d'autonomie : des principes qui en restent au stade des velléités ; une administration qui localement applique les instructions centrales, mais qui se voit déjugée, à la suite des fermes exigences des occupants, par sa propre tutelle ; le tout sur un fond de résignation et de désolation qu'une seule formule résume sans fard : « force est de s'incliner devant l'obligation… » Ce pouvoir, fin 1943, n'est même plus un État ; il est devenu, renoncement après renoncement, une forme invertébrée d'autocratie défaillante qui s'apprête à se donner aux ultras de la collaboration[1].

De son côté, Jean Benedetti s'efforce toujours de circonscrire localement les effets de la domination allemande. Le 6 décembre 1943, il rappelle aux maires, aux présidents de délégations spéciales et aux commissaires de police du département leurs obligations quant aux éventuelles demandes de l'occupant :

> « J'ai l'honneur de rappeler tout particulièrement à votre attention que toute demande de renseignements émanant de "personnes attachées à des services allemands en France" dont vous pouvez être saisi ne doive faire l'objet de votre part d'aucune réponse directe, verbale ou écrite[2]. »

Comportant la mention annotée et soulignée à la main « Important », le document, basé sur de multiples circulaires postérieures au franchissement de la ligne de démarcation, précise également à ses destinataires qu'il ne leur « appartient pas de répondre aux demandes tendant à obtenir un état périodique des officiers et militaires de l'armée française démobilisés avec l'indication de leur profession.

---

1. Début 1944, Henriot devient secrétaire d'État à l'Information et à la Propagande, Darnand secrétaire d'État au Maintien de l'ordre et reçoit « autorité sur l'ensemble des forces de police ». En mars, Déat les rejoint au Gouvernement en tant que ministre du Travail et de la Solidarité nationale.

2. Courrier du préfet délégué de l'Hérault à MM. les maires et présidents des délégations spéciales et commissaires de police du département, 6 décembre 1943, Archives départementales de l'Hérault, 24 W, art. 3, « Service des relations avec les troupes d'Occupation ».

Les pouvoirs du *Militärbefehlshaber* en France ne s'étendent pas, en effet, à la zone sud. » Et un peu plus loin le préfet de conclure :

> « Je vous prie de veiller à l'application très stricte de ces instructions et de ne pas manquer de me saisir immédiatement de toute demande qui pourrait vous être adressée directement, autrement que par mes soins. »

La vigilance répétée de Benedetti au sujet de la communication avec les autorités d'Occupation relève-t-elle d'un acte mécanique visant à insister sur l'importance de circulaires codifiant l'interface, notamment en matière de transmission de l'information avec les Allemands ? Ou manifeste-t-elle la volonté toute personnelle de maîtriser, afin d'évaluer et de jauger sa teneur et sa valeur tactique, tout élément porté à la connaissance des occupants ? Tout laisse à penser que, se saisissant de consignes nationales, le préfet en profite pour accroître le contrôle sur les flux d'information que les armées d'Occupation sont susceptibles d'exiger auprès de leurs multiples interlocuteurs locaux. Jean Benedetti fait sans aucun doute de la maîtrise du renseignement au plus près du terrain l'une des préoccupations cardinales de son fonctionnement « par gros temps[1] ». C'est aussi une façon de marquer son territoire, de prendre date et de réaffirmer son *leadership* auprès de maires, notamment, avec lesquels il est parvenu à bâtir une relation souvent conviviale.

Aimable et élégant, Jean aime servir et rendre service. Tout en incarnant la fonction préfectorale, il sait rompre la distance et accomplir sa tâche en y insufflant cette simplicité qui partout lui donne droit à une authentique popularité. La convocation des archives confirme ces principaux traits de caractère. Benedetti est un préfet politique, au sens où ses qualités d'administrateur vont de pair avec sa connaissance des relations humaines et l'attention portée aux préoccupations quotidiennes des administrés. Aussi éloigné de la posture technocratique que du mirage idéologique, un pragmatisme, non dénué parfois d'opportunisme, l'habite en permanence. Son professionnalisme, en apparence gage de neutralité, rassure. Il rassure d'abord ceux qui à Vichy ont besoin de s'appuyer sur des serviteurs expérimentés

---

1. « Fonctionnaires par gros temps », dans Marc-Olivier Baruch, *Servir l'État français : l'administration en France de 1940 à 1944*, Fayard, 1997, p. 427-488.

et compétents. Il séduit ensuite les gens qui travaillent avec lui, si l'on en croit leurs témoignages. Il plaît enfin aux populations auprès desquelles il ne manque jamais de se déplacer. Dès Dunkerque en août 1941[1], il va à la rencontre de ses administrés, affirmant que ce contact direct avec l'opinion constitue

> « le meilleur moyen d'information [...] qui va me permettre ainsi de me mêler pendant quelques heures à la vie de la population des communes de l'arrondissement que j'ai désormais, le grand honneur d'administrer ».

Le 24 juillet 1941, il annonce au préfet du Nord[2] qu'il vient d'achever la tournée des cent vingt communes de son arrondissement. Nommé à Montpellier, il ne déroge pas à cette bonne pratique. Le 10 juin 1942, le voilà ainsi en visite dans plusieurs cantons ruraux du département : Assas, Lansargues, Lunel, Saint-Christol pour finir en pleine garrigue, au centre de captage de la source de Fontbonne[3]. Le compte rendu auquel donne lieu le déplacement du préfet, accompagné entre autres de son chef de cabinet Jean-Jacques Kielholz et du directeur départemental du ravitaillement, l'intendant Philipport, fournit une illustration intéressante de la stratégie de communication préfectorale : réunion avec les élus et les notabilités, rencontre selon les communes avec la population, dialogue autour des difficultés quotidiennes et politiques. Tout se passe comme si Benedetti concentrait ses propos sur la résolution des questions matérielles, les messages subliminaux de portée plus politique étant la conséquence de ces dernières. Parmi celles-ci, le ravitaillement tient sans conteste la première place. À Assas, les édiles déplorent la pénurie de viande et de poisson, le manque de matière grasse et observent que les rations hebdomadaires de viande, toujours elles, sont insuffisantes pour des ouvriers agricoles astreints à des travaux pénibles. À Lansargues, le problème récurrent du ravitaillement est à nouveau évoqué et le compte-rendu de la tournée délivre le message

1. Circulaire du sous-préfet de Dunkerque, à MM. les Maires de l'arrondissement, 24 avril 1941, Archives départementales du Nord, 1 W 1560.

2. Rapport du sous-préfet de Dunkerque à M. le préfet du Nord, 24 juillet 1941, Archives départementales du Nord, 1 W 1560.

3. Tournée de M. le préfet délégué du 10 juin 1942, Archives départementales de l'Hérault, fonds du cabinet du préfet, 1 W, art. 27.

du préfet délégué qui cette fois renoue avec les accents sacrificiels que l'État français aime à prodiguer :

> « Ravitaillement des humains, ravitaillement du bétail, deux problèmes angoissants dus aux conséquences de la défaite et M. le préfet fait appel à la conscience de son auditoire : si les maires et les syndics ont un rôle de surveillance dans la répartition des produits indispensables à l'agriculture, ils ont encore un rôle plus élevé, un rôle moral qui consiste à faire comprendre aux populations méridionales que nous devons payer notre défaite par des privations et des souffrances[1]. »

À Lunel, où le maire lui expose à son tour les difficultés inhérentes au ravitaillement, Benedetti acquiesce tout en s'efforçant de remettre en perspective les problèmes. Il s'agit de prendre de la hauteur pour reconsidérer les maux du moment :

> « Notre mal est infime si on le compare aux souffrances physiques et morales des populations de la zone occupée. Pensons également à nos prisonniers qui derrière les barbelés attendent l'heure de la délivrance. Nos difficultés économiques ne doivent pas être la cause de dissensions entre Français et nos adversaires d'hier ne nous respecteront que dans la mesure où nous serons unis. Les Allemands n'estiment les gens qu'à la mesure de leur résistance et de leur rendement[2]. »

À Saint-Christol, petite commune de sept cents habitants, l'accueil se fait encore plus solennel, conforme aux prescriptions de l'esprit « Révolution nationale ». Le préfet, à sa descente de voiture, est salué par le président de la délégation spéciale des mutilés de guerre 1939-1940. Le rédacteur du compte-rendu note : « Les gars des chantiers de jeunesse, aux mains vérolées par le sulfate de cuivre, forment la garde d'honneur pour l'accès à la mairie[3]. »

Le maire a fortement mobilisé sa population pour un événement aussi rare dans l'histoire du village. La dernière visite préfectorale à Saint-Christol remonte à quarante-cinq ans[4]. La petite salle com-

---

1. Compte-rendu de la tournée de M. le préfet délégué du 10 juin 1942, Archives départementales de l'Hérault, fonds du cabinet du préfet, 1000 W, art. 27.
2. *Ibid.*
3. *Ibid.*
4. *Ibid.*

munale est trop étroite pour accueillir une foule venue nombreuse afin de voir et écouter un préfet qui, après avoir fait applaudir la personnalité du chef de l'État, délivre sa conception de la philosophie qui doit animer un peuple en butte à l'adversité :

> « Esprit d'équipe qui a fait défaut à la veille de la dernière guerre et dont on recherche la présence dans les diverses manifestations de notre activité présente [...]. Un chef doit animer cet esprit d'équipe, donner une vie à son âme. Saint-Christol a trouvé ce chef en la personne de son premier magistrat[1]. »

Forçant le trait, Benedetti rappelle qu'il insuffle lui aussi ce même sens du collectif à ses collègues[2].

Tout au long de cette visite du 10 juin 1942, rien dans les messages préfectoraux, dans son attitude, dans ses gestes, ne peut traduire ne serait-ce qu'une ombre furtive de désaccord avec l'État français. Tout se passe comme si Benedetti déclinait une forme de maréchalisme tranquille, sans excès certes, mais de bon aloi et empli d'une confiance entière en la personne de Pétain. Le rapport qu'il établit pour le compte de sa tutelle confirme très naturellement cette discipline affichée et ce loyalisme peu soupçonnable[3]. Il y détaille les principales difficultés auxquelles sont confrontées les communes visitées (ravitaillement, approvisionnement en sulfate de cuivre, de fourrage, pénurie de main-d'œuvre, manque de chaussures, etc.), se félicite de l'accueil[4] et, soucieux d'accorder des gages au régime qu'il sert, souligne en conclusion qu'il a appelé les populations et leurs représentants à « oublier leurs privations et [...] faire taire leurs

---

1. *Ibid.*

2. *Ibid.* Il cite en exemple l'esprit d'équipe qu'il a réalisé au sein de ses collaborateurs immédiats et qui constitue l'âme d'une parfaite administration.

3. *Ibid.*

4. « Dans l'ensemble j'ai trouvé des maires très compréhensifs de la situation et faisant preuve d'un dévouement et d'un loyalisme parfaits. Ils ont reconnu qu'en matière de ravitaillement des progrès ont été réalisés depuis quelques mois. Certaines communes m'ont réservé un accueil particulièrement chaleureux mais dans toutes, la joie a été grande de voir un représentant de l'Administration venir les visiter, ce qui pour certaines d'entre elles ne s'était pas produit depuis une cinquantaine d'années », Rapport du 25 juin 1942, à M. le ministre, secrétaire d'État à l'Intérieur, Archives départementales de l'Hérault, fonds du cabinet du préfet, 1000 W, art. 27.

plaintes pour s'unir derrière le maréchal et son gouvernement ». Adoptant un comportement ne laissant aucune prise à la suspicion, Benedetti exécute sa mission dans un équilibrisme permanent entre une préoccupation explicite pour les problèmes matériels de ses administrés et une reprise implicite des thématiques constitutives de la Révolution nationale : sens du sacrifice, culte du chef, rejet des divisions...

À ce moment précis, quelle est la vérité de l'homme ? Celle du préfet en représentation et qui au contact de ses concitoyens donne de lui l'image d'un serviteur consciencieux de Vichy ? Celle du haut fonctionnaire qui, formé à l'école de la République, s'efforce en catimini de circonvenir certaines des instructions les plus détestables de son gouvernement ? Celle d'un attentiste qui affiche des sentiments sincèrement maréchalistes mais ménage *mezzo voce* son avenir ? Les rapports mensuels d'information qu'il transmet à sa hiérarchie fournissent un premier éclairage, même s'il faut se garder de les prendre au pied de la lettre. Ils ne constituent sans doute pas une opinion, encore moins un regard spontané, mais le filtre, souvent reconstruit, parfois déformé de ce que le terrain peut émettre. On entrevoit à la lecture de ces documents, au travers des mailles propres à la rhétorique administrative, une forme subreptice de subjectivité.

Rétrospectivement, juin 1942 correspond au milieu de la guerre. Les acteurs de l'époque, certes, n'en ont pas conscience mais l'on sent bien dans le récit dressé par le préfet[1] que se dégagent de l'expectative apparente toutes les interrogations sur l'issue potentielle du conflit et les attentes qui traduisent discrètement tout autant les sentiments du rédacteur que les valeurs, les doutes et les espoirs d'une population, saisis sur le vif par la plume préfectorale. Les visites cantonales font ressurgir les problèmes matériels, à commencer par la question récurrente du ravitaillement qui dans l'Hérault occupe fortement les esprits[2]. Benedetti retranscrit ce que la société locale lui renvoie comme sentiment souvent diffus sur une situation qui donne naissance à une gamme étendue de nuances et de

1. Rapports mensuels d'information de la préfecture de l'Hérault, mai-juin 1942, Archives départementales de l'Hérault.

2. « Penchés sur le problème de la vie quotidienne, les gens de ce département n'élèvent ni leurs yeux ni leurs cœurs sur les problèmes politiques », Rapport mensuel d'information de la préfecture de l'Hérault, mai 1942, Archives départementales de l'Hérault.

comportements. Les appréciations du préfet résultent d'un travail collectif avec ses collaborateurs les plus proches, comme l'attestent les nombreux brouillons qui précèdent la mise en forme définitive du rapport, cartographiant une opinion dominante qui paraît le plus souvent dissocier le gouvernement de la politique de collaboration qu'il est censé mettre en œuvre.

Benedetti note au mois de mai que ses concitoyens suivent de près l'évolution de la relation du régime avec les États-Unis : « L'opinion s'est intéressée à l'évolution de nos rapports avec les États-Unis, craignant une rupture avec eux. » Poursuivant un peu plus loin au sujet des événements en Extrême-Orient, il observe : « Les succès japonais n'entament pas la croyance en une victoire finale des États-Unis[1]. » L'attachement aux États-Unis, tel que le reformule le préfet de l'Hérault, traduit les ambivalences de populations qui tout en ne contestant pas la légitimité de leur gouvernement souhaitent que celui-ci laisse le plus grand nombre de portes ouvertes et ne rompe pas avec le monde anglo-saxon pour s'engager plus avant dans la voie d'une collaboration que majoritairement, elles ne semblent pas appeler de leurs vœux. Plus détaillé et circonstancié, le rapport du mois de juin 1942 daté de juillet condense quelques-unes des lignes de force traversant l'opinion[2]. Mais, parce qu'il ne paraît pas contraint par des mécanismes d'autocensure, il délivre aussi imperceptiblement un ressenti préfectoral qui épouse les croyances collectives du moment, ses répulsions et pour une part ses attentes. Il traduit d'abord la résilience de l'attachement au maréchal, dont l'aura reste intacte et dont l'image paraît sanctuarisée, au-delà des vicissitudes de l'Occupation. Ce mois de juin offre l'occasion d'un court passage du chef de l'État français dans l'Hérault :

> « Le discours du maréchal a été écouté avec cette ferveur qui accueille toujours les messages du chef de l'État […]. Le voyage du maréchal qui n'a fait que traverser le département a provoqué à Béziers, malgré le court arrêt du train du chef de l'État, un très gros enthousiasme. Beaucoup d'habitants de Béziers se sont même plaints de ce que le maréchal ait été accompagné par la Légion et

1. *Ibid.*
2. Rapports mensuels d'information de la préfecture de l'Hérault, juin 1942, Archives départementales de l'Hérault.

les mouvements de jeunesse à son passage en gare de Béziers, et n'ait pu se consacrer davantage au reste de la population. Ces réactions sont significatives dans un pays dont l'indifférence et l'apathie étaient les marques principales[1]. »

Cette confiance accordée à celui qui incarne l'État français se double, aux yeux du préfet, d'une conscience aiguë du caractère dramatique de la situation du pays. Le retour de Laval à la tête du gouvernement, après les interludes Darlan et Flandin[2], est interprété par l'opinion, toujours selon Benedetti, comme résultant d'une aggravation de la situation indissociable de la pression exercée par les occupants :

> « Comme l'a dit le président Laval lui-même, son arrivée au Gouvernement "avait une signification qui n'a échappé à personne" [...] La première réaction semble avoir été une dépression générale. Jamais peut-être le public n'a autant senti l'étendue de notre désastre. »

Le fameux discours de Laval où ce dernier va jusqu'à « souhaiter la victoire de l'Allemagne » donne lieu à une lecture qui, tout en ne se résignant pas à la tonalité défaitiste et collaborationniste, dénie la responsabilité personnelle du président du Conseil :

> « Tout le monde s'accorde à croire que c'est après d'impérieuses exigences de l'Allemagne que le Président a prononcé ces paroles. À la réflexion beaucoup de gens se sont dit que lui-même n'était pas responsable de cette situation et qu'il essayait peut-être de sauver ce qui restait à sauver. »

Nonobstant cette édulcoration de la responsabilité du chef du Gouvernement dans ce qui constitue alors une montée en puissance de la politique de collaboration, le préfet ne peut cependant dissimuler des positions sociales contradictoires. Si une partie de la bourgeoisie voit dans le comportement de Laval un effort pour sauvegarder

1. *Ibid.*
2. Poussé à la démission fin 1940 par le maréchal Pétain, Laval a vu lui succéder tout d'abord Pierre-Étienne Flandin, puis l'amiral François Darlan, à la vice-présidence du Conseil des ministres avant son retour en avril 1942.

ce qu'il reste d'intérêt national, il en va tout autrement du monde ouvrier, qui identifie le régime à « un Gouvernement voulu par l'Allemagne[1] ». Pour autant, les nécessités de l'heure qui inclinent les populations à accepter leur sort[2], y compris les représentants des classes populaires, ne parviennent pas à masquer la défiance de l'opinion à l'égard d'un régime qui, d'une part, institue le Service du Travail Obligatoire et qui, d'autre part, appelle de ses vœux, par la voix du chef du Gouvernement, la victoire de l'Allemagne :

> « L'invitation à aller travailler en Allemagne a provoqué une répercussion profonde dans le monde ouvrier, surtout après l'annonce de la fermeture de nombreuses usines. Il a l'impression que ce débauchage a été organisé uniquement pour acculer les ouvriers à aller travailler en Allemagne. Il ne croit pas dans l'ensemble à une libération parallèle des prisonniers. »

Ce mélange de scepticisme et d'indignation ouvre la porte à de multiples supputations quant à l'offensive de l'Allemagne sur le front de l'Est :

> « Aussi l'accueil réservé à l'embauche de la main-d'œuvre pour l'Allemagne a-t-il été plutôt froid jusqu'à présent. Beaucoup de gens s'accordent pour dire que si les Allemands ont tant besoin de main-d'œuvre, c'est qu'ils ont eu des pertes sérieuses en Russie qu'il leur faut remplacer maintenant par des ouvriers tirés des usines d'armement et que c'est leur relève que les ouvriers français assureront en Allemagne. »

Concession sans doute prudente à sa tutelle, le préfet discerne un léger infléchissement de l'esprit public au sujet d'une mesure dictée par « d'impérieuses raisons d'agir[3] ». Rhétorique de la résignation, de

---

1. Rapport d'information de la préfecture de l'Hérault, juin 1942, Archives départementales de l'Hérault.

2. *Ibid.*, « C'est la réaction la plus fréquente des milieux syndicalistes qui acceptent cependant cette politique comme une nécessité inéluctable ».

3. « Si la première impression à la suite de ce discours a été toute de dépression, il semble qu'il se dessine maintenant un revirement dans l'opinion ». Cette citation comme les précédentes sont toutes extraites du rapport d'information de la préfecture de l'Hérault, juin 1942, Archives départementales de l'Hérault.

l'impossibilité, voire de la fatalité : tout se passe comme si, conscient de la répulsion provoquée par cette annonce, Jean Benedetti cherchait dans l'opinion des signes susceptibles de dédouaner l'État dont il est le serviteur. Mais le sentiment dominant ne peut se résoudre, même parmi une grande partie des partisans du régime, aux mots proférés par Laval en faveur d'une victoire de l'Allemagne :

> « Le public [...] n'a pas accepté dans sa majorité les vœux d'une victoire allemande. Et même dans les milieux antibolchéviques cette déclaration a fait une certaine sensation[1]. »

L'époque est à l'agitation, aux troubles. Le général Giraud vient de réussir une évasion spectaculaire qui, confirme le rapport préfectoral, marque les esprits[2]. Par ailleurs, on assiste à la fois à une crise latente au sein de certains cercles proches de Vichy et à une désapprobation grandissante des actes et des déclarations les plus collaborationnistes. Dans le chapitre qu'il consacre aux « activités des divers groupements », le préfet note que les royalistes, en dépit de leur loyauté, se défient des formes les plus actives de la politique de collaboration. Au même moment, la Légion française des combattants, à la suite de la mise à pied de son directeur Jean-François Valentin, est en proie à « une profonde émotion ». Ce départ suscite des interrogations :

> « Il passait pour hostile à la politique de collaboration et aurait été éliminé à la suite de l'intervention des autorités allemandes. Ce bruit a fait accueillir avec une certaine froideur le nouveau directeur général de la légion. Il paraît y avoir depuis un certain flottement dans la légion, dont beaucoup d'éléments étaient restés germanophobes[3]. »

Les zélés de la collaboration, quant à eux, adeptes d'une « fascisation » du régime, n'ont pas bonne presse et beaucoup de leurs initiatives, comme ces vitrines de boutiques juives brisées à Béziers, sont désavouées par la population.

1. *Ibid.*
2. *Ibid.*, « Le général Giraud [...] de plus en plus fait figure de héros national ».
3. *Ibid.*

A COMÉDIE SAINT-MICHEL
95, Boulevard Saint-Michel
75005 PARIS
M° Cluny-Sorbonne - RER Luxembourg
La Compagnie Le Vers Galant
Présente
LE CHAT BOTTE
Adaptation et Mise en scène :
Sandrine Pocskaï
Un
onte
de
Charles
Perrault
Mercredis 14 H et Samedis 15 H
et pendant
les vacances scolaires
Locations : Fnac - Carrefour - Géant - Intermarché - Francebillet.com - Carrefour.fr - Fnac.com
Réservations: 01 55 42 92 97 www.comediesaintmichel.fr

Spectacle familial à partir de 4 ans

Histoire :

Le célèbre conte de Charles Perrault, plein de gaité, d'humour et de frissons sur une création musicale originale ravira les petits et les grands.C'est dans l'atmosphère du 17ème si siècle de Charles Perrault, de Molière et de Louis XIV que vous ret verez vos émotions d'enfant.Gaétan, fils du meunier Hubert se voit confier en héritage, à la mort de son père, un chat nommé Tristan… La ruse, la malice et l'intelligence vont aider notre chat, un peu har pour réussir dans son entreprise et faire le bonheur de son maître.

Distribution en alternance : avec

S.Martinez** ou **J.Tomray** et **J.Jorda, M.Miramont, M.Dury,D.Lascar, M.Riey, O.Montel, S.Boinnard, A.Barbin-Sorano, N.Dissoubray, J.P Robertella.

Musique originale de : Marianne Quaghebeur

LE FIGARO·fr *"Sandrine Pocskaï, l'auteur de cette version a cherch toucher un public large sans céder à la facilité ni tomber dans l'infantilism Le personnage le plus plaisant reste le chat, Tristan, le fameux Chat botte auquel Serge Martinez prête sa voix féline ." Nathalie Simon*

Télérama TT *"… Voilà une adaptation libre du conte de Perrault, divertissante et bien jouée. Cinq comédiens interprètent cette prose féline avec une belle énergie." Françoise Sabatier-Morel*

LE FIGARO *Son Avis ●●●○*

"… Le Conte de Perrault très joliment adapté …/… par une troupe enthousiaste

leParisien.fr *" Ronronner avec le chat botté …/… Une belle adaptation*

pariscope *"…Drôle et éblouissant !"*

Adultes: 12e Enfants: 8e

RELATIONS PRESSE : verascriptmedia Tél : 06 12 52 24 40

veroniquescript@gmail.com

Contact Cie Le Vers Galant - Tel: 01 71 03 45 28 -

www.leversgalant.com

Vue de la préfecture, l'opinion fait de nécessité vertu : encore une fois, elle dissocie la personnalité de ses dirigeants d'une politique qu'ils ne conduiraient, presque malgré eux, que sous la contrainte des événements. Un climat s'installe où l'on ne sait à vrai dire ce qui de la résignation, de l'attentisme, de l'espérance ou de la dénonciation l'emporte. L'alambic de l'opinion bouillonne de sentiments diffus, parfois contradictoires mais dont le goût dominant en ce printemps 1942 combine fidélité au maréchal et hostilité à la collaboration. L'attention portée au déroulement extérieur de la guerre laisse au demeurant entrevoir une sympathie réelle pour les adversaires de l'Allemagne. Sur le front de l'Est, « on estime en général que les Allemands n'avancent guère, qu'ils ne connaissent plus les succès foudroyants des mois de juin et juillet de l'année dernière et que leur offensive de printemps paraît bien compromise ».

À l'Ouest semble se dessiner un horizon d'espoirs :

> « On croit que les Américains regagneront dès que leur production de guerre le permettra le terrain perdu. L'opinion publique du département se préoccupe d'ailleurs beaucoup des jugements que les États-Unis peuvent porter sur notre politique, car nombre de gens croient qu'eux seuls peuvent sortir assez forts de cette guerre pour pouvoir dicter la paix[1]. »

Structurellement schizophrénique, le positionnement de Jean, tenaillé entre une posture officielle prudente et un comportement officieux critique à l'égard de Vichy, s'enracine au plus profond du terrain mouvant de la société. Son appréciation du climat au mois de juin 1942, enrobée dans un style neutre, administratif, alliant la réserve du haut fonctionnaire et l'intuition du politique, dresse un tableau peu optimiste de l'adhésion à la politique de son gouvernement. Sa conclusion sonne comme un jugement, certes factuel, mais dont on perçoit qu'il est le produit de l'atmosphère très « autonome », voire souvent « dissidente » qui semble prévaloir à la préfecture de Montpellier :

> « Dans l'ensemble, il semble que l'opinion publique de ce département soit sortie un peu de sa léthargie des derniers mois et ait pris

1. *Ibid.*

davantage conscience de la gravité de la situation, sans abandonner cependant ses sympathies pour un succès anglo-saxon. L'adhésion à la politique de collaboration reste mince et le recrutement de la main-d'œuvre pour l'Allemagne paraît devoir donner des résultats que dans des milieux particuliers. »

Dans cette relation confidentielle qu'à travers ses rapports le préfet tisse avec ses tutelles, la parole se fait certainement plus libre et les informations délivrées ne travestissent pas la réalité qui se construit localement. Cette réalité est bien celle d'un régime qui perd au fil des jours son capital confiance : le discours de Laval en juin 1942 inquiète jusque dans les couches les plus attachées à l'esprit « Révolution nationale ». Au vu de son environnement professionnel et de ses états de service passés, les faits rapportés par le préfet, l'analyse qu'il élabore de l'opinion de son département, se confondent selon toute vraisemblance avec ses convictions, tout en confortant les jeux très souterrains dont la préfecture est le théâtre. Avec un art éprouvé de la mise en scène, Benedetti sait se faire passer pour un préfet exemplaire ; cette exemplarité occulte avec avantage les actions « hétérodoxes » qui se développent dans l'enceinte même de l'administration préfectorale. Ernst, Fridrici, Kielholz et d'autres encore disposent là de la protection hiérarchique indispensable à leurs activités.

La correspondance personnelle du préfet confirme ce qui se trame dans les coulisses. Mais on y reconnaît tout d'abord un fonctionnaire soucieux de rendre service et prenant soin de répondre aux demandes qui parviennent jusqu'à son cabinet. Formé à l'école de la Troisième République, des Cuttoli et autres Bastid, Jean prend note des interventions, intervient à son tour en faveur de ses solliciteurs et s'astreint de répondre personnellement à chacun d'entre eux. En temps de guerre, le préfet est confronté à des tâches d'assistanat aussi diversifiées que récurrentes. Un tel, rencontré dans des postes précédents, écrit pour recommander une amie qui souhaite acquérir une propriété dans l'Hérault ; une autre, compatriote corse du même village, lui signale le cas d'une belle-sœur qui aspire à intégrer les services municipaux de la ville de Marseille ; une autre encore, dont le fils vient de passer la seconde partie du bac, souhaite savoir s'il ne serait pas possible d'intercéder auprès des autorités académiques pour redresser les notes du candidat ; un dernier, viticulteur des Pyrénées-Orientales et se recommandant de la belle-mère de Jean, Mme Ravel, fait état du litige qui l'oppose à l'administration fiscale[1]...

Les demandes de coups de pouce se confondent parfois avec d'authentiques sollicitations de passe-droits... Sous la Révolution nationale se perpétuent les pratiques de la Troisième République, maintenues par une partie du personnel politico-administratif. Témoins parmi d'autres du maintien de ces liens, les échanges de Jean avec une figure parlementaire de l'Hérault, Édouard Barthe[2], surnommé « le député du vin » tant il déploie d'activités pour défendre les intérêts des viticulteurs. À deux reprises, le parlementaire interpelle le préfet : une première fois dans le but d'exempter du STO un jeune de la commune dont il est maire et une seconde fois afin de régler, toujours dans sa collectivité de Montblanc, un problème lié à la garde des voies. Ainsi les préoccupations inhérentes à la guerre s'inscrivent à l'agenda préfectoral. La gamme des demandes est étendue, allant de l'envoi du courrier d'un père ou d'une mère visant à ce qu'un fils puisse échapper au STO à une explication confuse dont l'objectif consiste à s'extraire des rigueurs de la lutte contre le marché noir. La correspondance reflète la dimension besogneuse d'une tâche dont le préfet s'acquitte non sans fatigue. Le 4 août 1943, écrivant à son ancien secrétaire général Camille Ernst, désormais en poste à Marseille, Jean exprime une pointe de lassitude :

> « Comment allez-vous depuis qu'on ne vous a vu dans nos murs ? Ici cela va... Odette est en vacances dans le Cantal tandis que je suis toujours là rivé à la chaîne[3]... »

Quelques pièces éclairent l'aide que fournit la préfecture à de nombreux acteurs en butte à la répression. Trois lettres, toutes datées

1. Toutes ces correspondances sont extraites des Archives départementales de l'Hérault, fonds du cabinet du préfet, 1000 W art. 74.

2. Militant SFIO (1882-1949), il se fait élire en 1910 député de Béziers dont il deviendra le maire. Il siège sans discontinuité à l'Assemblée jusqu'en 1940. Il vote les pleins pouvoirs au maréchal en juillet de la même année mais est par la suite interné pour ses activités résistantes. Il retrouve son siège de sénateur en 1948.

3. Lettre de Jean Benedetti à Camille Ernst, 4 août 1943, Archives départementales de l'Hérault, fonds de cabinet du préfet, 1000 W, art. 74.

du mois d'août 1943, interpellent Jean Benedetti au sujet d'arrestations qui traduisent une intensification des mesures répressives conduites par l'occupant. Le 17, un ecclésiastique de l'ordre des Frères prêcheurs remercie le préfet pour son intervention en faveur de la libération de son supérieur arrêté à l'occasion d'une perquisition du couvent :

> « Monsieur le Préfet,
> C'est l'extraordinaire et douloureuse circonstance que vous avez eu la bonté de comprendre qui m'a inspiré le courage de recourir à votre haute et bienveillante influence. J'aurais dû me présenter moi-même puisque j'étais le seul représentant qualifié de la Maison qui venait d'être frappée en la personne de son jeune supérieur : le R.P. Perrin. Mes amis, Mme Terracol et M. le docteur Bouquet jugèrent opportun que je ne quitte point le poste à l'heure où il réclamait ma présence pour répondre à toute perquisition diurne ou nocturne. C'est pourquoi ils s'offrirent à se faire notre avocat auprès de vous et je sais que votre bonté, après les avoir accueillis, avec bienveillance, s'est efforcée de nous aider dans notre détresse. Ce soir, l'une de nos amies, par cette première demande, se fera l'interprète de notre profonde gratitude pour votre heureuse intervention qui, je l'espère, nous obtiendra bientôt l'élargissement de notre supérieur[1]. »

Le 28, c'est au tour du doyen Giraud, professeur à la faculté de médecine, de s'adresser au préfet à la suite de l'arrestation du colonel de Buissy[2] ; sans tarder, Benedetti se fend d'une requête auprès des autorités militaires allemandes et confirme cette initiative au doyen[3]. Toujours le 28, le préfet Godard, en poste à Belfort, écrit à son collègue de Montpellier au sujet du Dr Bonnafous, également arrêté. La réponse de Jean suit rapidement :

---

1. Courrier des Frères prêcheurs de Montpellier au préfet de l'Hérault, 17 août 1943, Archives départementales de l'Hérault, fonds du cabinet du préfet, 1000 W, art. 74.

2. Le colonel Paul de Buissy est le chef de l'état-major de l'armée secrète en Roussillon. Limore Yagil, *Chrétiens et Juifs sous Vichy (1940-1944). Sauvetage et désobéissance civile*, *op. cit.*

3. Courrier du doyen Giraud au préfet délégué et réponse du préfet délégué au doyen, 28 et 31 août 1943, Archives départementales de l'Hérault, fonds du cabinet du préfet, 1000 W, art. 74.

> « Nous nous sommes, Hontebeyrie et moi, occupés de lui auprès des autorités… compétentes et tu te doutes bien que nous ferons tout ce qui pourra dépendre de nous pour le tirer de ce mauvais pas. Malheureusement, son sort n'est pas entre nos mains ! [...] Je te tiendrai immédiatement au courant de l'évolution de la situation mais tu sais qu'en la matière une extrême prudence est de rigueur[1] ! »

La tonalité générale de la missive et le flou entourant ces « autorités » dont on ne mentionne pas la nationalité sonnent comme un rappel de la défiance préfectorale vis-à-vis des occupants. Se vérifie ainsi que Benedetti est un préfet conciliant, humain vers lequel on peut se tourner en cas de coup dur et qui n'hésite jamais, semble-t-il, à jouer les *missi dominici* afin d'aider celles et ceux qui doivent faire face à une situation aussi soudaine que brutale. Cette disposition à l'humanitaire, Jean comme son épouse l'activent chaque fois que monte vers eux un appel, une plainte, une requête. Malgré une prudence avérée, Benedetti ne cède rien à l'indifférence et à la froideur ; soucieux de ne jamais dévoiler le fond de sa pensée, bien que ses rapports et ses correspondances témoignent par interstices de quelques-unes de ses convictions, il assure toujours de son soutien une demande d'aide. Cette approche humanitaire mais aussi sociale sous-tend une sensibilité politique. En dépit de sa prestation de serment au maréchal, le républicanisme de Benedetti ne s'est pas dissous dans la Révolution nationale. À la différence sans doute d'un Bousquet, il se refuse à réduire sa fonction à sa seule dimension technique, conscient que ses décisions, ses actes, sa relation avec Vichy mais aussi avec l'occupant ont une portée immanquablement politique. Il habite sa fonction non pas en technocrate ambitieux mais en politique qui sait que son rôle va au-delà de sa stricte dimension administrative.

Et quand ce n'est pas Jean qui est sollicité, c'est à la porte d'Odette que l'on vient frapper. Le 5 mai 1943, un courrier transmis à cette dernière lui recommande « Mme Walch-Boin, israélite, née à Berne en 1873 ». Manifestement, ce n'est pas la première fois que

1. Réponse du préfet délégué au coup de téléphone du préfet Godard, préfet de Belfort, 28 août 1943, Archives départementales de l'Hérault, fonds du cabinet du préfet, 1000 W, art. 74.

l'on recourt à ses services pour trouver une issue à une situation souvent délicate, parfois désespérée :

> « Chère Madame,
> Avec un peu de retard, je vous transmets les renseignements concernant la personne dont je vous ai entretenue la veille de Pâques. J'espère que grâce à votre active bienveillance, cette malheureuse amie sera orientée vers les moyens lui permettant de pouvoir retrouver dans sa patrie la sécurité dont elle manque ici. Je m'excuse chère Madame de venir aussi souvent recourir à vos services[1]. »

Toutes ces traces, trop souvent effacées, parfois confuses, permettent d'objectiver le positionnement d'une équipe préfectorale sensible à la détresse du temps et qui, au gré d'un jeu de réseaux en constant ajustement contextuel, accorde des soutiens et des protections qui se révèlent efficaces. Dans une lettre datée du 26 avril 1943 et adressée de Monte Carlo à Odette, Denise-Renée Mayer, épouse de René Mayer[2], sibylline, informe son amie que désormais elle est à l'abri :

> « Chère Madame et Amie,
> J'ai voulu dix fois vous écrire, depuis que je suis ici, et dix fois j'ai remis, un peu par négligence, un peu pour ne pas vous ennuyer de ces nouvelles que je tenais tant à vous donner. J'ai tout dit à notre ami Kielholz et je ne veux pas y revenir. Vous savez donc ainsi combien je suis heureuse et comme tout s'est bien arrangé pour mon fils. Il semble que tout ait été pour le mieux et même l'épreuve de quarante jours de prison ne paraît pas lui avoir laissé le moindre mauvais souvenir. Je sais trop bien ce que vous avez pensé de tout cela pour n'avoir pas eu l'immense désir de vous en faire part, mais je ne le pouvais[3]. »

---

1. Lettre adressée à Mme Odette Benedetti, 5 mai 1943, fonds du cabinet du préfet, Archives départementales de l'Hérault, 1000 W, art. 27.

2. René Mayer (1895-1972), conseiller d'État et futur président du Conseil radical sous la IVe République. Il s'oppose à Vichy lors de la création de l'Union générale des Israélites de France. Mis en minorité, il ne participera pas à l'UGIF et il rejoint le général Giraud à Alger en 1943.

3. Lettre de Denise-Renée Mayer à Odette Benedetti, 26 avril 1943, Archives familiales.

La préfecture a-t-elle joué un rôle dans la résolution de cette affaire ? Rien ne le prouve, mais le lien est avéré entre le couple Benedetti, et après les De Lattre, un autre couple de proscrits, eux en raison de leur judéité, les Mayer… Quel que soit le niveau de l'intervention ou le caractère opérationnel de celle-ci, on s'informe, quand on peut, du sort de ceux avec lesquels des liens ont été noués[1]. La référence à Kielholz, le chef de cabinet de Jean Benedetti, dans la lettre de Denise Renée Mayer, vaut *a minima* attestation de cette conduite de veille. Assurément, Jean et Odette ont su insuffler à Montpellier un climat de confiance et de sympathie autour de la préfecture. La cordialité, la mansuétude et l'indéniable patriotisme du préfet, l'appui actif de son épouse, l'efficacité de son cabinet et de ses services, font d'une institution théoriquement au service de Vichy une entreprise de désobéissance administrative au service de forces qui développent des formes hétérogènes de résistance au sein de la société civile. Et c'est parfois à l'initiative de la préfecture que les mesures dictées par l'État sont retournées, contournées et sapées. La gestion du dossier relatif à la rafle du mois d'août 1942 apporte un éclairage instructif sur ce mode de fonctionnement.

1. Dans une lettre précédente, datée du 9 janvier 1943 et postée de Grenoble, Denise-Renée Mayer fait référence à son séjour montpelliérain : « Comme vous l'avez dit, il nous a fallu très peu de temps pour sentir grandir entre nous une sympathie très vive, et il nous a fallu encore moins de temps pour me donner les preuves d'une véritable amitié dont j'ai été et reste toute remplie et une profonde gratitude. » Archives familiales.

8

Vint le temps des rafles.

Le 20 janvier 1942, la conférence secrète de Wannsee décide de la « Solution finale ». Le 1er juillet 1942, Eichmann se déplace à Paris pour planifier quantitativement les déportations de Juifs ; le 29 du même mois sont signés les accords Oberg-Bousquet[1] qui déboucheront sur la décision de livrer à l'occupant dix mille Juifs de zone non occupée et vingt mille de la région parisienne. La mécanique meurtrière à laquelle le gouvernement de Vichy va s'associer se met en place. L'ensemble de l'appareil d'État est mobilisé à cette fin… Dans l'Hérault, où convergent depuis juin 1940 des centaines de réfugiés et où s'est installé le siège de l'OSE, la pression qui s'exerce sur les autorités administratives est particulièrement soutenue. Benedetti et Ernst affrontent avec sang-froid une situation si contraire aux principes d'humanité qui caractérisent leur action.

L'histoire des rafles du 26 août laisse deviner comment la préfecture, sans pour autant se découvrir, est parvenue à limiter les effets de l'opération. Si les faits pris séparément ne délivrent aucune marque de résistance administrative, leur inscription dans la chronologie de l'événement constitue un précieux indicateur. Les signaux avant-coureurs de la décision de transfert se multiplient et la communication préfectorale se manifeste dès la fin juillet, soit un peu plus d'une semaine après l'opération du Vel d'Hiv. Le 20, une circulaire est adressée aux préfectures. Celle-ci interdit aux Juifs originaires de Pologne, d'Allemagne, d'Autriche, de Tchécoslovaquie, de Lituanie, de Russie, entre autres, de quitter le territoire. La souricière semble se refermer sur les réfugiés qui, expérience oblige, disposent d'une connaissance pratique de ce qu'une politique antisémite d'État est susceptible de mettre en œuvre dans des délais très brefs. Veillant

1. Oberg, chef de la police de sécurité allemande en France, et Bousquet, secrétaire général de la police nationale, concluent le 29 juillet 1942 un accord au terme duquel la police française apporte son concours, tout en conservant sa « liberté d'action », aux opérations conduites par les occupants.

à l'exécution, en apparence tout au moins, de la mission qui lui est confiée, la préfecture publie une affiche, signée de Benedetti, qui dispose que tout changement de résidence doit obligatoirement s'accompagner d'une déclaration officielle[1].

> « Par décision de M. le chef de Gouvernement, ministre secrétaire d'État à l'intérieur, et à compter du 1er août 1942, les Juifs français et étrangers qui changent de résidence, doivent en faire la déclaration au commissaire de Police [...], au maire de la commune de leur domicile, si la durée du déplacement prévu dépasse trente jours. Les intéressés sont tenus d'effectuer la même formalité au cours des quarante-huit heures qui suivent leur arrivée dans la commune du lieu de destination[2]. »

Abondamment placardée, l'affiche élève le niveau d'alerte des réfugiés, les prévenant de la sorte qu'un mouvement de grande ampleur se prépare. Reste à déterminer si cette communication préfectorale à forte visibilité est intentionnellement dirigée afin de renforcer la vigilance des populations visées. Au regard des antécédents des services du préfet délégué, tout tend à accréditer cette hypothèse.

Le 29 juillet[3], la police de Vichy transmet de nouvelles instructions, cette fois-ci au préfet de Perpignan, « en communication pour le préfet régional de Montpellier ». Le télégramme ordonne la suppression des visites, le renforcement de la surveillance des camps et surtout le silence sur la destination du transfert[4]. Le 8 août, une réunion visant à superviser les opérations est organisée autour du préfet de région, Pierre-Olivier de Sardan, en présence de deux policiers diligentés par le gouvernement de Vichy, le contrôleur général de la police nationale Surville et le commissaire divisionnaire de la police maritime Kœberlé. Benedetti y participe également, ainsi que l'intendant de police Durafour et le préfet de l'Aveyron, Pierre Monien,

1. Michaël Iancu, *Vichy et les Juifs. L'exemple de l'Hérault, 1940-1944, op. cit.*
2. Archives départementales de l'Hérault, 2 W.
3. Pour le déroulement factuel de la rafle du 26 août, cette partie s'appuie sur Michaël Iancu, *op. cit.*
4. Télégramme de la police nationale au préfet de Perpignan, en communication au préfet de Montpellier (29 juillet 1942), Archives départementale de l'Hérault, 2 W.

trois hommes qui chacun à leur niveau contribuent au sauvetage des Juifs[1]... Pour les émissaires de Vichy, cette réunion de travail vise à préciser l'esprit qui doit animer l'opération et les conditions d'exécution de celle-ci. Le contrôleur général Surville, évoquant les rafles parisiennes qui ont donné lieu à des suicides, rappelle que le Gouvernement souhaite que « l'opération de ramassage » s'effectue « humainement », ne serait-ce que pour éviter que la propagande étrangère ne « puisse s'emparer de ces incidents pour les monter en épingle et s'en servir dans leur lutte contre la France[2] ».

Il insiste surtout sur la confidentialité absolue de la mission : « Les intéressés ne doivent en aucun cas avoir connaissance de l'opération. Pour qu'elle réussisse, il faut qu'elle soit tenue secrète et soigneusement préparée[3]. » Afin de se garantir de toute indiscrétion et autre fuite, Surville annonce que les exécutants ne devront être prévenus de la nature de leur tâche que quelques minutes avant son déclenchement[4]. L'issue des rafles montrera que ces consignes, loin d'être respectées, ont été largement enfreintes. Un intense bouche-à-oreille s'est alors activé afin d'avertir une majorité de celles et de ceux visés par les instructions sinistres du régime. Le 10 août, le préfet régional délègue aux préfets départementaux les pouvoirs de police en vue de la conduite des opérations[5]. Versant officiel, la machine administrative, inaltérable, suit son cours. Rien ne paraît pouvoir perturber le dispositif dont les rouages, un à un, se mettent en place. « La colonie pénitentiaire » est en marche et les instructions déshumanisées se succèdent pour broyer tout ce petit peuple de réfugiés, exilés des confins de l'Europe centrale et orientale, qui espéraient enfin arrivant en France dans ces années de montée du nazisme avoir accédé, si ce n'est à la terre promise, du moins à une halte protectrice...

---

1. Pour la liste complète des participants à la réunion du 8 août, on se reportera au compte-rendu de cette dernière, Archives départementales de l'Hérault, 2 W.

2. « Procès-verbal de la réunion présidée le 8 août 1942 par le préfet régional, ayant pour but de mettre au point les mesures contre les Israélites par la circulaire du secrétaire général de la police du 5 août 1942 », Archives départementales de l'Hérault, 2 W.

3. *Ibid.*

4. *Ibid.*

5. Télégramme du préfet de région Pierre de Sardan aux préfets départementaux, 10 août 1942, Archives départementales de l'Hérault, 2 W.

Dans ces instants dramatiques, quel peut être désormais le comportement d'acteurs comme Benedetti, Ernst ou Fridrici qui, parce qu'ils les ont côtoyés et « pratiqués » au plus près, n'ont sans doute guère d'illusions sur les méthodes des Allemands ? Agir, oui, mais comment ? C'est là le drame de ces serviteurs de Vichy qui doivent, s'ils répugnent aux directives les plus inhumaines du régime, inventer une solution de moindre mal qui puisse concilier la fonction et l'éthique. Abandonner le poste ? Ils n'y pensent pas, assumant sans doute leur conviction que le gouvernement du maréchal, en dépit de ses immenses défauts, demeure un écran utile, voir indispensable, pour sanctuariser ce qu'il reste d'intérêt national. Appliquer sans réserve, « professionnellement », les instructions de la police du régime, en ignorant leur propre système de valeurs ? Ils ne peuvent s'y résoudre, tant ils s'emploient dans leur activité au quotidien à introduire dans chacun de leurs gestes une distance critique qui leur évite une adhésion sans état d'âme, mécanique ou technocratique, aux raisons d'un État qui a aboli la République dont ils sont les produits. Entre la démission et la soumission, une porte étroite s'entrouvre. Cette pointe de duplicité au secours du pragmatisme rencontre une entreprise qui de l'intérieur ne s'accommode pas des pires exactions auxquelles l'occupant s'efforce d'associer l'occupé. Sous le poids des contraintes, innombrables, de sa charge, peut-on prêter à Benedetti et à ses collègues la conscience aiguë de l'Histoire terrible dont ils sont, parmi d'autres, les acteurs ? « Les hommes font leur histoire mais ils ne savent pas l'histoire qu'ils font », écrivait Marx. En cet été 1942 où le conflit commence à se transformer, les représentations que se font de leur responsabilité individuelle les fonctionnaires de la préfecture n'ont rien à voir avec celles qui permettront après-guerre de juger du comportement des serviteurs de l'État français. Sous l'emprise tyrannique de l'immédiat, leur seule priorité consiste à préserver un degré d'humanité, à colmater les brèches d'une dynamique mortelle qui s'emballe, à retarder, à faire fuiter, en d'autres termes à saboter secrètement des instructions que leur morale refuse de partager sans pour autant oublier, par souci d'efficacité, de donner le change.

Les ordres, les télégrammes, les notes de service, presque tous chiffrés, affluent pour encadrer l'action préfectorale. Ainsi le 18 août, en provenance du cabinet du ministère de l'Intérieur et à destination des préfets régionaux de la zone libre, ces recommandations sous forme d'injonctions qui rappellent les préfets à leurs obligations dans la « bonne » exécution de la rafle en préparation :

> « Le chef du Gouvernement tient à ce que vous preniez personnellement en main le contrôle des mesures décidées à l'égard des Israélites étrangers. Vous n'hésiterez pas à briser toutes les résistances que vous pourrez rencontrer dans les populations et à signaler les fonctionnaires dont les indiscrétions, la passivité ou la mauvaise volonté auraient compliqué votre tâche. D'autre part dans les jours qui suivront l'opération projetée, je vous demande de faire procéder à des contrôles extrêmement sévères et à des vérifications d'identité par d'importantes forces de police afin de libérer totalement votre région de tous les Juifs étrangers dont le regroupement est prévu par ma lettre du 5 août et correspondance postérieure[1]... »

Par-delà les connotations martiales, si conformes à la verticalité brutale qui caractérise l'obéissance administrative, le télégramme anticipe toutes les fragilités potentielles et réelles qui entourent l'opération à venir, au point de renvoyer l'image d'un régime qui doute de ses assises et de la loyauté de ses agents. Sans ambiguïté, le pouvoir en place avoue l'impopularité des mesures qu'il s'apprête à enclencher et l'hostilité que celles-ci ne manqueront pas de provoquer au sein même des services désignés pour les exécuter. Cette perception n'entame en rien la détermination de mener à bien la déportation des réfugiés. Le 19 août, un nouveau télégramme indique aux préfets régionaux les étapes du convoi ferroviaire qui emportera les Juifs[2]. Le sombre compte à rebours se précise avec un départ du train prévu le 23 et un passage de la ligne de démarcation le 24. Dès le 20 août, soit près d'une semaine avant le déclenchement de la rafle, le préfet délégué transmet au chef du groupement n° 3 des travailleurs étrangers les horaires des convois en formation, un laps de temps qui permet à cent des cent vingt[3] ouvriers juifs de s'évaporer dans la nature...

---

1. Archives départementales de l'Hérault, fonds du cabinet du préfet, 172 W 3.
2. Archives départementales de l'Hérault, 18 W 12.
3. Parmi ceux-ci, vingt-neuf seront néanmoins repris et transférés au camp d'Agde. Michaël Iancu, *Vichy et les Juifs. L'exemple de l'Hérault, 1940-1944, op. cit.*

Le même jour, encore en provenance du ministère de l'Intérieur, un envoi crypté dont la copie est transmise au préfet régional, au préfet délégué et au secrétaire général relance ces derniers sur la possibilité qui leur est dévolue « de proposer éventuellement par télégramme sous timbre cabinet internement administratif personnes dont attitude ou actes entraveraient exécution mes instructions au regroupement israélite[1] ». Ce rappel ne rencontre aucun écho au sein d'une préfecture qui se refuse manifestement à prendre des mesures de nature coercitive. Le 24 août, une ultime communication chiffrée de la police de Vichy portant la mention extrême urgence, tombe sur les bureaux de De Sardan, Benedetti et Ernst :

> « Suite mon télégramme 12464 du 18/8 vous confirme que mesures arrestation et regroupement israélites étrangers prévu par dépêche 5/8 et télégrammes annexes doivent avoir lieu 26 août stop. Il vous appartiendra fixer heure déclenchement ces opérations au moment qu'il vous paraîtra le plus opportun stop vous signale toutefois l'intérêt qu'il y aurait à ce que celle-ci ait lieu au petit jour de préférence vers 4 ou 5 heures[2] ».

Depuis la mi-juillet, date de la rafle du Vel d'Hiv jusqu'à ce 24 août funeste, où les effectifs de police se déploient sur le terrain, on peut mesurer ce que la chronologie, certes inexorable mais néanmoins lente et visible, offre de délais, d'échappatoires, de marges de manœuvres, d'informations précieusement distillées *via* les multiples réseaux d'entraide qui agissent en Hérault au profit des divers acteurs de la résistance et du sauvetage. Le 25 août, le préfet régional fixe par télégramme à ses préfets départementaux l'horaire exact du lancement de l'opération[3]. À 4 heures du matin le lendemain, gendarmes, policiers, garde mobiles et pompiers sont mobilisés pour « rafler » un millier de Juifs étrangers dont certains ont été dénaturalisés. Soixante-quatre localités sont visées. Au soir de cette journée sans espoir sur les mille vingt-quatre Juifs expulsables près de quatre cents sont arrêtés, quatre-vingt-dix-huit exemptés, et plus de la moitié

1. Archives départementales de l'Hérault, fonds du cabinet du préfet, 172 W 3.
2. *Ibid.*
3. *Ibid.*

manque à l'appel. L'effet d'éviction est particulièrement important à Montpellier, là où siège la préfecture, avec quatre-vingt-onze manquants, dix exemptés sur les cent quarante-quatre dont la gendarmerie avait la responsabilité de l'interpellation et cent douze manquants sur cent vingt-sept pour ceux dont le « ramassage » relevait de la police. Dans d'autres communes les chiffres traduisent une providentielle déperdition : ainsi au commissariat de Béziers manquent soixante-et-onze personnes sur les cent quatorze annoncées, vingt-sept sur quarante à Agde, quarante-et-un sur soixante à Frontignan, près de soixante-neuf sur cent trente-cinq à la gendarmerie de Sète où trente encore seront exemptés. À l'issue des opérations, ce sont quatre cent dix-neuf réfugiés qui sont emmenés au camp d'Agde. La commission de criblage, présidée par le sous-préfet de Béziers, y exempte soixante personnes supplémentaires. Au total, sur les mille vingt-quatre Juifs étrangers ciblés, trois cent cinquante-cinq « seulement » seront transférés de l'Hérault au camp de Rivesaltes[1].

Au regard des objectifs assignés par le Gouvernement, la rafle est un échec. Le 1er septembre 1942, Benedetti s'en explique en corrélant la faiblesse relative des résultats à des facteurs exogènes au département ; il ne peut en outre dissimuler le sentiment négatif de l'opinion :

> « L'opération avait été annoncée depuis un certain temps par la radio anglaise, et dans les milieux juifs tout le monde s'y attendait. Malgré les précautions prises par la police, elle n'a donc pu réussir que partiellement ; cependant aucun incident ne s'est produit à cette occasion dans tout le département. Cette opération ayant porté sur de nombreuses femmes et enfants, n'a pas été bien accueillie par la population.
>
> Bien que certains milieux soient d'accord pour rendre les Juifs responsables de beaucoup de nos maux, ceux-ci bénéficient d'une certaine sympathie dans le public qui ne les considère plus maintenant que comme d'innocentes victimes des autorités d'Occupation. À Béziers, ces mesures ont provoqué une profonde indignation, la population ayant assisté malgré l'heure matinale à certaines scènes déchirantes. Tout le monde cependant s'accorde à rejeter la respon-

1. Michaël Iancu, *Vichy et les Juifs. L'exemple de l'Hérault, 1940-1944*, *op. cit.*

sabilité de ces mesures sur les autorités allemandes, bien plus que sur le gouvernement français[1]. »

Exonérant la responsabilité de l'administration qu'il dirige dans l'échec de la rafle, Benedetti, conscient que les chiffres sont scrutés à la loupe à Vichy et soucieux de préserver son entourage professionnel qui, de l'intendant de police Duraffour à Camille Ernst, son secrétaire général, en passant par Roger Fridrici, a contribué dans la mesure du possible à amortir le choc des instructions de la tutelle, s'emploie dans une organisation toute de subtile ambiguïté à démontrer que l'« insuccès » rencontré est indissociable de la propagande étrangère et qu'aux yeux de la société locale ces vagues d'interpellations ont été singulièrement mal vécues. Tout à cette stratégie d'esquive, le préfet confirme dans son rapport mensuel d'information[2] l'indiscutable mobilisation des forces de police et de gendarmerie dans la conduite des opérations :

> « Les services de police ont été mobilisés de façon à peu près constante pendant tout le mois d'août. À la suite des instructions ministérielles, d'importantes mesures en vue du maintien de l'ordre avaient été prises du 1er au 10 août. À partir du 15 août, la police n'a pas arrêté de surveiller et de contrôler les déplacements des Juifs étrangers ».

Des paramètres externes ont sans doute favorisé l'heureuse évasion de plus de la moitié des « déportables », en aiguisant notamment la vigilance de ces derniers. Pour autant, sans l'indéniable laxisme administratif d'une préfecture qui alerte, et renseigne ses divers correspondants de la société civile (universitaires[3], religieux, associations, etc.) le sauvetage n'eût pu s'exercer avec autant d'ef-

1. Archives départementales de l'Hérault, 18 W 12.

2. Rapports mensuels d'information générale du 1er août au 31 août 1942, Archives départementales de l'Hérault.

3. Ainsi du Pr Antonin Balmes : « Cet intellectuel réservé et doux connaissait parfaitement les risques qu'il prenait en répondant dès 1940 à toutes les sollicitations, en servant de boîte aux lettres, en distribuant des tickets d'alimentation et en sauvant des personnes en danger [...]. Lorsque des amis de la préfecture lui faisaient part d'une prochaine rafle, il se hâtait d'aller prévenir les familles qu'il connaissait pour qu'elles puissent quitter les lieux ». Limore Yagil, *Chrétiens et Juifs sous Vichy (1940-1944). Sauvetage et désobéissance civile*, *op. cit.*, p. 328.

ficacité. Charles Ehrlich, président du Consistoire israélite du Bas-Rhin, témoignant à l'occasion du dossier de reconnaissance de « Juste parmi les Nations » de Camille Ernst, rappelle que le département de l'Hérault fut celui du plus faible pourcentage d'arrestations de Juifs de la zone non-occupée. Circonstance qui ne doit rien au hasard mais résulte d'une conjonction « multifactorielle » : des hauts fonctionnaires qui privilégient le sens de l'humanité à l'exécution mécanique des ordres ; un intendant de police, Paul Duraffour, bienveillant, patriote et rejetant toute forme de zèle dans l'accomplissement de sa tâche[1] ; de-ci, de-là, solidement implantés, des points d'appuis individuels ou collectifs constituant autant de filières de sauvegardes, qu'elles soient laïques ou religieuses ; et surtout un processus lent, étalé sur un mois, de mise en œuvre des rafles qui optimise les initiatives de désobéissance et de contournement. De la circulaire du 20 juillet interdisant aux Juifs étrangers de quitter le territoire et les contraignant dans leurs déplacements, au télégramme du 24 août fixant au 26 le début des arrestations et de l'évacuation, s'écoule un long mois que les autorités administratives de ce département vont abondamment mettre à profit pour élargir leurs marges de manœuvres et miner, autant que celles-ci leur en offrent l'opportunité, la mission scélérate confiée par le Gouvernement. Cette action concertée mais indicible, tacitement coordonnée mais dissimulée sous l'apparence du loyalisme au régime, sans éviter le drame, parvient néanmoins à en limiter l'ampleur. « En fait, les statistiques relatives aux rafles, internements et déportations prouvent que la situation fut moins désastreuse qu'ailleurs » explique Michaël Iancu[2].

On peut raisonnablement penser que la solidarité agissante, dans les limites fortement contraignantes imparties aux responsables préfectoraux, a créé les conditions indispensables aux secours apportés à une grande majorité des pourchassés. Sans cet appui préfectoral

1. « L'intendant régional de police Paul Duraffour, ancien capitaine d'infanterie, s'était révélé durant son séjour un policier et un administrateur adroit, sachant appliquer avec souplesse et bienveillance les consignes qu'il recevait de Vichy [...] Il prit l'habitude de prévenir ceux qui étaient menacés par une rafle ou par des perquisitions, et sauva ainsi de nombreuses vies humaines. » Limore Yagil, *Chrétiens et Juifs sous Vichy (1940-1944). Sauvetage et désobéissance civile, op. cit.*, p. 326.

2. Michaël Iancu, *Vichy et les Juifs. L'exemple de l'Hérault (1940-1944), op. cit.*, p. 300.

et policier auquel il convient de rajouter ces gestes solidaires qui sauvent parfois de manière inespérée une existence, le bilan des rafles du 26 août eût été bien plus lourd.

Il reste à s'interroger, car la sensibilité de notre époque l'exige, sur les responsabilités personnelles de ceux qui sur le terrain eurent à décliner les injonctions de leur Gouvernement. Si en effet une majorité des Juifs étrangers a échappé aux griffes de l'occupant qui de l'autre côté de la ligne de démarcation attendait son tribut de victimes, il n'en demeure pas moins que trois cent cinquante-cinq des leurs furent livrés aux Allemands pour disparaître à jamais dans les camps d'extermination.

À l'aveugle, Benedetti, Ernst et les autres tâtonnaient dans un corridor obscur, mais – force de l'instinct ? Héritage crypto-maçonnique ? Ou plus simplement sens naturel de l'humain – ils utilisèrent de manière résolue les leviers que leur offraient leurs responsabilités pour détourner des centaines de Juifs pourchassés du destin funeste qui les attendaient. Trame à la Schindler mais sans liste, où des fonctionnaires, sous couvert de légalité, désobéissent *de facto* à leur tutelle pour participer à une entreprise informelle et désordonnée, mais efficace de sauvetage. Sans cette articulation fonctionnelle aux rouages du régime, Benedetti, Ernst, Duraffour et les autres n'eurent été d'aucun secours pour ces centaines de Juifs étrangers qui auront ainsi dans l'Hérault pu profiter d'un soutien actif afin de s'évaporer massivement dans la nature. Limore Yagil rappelle dans la vaste fresque qu'elle consacre au sauvetage et à la désobéissance civile sous Vichy :

> « Qu'il existe un lien direct entre l'attitude du préfet et le succès des différentes initiatives de sauvetage des Juifs dans la région [...] Ce sont des individus isolés qui, profitant de la légalité de leur employeur, et à leurs risques et périls, permettaient à des organismes d'entraide de se charger du sauvetage des Juifs[1]. »

Ce qui frappe à Montpellier en cet été 1942, c'est surtout la densité exceptionnelle de la chaîne des complicités qui œuvrent dans un même mouvement d'insubordination administrative : Benedetti, Ernst, Duraffour, Fridrici, et d'autres encore, sans doute, qui chacun

1. Limore Yagil, *Chrétiens et Juifs sous Vichy, 1940-1944*, *op. cit.*, p. 626.

à leur poste contribuent à bricoler des solutions pour saper, autant qu'il demeure possible de le faire sans attirer une trop grande attention, les objectifs de la rafle. Si le 26 août reste une tragédie, le concours apporté par ces fonctionnaires aux divers réseaux d'entraide explique que l'Hérault soit de ce point de vue et comparativement à d'autres départements de la zone sud celui qui proportionnellement a le mieux protégé les Juifs étrangers. À rebours d'une sensibilité politico-historiographique aujourd'hui dominante, tous les agents de Vichy ne furent « pas des exécutants serviles et [...] un certain nombre de hauts fonctionnaires furent vigilants et créèrent toutes sortes d'obstacles aux démarches des Allemands, d'autant plus qu'ils étaient hostiles à l'Occupation et au nazisme, contribuant ainsi au succès du sauvetage des Juifs[1]. »

La préfecture de Montpellier inscrit son action dans ce contexte ; et c'est parce qu'ils furent pragmatiques sans jamais se départir de leur conscience qu'un préfet, un secrétaire général ou encore un intendant de police parvinrent dans le fracas des événements à maintenir une conduite toute d'humanité mais aussi d'efficacité pour celles et ceux qui, nombreux, furent ainsi soustraits aux injonctions allemandes et aux opérations policières de Vichy. Le rapport que transmet Benedetti en octobre 1942 au ministère illustre la réprobation sans ambiguïté que suscitèrent en lui les rafles d'août, tant l'opinion publique qu'il décrit fait manifestement corps avec ses sentiments personnels :

> « Les différentes mesures prises par le Gouvernement sont l'objet de nombreux commentaires dans le public. Le ramassage des Juifs a causé une profonde émotion dans le département. Si une minorité approuve les mesures qui ont été prises par le Gouvernement, l'ensemble de la population a manifesté sa réprobation. Attachée aux anciennes idées de liberté, de droits individuels, de morale internationale, elle a estimé que la France a manqué à ses devoirs d'hospitalité vis-à-vis des Israélites. Les lettres pastorales et mandements des évêques protestataires ont encore renforcé ce sentiment [...] Le bruit court avec persistance dans le public que dès que les premiers convois sont arrivés en zone occupée, les autorités allemandes ont fait fusiller de nombreux Juifs, en particulier les engagés volontaires

1. *Ibid.*, p. 627.

de la guerre. C'est donc un mélange de patriotisme blessé et d'attachement à ce qu'on croit être la morale internationale qui a suscité des réactions et qui a fait que l'opération de ramassage s'est heurtée à la passivité et quelquefois à la complicité de la population. Elle a alimenté la propagande antigouvernementale la plus dangereuse, car elle a donné un argument solide aux défenseurs des "immortels principes" et de la "démocratie". Tout le monde est d'ailleurs convaincu que c'est avec l'exigence formelle des autorités d'Occupation que le Gouvernement a adopté cette attitude[1]. »

Texte dont les artifices rhétoriques visent, tactique désormais rodée, à débarrasser le régime de sa responsabilité dans l'exécution des mesures les plus impopulaires, mais qui ne dissimule pas pour autant la vaste répulsion publique provoquée par les rafles. Et tout laisse à penser que « le partage des eaux » entre l'opinion du préfet et celle de ses administrés est ténu, pour ne pas dire inexistant, *a fortiori* dans un département imprégné d'une forte tradition républicaine à laquelle Jean Benedetti, comme l'attestent ses antécédents, se rattache. Le rapport qu'il rédige en ce mois d'octobre 1942 démontre, s'il le fallait, que les rafles ne se dissolvent pas dans l'expérience historique française et dans le système de valeurs qu'elle inculque à ses citoyens. Pointant explicitement du doigt cette contradiction, Benedetti, recourant ainsi aux réactions de l'opinion, rationalise d'une certaine manière les motivations qui déterminent son attitude au plus fort de la tourmente. Le préfet veut sans doute croire encore au double jeu de son gouvernement, lui qui sur ses multiples terrains préfectoraux montre une préoccupation inaltérable aux respirations du corps social, une intuition politique éprouvée et une sympathie avérée pour tout ce qui sait entretenir discrètement un espoir de libération. D'apparence neutre, les rapports qu'il produit tout au long de ses diverses affectations sous l'Occupation condensent, au miroir de l'opinion, les reflets caractéristiques de son jugement sur la situation.

1. Rapport d'information de la préfecture de l'Hérault, octobre 1942, Archives départementales de l'Hérault.

9

Dans les rapports que de Dunkerque à Montpellier il délivre à ses supérieurs, Jean Benedetti présente une vision de la France sous l'Occupation qui, sous la plasticité apparente de la conjoncture, agrège néanmoins quelques grands invariants. Tout l'intérêt de ce matériau réside dans ce qu'il laisse apparaître non seulement des préoccupations quotidiennes des acteurs et des opinions dominantes mais aussi de l'appréciation personnelle du préfet et de ses propres convictions. Les rapports, parce qu'ils sont également un recensement factuel, secteur par secteur, de la vie administrative, économique, sociale et politique de la société locale, traduisent au-delà du seul préfet les sentiments d'une équipe qui, du cabinet au secrétariat général et aux services, participe à cet exercice mensuel.

Benedetti exprime ainsi une situation que ses collègues contribuent à construire par d'incessants jeux d'influence – ou plus précisément à reconstruire. Reconstruction permanente d'une administration aux prises avec un sentiment absolu de l'aléatoire – on s'interroge avec une constance réitérée dans ces documents sur l'issue du conflit, tout ceci à travers le prisme d'une opinion que l'on s'efforce avec peine de saisir ; reconstruction toujours prudente de la doxa du haut fonctionnaire qui se sait scruté et qui sous la nécessité d'informer soigne par ailleurs sa communication personnelle en direction de ses hiérarchies – on insiste souvent sur l'exemplarité professionnelle du service préfectoral tel qu'il se déploie sur le terrain, mais en faisant en sorte que le politique soit absorbé par l'immensité de la besogne administrative ; reconstruction donc de l'action qui laisse en suspens les interstices où se joue le détournement des instructions, le frein contenant l'élan gouvernemental et parfois la désobéissance aux missions les plus orthogonales à la personnalité, au sens de l'anticipation et aux valeurs de fonctionnaires qui veillent à ménager sans doute le présent mais sans trop renier leur passé et encore moins insulter l'avenir…

C'est toujours au regard de ce que l'on sait de la situation et des jeux complexes de ses acteurs qu'il convient de lire et d'analyser les rapports préfectoraux. *Ex nihilo* ceux-ci, certes, disent des choses mais sans recontextualisation ils laissent dans l'ombre la dynamique spécifique de chaque individu en lutte avec l'Histoire, et surtout ils occultent ce que l'exercice du métier préfectoral sous Vichy doit aux orientations que le régime exige désormais de ce corps. Ce paramètre implique que les rapports scénarisent aussi aux yeux de leurs tutelles l'action du préfet au quotidien. Celui-ci en effet a tout intérêt a montré qu'« il fait le job ». La circulaire que le ministre de l'Intérieur Marcel Peyrouton[1] transmet le 15 octobre 1940 aux représentants de l'État les exhorte à être des chefs et des propagandistes, et surtout à ne pas restreindre, voire limiter leurs missions aux seules tâches administratives qui au demeurant sont du ressort de leurs services. Vichy restaure le modèle napoléonien du préfet, celui de « l'empereur dans son département » qui incarne un État fort, restauré, rétabli dans la plénitude de son autorité[2]. Et ce préfet-là ne doit pas être un préfet de bureau mais un préfet de terrain comme le demande toujours Peyrouton dans sa circulaire où il enjoint ses agents à aller avec détermination à la rencontre des populations[3]. Fort de ses contraintes fonctionnelles, les rapports reflètent ainsi le degré d'intériorisation de ces nouvelles représentations du métier mais également les ajustements auxquels elles donnent lieu, voire les distanciations subtiles qui dessinent de leur côté les calculs plus secrets de certains titulaires du poste.

C'est bien dans cette épure que doivent être appréhendées les informations mensuelles recensées et transmises par Benedetti tant à Dunkerque qu'à Montpellier. D'avril 1941 à décembre 1943, sous-préfet d'abord, puis préfet délégué, il sonde son arrondissement et plus tard son département en fournissant à sa hiérarchie une certaine vision

1. Marcel Peyrouton (1887-1983), après une carrière de haut fonctionnaire en Afrique du Nord et d'ambassadeur de France en Argentine, est appelé au secrétariat général du ministère de l'Intérieur en juillet 1940. Opposé à Laval, il se rallie à Darlan, puis au général Giraud, qui le nomme gouverneur général de l'Algérie. Arrêté le 22 décembre 1943, il est acquitté par la Haute Cour de justice en 1948.

2. « L'administration territoriale devait revenir au modèle napoléonien des origines : redevenu l'empereur de son département, le préfet n'aurait pas de difficulté à assurer son rôle de représentant unique du pouvoir en tout ». Marc-Olivier Baruch, *Servir l'État français. L'administration en France de 1940 à 1944*, p. 225-260.

3. *Les Documents français, revue des Hautes études politiques, sociales, économiques et financières*, n° 11, novembre 1940, p. 2.

du pays, parcellaire puisque forcément locale, mais aussi tactique car rien dans la présentation des faits, y compris des événements les plus compromettants pour les gouvernements dont il est le représentant, ne peut à ses yeux faire du régime le comptable d'une situation souvent exécrable. Ni son expérience diversifiée des deux zones occupée et libre, ni l'évolution endogène du conflit ne paraissent avoir de prises sur ce qu'il faut bien appeler, durant ces deux années, une unité de ton qui, à de rares exceptions, traverse ses rapports. Le style impersonnel propre au langage administratif procure à Jean Benedetti un viatique rhétorique qui en ces temps incertains lui permet d'afficher la neutralité du fonctionnaire d'autorité. Descriptif, factuel, modéré, le rédacteur se veut rigoureux, précis, professionnel et jamais ne se laisse entraîner par le zèle idéologique que l'espace de la Révolution nationale est susceptible de libérer. Loyal mais prudent, plus préoccupé du quotidien de ses administrés que du vent de réforme qui souffle à Vichy, il se fait le greffier, l'interprète tout entier à son devoir de traduction, du corps social qui l'entoure.

Pas plus que l'opinion « moyenne » qu'il cherche à caractériser, Benedetti n'échappe, tout à la fois observateur et acteur, à la confusion inextricable des sentiments, qui remue alors le fond d'une France qui ne sait pas vraiment quel est son destin. Les propos préfectoraux sont inévitablement le produit des contradictions d'une société travaillée par les urgences nombreuses du quotidien, par les secousses permanentes de la conjoncture et par des rapports de force qui interrogent l'avenir. Encore faut-il considérer que de Dunkerque 1941 à Montpellier 1943, le continuum apparent doit tenir compte de contextes locaux qui diffèrent non seulement du fait de la chronologie, mais aussi parce que le statut des territoires n'est pas le même et qu'en conséquence le vécu du conflit s'en ressent, induisant des comportements, des préoccupations et des enjeux qui peuvent diverger d'un département à l'autre. Zone administrativement rattachée au commandement militaire allemand de Bruxelles, l'arrondissement de Dunkerque, comme tout le Nord, est un promontoire avancé au cœur de la guerre. Très tôt s'y manifestent des sentiments anglophiles et progaullistes que le sous-préfet, à plusieurs reprises, ne manque pas de souligner. Il note dès le mois d'avril 1941,

> « L'impression que malgré les succès remportés par les armées allemandes en Yougoslavie et en Grèce, l'opinion publique dans son

ensemble considère toujours avec beaucoup de sympathie la cause défendue par les Anglais, et espère encore une victoire de nos amis alliés[1]. »

Et un mois plus tard, le 23 mai, il indique que,

« Sous l'influence de la propagande britannique par TSF le public dans sa très grande majorité reste persuadé que l'Angleterre peut gagner la guerre et ne voit, pour demeurer Français, que cette seule solution[2]. »

Marqueur différentiel s'il en est, la crainte d'une absorption complète et définitive par l'occupant constitue une inquiétude majeure exprimée par les populations du Nord :

« Cependant une crainte subsiste : celle du détachement de la région du Nord de la France et si l'on pouvait à cet égard donner quelques apaisements officiels, ce serait à n'en pas douter, dans ce pays, un sentiment d'immense réconfort[3]. »

« S'il était possible de donner ces apaisements officiels aux populations en ce qui concerne le bruit d'annexion de la région du Nord de la France, bruits qui provoquent des craintes profondes sur lesquelles j'ai déjà eu l'honneur d'appeler votre attention dans mon rapport du 23 mai 1941, il est hors de doute que se manifestera immédiatement une évolution de l'opinion publique dans un sens tout à fait favorable à la politique du Gouvernement (juillet 1941[4]). »

Imprégné de cette atmosphère soucieuse du maintien de la région dans le cadre national, Benedetti adresse là des messages qui tout en alertant sa hiérarchie témoignent de son adhésion à cette idée majoritairement répandue alors chez les hauts cadres de l'administration que Vichy et son État continuent, malgré la pression de l'occupant,

1. Rapport du sous-préfet de Dunkerque à M. le préfet du Nord, 26 avril 1941, Archives départementales du Nord, 1 W 1560.
2. Rapport du sous-préfet de Dunkerque à M. le préfet du Nord, 23 mai 1941, Archives départementales du Nord, 1 W 1560.
3. *Ibid.*
4. Rapport du sous-préfet de Dunkerque à M. le préfet du Nord, 24 juillet 1941, Archives départementales du Nord, 1 W 1560.

de préserver et de défendre les intérêts du pays. Sans cette croyance diffuse à mi-chemin d'un réalisme dicté par les contraintes de l'armistice et d'une illusion qui rationalise *a posteriori* le comportement de fonctionnaires issus du sérail républicain, l'édifice administratif dirigé par le maréchal Pétain n'eût été à ce stade du conflit qu'un bloc de résignation sans véritable énergie. Il fallait un minimum de convictions et d'espoirs dans le cœur des serviteurs de l'État français, et que ces valeurs endossent l'espérance d'un retour à terme à une forme pleine et entière de souveraineté nationale, pour que l'armature étatique dispose du carburant indispensable à son fonctionnement.

Dévastés, en proie à la pénurie, isolés, Dunkerque et ses environs mobilisent sans relâche un sous-préfet qui par ailleurs doit affronter avec ses équipes des conditions de travail pour le moins inconfortables : exiguïté des bureaux, aléas et faiblesse des traitements, multitude harassante des questions matérielles à résoudre rythmant la vie quotidienne du personnel de la sous-préfecture… La ville est un champ de ruines (« 80 % des immeubles […] sont détruits[1] ») ; le personnel de la sous-préfecture est entassé dans quelques bureaux (« Je précise que dix-sept employés occupent deux bureaux primitivement aménagés pour sept personnes[2] ») ; les fonctionnaires confrontés à l'étendue toujours grandissante de leurs missions restent loyaux, en dépit de maigres émoluments (« Quant aux fonctionnaires dont les émoluments n'ont été augmentés que dans une proportion infime, ils souffrent de la hausse constante du coût de la vie mais n'expriment pas leur mécontentement à haute voix[3] »).

Sous-préfet de temps de guerre, Benedetti expérimente à Dunkerque une situation où à la destruction et à l'oppression de l'occupant se rajoutent éloignement et isolement. Dans ce Nord doublement coupé de la France occupée et de la zone libre, l'arrondissement dont il a la charge fait presque figure de principauté autonome, tant les communications à l'intérieur du département s'avèrent difficiles. Au mois de septembre 1941, déplorant l'insuffisance et la précarité des transports[4], il constate l'impossibilité d'effectuer dans une même

1. *Ibid.*
2. *Ibid.*
3. Rapport du sous-préfet de Dunkerque à M. le préfet du Nord, 25 septembre 1941, Archives départementales du Nord, 1 W 1560.
4. *Ibid.*

journée le trajet aller-retour entre sa ville et la préfecture, alors qu'en temps normal ce voyage ne devrait pas excéder quatre heures. Déplacements et mobilité restreinte à laquelle vient se greffer une absence de téléphone et de télégraphe : autant de contraintes qui prédisposent à un exercice autonome de l'administration et qui incitent à développer le sens de l'initiative. La chaîne hiérarchique en est forcément plus élastique, voire distendue et c'est bien souvent dans la plus grande approximation que le sous-préfet doit s'efforcer de résoudre les innombrables problèmes matériels qui constituent son quotidien, à commencer par celui du ravitaillement. Dès son premier rapport[1], le tableau est dressé, qui ne cessera, malgré de fugitives améliorations, de s'imposer comme un enjeu majeur dans son agenda jusqu'à son départ de sous-préfet. Incommensurables, les manques s'accumulent : approvisionnement déficitaire en pommes de terre, distribution insuffisante de viandes (avril 1941), de poissons (mai 1941), de lait (septembre 1941), etc. Et la description exhaustive qu'il livre au préfet du Nord à l'automne 1941 éclaire d'une lumière crue une situation où s'enchevêtrent ravages de la guerre, marché noir et accroissement des inégalités dans l'accès aux produits de première nécessité. Les problèmes sont vécus d'autant plus douloureusement par les populations qu'avant-guerre, grâce à son port, la ville disposait d'un approvisionnement varié et abondant :

> « La région de Dunkerque doit à sa position géographique et aux ravages de guerre les difficultés particulières dont elle souffre sous le rapport du ravitaillement. Alors que son port lui assurait naguère des approvisionnements rapides et copieux en primeurs africains, en fruits venus d'Algérie, viande congelée, beurre et fromage hollandais, Dunkerque – abstraction faite de quelques transports routiers – n'est plus ravitaillée que par des voies ferrées devenues stratégiques et où l'irresponsabilité des chemins de fer empêche toute liaison directe avec Paris et les grands marchés nationaux[2]. »

Ce contraste avec une sorte d'âge d'or extérieur au conflit exacerbe sans aucun doute des tensions déjà fortes et que la proximité de la

1. Rapport du sous-préfet de Dunkerque à M. le préfet du Nord, avril 1941, Archives départementales du Nord, 1 W 1560.
2. Rapport du sous-préfet de Dunkerque à M. le préfet du Nord, septembre 1941, Archives départementales du Nord, 1 W 1560.

Belgique aggrave à raison du différentiel lié au taux de change. Quand l'abondance maraîchère permettrait d'améliorer le quotidien, « de véritables razzias effectuées, à la faveur du change pour les approvisionnements belges, ont supprimé cet avantage. La cherté des légumes s'est maintenue, même en pleine saison de récolte, dans l'arrondissement ». Des rations hebdomadaires de viande inférieures à cent grammes et une pénurie de lait[1] complètent un panorama où s'aggravent les inégalités « entre le sort des foules citadines et celui des populations rurales, en faveur de ces dernières[2] ». Autre aspect du problème du ravitaillement, celui, plus surprenant dans cette région, lié à la fourniture du charbon dans une ville sinistrée, « où ne sont plus que partiellement closes ou couvertes la plupart des maisons restées habitables, où le bois, introuvable, n'apporte aucun appoint au chauffage et où subsiste la précarité des canalisations de gaz par suite des fréquents bombardements[3] ».

Un mois plus tard, en octobre, Benedetti souligne à nouveau les préoccupations suscitées par la question du chauffage :

> « Quels que soient les apaisements prodigués aux villes et aux campagnes de notre région relativement au charbon, l'inquiétude augmente à cet égard. Le problème s'annonce spécialement redoutable pour des populations condamnées à vivre dans des immeubles disloqués et dans les caves[4] ».

Les multiples difficultés suscitées par l'insuffisance du ravitaillement confrontent l'administration au développement d'un marché noir de très forte intensité, nonobstant les mesures visant à le contenir, à le réprimer[5]. En novembre 1941, le sous-préfet note que le phénomène trouve dans la proximité de la Belgique et dans le « concours des

1. « Le problème du lait retient actuellement mon attention d'une manière spéciale. Le lait est indispensable à une population anémiée et condamnée à vivre dans des locaux sinistrés et dans les caves ». Rapport du sous-préfet de Dunkerque à M. le préfet du Nord, septembre 1941, Archives départementales du Nord, 1 W 1560.

2. *Ibid.*

3. *Ibid.*

4. Rapport du sous-préfet de Dunkerque à M. le préfet du Nord, octobre 1941, Archives départementales du Nord, 1 W 1560.

5. « Le marché noir sévit toujours. Sa répression effective requiert la mise en œuvre d'effectifs considérables et l'installation à demeure de postes de surveillance dans certains centres de production ». Rapport du sous-préfet de Dunkerque à M. le préfet du Nord, octobre 1941, Archives départementales du Nord, 1 W 1560.

troupes d'Occupation agissant pour leur propre compte » des vecteurs facilitant son emprise[1]. Constatant le peu d'efficacité des dispositifs répressifs utilisés jusqu'alors (novembre et décembre 1941), il conclut : « D'autres mesures plus rigoureuses doivent être envisagées pour mettre un terme à la spoliation par les Belges des denrées de première nécessité indispensables au ravitaillement général[2]. »

Sur la scène d'une ville où s'amoncellent les ruines, le climat social et moral retient également toute l'attention du sous-préfet. Il note le nombre croissant d'indigents, les conditions d'hygiène catastrophiques, les progrès inquiétants de l'alcoolisme et de la prostitution. Au passage, il ne manque pas de relever le facteur aggravant, à l'instar de ce qu'il avait déjà souligné pour le marché noir, que constitue l'occupant pour l'intensification de ces « deux fléaux » : « là encore, la présence de l'armée d'Occupation ne facilite pas la tâche de ceux qui, en trop petit nombre, sont chargés de les combattre[3] ».

Le décor est ainsi planté. C'est celui d'une « fin de partie » à la Beckett avec des familles qui, pour certaines d'entre elles, ont entamé une lutte contre la paupérisation ; des populations en proie à des questions élémentaires de survie (alimentation, chauffage, etc.) ; des fonctionnaires qui non sans mal et quasiment exilés de l'intérieur, du fait de la dégradation des moyens de communication, s'essayent au jour le jour à apporter des solutions concrètes. Le tout sous l'œil des Allemands…

Les contraintes incessantes imposées par ces derniers n'entament en rien la loyauté de la fonction publique. À plusieurs reprises, Benedetti insiste sur cette exemplarité du comportement, quand bien même une partie des fonctionnaires aurait conservé son attachement à la République[4] et en dépit des rigidités dont ils sont souvent l'objet de la part de l'administration militaire des occupants[5].

1. *Ibid.*

2. Rapport du sous-préfet de Dunkerque à M. le préfet du Nord, décembre 1941, Archives départementales du Nord, 1 W 1560.

3. Rapport du sous-préfet de Dunkerque à M. le préfet du Nord, novembre 1941, Archives départementales du Nord, 1 W 1560.

4. Rapport du sous-préfet de Dunkerque à M. le préfet du Nord, septembre 1941, Archives départementales du Nord, 1 W 1560.

5. « Il est fâcheux que les autorités allemandes refusent pour ainsi dire systématiquement aux fonctionnaires, dont certains sont restés courageusement à leur poste

Les ressorts de l'opinion, tels que le sous-préfet les dissèque, agrègent des traits qui, s'ils peuvent sembler contradictoires *a posteriori*, s'appuient sur des perceptions qui au plus près de l'événement obéissent à une forme de cohérence : anglophilie, mais fidélité au maréchal ; attention portée aux évolutions internationales du conflit mais souci permanent de la vie quotidienne ; espoirs non dissimulés d'une victoire anglo-saxonne mais rejet des bombardements.

À Dunkerque, bien que le fil directeur de la guerre en cette année 1941 soit encore cousu d'incertitudes, les sympathies sont acquises à la cause anglo-saxonne, d'autant plus que la propagande gaulliste *via* la radio anglaise s'avère particulièrement efficace :

> « Les tendances gaullistes et anglophiles continuent à trouver des échos bienveillants dans les classes sociales, ouvrières et moyennes, cependant que les classes supérieures auraient de plus en plus tendance à se montrer plus compréhensive à l'égard de la politique extérieure du Gouvernement (octobre 1941[1]) » ;

> « La stagnation relative des opérations militaires sont (*sic*) communément commentées dans un sens favorable à la cause britannique, laquelle conserve toujours des sympathies dans toutes les couches sociales de la population (novembre 1941[2]). »

Ce soutien informel aux adversaires de l'Allemagne n'exclut pas la bienveillance dont continue à bénéficier le régime, même si des doutes subsistent sur sa capacité d'agir et sa politique internationale. Même réservé, ce crédit accordé à Vichy, s'il peut surprendre au regard de la confiance manifestée dans le même temps aux Anglais et aux gaullistes, illustre cette dualité de convictions qui combine dans des pans entiers de l'opinion le souhait d'une libération à terme du territoire grâce à l'action militaire des anciens alliés et l'adhésion

---

en mai 1940, le laisser-passer nécessaire pour aller voir leur famille réfugiée. Cet ostracisme dont sont frappés injustement les fonctionnaires tend à créer un état d'esprit peu favorable à la collaboration qui pourrait être exploité par les extrémistes ».

Rapport du sous-préfet de Dunkerque à M. le préfet du Nord, septembre 1941, Archives départementales du Nord, 1 W 1560.

1. Rapport du sous-préfet de Dunkerque à M. le préfet du Nord, octobre 1941, Archives départementales du Nord, 1 W 1560.

2. Rapport du sous-préfet de Dunkerque à M. le préfet du Nord, novembre 1941, Archives départementales du Nord, 1 W 1560.

nuancée à un État français dont on pense alors qu'il prépare par des jeux de connivence subtils le retour à une France délivrée de l'occupant. Et selon toute vraisemblance, Jean Benedetti adhère lui aussi, à cette vision :

> « L'esprit de loyalisme et de déférente subordination aux directives des pouvoirs publics prévaut au sein des municipalités et des fonctionnaires de tous ordres (octobre 1941[1]) » ;
> « Sur le plan de la politique intérieure, l'opinion publique se montrerait plutôt bienveillante ; on n'enregistre en tout cas pas d'effervescence marquée de l'esprit de parti qui soit susceptible de retenir l'attention (novembre 1941[2]). »

Encore convient-il de mesurer cette légitimité prêtée au Gouvernement à l'aune d'une analyse sociologique et des effets propres à la conjoncture. En décembre 1941, dans l'ultime rapport mensuel d'information adressé au préfet du Nord, Benedetti condense en un paragraphe toutes les contradictions de la situation :

> « Les classes dirigeantes marquent une compréhension de plus en plus nette à l'égard de la politique du gouvernement français et les récents bombardements de l'aviation anglaise, qui ont durement éprouvé la population civile de l'agglomération de Dunkerque, accentuent le flottement qui s'est déjà manifesté dans la masse, toujours résolument germanophobe mais qui commence à penser "français[3]". »

Dans une région soucieuse de rester dans le giron national, les visites récentes de quelques personnalités ministérielles rassurent ceux et celles qui craignent une annexion par l'occupant. Le 30 septembre, le secrétaire d'État à l'Intérieur, Pierre Pucheu se déplace à Dunkerque, suivi une semaine plus tard par son collègue Berthelot, secrétaire d'État aux Communications. Aux yeux du sous-préfet « ces déplacements ont réconforté la popu-

---

1. Rapport du sous-préfet de Dunkerque à M. le préfet du Nord, octobre 1941, Archives départementales du Nord, 1 W 1560.
2. Rapport du sous-préfet de Dunkerque à M. le préfet du Nord, novembre 1941, Archives départementales du Nord, 1 W 1560.
3. Rapport du sous-préfet de Dunkerque à M. le préfet du Nord, décembre 1941, Archives départementales du Nord, 1 W 1560.

lation qui y a vu une preuve de la sollicitude du gouvernement du maréchal à son égard[1]. »

Ce frémissement local de la fin 1941 en faveur de Vichy ne doit cependant pas occulter l'essentiel. Sans être encore franchement hostile au régime, l'opinion, dubitative, témoigne d'un scepticisme réel quant à la capacité réformatrice du gouvernement mais également vis-à-vis de son action diplomatique : « L'opinion publique se montre toujours incompréhensive à l'endroit de la politique extérieure du gouvernement dont les tendances semblent lui échapper[2] ». Cette illisibilité s'accompagne du vœu de ne pas tendre les relations avec les États-Unis et l'Angleterre. Car bien qu'ils fassent preuve d'une réelle indulgence pour le régime, les Dunkerquois sont convaincus de la victoire à venir des Anglo-saxons :

> « L'issue du conflit ne semble cependant toujours pas faire de doute [...] et les événements du front de l'Est sont commentés dans un sens favorable à la cause des Anglo-saxons. C'est pourquoi les tensions dans les relations franco-américaines se heurteraient à l'ensemble de l'opinion qui semble craindre particulièrement que la France soit entraînée à combattre aux côtés des puissances de l'Axe[3]. »

Du respect mais guère d'enthousiasme, de la loyauté mais aucune ferveur, ainsi se détache en filigrane le comportement médian d'une population inquiète du redécoupage territorial que les visées de l'occupant seraient susceptibles d'imposer et toute tournée vers les préoccupations matérielles du moment :

> « La situation particulière du pays n'est pas analysée par le grand public dont l'attitude trouve sa justification dans les difficultés des temps et les servitudes découlant de l'Occupation, en particulier, du maintien des diverses zones et des entraves apportées à la circulation qui en résulte[4]. »

---

1. Rapport du sous-préfet de Dunkerque à M. le préfet du Nord, octobre 1941, Archives départementales du Nord, 1 W 1560.
2. Rapport du sous-préfet de Dunkerque à M. le préfet du Nord, novembre 1941, Archives départementales du Nord, 1 W 1560.
3. Rapport du sous-préfet de Dunkerque à M. le préfet du Nord, décembre 1941, Archives départementales du Nord, 1 W 1560.
4. *Ibid.*

Posture souvent toute d'expectative[1] mais très tôt marquée par la certitude de la défaite de l'occupant, l'opinion publique dans le Nord est tout à la fois travaillée par la proximité de l'Angleterre dont la propagande fait feu de tout bois, une mémoire patriotique propre aux zones frontalières et marquée par le souvenir de la précédente occupation lors du premier conflit mondial ; et par la dureté d'une guerre que ses habitants subissent encore une fois au plus près. À n'en pas douter, dans cette zone des Flandres contrôlée depuis Bruxelles par l'occupant, la confrontation avec celui-ci se fait plus brutale. Évoquant ses relations avec les autorités d'Occupation, Benedetti ne manque pas de « déplorer l'exécution de mesures de rigueur [...] comme par exemple la prise inconsidérée d'otages civils[2]. »

Le périple préfectoral de Jean sous l'Occupation (Vire, Amiens, Dunkerque, Montpellier et enfin Avignon) révèle des sentiments qui, selon les lieux, le statut des territoires et au fur et à mesure que la guerre s'enlise, manifestent des tonalités souvent très différentes par-delà les grands invariants exprimés par les opinions publiques. La plasticité constitue une propriété de ces dernières, ne serait-ce que parce que le vécu de l'Occupation n'est pas comparable d'une zone à l'autre. Nommé dans l'Hérault, Benedetti relève très vite les signes qui distinguent le comportement de populations qui selon le degré de confrontation (directe ou indirecte) à l'occupant[3] produisent des dispositions et des attitudes qui ne sauraient se confondre totalement. Le nordiste qui a connu le ravage des combats et qui voit son quotidien aux prises avec les Allemands déploie forcément une appréciation différente de celle que l'Héraultais – dont la mémoire est par ailleurs vierge de toute forme d'occupation – tend à déve-

1. « L'activité politique est absolument nulle et aucun parti ne sort de son expectative », écrit Jean Benedetti en mai 1941, avant de consigner en juillet : « Les opérations militaires dans l'Est sont suivies avec intérêt sans qu'aucune préférence ne se manifeste pour l'un ou pour l'autre des belligérants ». Toujours dans la même veine, il note en octobre de la même année : « sur le plan de la politique intérieure, l'opinion demeure plutôt expectante en ce qui concerne les réformes sociales et administratives diverses, envisagées et en voie de réalisation et on n'enregistre ni courants, ni tendances particulières ». Rapport du sous-préfet de Dunkerque au préfet du Nord, Archives départementales du Nord, 1 W 1560.

2. Rapport du sous-préfet de Dunkerque à M. le préfet du Nord, octobre 1941, Archives départementales du Nord, 1 W 1560.

3. Tout du moins avant novembre 1942 et l'Occupation totale du territoire:

lopper, lui surtout qui avant novembre 1942 peut encore croire à la souveraineté, même relative, de l'État français[1].

Nuances territoriales mais également oscillations chronologiques accompagnent la sismologie des opinions. En enregistrant les évolutions inhérentes au conflit, celles-ci se transforment progressivement au point qu'à partir de 1943 commencent à se cristalliser des tendances qui à Montpellier et dans sa région traduisent une défiance chaque jour un peu plus renforcée vis-à-vis du régime. Mais avant novembre 1942, et surtout avant février 1943, date de l'instauration du Service du travail obligatoire, le gouvernement de Vichy, tel tout au moins que le rapporte Benedetti, reste aux yeux de la population de ce département crédité d'un relatif socle de légitimité dont le maréchal demeure le catalyseur. Bien des critiques peuvent travailler de part et d'autre le corps social – sur la relève ou sur les rafles qui frappent les Juifs comme on l'a déjà vu – mais à Montpellier, bien plus qu'à Dunkerque, on garde sa confiance dans les dirigeants de l'époque, sans pour autant manifester un enthousiasme débordant tant la récurrence des difficultés matérielles occupe largement les esprits. Plus sceptique dans le Nord sur les marges de manœuvres du pouvoir, c'est une réserve prudente qui domine à Montpellier : « Hostile ou favorable à M. Laval, chacun garde son opinion et se soucie peu de la faire partager[2]. »

Si la politique intérieure, certes, peut parfois alimenter les commentaires, l'attention se porte surtout sur le problème du ravitaillement, enjeu fortement « concernant » pour les populations locales ainsi que sur l'évolution de la situation internationale. Subsistance d'un côté, scène mondiale de l'autre où se joue le destin de l'Europe et de la France laissent peu de place aux considérations relatives aux intrigues du théâtre vichyssois. Le souci du quotidien, encore lui, l'emporte et lorsqu'on s'interroge sur l'avenir ce sont les événements extérieurs (la Russie, l'Afrique du Nord, voire le Pacifique)

1. Pierre Laborie, *Le chagrin et le venin. La France sous l'Occupation, mémoire et idées reçues*, Bayard, 2011. Fort à propos, l'auteur note : « Il faut cependant insister sur les disparités considérables que constituent, selon la géographie et les lieux de vie ou de travail, la présence, la densité et la proximité des Allemands. Les forces d'Occupation ont été très inégalement réparties sur le territoire, aussi bien en zone occupée que sur l'ensemble du territoire après novembre 1942 [...] », p. 233.

2. Rapport préfectoral du mois de juin 1942, Archives départementales de l'Hérault, fonds du cabinet du préfet, 1000 W, art. 22.

qui sont perçus comme primordiaux et déterminants quant au sort de la guerre. Il faudra attendre février 1943 et le STO pour qu'à Montpellier comme ailleurs se solidifie la réprobation à l'encontre du régime.

En ce début 1942, Benedetti peut écrire que « l'opinion calme demeure dans l'expectative, avec un renouveau d'optimisme ces derniers jours ». Et de poursuivre, sans doute influencé par ses collègues de la préfecture :

> « Nombreux cependant sont ceux qui se cantonnent dans une grande méfiance ; seuls les Alsaciens-Lorrains sont inquiets et redoutent l'abandon définitif par la France de leur province[1]. »

Le maréchal conserve son aura mais on regrette qu'il ait délégué nombre de ses prérogatives à Laval[2] ; néanmoins, la confirmation de l'amiral Darlan comme « dauphin » rassure :

> « La popularité de ce dernier a même augmenté, l'opinion croyant déceler dans son éloignement de la vice-présidence du Conseil, le fait qu'il n'était pas le collaborateur à outrance qu'elle croyait[3]. »

Nécessité faisant loi, on fait manifestement avec ce Gouvernement mais on n'adhère pas à l'idéologie de la collaboration : « Il serait vain de cacher le mécontentement persistant du public. En effet, celui-ci reste très hostile à la collaboration[4]. » Ainsi c'est en creux que s'échafaude une représentation du gouvernement de Vichy dont on accepte sans doute qu'il limite son action à gérer les urgences et à préserver les Français tout en se gardant de tout soutien à l'Allemagne : les limites du curseur bornent la légitimation du régime à cette idée d'une sauvegarde des intérêts des Français qui majoritairement ne sont pas identifiés par l'opinion à ceux de l'Allemagne. Dans son rapport d'avril 1942, le préfet conclut :

---

1. Rapport préfectoral du mois de mai 1942, Archives départementales de l'Hérault, fonds du cabinet du préfet, 1000 W, art. 27.
2. En avril 1942, Laval revient au pouvoir après qu'il en eut été écarté en décembre 1940 par Pétain.
3. Rapport préfectoral de mai 1942, Archives départementales de l'Hérault, fonds du cabinet du préfet, 1000 W, art. 27.
4. *Ibid.*

« Dans l'ensemble, l'esprit public n'est pas mauvais, mais l'égoïsme, le désir de jouissance et les préoccupations l'emportent sur toutes les autres ; aussi voit-on avec inquiétude la guerre se prolonger[1]. »

Maintenir l'État oui, l'engager dans le collaborationnisme, non : voilà une prédisposition opérante que partagent alors sans doute beaucoup de Français, à commencer par les hauts cadres d'une administration qui en toute bonne foi imaginent que cette politique-là évite le pire. Position jugée rétrospectivement impossible tant la dynamique du régime se radicalise sous le double assaut de l'occupant et des ultras de la collaboration mais qui n'en demeure pas moins la pierre angulaire de nombreux comportements individuels et collectifs. La cohérence de ces années est à rechercher aussi du côté de cette adhésion sans adhérences, c'est-à-dire de cette acceptation d'une vitrine « légale » – l'État français – mais du rejet de ce que cette reconnaissance peut impliquer : l'idéologie de la Révolution nationale dans ce qu'elle véhicule de soumission à l'Allemagne et dans ce qu'elle fournit en extrémistes de tout poil.

Sur deux sujets – la propagande et les mouvements collaborationnistes –, la plume préfectorale illustre cette distance critique, emblématique de cette attitude. À plusieurs reprises, les rapports préfectoraux font état de l'inadaptation de la propagande :

« Il est, à mon avis, nécessaire de donner une plus grande impression d'impartialité et de franchise vis-à-vis du public » (mai 1942) ;

« La propagande française subit toujours la concurrence de la propagande étrangère, notamment de la radio anglaise et suisse. La radio anglaise [...] trouve des auditeurs assidus, signe manifeste du désir de nos compatriotes de trouver l'autre "son de cloche" qui a disparu de l'information française. En somme, l'effort de propagande demeure sans prise sur la majorité des esprits qui se sentent diminués par une information ostensiblement "dirigée". La confiance et leur adhésion se gagneraient beaucoup plus [...] par la franchise et l'objectivité » (juillet 1942) ;

« Le principal moyen de lutter contre la recherche des renseignements sur les ondes de la BBC semble toujours être la sincérité et la franchise de ses propres émetteurs » (juillet 1942) ;

1. *Ibid.*

> « Le public se plaint en général du peu d'explications fournies par les informations officielles et se plaît à colporter les bruits les plus divers émanant de sources étrangères » (janvier 1943[1]).

Cette défiance se redouble quand il s'agit d'apprécier l'action des mouvements les plus engagés dans la voie de la collaboration. Ici, le préfet ne peut dissimuler son aversion pour des formations qui, à ses yeux, troublent l'ordre public :

> « Tous ces partis politiques tolérés agissent en liaison étroite avec la direction en chef du PPF, Antoine Fargues[2]. Antisémites, anglophobes et collaborationnistes, ils sont essentiellement turbulents et compromettent l'ordre public par leurs provocations incessantes : vente de journaux à la criée, réunions privées ou semi-publiques, permanence installée comme des cellules politiques, pressions sur la police, etc. Il serait urgent de mettre un terme à l'activité de leurs politiques qui, tout en se réclamant du maréchal, créent un désordre en contradiction flagrante avec la doctrine de la Révolution nationale[3]. »

Quatre mois plus tard, relatant le déroulement de la journée du 14 juillet, Benedetti enfonce à nouveau le clou au sujet des groupements « francistes PPF et collaborationnistes » :

> « Quelques-uns de leurs membres sont intervenus aux côtés des SOL[4] le jour du 14 juillet. C'était la plupart du temps, des éléments très douteux. Il serait souhaitable de mettre fin à leur activité qui rappelle fâcheusement celle des partis de guerre civile que la France a connus en 1936[5]. »

Revenant sur le 14 juillet, le préfet insiste :

1. Rapports préfectoraux, Archives départementales de l'Hérault, fonds du cabinet du préfet, 1000 W, art. 27.
2. Le chef local de PPF.
3. Rapport préfectoral du mois d'août 1942, Archives départementales de l'Hérault, fonds du cabinet du préfet, 1000 W, art. 27.
4. Le Service d'ordre des légionnaires (SOL) dirigé par Joseph Darnond, est l'organisation paramilitaire de la Légion française des combattants.
5. Rapport préfectoral d'août 1942, Archives départementales de l'Hérault, fonds du cabinet du préfet, 1000 W, art. 27.

« Seule l'attitude des SOL a risqué d'amener des incidents graves à Montpellier. Si cette organisation n'est pas dirigée par un chef sachant commander, ayant de l'autorité sur ses troupes et résolu à se mettre à la disposition du préfet, son action compromettra certainement l'ordre public[1]. »

En effet, le contexte favorise l'éclosion d'initiatives institutionnelles ou « para-institutionnelles » au sein desquelles les plus zélés de la Révolution nationale vont trouver des motifs d'affrontement avec une administration qu'ils suspectent de tiédeur, voire de complicité avec l'Ancien Régime. Rien de surprenant à ce que Benedetti, préfet issu du sérail de la Troisième République, soit peu enclin à goûter les agissements de ceux qui, jusqu'au-boutistes de la collaboration, s'érigent en avant-garde d'un État dont ils réclament un alignement millimétrique sur l'Allemagne dans le cadre d'une nouvelle Europe. La vieille administration républicaine, aussi loyale puisse-t-elle être à l'égard du Maréchal, met en garde contre ces dérives, comme si un réflexe culturel l'empêchait de cautionner des groupements qu'elle avait par ailleurs combattus avant-guerre. Le préfet de Montpellier en se référant à cette époque, réactive bien une mémoire qui politiquement reste signifiante, traçant la ligne entre l'acceptable et l'inacceptable au regard de la conception qu'il peut se faire de son rôle et de sa fonction. Et chaque fois que l'occasion s'en présente il s'efforce de contraindre les initiatives, entre autres, du PPF :

« Conformément aux instructions envoyées par le ministère de l'Intérieur interdisant toute activité politique, j'ai été amené au début du mois à refuser à ce parti l'autorisation de tenir plusieurs réunions de propagande en raison des réactions quelles auraient pu susciter[2]. »

Insistant sur la marginalité de ces organisations et sur l'hostilité qu'elles suscitent (« l'ensemble de la population les considère avec méfiance[3] »), il consigne sans grande émotion les attentats dont sont

1. *Ibid.*

2. Rapport préfectoral de septembre 1942, Archives départementales de l'Hérault, fonds du cabinet du préfet, 1000 W, art. 27.

3. Rapport préfectoral de novembre 1942, Archives départementales de l'Hérault, fonds du cabinet du préfet, 1000 W, art. 27.

l'objet les dirigeants locaux du PPF et les réactions disparates qui les accompagnent au sein de la population.

> « Aucune manifestation ne s'est produite sur la voie publique au cours du mois. Cependant à cinq reprises, deux pétards ont éclaté chez des dirigeants locaux du PPF et chez des personnes connues pour leurs sentiments germanophiles [...]. Ces attentats ont provoqué une grande curiosité dans la population. Les uns craignant que des actes de ce genre attirent sur la ville des représailles des autorités d'Occupation [...] ; les autres y voient de signes précurseurs d'une guerre civile ; d'autres enfin constatant avec beaucoup de satisfaction que ces explosions se sont produites chez des gens qui l'avaient particulièrement mérité[1]. »

La proximité avec l'occupant de ces militants les plus engagés dans la collaboration alimente également les conversations, comme l'indique un rapport de janvier 1943[2].

Scrupuleusement, Benedetti note les réactions d'une opinion souvent dubitative, jamais foncièrement hostile à ses gouvernants, toujours attentive aux évolutions des théâtres extérieurs, principalement préoccupée durant ces longs mois par des sujets d'ordre matériels. Comme à Dunkerque, la question du ravitaillement condense toutes les angoisses. Elle est au cœur de l'action préfectorale qui dans ce département viticole de quasi-monoculture doit faire face à une pénurie particulièrement inquiétante. Et le préfet, implicitement marqué par son expérience d'un Nord pétri d'abnégation, observe qu'ici « les ménagères ne semblent pas s'être encore habituées à la rigueur de ces temps ; leur tempérament méridional a d'ailleurs tendance à exagérer la moindre insuffisance dans le ravitaillement[3]. »

Les jours s'écoulent mais le problème perdure et le mois d'août 1942 voit même l'arrêt de tout apport extérieur[4]. Septembre

1. *Ibid.*

2. « Les rapports du PPF avec la police allemande sont diversement commentés en ville », Rapport préfectoral de janvier 1943, Archives départementales de l'Hérault, fonds du cabinet du préfet, 1000 W, art. 27.

3. Rapport préfectoral de juillet 1942, Archives départementales de l'Hérault, fonds du cabinet du préfet, 1000 W art. 27.

4. Rapport préfectoral de septembre 1942, Archives départementales de l'Hérault, fonds du cabinet du préfet, 1000 W, art. 27.

ne marque aucune amélioration et le préfet alerte sur les risques qu'en matière de paix sociale la combinaison de l'approche de l'hiver et de la persistance du faible approvisionnement fait courir au département[1]. Le message est réitéré avec encore plus de force quatre semaines plus tard dans une région où durant le mois d'octobre les pommes de terre et les châtaignes ont constitué l'essentiel de l'alimentation quotidienne :

> « À l'approche de l'hiver, je me vois dans l'obligation de répéter qu'il serait nécessaire d'attribuer à l'Hérault des contingents de légumes frais, et surtout de légumes lourds qui sont particulièrement nécessaires pendant les périodes de froid. L'ordre public dans le département reste conditionné par le ravitaillement[2]. »

Les événements propres aux évolutions du conflit accentuent les difficultés, d'autant plus que le passage de l'Afrique du Nord fin 1942 dans le camp des adversaires de l'Allemagne hypothèque une source d'approvisionnement supplémentaire. Dans le même temps, l'Occupation de l'ensemble de l'Hexagone et de la zone sud exacerbe l'appréhension des habitants de l'Hérault qui voient dans ce fait nouveau un risque d'accentuation des restrictions[3].

Néanmoins, à l'approche de décembre, les services départementaux du ravitaillement parviennent à accroître sensiblement l'approvisionnement en pommes de terre, pâtes alimentaires, œufs, confiture, etc. Et pour pallier aux insuffisances, des restaurants communautaires sont ouverts dans le département[4]. Début 1943, la mobilisation des services de l'État permet de stabiliser la situation, évitant ainsi la dégradation d'une donne qui reste néanmoins tendue[5].

Pause de courte durée car mars 1943 fait craindre le pire au préfet, qui relève les angoisses de ménagères hantées désormais par

1. Rapport préfectoral d'octobre 1942, Archives départementales de l'Hérault, fonds du cabinet du préfet, 1000 W, art. 27.

2. Rapport préfectoral de novembre 1942, Archives départementales de l'Hérault, fonds du cabinet du préfet, 1000 W, art. 27.

3. Rapport préfectoral de décembre 1942, Archives départementales de l'Hérault, fonds du cabinet du préfet, 1000 W, art. 27.

4. Rapport préfectoral de janvier 1943, Archives départementales de l'Hérault, fonds du cabinet du préfet, 1000 W, art. 27.

5. Rapport préfectoral de février 1943, Archives départementales de l'Hérault, fonds du cabinet du préfet, 1000 W, art. 27.

« la perspective de la famine », tout en soulignant que les milieux populaires qui, faute de moyens, n'ont pas accès au subterfuge du marché noir, sont durement touchés par la pénurie :

> « Aussi l'aggravation possible de la situation présente fait-elle craindre pour le maintien de l'ordre public dans le département, si elle s'ajoute aux soucis d'ordre familial que causent aux familles les départs en Allemagne et en général l'insécurité de la vie actuelle pour les populations de la zone côtière notamment[1]. »

L'horizon ne se dégage pas plus en avril qui voit s'intensifier les trafics, sources de crispations sociales qui nourrissent l'inquiétude de Benedetti, qui explique sans ambages :

> « Trop de bourgeois, de commerçants, de propriétaires dont la situation pécuniaire et les possibilités de troc permettant un ravitaillement substantiel, insultent la misère de ces classes dont l'irritation qui va grandissant ne peut que provoquer à la longue des mouvements susceptibles de troubler l'ordre public[2]. »

Les sentiments qu'inspirent l'État français d'un côté, les mouvements de résistance de l'autre sont très souvent tributaires, tout au moins jusqu'à la fin 1942, de la capacité ou non prêtée au régime d'alléger les difficultés liées au ravitaillement. Fin politique, le préfet ne cesse d'alerter ses tutelles sur les risques que les problèmes d'approvisionnement font encourir à l'adhésion au Gouvernement mais aussi à la paix civile. Plus durement frappé que les départements voisins[3], l'Hérault s'enfonce dans une crise que l'administration s'efforce de contenir. En juillet 1943, Benedetti observe une fois de plus que la crédibilité des pouvoirs publics est engagée dans cette affaire, principalement auprès des milieux les plus modestes :

1. Rapport préfectoral d'avril 1943, Archives départementales de l'Hérault, fonds du cabinet du préfet, 1000 W, art. 27.

2. Rapport préfectoral de mai 1943, Archives départementales de l'Hérault, fonds du cabinet du préfet, 1000 W, art. 27.

3. « Le public ne comprend pas que dans les départements comme les Pyrénées-Orientales ou le Vaucluse on trouve des légumes, alors que dans l'Hérault il n'y a absolument rien ». Rapport préfectoral de juillet 1943, Archives départementales de l'Hérault, fonds du cabinet du préfet, 1000 W, art. 27.

« Le public s'aperçoit avec amertume que les légumes manquent à peu près totalement sur les marchés. Mais il sait aussi par contre que des bourgeois aisés vivent confortablement à l'aide de pratiques irrégulières et cela ne fait que l'aigrir davantage. Les classes ouvrières qui sont prêtes à se dresser contre ces privilèges ne manquent pas également d'incriminer les pouvoirs publics lorsqu'à une telle époque de l'année les légumes font presque totalement défaut[1]. »

Et, réitérant une alerte déjà émise au printemps, Benedetti exprime sa crainte de voir se développer l'exaspération d'une opinion par ailleurs lourdement soumise à la double contrainte du STO et de l'Occupation[2]. La lutte contre le marché noir se poursuit[3] mais la solution passe selon la préfecture par une forme de discrimination sociale positive qui permettrait aux plus démunis d'acquérir les produits indispensables à leur subsistance :

« Il faut arriver à supprimer à tous les bénéficiaires du marché noir les tickets qui leur sont inutiles pour les donner à ceux qui n'ont pas la possibilité d'acheter à prix fort les denrées substantielles à la vie. »

Dans ce combat permanent pour surmonter les restrictions, les autorités administratives apparaissent souvent désemparées et elles le notifient, insistant sur le caractère « exceptionnel » d'une conjoncture qui dans l'Hérault frappe indifféremment villes et campagnes : « On ne pourrait mieux comparer ce département qu'à une grande ville industrielle de quatre cent cinquante mille habitants[4]. »

De fait, la situation départementale s'avère être l'une des plus difficiles de France. Dès 1941, un rapport de gendarmerie signalait : « C'est surtout cela qui sape le moral de la population, bien plus

---

1. Rapport préfectoral d'avril 1943, Archives départementales de l'Hérault, fonds du cabinet du préfet, 1000 W, art. 27.

2. *Ibid.*

3. « L'apport des légumes sur le marché étant de plus en plus médiocre, j'ai fait exercer des surveillances sévères à l'entrée des villes afin de limiter au maximum la fraude qui consiste pour les maraîchers des environs des centres de consommation à vendre directement les légumes sans passer par la répartition ». Rapport préfectoral de juillet 1943, Archives départementales de l'Hérault, fonds du cabinet du préfet, 1000 W, art. 27.

4. *Ibid.*

que la propagande communiste ou gaulliste[1] ». Avec l'arrivée des armées d'Occupation en novembre 1942, le contexte se durcit car les exigences allemandes se font sentir désormais au plus près du terrain. En avril 1943, le préfet proteste énergiquement contre les réquisitions excessives qui touchent les propriétaires de chevaux alors que la mortalité chevaline est particulièrement élevée[2]. La pression redouble quand, à l'automne, période où bruissent les rumeurs de débarquement, l'intendant en charge du ravitaillement est interpellé par l'occupant au prétexte qu'il constituerait des stocks pour les Anglo-saxons. Libéré sous la caution personnelle d'Hontebeyrie et de Benedetti, il est assigné à résidence. « Le ravitaillement, note le préfet [...] déjà fort précaire est encore rendu plus difficile par l'absence de son chef[3]. » Jean Benedetti demande alors à sa hiérarchie d'intervenir auprès des autorités allemandes pour que soit mis fin à cette assignation, alors que plus aucune charge ne pèse sur son subordonné.

Pour des administrateurs nés à la carrière sous la République, les relations avec les troupes d'Occupation en cette fin 1943 se tendent d'autant plus que les marges de manœuvre de l'État qu'ils servent ne cessent de s'amenuiser. Dans ce contexte, à l'approche de l'hiver, les appréciations relatives à la problématique de l'approvisionnement ne se font guère plus optimistes. Le tableau dressé reste désespérément identique : la pénurie frappe toutes les denrées, y compris les produits de base comme la pomme de terre[4].

Jusqu'au début de 1943 les comportements fluctuent entre doute et compréhension, incertitude et réserve, passivité et inquiétude. Le mécontentement, s'il n'est jamais loin au regard de la dureté des conditions matérielles, ne prend pas encore forme au point de se cristalliser en rejet, voire en opposition. Attitude médiane sans doute

1. Gérard Bouladou, *L'Hérault dans la résistance 1940-1944*, éd. Lacour-Ollé, 1992, p. 31-32.

2. Rapport préfectoral de mai 1943, Archives départementales de l'Hérault, fonds du cabinet du préfet, 1000 W, art. 27.

3. Rapport préfectoral d'octobre 1943, Archives départementales de l'Hérault, fonds du cabinet du préfet, 1000 W, art. 27.

4. « Il est absolument indispensable que tout soit mis en œuvre pour un acheminement vers une région déshéritée de quantité importante de ce précieux tubercule ». Rapport préfectoral d'octobre 1943, Archives départementales de l'Hérault, fonds du cabinet du préfet, 1000 W, art. 27.

de bien des Français qui observent, décryptent et parfois jugent des épisodes de la guerre en fonction de leur propre quotidien. Très tôt se dégage cependant une certitude : les clés du conflit sont à rechercher sur le théâtre des opérations extérieures. Cette conviction partagée par le plus grand nombre détermine la relative indifférence manifestée quant aux évolutions d'un régime que l'on peut critiquer mais dont on accepte, sans trop y croire, la politique, quand bien même certains traits de celle-ci sont sujets à caution. L'abolition de la République a confiné l'espace public à une expression *mezzo voce* des prises de positions et des commentaires.

Dans ses filets, le préfet ramène des sentiments volatils quand il s'agit de la scène intérieure – tout au moins durant l'année 1942, même si l'étiage général fait place à une relative compréhension pour le Gouvernement. Compréhension qui n'exclut pas, sous la double pression des forces clandestines et des problèmes rencontrés dans l'approvisionnement, des réserves critiques contre le pouvoir :

> « L'opinion à l'égard du Gouvernement est devenue plus mauvaise. Une campagne intense avant le 14 juillet menée par la radio anglaise, les organisations clandestines, communistes et gaullistes, doublée de la crise du ravitaillement a amené une recrudescence de l'agitation antigouvernementale. On commence à douter très sérieusement de la relève des prisonniers[1]. Aucune mesure de libération effective n'ayant suivi les engagements pour l'Allemagne, alors que la presse insiste tous les jours sur le grand nombre de ces engagements. L'espérance qu'avait fait naître l'annonce de cette relève risque d'être déçue si des libérations effectives ne viennent pas lui donner corps[2]. »

Au mois d'août[3], l'amiral Darlan, venu inspecter des troupes, reçoit un accueil chaleureux mais dans l'ensemble, Benedetti sou-

1. Dès 1942, les Allemands exigeront la réquisition de force de travailleurs français. Laval proposera à l'occupant une méthode basée sur le volontariat : la Relève. Cette dernière consiste à échanger trois ouvriers français partant travailler en Allemagne contre la libération d'un prisonnier. L'échec de cette mesure débouche en mars 1943 sur la loi créant le Service de travail obligatoire (STO).

2. Rapport préfectoral d'août 1942, Archives départementales de l'Hérault, fonds du cabinet du préfet, 1000 W, art. 27.

3. Rapport préfectoral de septembre 1942, Archives départementales de l'Hérault, fonds du cabinet du préfet, 1000 W, art. 27.

ligne la grande passivité de populations encore une fois beaucoup plus soucieuses de leur subsistance que des questions politiques. L'expectative reste la règle et chacun, adversaire comme partisan de Vichy, se cantonne à la prudence. Seules les rafles visant les Juifs provoquent émotion et consternation. C'est encore le problème de la Relève qui en septembre paraît retenir l'attention d'un public qui commence à craindre l'envoi massif de ses jeunes en Allemagne.

Mais les événements extérieurs concentrent les regards, confirmant cette idée selon laquelle le destin des événements se noue de manière certaine sur la scène internationale. La défense russe à Stalingrad fait naître de grands espoirs parmi les adversaires de la collaboration qui « ne manquent pas de relever les artifices de la propagande allemande qui, à leurs yeux, essaie de camoufler l'échec devant Stalingrad sous des considérations d'ordre stratégique ou autre[1]. »

Octobre n'apporte pas sur le plan intérieur une modification dans l'ordre des préoccupations : la Relève reste au centre des interrogations mais les propos de Laval, indiquant qu'il vient d'obtenir un délai supplémentaire de la part des Allemands, rassurent une opinion qui s'inquiétait de mesures plus coercitives compte tenu de l'échec du volontariat. C'est en termes non dénués d'emphase que le préfet dépeint le soulagement qui traverse alors la population :

> « Cet exposé émouvant de simplicité et de ferveur patriotique a rallié au Gouvernement de nombreux hésitants. Notre chef est apparu de façon éclatante comme le défenseur des intérêts français devant les exigences du vainqueur[2]. »

Et le rédacteur de conclure que l'opinion y voit le signe du crédit et de l'autorité du chef du Gouvernement.

Parallèlement, le déroulement des opérations sur le front de l'Est continue de nourrir les commentaires ; le frein apporté à la progression des armées allemandes en Russie entretient le doute sur la capacité de ces dernières à l'emporter. On va jusqu'à rapporter dans le dépar-

1. Rapport préfectoral d'octobre 1942, Archives départementales de l'Hérault, fonds du cabinet du préfet, 1000 W, art. 27.

2. Rapport préfectoral de novembre 1942, Archives départementales de l'Hérault, fonds du cabinet du préfet, 1000 W, art. 27.

tement des propos d'officiers allemands, membres de la Commission d'armistice, témoignant de réelles inquiétudes quant à l'évolution du conflit… L'espérance grandit au sein des milieux germanophobes, d'autant plus que l'Angleterre vient de passer à l'action en Égypte.

Ces hiatus entre une situation intérieure qui paraît améliorer la perception de l'action gouvernementale et des événements extérieurs caractérisés par une stagnation, voire un recul de l'Allemagne, entretient une confusion qui n'échappe pas au préfet :

> « Ainsi l'amélioration de l'opinion publique dans le domaine intérieur, la plus grande compréhension de la politique gouvernementale dont a fait preuve la population risque de se perdre par suite des espérances que fait naître la situation extérieure. »

Au fur et à mesure de la guerre, tout se passe comme si le régime avait lié organiquement son sort à celui de l'occupant. Aveu en creux que renvoie ici à sa hiérarchie l'expression préfectorale dans un mouvement de plume dont on ne sait s'il traduit de l'inconscience ou de la malice. Reste l'impression d'une opinion qui se laisse porter par les événements, en espérant secrètement que « les faits imposeront une solution d'eux-mêmes[1] ».

Prémonition ? Les faits s'accélèrent, précipitant l'ensemble du pays dans une plus grande incertitude. Le débarquement en Afrique du Nord, l'occupation dorénavant entière du territoire changent la donne. Dans l'immédiat, le désappointement prédomine et les interrogations, en ce mois de novembre 1942, s'accumulent. On reste calme, certes, mais le climat est gonflé par le vent des rumeurs et des supputations. Darlan, Pucheu, Flandin rejoignent les Anglo-saxons ; ce ralliement suscite des commentaires abondants et on se plaint du peu d'informations fournies par les autorités. Quoi qu'il en soit, on veut croire que le passage de Darlan du côté des adversaires de l'Allemagne vise à préserver l'avenir et « les droits de la Nation au cas d'une victoire des armées anglo-saxonnes, éventualité qui paraît être admise en général[2]. »

D'aucuns vont jusqu'à imaginer que Darlan agit de concert avec le maréchal mais leurs espoirs sont vite déçus dès que l'amiral et le

1. *Ibid.*

2. Rapport préfectoral de décembre 1942, Archives départementales de l'Hérault, fonds du cabinet du préfet, 1000 W, art. 27.

général Giraud sont déchus de leur nationalité. Dans le même temps, si l'arrestation de De Lattre suscite de nombreux commentaires, elle ne semble pas entraîner de réactions particulières, au contraire de celle du général Weygand pour laquelle le Gouvernement est rendu responsable. Le sentiment général s'installe : les Allemands vont perdre la guerre, conviction confortée par le piétinement de leurs troupes à Stalingrad et Leningrad, par leur reflux en Afrique, mais la pression s'accentue sur le maréchal au point que l'octroi des pleins pouvoirs à Laval résulte aux yeux du public d'une exigence de l'occupant.

Cependant, cette perception de l'opinion ne vaut pas rupture avec le régime comme le confirme le rapport mensuel du préfet pour le mois de janvier. Sans doute la confusion régnant encore à Alger, l'assassinat de Darlan en décembre ne contribuent pas à cet instant précis à dessiner une alternative encore crédible au gouvernement de Vichy, même si la personnalité du général Giraud recueille une popularité grandissante. Tout se passe comme si on accordait à Laval le crédit de maintenir un gouvernement français qui sans son action n'existerait plus. Mais à nouveau ce qui se joue en Russie et en Afrique du Nord capte toutes les attentions ; courant décembre 1942, l'impression d'assister à un tournant du conflit domine les esprits[1]. Force est alors de reconnaître que l'option d'une victoire anglo-saxonne a la faveur d'un grand nombre de Français et qu'un espoir non dissimulé commence à sourdre dans des pans non négligeables d'une société qui observe avec satisfaction les difficultés d'une Allemagne réduite à la défensive et les progrès de ses adversaires qui bénéficient désormais pleinement de l'effort de guerre américain[2].

Mais cette perspective, pour être espérée, n'enlève rien aux pesanteurs d'un quotidien qui, fait nouveau dans cette France du

1. « Le public ne s'y trompe pas et, si les premiers espoirs qu'avaient fait naître les succès anglais et américains en Afrique ont été un peu déçus par la lenteur des opérations, il n'en est pas moins persuadé qu'on assiste à un tournant de la guerre ». Rapport préfectoral de janvier 1943, Archives départementales de l'Hérault, fonds du cabinet du préfet, 1000 W, art. 27.

2. « L'Allemagne qui avait marché jusqu'à présent de victoire en victoire en est réduite maintenant à la défensive, et l'on se plaît à évoquer la puissance industrielle et la production des États-Unis qui peu à peu feront définitivement pencher la balance du côté cher encore à beaucoup de Français ». Rapport préfectoral de janvier 1943, Archives départementales de l'Hérault, fonds du cabinet du préfet, 1000 W, art. 27.

Sud, doit compter avec les rigueurs de l'Occupation. Ici, l'ancien sous-préfet de Dunkerque ne peut manquer d'en appeler implicitement à ses souvenirs de zone occupée et plus particulièrement du Nord :

> « La présence des troupes d'opérations dans le Midi de la France a eu ses répercussions dans l'opinion publique. Dans l'ensemble, elles ont été accueillies avec une certaine réserve. Il n'y a eu aucun acte d'hostilité à leur égard. Cette population du Midi qui n'avait jamais connu l'Occupation commence maintenant à en sentir le poids. La réquisition au profit des autorités d'opérations de presque tous les hôtels de Montpellier, de nombreuses maisons particulières, des pavillons, des hospices et des cliniques privées font mieux comprendre aux méridionaux les lourdes charges supportées depuis plus de deux ans par la zone occupée[1]. »

Début 1943, après les craintes suscitées par sa rencontre avec Hitler, crédit est toujours porté à Laval de préserver « les intérêts français devant le vainqueur ». Mais le préfet observe que la politique intérieure intéresse peu, même si l'évacuation du Vieux-Port à Marseille crée une réelle émotion. Plus révélatrices sont les réflexions soupçonnant la police française de s'être mise au service des occupants. Bien plus que les évolutions du régime, ce sont les événements russes et nord-africains qui mobilisent l'intérêt :

> « Beaucoup espèrent qu'une victoire des Alliés sur ses théâtres d'opération serait susceptible de hâter dans un avenir assez proche la fin des hostilités et du même coup l'évacuation de notre territoire[2]. »

Les revers subis par les Allemands en Russie sont suivis de près et tout en s'en réjouissant les adversaires de l'occupant envisagent avec inquiétude la possibilité d'une Europe soumise au bolchevisme. À ce stade, le préfet retranscrit sans doute les réactions de la résistance non communiste avec laquelle on sait par ailleurs qu'il entretient des contacts.

---

1. *Ibid.*
2. Rapport préfectoral de février 1943, Archives départementales de l'Hérault, fonds du cabinet du préfet, 1000 W, art. 27.

En Afrique du Nord, les relations entre Giraud et De Gaulle demeurent source d'interrogation et l'on regrette la confusion – entretenue selon les commentaires par des jeux d'influences étrangères – qui ne favorise pas une entente dont on peut penser qu'elle est alors souhaitée par une grande majorité de ceux qui aspirent à une libération rapide du territoire :

> « Mais là encore on estime que le problème politique intérieur n'implique pas une solution immédiate et que seule compte la conduite des opérations militaires [...]. Elle considère maintenant comme inéluctable la défaite de l'Allemagne[1]. »

Tout bascule entre novembre 1942, lorsque se précise l'irréversibilité de la défaite allemande, et février 1943, avec l'instauration du Service du travail obligatoire qui éloigne de plus en plus la population de son soutien initial au régime. Délégitimation progressive, hétérogène et inégale, non dépourvue d'opportunisme mais visible aux yeux d'un préfet qui scrute les humeurs variées de ses concitoyens. En ce mois de février 1943, Vichy perd la main.

Traduisant la volonté de Hitler de lier toujours plus le sort de la France à celui de l'Allemagne, la loi sur le STO est unanimement perçue comme une accentuation de l'emprise des occupants sur le pays. Pour les milieux les plus germanophobes, les gaullistes en particulier, il s'agit d'une déportation de masse visant à vider la nation de sa substance. Mais le trouble va jusqu'à s'insinuer dans les cercles acquis à la collaboration où, note le rapport, « une certaine réserve commence à se manifester devant les exigences allemandes[2]. »

Benedetti explique sans fard que l'émotion engendrée par cette mesure érode dans les esprits les avantages acquis par Laval en ce qui concerne la ligne de démarcation et la libération de certains prisonniers. Non sans raideur le préfet consigne : « L'opinion n'a vu dans ses prétendus avantages que la faible rançon des nouvelles exigences du chancelier Hitler[3]. »

---

1. Rapport préfectoral de février 1943, Archives départementales de l'Hérault, fonds du cabinet du préfet, 1000 W, art. 27.
2. Rapport préfectoral de mars 1943, Archives départementales de l'Hérault, fonds du cabinet du préfet, 1000 W, art. 27.
3. *Ibid.*

La dégradation du climat est d'autant plus perceptible que s'accentue la présence militaire et policière des Allemands. Les interpellations d'étrangers et de Français se multiplient et le préfet ne peut s'empêcher d'en relever « l'effet déplorable qu'elles ont produit ». La suspicion, la délation gagnent aussi du terrain :

> « Le public commence à s'émouvoir des nombreuses opérations lancées par la Gestapo dans tout le département. La crainte de dénonciation lui inspire une plus grande réserve dans ses propos[1]. »

Ainsi, le président de la section locale de la Légion française des combattants, adjoint au maire de la commune de Castelnau, a procédé auprès de la Gestapo à la dénonciation calomnieuse d'un prisonnier rapatrié. Le préfet le suspend aussitôt de ses fonctions et le fait interner administrativement. Tandis que l'atmosphère se dégrade, le représentant de l'État tente de maintenir les us et coutumes propres à la concorde civile.

La pression qui s'exerce sur les esprits, le durcissement de l'Occupation n'affectent pas la conviction de l'inéluctabilité de la défaite allemande. De toutes parts, les nouvelles renforcent ce sentiment : poursuite de l'offensive russe, préparatifs dans le Sud tunisien, entente réalisée entre Giraud et de Gaulle… Et, presque lyrique, ne sachant s'il se fait le greffier ou l'interprète d'un sentiment général, Benedetti conclut :

> « C'est un grand espoir qui prend corps dans les différentes couches sociales, car sa réalisation pour la grande majorité des Français amènerait le départ des troupes d'Occupation et par là même une amélioration sensible de nos conditions actuelles d'existence[2]. »

Le printemps 1943 confirme la césure amorcée un mois auparavant. L'impopularité du STO se manifeste avec à l'appui des démonstrations publiques. Les départs deviennent ostensiblement l'occasion d'injurier Laval et Hitler, d'entonner l'« Internationale » ou la « Marseillaise » :

1. *Ibid.*
2. *Ibid.*

> « On sentait chez tous une ferveur et une exaltation patriotique et révolutionnaire. La majorité d'entre eux croit à une victoire des Anglo-saxons et part, bien convaincue, que le séjour en Allemagne ne saurait durer longtemps[1]. »

Si les premières correspondances parvenant dans les familles rassurent un peu quant au sort réservé à leurs enfants, les exemptions dont certains sont l'objet offusquent une opinion qui renoue là avec un esprit égalitaire. Les privilèges qui permettent entre autres aux miliciens, mais également aux étudiants d'être dispensés de cette mesure ravivent les tensions sociales et indignent une grande partie de la population.

Tactique préfectorale ou tendance dominante, le Gouvernement, à l'exception des jeunes enrôlés, n'est pas directement tenu responsable du STO[2]. Encore une fois on estime que cette disposition lui a été imposée par le Reich. Plus généralement c'est tout autant la perte de confiance dans le régime qui s'accroît que la germanophobie :

> « Ainsi l'Allemand redevient-il l'ennemi, le responsable de la guerre, de la disette, des fusillades d'otages, des emprisonnements et des déportations. À l'exception de quelques milieux collaborationnistes irréductibles, l'unanimité du peuple est en train de se réaliser contre l'occupant[3]. »

Tout se passe comme si le resserrement de l'étau au plan national allait de pair avec un optimisme grandissant sur l'issue de la guerre :

---

1. Rapport préfectoral d'avril 1943, Archives départementales de l'Hérault, fonds du cabinet du préfet, 1000 W, art. 27.

2. « Toutefois si beaucoup de gens font ainsi grief au gouvernement français d'avoir institué le travail obligatoire, la majorité de la population rend cependant l'occupant responsable de tous ses malheurs. C'est à sa demande et sur son ordre que cette nouvelle obligation a été imposée aux Français ; s'il a voulu cette "déportation massive", c'est autant pour remplacer les ouvriers allemands qui partent faire la relève de leurs camarades tombés dans les steppes de Russie que pour retirer de France des éléments jeunes, actifs et patriotes qui pourraient devenir un danger grave dans le dos d'une armée allemande faisant face à une agression venue de l'Ouest ». Rapport préfectoral d'avril 1943, Archives départementales de l'Hérault, fonds du cabinet du préfet, 1000 W, art. 27.

3. *Ibid.*

« Aussi l'opinion attend-elle maintenant la grande offensive anglo-américaine sur le continent et, convaincue qu'elle apportera la solution à tous ses maux, elle endure, impuissante et résignée la faim, les représailles et la déportation[1]. »

L'immensité des événements à venir où de chaque côté on prophétise une mobilisation totale rend presque anecdotique les évolutions et le sort futur de l'État français. Avec acuité et sécheresse, Benedetti estime que ses concitoyens considèrent le régime « comme trop passager pour attacher une importance à ses œuvres. »

Dès la mi-1943, et même un peu avant, l'attente d'un débarquement, les hypothèses sur son lieu de déclenchement alimentent les conversations. Avec une double interrogation : quand et où ?

« D'une manière générale, l'opinion attend avec beaucoup d'impatience un débarquement anglo-américain, car elle voit dans cette opération la concrétisation de ses espoirs et l'acheminement rapide vers une évacuation totale de notre territoire par les troupes allemandes[2]. »

« Elle attend avec une impatience non dissimulée un débarquement allié qui seul pourra lui permettre d'échapper à une déportation massive en Allemagne et apportera en France, avec la fin de la misère actuelle, l'aube d'une ère de paix si ardemment désirée[3]. »

« La population se fait à l'idée d'un débarquement en ne souhaitant toutefois généralement pas qu'il s'effectue sur les côtes languedociennes[4]. »

Focalisant son intérêt sur cette perspective, le public, en quête d'information, se tourne « avec fièvre » vers les postes étrangers : « Il ne peut s'en référer à la radiodiffusion française[5] ». D'une manière générale, on ne se fait guère plus d'illusions sur la « communication » gouver-

1. *Ibid.*
2. *Ibid.*
3. Rapport préfectoral de mai 1943, Archives départementales de l'Hérault, fonds du cabinet du préfet, 1000 W, art. 27.
4. Rapport préfectoral de juin 1943, Archives départementales de l'Hérault, fonds du cabinet du préfet, 1000 W, art. 27.
5. *Ibid.*

nementale. Évoquant une conférence de Philippe Henriot à Béziers en mai 1943, Benedetti indique qu'il n'a pas échappé à l'assistance que les sujets trop sensibles ont été pudiquement évités. C'est bien l'ensemble de la parole mais également des initiatives prises par le régime qui semblent dorénavant frappées d'une perte progressive d'échos :

> « L'annonce par le président Laval de nouvelles dispositions au sujet de la main-d'œuvre a produit peu d'impression dans le public. Certains estiment que cette mesure a été déterminée par le nombre toujours croissant des réfractaires et qu'elle ne servirait qu'à masquer un échec[1]. »

Cette indifférence, voire cette défiance n'exclut pas l'expression des plaintes et des souffrances que l'Occupation fait subir aux populations. Les réquisitions se poursuivent comme celle, en août, « exigée » toute affaire cessante, de l'Institut de biologie de la faculté de médecine[2]. La répression surtout s'intensifie et les arrestations se multipliant, les esprits redoutent « que la répression ne s'étende au fur et à mesure des revers de la *Wehrmacht*[3] ». Toujours en août, une trentaine de personnes dont l'ancien maire de Montpellier, Jean Zuccarelli, sont arrêtées. Les attentats, enfin, inquiètent jusque dans les rangs de la résistance gaulliste :

> « Une discrimination tend à s'établir même dans les milieux gaullistes qui ne manquent pas de souligner que les assassinats et les vols sont commis par des bandes d'anarchistes internationaux ou par des repris de justice et que les véritables patriotes qui ont pris le maquis pour se soustraire au départ en Allemagne n'ont rien à voir dans ces crimes[4]. »

À l'automne 1943, c'est à nouveau les opérations extérieures qui mobilisent une opinion qui voit dans le débarquement des Alliés en

---

1. Rapport préfectoral de novembre 1943, Archives départementales de l'Hérault, fonds du cabinet du préfet, 1000 W, art. 27.
2. Rapport préfectoral de septembre 1943, Archives départementales de l'Hérault, fonds du cabinet du préfet, 1000 W, art. 27.
3. *Ibid.*
4. Rapport préfectoral de novembre 1943, Archives départementales de l'Hérault, fonds du cabinet du préfet, 1000 W, art. 27.

Sicile une nouvelle étape dans le déroulement du conflit. Premiers bastions à tomber de cette « forteresse Europe » que les Allemands disaient imprenables, la Sicile, et plus largement l'Italie, sont l'objet de nombreux commentaires. Voilà des événements qui annoncent une défaite à brève échéance du Reich et dont les conséquences accentuent les oppositions au régime :

> « Le public se refuse plus que jamais d'accepter la politique de collaboration. Il la comprendrait dans une certaine mesure avec une Allemagne victorieuse mais il refuse de lier son sort à un pays dont il est convaincu qu'il ne pourra plus triompher militairement. D'ailleurs certains chauds partisans de cette politique commencent eux-mêmes à en douter et modèrent déjà leur profession de foi et leur prosélytisme. Cet état d'esprit ne pourra qu'amener une recrudescence de la propagande antigouvernementale tant du côté gaulliste que du côté du PPF dont les membres déclarent ouvertement que le maréchal Pétain et le président Laval sont insuffisants et devraient être remplacés par un Gouvernement d'action révolutionnaire dont M. Doriot serait naturellement le chef tout désigné[1]. »

Au-delà de la confusion politique qui s'installe dans le pays, Benedetti insiste sur les stratégies d'accommodement à la collaboration qu'une partie de l'opinion était mécaniquement prête à accepter sous réserve que l'Allemagne gagne la guerre. Non seulement cette prédisposition traduisait une méconnaissance partielle de la nature idéologique de l'adversaire, supposant que celui-ci se rattachait à une Allemagne *in fine* similaire à celle qu'on avait connue en 1870 et en 1914, c'est-à-dire une Allemagne dépourvue de la spécificité du nazisme, mais elle révélait avec ampleur les mécanismes historiques qui avaient permis au régime de Vichy et à sa politique de s'installer dans une France anémiée par les conséquences de la Grande Guerre et par l'ultra-parlementarisme de la Troisième République finissante[2]. Mais en ce mois d'août de l'année 1943, l'analyse du

1. Rapport préfectoral de septembre 1943, Archives départementales de l'Hérault, fonds du cabinet du préfet, 1000 W, art. 27.

2. Pour une analyse politique et historique des mécanismes ayant conduit à l'abolition de la République et à l'instauration de l'État français, on se reportera avec profit au livre d'Éric Roussel, *Juin 1940, le naufrage*, coll. « Les journées qui ont fait la France », Gallimard, 2010.

préfet illustre une autre réalité, bien plus cruelle pour le pouvoir : entre les collaborationnistes les plus radicaux et les résistants, y a-t-il encore une place pour ce Gouvernement rejeté de toutes parts ?

Déjà se profilent d'autres questions, d'autres soucis, d'autres enjeux. Le champ de bataille de l'Europe de l'Est ouvre-t-il une nouvelle boîte de Pandore ? La crainte du communisme s'exporte au-delà des seuls partisans de la collaboration :

> « Les milieux opposés à l'Allemagne considèrent que si Staline a d'ores et déjà brisé définitivement la puissance offensive de la *Wehrmacht* et par là toute possibilité de victoire du Reich, il a aussi de ce fait ouvert l'Europe à l'influence communiste [...] Comment parviendra-t-on, la guerre terminée, à limiter les ambitions soviétiques ? Telle est la question que ne manquent pas de se poser ces mêmes milieux ; l'Allemagne pouvant être considérée, disent-ils, comme étant déjà battue l'on voudrait voir les Anglo-américains faire un effort militaire suffisant pour essayer de compenser le parti pris par l'URSS[1]. »

Dans le bruit et la fureur du présent germent déjà les lignes de fractures qui secouent le vieux continent. La lutte contre l'Allemagne nazie dont l'aboutissement n'est plus qu'une question de temps ne peut parvenir à occulter l'hétéroclisme idéologique des adversaires d'un Reich qu'il convient d'abattre mais dont la défaite n'épuisera pas totalement la question de la paix et de la reconstruction européenne à venir.

En cette fin 1943, alors qu'il s'apprête à quitter Montpellier, Benedetti apparaît suffisamment averti pour ne plus douter de l'issue du conflit et du sort du régime. Les analyses qu'il adresse à Vichy reflètent tout autant l'état de l'opinion que son appréciation personnelle au point qu'à leur lecture on finit par s'interroger sur l'identité du rédacteur. Est-ce le préfet dont la mission est de passer au crible les sentiments jamais figés, toujours en mouvement de ses administrés ? Est-ce l'homme qui sous couvert de sonder sa population livre une part de ses convictions ? Comme toujours la vérité réside dans cet entre-deux où il convient de distinguer, sous

1. Rapport préfectoral d'octobre 1943, Archives départementales de l'Hérault, fonds du cabinet du préfet, 1000 W, art. 27.

le formalisme inhérent à la fonction et les contraintes propres au métier de haut fonctionnaire, l'insaisissable pellicule de subjectivité qui, parfois, finit par percer. Mais comme l'époque ne se prête pas à la confidence, Benedetti développe des stratégies d'écriture qui alternent entre une manifestation minimale de loyauté, une description souvent factuelle et neutre des événements tels qu'ils les enregistrent et des échappées qui laissent entrevoir une vérité personnelle. Toujours est-il que dans ce pays des ombres qu'est devenue la France occupée, Jean semble épouser toutes les contradictions de la société avec une distance défensive qui laisse peu de place au fond de sa pensée, si ce n'est cet accent humaniste qu'il retrouve dans les instants les plus insoutenables, notamment au moment des rafles ou d'opérations policières. De Dunkerque à Montpellier, ses rapports décrivent une France douloureuse, incertaine, où l'épaisseur de l'Histoire en train de se faire fabrique aussi l'homme qui quelque temps plus tard, préfet à Avignon, sera à son tour comme tant d'autres confronté à son heure de vérité.

10

Installé dans le Vaucluse le 16 décembre 1943, notre homme poursuit sa progression de carrière alors que partout l'atmosphère s'assombrit. Avignon est en effet une préfecture de seconde classe. La presse locale voit en lui un fidèle serviteur du maréchal, et le *Pays libre* écrit : « Nous sommes sûrs que M. Benedetti saura faire passer le souffle de la Révolution nationale sur son département. »

Sur son bureau, les mots de félicitations affluent. Correspondance hétéroclite de notables, d'amis et de collègues qui se réjouissent de sa promotion ; correspondance qui dessine la carte de France des différents postes qu'il a occupés tout au long de ces dernières années. De Jean, de son parcours, de son caractère, que nous apprennent ces courriers et que nous disent-ils également entre les lignes de l'esprit du temps ?

Tout d'abord Benedetti, partout où le conduit son existence de fonctionnaire, crée autour de lui un climat empreint de confiance et de sympathie, laissant après son passage de nombreux regrets. Sa cordialité, sa facilité de contacts lui valent, de la part de ses interlocuteurs, un attachement indubitable. Ainsi se découpe un profil qui ne crée pas d'aspérités, d'animosité mais qui, au contraire, par son amabilité toujours souriante et une élégance décontractée, favorise une entente presque spontanée. Le charme opère d'autant plus qu'il se double d'un sens avéré du service et d'une habileté certaine à démêler des situations parfois complexes. Giraud, le doyen de la Faculté de médecine de Montpellier – dont on a vu qu'il s'efforçait, au sein de l'université, de contourner les dispositions discriminatoires de Vichy[1] – exprime sa peine de voir Benedetti quitter l'Hérault en des termes qui soulignent le savoir-faire du préfet[2]. Hommage

1. Cf. chapitre 6.

2. « Je vous ai vu à l'œuvre en maintes circonstances délicates ; j'ai goûté la conception élevée que vous vous êtes faite non seulement de votre rôle d'administrateur vigilant, mais encore de votre mission morale et tutrice par les temps lourds que nous vivons. J'ai trouvé en vous un appui très sûr de la

tout autant perceptible, cette fois-ci chez un proche du régime : le doyen de la Faculté de lettres Augustin Fliche insiste sur les regrets que ce départ suscitera chez « une quantité de Montpelliérains[1] ». Benedetti sait se faire apprécier sans se faire oublier, comme l'attestent les lettres en provenance de Dunkerque : le maire et l'ancien bâtonnier de la ville se joignent eux aussi au concert de félicitations qui l'accompagnent dans le Vaucluse et les deux hommes ne manquent pas de rappeler les souvenirs positifs laissés par son passage dans le Nord[2]. D'autres manifestations lui parviennent : un collègue de la préfecture du Cantal, un ami de la Somme, un député et conseiller général du Haut-Rhin, sans compter d'anciens condisciples de Sciences po…

Jean n'omet pas non plus de soigner son réseau ainsi qu'en témoigne la réponse de l'ancien ministre Raoul Dautry[3], désormais retiré à Lourmarin, qui remercie le préfet de son message et l'invite à venir le rencontrer à l'occasion de l'une de ses tournées départementales[4].

À la lecture de cette correspondance, qui reflète aussi sans doute une part de civilité convenue, tout se passe comme si la routine persistait avec ses rites, ses formes de reconnaissance, ses usages propres à une société qui en oublierait jusqu'à la guerre dans laquelle elle est pourtant plongée. Rétrospectivement, le contraste peut surprendre, voire choquer mais il révèle les mécanismes d'adaptation, voire de banalisation qui se mettent inévitablement

---

charge lourde qu'on m'a confiée ». Correspondance du doyen Giraud à Jean Benedetti, 12 décembre 1943, Archives départementales du Vaucluse, 3 W, art. 13.

1. « Je viens d'apprendre la nouvelle de votre nomination comme préfet du Vaucluse et vous adresse mes plus chaleureuses félicitations. Celles-ci s'accompagnent pourtant d'un vif regret qui sera partagé par une quantité de Montpelliérains, celui de vous voir quitter une ville à laquelle par vos hautes qualités administratives vous avez rendu tant de services et que par votre charmante amabilité, toujours prête à s'employer et à se dévouer, vous avez su conquérir bien des sympathies ». Correspondance d'Auguste Fliche à Jean Benedetti, 11 décembre 1943, Archives départementales du Vaucluse, 3 W, art. 13.

2. Archives départementales du Vaucluse, 3 W, art. 13.

3. Raoul Dautry (1880-1951), ancien dirigeant de la SNCF, est ministre de l'Armement dans les gouvernements d'Édouard Daladier et de Paul Reynaud (20 septembre 1939-16 juin 1940). Durant l'Occupation, il se retire de la vie publique. Il devient ministre de la Reconstruction et de l'urbanisme à la Libération.

4. Archives départementales du Vaucluse, 3 W, art. 13.

en place jusque dans les circonstances les plus extrêmes. Début 1944, c'est Jean-Jacques Kielholz, l'ancien chef de cabinet de Jean dans l'Hérault, qui donne de ses nouvelles. Le ton du courrier, avec la part d'implicite qu'il recèle, constitue un bel exemple de l'état d'esprit qui anime alors vraisemblablement nombre de fonctionnaires rivés à l'exécution de leur tâche dans un présent qui ne cesse de se détériorer :

> « Monsieur le préfet,
> C'est un peu tard le neuf janvier, pour présenter des vœux. Mais vous m'excuserez certainement quand vous saurez que je rentre seulement de voyage de noces. Il a été très modeste d'ailleurs, les circonstances ne favorisant guère ce genre de voyage. Je m'en voudrais cependant de laisser passer l'an nouveau, sans vous exprimer mes vœux les plus sincères pour Mme Benedetti et pour vous-même.
>
> 1943 s'est terminée en nous dispersant assez rapidement, avec des fortunes diverses. Ce n'est pas sans un peu de mélancolie que je revois cette année que j'ai passée près de vous à vous servir, si maladroitement parfois. Maintenant que je revois tout, en pleine sérénité, je ne puis m'empêcher de mettre beaucoup de choses sur le compte de mon mauvais caractère et de certaine susceptibilité bien connue… Mais c'est bien tard.
>
> C'est aussi peu de choses à vrai dire devant le déchaînement de souffrances et de douleurs auquel nous assistons tous les jours. Je pense au père de Marie-France[1] et à quelques autres. Et je souhaite avant tout pour ce malheureux pays que nous aimons également, la fin de cette affreuse tourmente.
>
> Permettez-moi de vous redire, monsieur le préfet, tout mon dévouement et toute mon affection. Je sais tous les gestes que vous avez

1. Il s'agit de Camille Ernst, le secrétaire général de la préfecture. Relevé une première fois de ses fonctions en février 1943 par le régime à la demande des Allemands, il est reclassé comme conseiller de préfecture à Marseille où il poursuivra, malgré les menaces qui pèsent sur lui, ses activités au profit de la résistance. Il est à nouveau arrêté en novembre 1943, transféré à Compiègne, puis déporté à Dachau dont il sera délivré, dans un état de très grande faiblesse, le 8 mars 1945.

eus pour moi. Je ne les oublie pas. Puissiez-vous ne pas garder un trop mauvais souvenir de votre premier chef de cabinet.

Fidèlement vôtre[1]. »

Toutes les inquiétudes et les incertitudes du moment semblent se concentrer dans ces quelques lignes et l'évocation quasi dissimulée du sort de Camille Ernst, arrêté et déporté par les occupants, vient rappeler les liens qui à Montpellier unissaient quelques hommes autour du préfet.

En ce mois de janvier 1944, le régime se radicalise. À l'automne de l'année précédente, les Allemands avaient exigé le départ de plusieurs proches de Pétain considérés comme peu sûrs, notamment en ce qui concerne le volet répressif. Ils interdisent par ailleurs au maréchal de prononcer une allocution au cours de laquelle celui-ci compte annoncer qu'il confie à l'Assemblée nationale la mission de rédiger une nouvelle constitution. Dans un premier temps le chef de l'État décide de ne plus exercer ses fonctions avant de se résoudre, toujours sous la pression des occupants, à la nomination de personnalités favorables à une accentuation de la politique de collaboration[2]. Ainsi le 1er janvier 1944, Philippe Henriot devient secrétaire d'État à l'Information et à la propagande, Joseph Darnand secrétaire d'État au Maintien de l'ordre, recevant « autorité sur l'ensemble des forces de police ». Au mois de mars, c'est un autre ultra de la collaboration, Marcel Déat, leader du Rassemblement nationale populaire (RNP) qui fait son entrée au Gouvernement en tant que ministre du Travail et de la Solidarité.

On assiste ainsi à un glissement rapide vers un État milicien où tout au long du premier trimestre 1944 les éléments les plus tièdes, voire pour certains en cheville avec la résistance et les Alliés, sont écartés et où les durs, ceux qui critiquent la ligne trop modérée à leurs yeux du régime, s'installent à des postes de responsabilités. C'est dans ce contexte de durcissement gouvernemental et de rumeurs tous les jours un peu plus insistantes sur une grande offensive anglo-américaine que Jean Benedetti prend possession de son nouveau poste.

---

1. Lettre de Jean-Jacques Kielholz à Jean Benedetti, 9 janvier 1944, Archives départementales du Vaucluse, 3 W, art. 13.

2. Marc-Olivier Baruch, *Servir l'État français. L'administration en France de 1940 à 1944*, *op. cit.*, p. 529-575.

Cette nouvelle donne, où à Vichy les plus extrémistes prennent tous les jours un peu plus la main, va progressivement sceller son sort, ainsi que celui de plusieurs de ses collègues. En attendant, il agit comme si rien ne pouvait altérer la tranquille conception qu'il se fait de son devoir de fonctionnaire d'autorité. Tout juste se plaint-il d'une sciatique douloureuse qui depuis son arrivée à Avignon le cloue au lit[1]... Et conformément aux méthodes éprouvées tant dans le Nord que dans l'Hérault, il entend bien aller à la rencontre des communes, de leurs élus et de leurs administrés. Encore faut-il qu'il puisse acquérir un véhicule à gazogène pour entamer ses visites, ce qui ne sera fait seulement qu'à la mi-janvier[2]. En attendant, il organise son dispositif, faisant venir de Montpellier comme responsable de son secrétariat particulier Paulette Martin dont il a fait la connaissance dans l'Hérault et il s'attache comme chef de cabinet Jacques Penel qui le suivra par la suite dans d'autres postes. Il y rencontre également un jeune homme, Maurice Gilles, à l'époque chef de bureau du cabinet, qui l'accompagnera également tout au long de sa carrière. Caractéristique de Benedetti : il fonctionne en bande, aimant s'entourer de collaborateurs sur lesquels il peut s'appuyer en toute confiance. Installé par le secrétaire général de la préfecture, Jean Reiller, en lien également lui aussi avec la résistance ainsi que le notifiera le Comité départemental de libération dans sa séance du 6 décembre 1944[3], Jean Benedetti semble d'emblée gérer le tout-venant. Petits et grands services, encore une fois et comme si sa réputation le précédait, lui sont demandés.

Ses compatriotes corses, d'abord, se manifestent à son bon souvenir : l'un expert-comptable de passage à Avignon, sollicite une audience qui lui est accordée presque séance tenante ; un autre, résidant à Valréas et inquiété par les Allemands sur dénonciation de son voisin le soupçonnant de porter assistance à un réfugié juif espagnol, interpelle le préfet pour qu'il le « disculpe » auprès de la police ainsi que des autorités d'Occupation, et là aussi Benedetti

1. Lettre de Jean Benedetti à M. Eugène Oretti, président de la Fédération méridionale du commerce en gros des vins spiritueux, 13 janvier 1944, Archives départementales du Vaucluse, 3 W, art. 13.

2. Rapport préfectoral de février 1944, Archives départementales du Vaucluse, 3 W art. 20.

3. Archives départementales du Vaucluse, séance du CDL du 6 décembre 1944, 22 W art. 3.

s'acquitte rapidement de la besogne ; un dernier encore, frère d'un sénateur de la Corse récemment libérée, interné à Alger pour fidélité au maréchal appelle au secours le préfet pour que ne soit pas expulsé de son logement de Beaumont-de-Pertuis l'un de ses parents, et à son habitude Jean prend les mesures immédiates pour qu'il soit donné satisfaction au demandeur[1]. Quand ce ne sont pas des insulaires, ce sont des Montpelliérains qui transmettent à leur tour une requête. France « éternelle » du piston, du coup de main ou du passe-droit…

Explorant plus avant les archives, des signaux dénotent un esprit public qui s'envenime, ouvrant la porte aux pratiques si caractéristiques des pays où la guerre civile s'insinue. Bien plus qu'à Montpellier, le vent aigre du ressentiment paraît s'engouffrer dans les coursives d'une préfecture qui doit affronter tout à la fois des populations toujours plus désemparées, des Allemands de plus en plus brutaux, et une résistance, impatiente, qui se fait chaque jour un peu plus audacieuse.

Les menaces, les dénonciations, les lettres anonymes s'accumulent… Pris à parti en termes parfois peu amènes, c'est bien plus l'État dont il est le représentant qui est visé que sa personnalité en tant que telle. Ainsi, le 14 janvier, le préfet est destinataire à titre d'information de deux courriers transmis l'un au chef de brigade de gendarmerie de Pertuis, l'autre au commandant de gendarmerie d'Avignon. Libellées à en-tête d'un Comité départemental de libération nationale, les correspondances avertissent les deux gendarmes que les résistants ne laisseront pas sans réplique la traque de leurs camarades de combat, ni celles des jeunes frappés par le STO[2]. Le tout est envoyé en copie à Jean Benedetti, préfet du Vaucluse, dans une enveloppe comportant la mention « personnelle ». Ce sont aussi quelquefois des ressentiments, sous couvert d'opposition au régime, qui peuvent s'exprimer au regard des difficultés matérielles… Le 19 janvier, une lettre signée d'un pseudonyme « Bellus » prévient : « Charmant monsieur Benedetti, les Russes ont pénétré en Pologne… mais les matières grasses de janvier n'ont pas encore pénétré dans notre cuisine[3]. » Suit une longue diatribe contre le prédécesseur de

1. Correspondance du préfet du Vaucluse, Archives départementales du Vaucluse, 3 W, art. 13.

2. Archives départementales du Vaucluse, 24 W, art. 4.

3. *Ibid.*

Jean à Avignon, le préfet Darban, désormais chef de cabinet de Laval, et une dénonciation des conditions d'un ravitaillement qui profiteraient aux privilégiés. « Patience, les Russes sont en Pologne, ils seront un jour ici, rappelez-le à votre maître ».

Le 26 février, un certain Paternus, étrangement proche dans son style et dans ses préoccupations de Bellus, se plaint des taux des nouveaux salaires moyens du département qui n'ont pu être déterminés que « par des célibataires ou des disciples de Malthus[1]... »

En mars, manuscrite et à l'orthographe très approximative, une correspondance encore anonyme (« Je vous salue, je ne signe pas non pas peur mais par devoir[2]... ») s'en prend à un employé de la préfecture. Inévitable en ces temps de pénuries, l'attention du préfet est également attirée sur un agent d'assurances de Carpentras, au domicile duquel une perquisition s'imposerait (« Visitez sa campagne [...], de la cave au grenier, la prise sera bonne[3] »).

Jean n'en conserve pas moins son flegme et s'attelle à sa mission. Il sonde l'opinion, part à la rencontre des populations et... temporise autant qu'il le peut face à l'occupant. En cet hiver 1944, le débarquement est sur toutes les lèvres et l'on constate désormais que les opérations se rapprochent du département. L'appréhension se fait jour devant le risque de voir le Vaucluse se transformer en champ de batailles, d'autant plus qu'Avignon, avec le dépôt des machines des Rotondes, peut constituer un objectif stratégique pour les Alliés. Quoi qu'il en soit, la victoire de ces derniers reste « ardemment souhaitée malgré l'importance croissante que prend l'URSS dans la coalition car on y voit le seul moyen d'échapper aux transports massifs de main-d'œuvre en Allemagne[4]. »

Dans ce contexte, le régime perd ses relais, à commencer par les élus, les maires notamment, qui démissionnent tant leur tâche devient impossible, tenaillés entre la crainte du lendemain et la brutalité des Allemands. Les évolutions gouvernementales à Vichy, quand elles sont commentées, deviennent périphériques dans les

1. *Ibid.*
2. *Ibid.*
3. *Ibid.*
4. Rapport préfectoral de février 1944, Archives départementales du Vaucluse, 3 W 20.

préoccupations d'une opinion qui fait preuve d'indifférence quant à la nomination de Darnand[1] mais qui suit avec intérêt l'éditorial biquotidien du nouveau secrétaire d'État à l'information, Philippe Henriot[2].

Le « terrorisme » est un autre sujet d'inquiétude, mais la population n'apportera pas son concours à sa répression, d'autant plus qu'elle paraît distinguer les réfractaires des « terroristes ». Néanmoins, la violence des « bandes armées » est condamnée et l'action de Darnand, bien que demeure « une instinctive réserve » à son encontre, paraît mieux comprise[3] car le souci de sécurité est devenu une priorité. L'accession de Marcel Déat à la tête du ministère du Travail, quant à elle, fait craindre une intensification de la politique de collaboration en matière de main-d'œuvre dans un département durement ponctionné et « où la réalisation de nouveaux contingents importants serait impossible tout au moins excessivement difficile[4] ». Les critiques se concentrent sur l'occupant qui exacerbe les difficultés tant en matière de maintien de l'ordre que d'exigences matérielles, avec des promesses souvent non tenues comme celle de ces huit cents paysans mobilisés pour l'organisation Todt[5] qui devaient être libérés au bout de trois mois et qui ne sont toujours pas revenus :

> « C'est une erreur psychologique qui contribuera à augmenter la résistance passive des agriculteurs à tout nouveau départ[6]. »

---

1. « La nomination de M. Joseph Darnand au poste de secrétaire général pour le maintien de l'ordre n'a pas fait une impression aussi profonde qu'on aurait pu le croire ». Rapport préfectoral de février 1944, Archives départementales du Vaucluse, 3 W 20.

2. « Les nombreux et divers échos prouvent la très large audition de ces éditoriaux », Rapport préfectoral, 6 février 1944, Archives départementales du Vaucluse, 3 W 20.

3. Rapport préfectoral d'avril 1944, Archives départementales du Vaucluse, 3 W 20. Dans un premier brouillon, le rapport évoquait « une instinctive animosité » ; le rédacteur, soucieux vraisemblablement de ne pas être confondu avec ce sentiment, atténuera le trait en parlant de réserve.

4. Rapport préfectoral d'avril 1944, Archives départementales du Vaucluse, 3 W 20.

5. L'organisation Todt, du nom de son fondateur, est un groupe de génie civil et militaire qui sera chargé d'un grand nombre de constructions durant la guerre et qui emploiera plus d'un million de travailleurs étrangers.

6. Rapport préfectoral d'avril 1944, Archives départementales du Vaucluse, 3 W 20.

Les évolutions de l'opinion sont indissociables de la question de l'Occupation :

> « La fin de cette Occupation passe avant toute considération, y compris le péril bolchevique. Il semble même que dans certaines sphères autrefois opposées à la doctrine communiste on ait tendance à vouloir accepter le pire des régimes extrémistes pourvu que l'occupant se retire[1]. »

Malgré la tension qui va *crescendo* et l'enchevêtrement des problèmes de tous ordres, le préfet poursuit ses tournées, exercice qu'il affectionne particulièrement et où il tisse avec ses administrés des liens qui facilitent tout autant sa compréhension du terrain que l'acceptation de son action. Il visite les cantons, reçoit les maires, les syndics agricoles, les personnalités de la légion et de la milice, les enseignants, les diverses notabilités. Partout, il dialogue, tente de rassurer, prêche une unité nationale dont il mesure chaque jour qu'elle se fissure... Le préfet, comme il observe dans l'un de ses rapports, est là pour apaiser :

> « C'est d'ailleurs la seule politique à suivre si l'on veut éviter un divorce définitif entre l'Administration et la population[2]. »

Alors que se déchaînent les éléments constitutifs et disparates de la guerre, Benedetti veut croire – ou faire croire – à la modération, comme si la médiation était encore une entreprise possible quand les positions ne cessent de se durcir dans un mouvement constant de radicalisation. L'homme officiel du régime qu'il est encore marche, plus qu'à tout autre moment depuis 1940, sur le fil mince d'une conjoncture où le précipice des événements le menace à chaque instant. En attendant, ses déplacements cantonaux lui fournissent l'occasion de donner des gages pour mieux se protéger car il ne saurait ignorer sans doute que sa position s'est considérablement fragilisée. La presse locale relate ses visites. Le 3 février *Les tablettes du soir*[3] évoquent son passage à Carpentras où après avoir

1. *Ibid.*
2. Rapport préfectoral de février 1944, Archives départementales du Vaucluse, 3 W 20.
3. *Les tablettes du soir*, 3 février 1944, Archives départementales du Vaucluse, 4 W 3311.

effectué devant les édiles de la ville un exposé sur la situation générale du pays et du Vaucluse il lance « un appel patriotique en vue de l'union de tous dans le même idéal, servir la France ». Le 14 février, une autre feuille décrit sa venue à Orange[1] en présence des directeurs des services départementaux. Il s'adonne à nouveau pendant deux heures à une longue présentation du contexte, avant de fustiger les auteurs d'attentats « qui ruinent la santé morale et physique de la France ».

Ce loyalisme de façade, dont on va voir qu'il ne va pas tarder à être débusqué par les ultras de la collaboration en plus haut lieu, permet de gagner du temps, mais le jeu double auquel il donne lieu se contracte nécessairement, restreignant les marges qui permettaient jusque-là à Benedetti de conserver quelques atouts dans sa main. La préfecture fait de plus en plus figure de citadelle assiégée et l'intelligence politique du préfet, que l'on sait vive, va s'avérer impuissante à enrayer la logique implacable des événements.

Parmi les facteurs qui érodent son assise, il faut d'abord compter avec l'exaspération grandissante des troupes d'Occupation. Soumise au harcèlement des maquis et consciente d'une situation internationale qui s'assombrit, l'armée allemande est gagnée par une nervosité qui l'incline à toujours plus de férocité et d'exigences. Benedetti, qui pratique pourtant l'occupant depuis Vire et le printemps 1940, laisse à plusieurs reprises entrevoir dans ses rapports cette tension qui ne cesse de s'accroître. À peine installé à Avignon, il se voit notifier par l'occupant une première exigence : l'obscurcissement total de la ville durant la nuit. « Je leur ai montré, observe-t-il, le danger que cette mesure pouvait entraîner en facilitant les attentats[2]. » Des postes fixes de surveillance toujours plus nombreux sont également réclamés par les Allemands, nonobstant la faiblesse des effectifs de gardiens de la paix. Soumis à cette revendication, le préfet n'a d'autre choix que de la satisfaire en ne faisant plus garder certains édifices nationaux dont la préfecture[3].

1. *Le nouvelliste*, 14 février 1944, Archives départementales du Vaucluse, 4 W 3311.

2. Rapport préfectoral de février 1944, Archives départementales du Vaucluse, 3 W 20.

3. *Ibid.*

Le raidissement des autorités d'Occupation qu'il signale sans relâche à son gouvernement prend aussi la forme de réquisitions auxquelles on ne parvient plus à répondre sans désorganiser le fonctionnement administratif, économique et social de la région. Dix-neuf camions à essence et en parfait état sont exigés. Face à l'incapacité des Français à leur livrer les véhicules, l'occupant arrête et confisque ces derniers sur les routes... Les locaux font également l'objet de sollicitations insistantes[1] mais la pression redouble quand il s'agit de main-d'œuvre.

Chargé du recrutement de celle-ci pour l'Allemagne, le Dr Igber adresse au préfet une demande de quatre cents soixante-deux travailleurs tous les quinze jours, ce qui correspond pour 1944 à un total de onze mille cinq cents hommes dans un département où résident deux cents trente-quatre mille habitants. Benedetti temporise, cherchant à jouer la montre, en répondant à l'officier qu'il doit au préalable en référer à son gouvernement et attendre les instructions de celui-ci. Igler insiste, pressant son interlocuteur d'établir les préparatifs qui assureront la bonne exécution de sa « commande », principalement en mobilisant les maires afin qu'ils désignent dans leur commune les personnes qui partiront. À nouveau Benedetti rétorque qu'il ne peut agir sans consigne de sa hiérarchie à laquelle il ne manque pas de confirmer le caractère irréaliste et calamiteux de l'exigence allemande.

> « Mais dès maintenant, je tiens à souligner deux choses : d'abord l'effet désastreux que ces mesures ne manqueront pas de produire sur les municipalités qui, on peut le craindre, seront nombreuses à démissionner. D'autre part, en raison des importants prélèvements [...], déjà opérés dans le Vaucluse, département essentiellement agricole, il est à prévoir qu'une nouvelle ponction s'élevant à 5 % de la population totale, c'est-à-dire au moins à 10 % de la population active, sera impossible à réaliser[2]. »

1. « Les réquisitions allemandes sont d'ailleurs bien souvent abusives. Voici le genre de quelques-unes d'entre elles : réquisition d'un local commercial au profit d'un parti politique PPF, réquisition en vue de loger des ouvriers travaillant pour la *Wehrmacht*, maintien de la réquisition pour des immeubles évacués, unités allemandes qui s'installent à leur gré dans des immeubles sans être mises préalablement en rapport avec la municipalité ». Rapport préfectoral d'avril 1944, Archives départementales du Vaucluse, 3 W 20.

2. Rapport préfectoral de février 1944, Archives départementales du Vaucluse, 3 W 20.

D'autres prétentions abusives sont dénoncées par le préfet comme celles visant les Alsaciens-Lorrains pour lesquels l'occupant souhaite disposer d'une liste nominative. Les contrôles d'identité, excessifs et tatillons, se rajoutent au poids d'une Occupation que le préfet comme ses concitoyens jugent tous les jours plus lourde.

Afin de contrebalancer ce rejet de l'Allemand qu'il ne parvient plus vraiment à masquer, en dépit de ce sens assuré de la dissimulation qu'il sait utiliser avec une rare *maestria*, Jean continue à donner le change lorsqu'il s'agit d'évoquer la politique gouvernementale. En Avignon, bien plus que dans le Nord ou dans l'Hérault, les rapports d'information offrent un registre de nuances où des sensibilités divergentes, voire opposées, peuvent se côtoyer, voisinage parfois surprenant que seul la complexité du contexte de ce début 1944 permet d'éclairer. Fait surprenant à première vue, on trouvera moins d'appréciations critiques sur la politique du Gouvernement en ce premier trimestre 1944, alors que les signes très visibles de fin de règne se déploient, qu'en 1942 et 1943 où à Montpellier Benedetti doit servir un État, en apparence tout au moins, mieux accepté, à défaut d'être populaire.

Jean, dont on connaît le peu d'appétence pour les extrémismes, va même jusqu'à trouver des vertus pédagogiques aux propos radiophoniques d'un Philippe Henriot, orateur certes non dénué de talents : « La preuve est faite par ailleurs qu'il n'est pas trop tard pour arriver à une désintoxication sérieuse du public en employant de tels moyens[1]. » Il retrouve même en avril, tout juste un mois avant son arrestation, des accents très maréchalistes pour fustiger « les terroristes » :

> « En définitive, l'heure semble venue dans le pays, qui aspire au calme, un climat de sécurité. Ceux qui le rétabliront, dans un large esprit d'union et de tolérance, obtiendront l'adhésion de toute la société : bourgeois effrayés par le communisme, ouvriers inquiets de l'avenir, fonctionnaires soucieux d'une bonne administration, tous français qui aiment leur pays et désireux d'assurer son statut[2]. »

---

1. Rapport préfectoral de février 1944, Archives départementales du Vaucluse, 3 W 20.
2. Rapport préfectoral d'avril 1944, Archives départementales du Vaucluse, 3 W 20.

Alger, 1913 : René, Jean, et Catherine, leur mère.

Perpignan, 1929 : Fernand Leroy, préfet des Pyrénées-Orientales ; le secrétaire général de la préfecture, et Jean Benedetti, chef du cabinet.

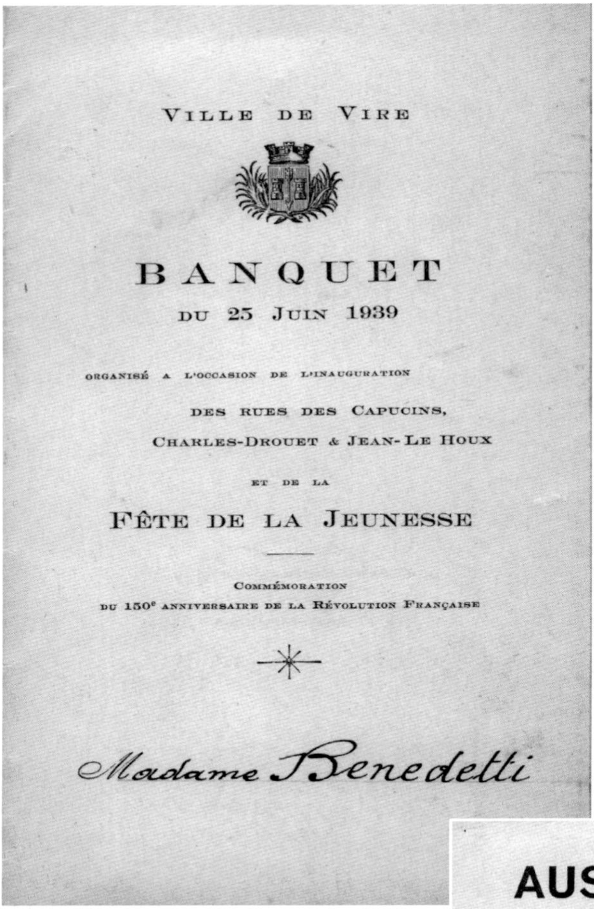

VILLE DE VIRE

BANQUET

DU 25 JUIN 1939

ORGANISÉ A L'OCCASION DE L'INAUGURATION

DES RUES DES CAPUCINS,

CHARLES-DROUET & JEAN-LE HOUX

ET DE LA

FÊTE DE LA JEUNESSE

COMMÉMORATION

DU 150e ANNIVERSAIRE DE LA RÉVOLUTION FRANÇAISE

Madame Benedetti

Vire, 25 juin 1939 : Commémoration du 150e anniversaire de la Révolution française, menu du banquet.

AUSWEIS Nr. 17019.

Laissez-passer N° :

fuer den kleinen Grenzverkehr

pour la traversée des petites frontières

BENEDETTI Odette Infirmière PERONNE

Name / Nom — Vorname / Prénoms — Beruf / Profession — Wohnort / Domicile

28.7.1905 PARIS Francaise

Geburtstag / Date de naissance — Ort / Lieu — Staatsangehoerigkeit / Nationalité

Grenzuebergang nur in PERONNE et AMIENS

Traversée de la frontière seulement à

Dieser Ausweis ist nur gültig in Verbindung mit dem Personallichtbildausweis Nr. : 60341

und ist nicht uebertragbar.

Ce laissez-passer n'est valable qu'accompagné de la Carte d'identité avec photo n° 60341

et est incessible.

Gültig bis : 30 september 1941

valable jusqu'à

Peronne, den 17-7 1941.

le 1941.

Dienststelle : Kreiskommandantur.

Lieu de service

Unterschrift :

Signature

Hauptmann

Ausweis pour la traversée des « petites frontières » entre la zone rouge et la zone occupée.

Montpellier, 1942 : Jean Benedetti, préfet délégué de l'Hérault.

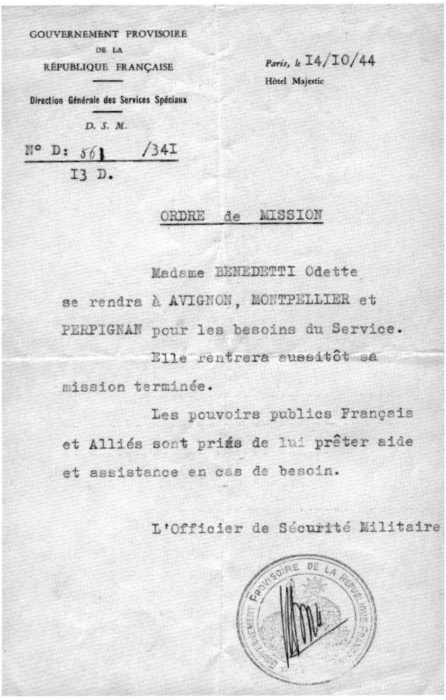

GOUVERNEMENT PROVISOIRE
DE LA
RÉPUBLIQUE FRANÇAISE

Direction Générale des Services Spéciaux

D. S. M.

N° D: 561 /341
13 D.

Paris, le 14/10/44
Hôtel Majestic

ORDRE de MISSION

Madame BENEDETTI Odette se rendra à AVIGNON, MONTPELLIER et PERPIGNAN pour les besoins du Service.

Elle rentrera aussitôt sa mission terminée.

Les pouvoirs publics Français et Alliés sont priés de lui prêter aide et assistance en cas de besoin.

L'Officier de Sécurité Militaire

GOUVERNEMENT PROVISOIRE DE LA RÉPUBLIQUE FRANÇAISE

Octobre 1944 :
Ordre de mission du Gouvernement provisoire de la République française à Odette Benedetti.

Dijon, 1945 : Jean De Lattre de Tassigny, Inspecteur général et chef d'état-major général de l'armée. Photographie dédicacée à « Madame Benedetti, la vaillante amie des bons et des mauvais jours. Montpellier 1942, Paris-Dijon 1945 ».

Beauvais, 11 novembre 1948 : Visite de Vincent Auriol, Président de la République, à Creil. Il est reçu par Jean Biondi, Secrétaire d'Etat à la fonction publique et à la réforme administrative, maire de Creil, Président du Conseil général de l'Oise, membre du comité directeur de la SFIO, et Jean Benedetti.

Elisabeth II d'Angleterre passe la dernière journée de son voyage officiel à Lille, où elle est reçue par Jean Benedetti, qui porte au cou la cravate de Commandeur de l'Ordre de Victoria (KCVO) à la place de sa cravate de commandeur de la Légion d'honneur.

Elisabeth II est reçue à la préfecture par Odette Benedetti, avant le déjeuner officiel.

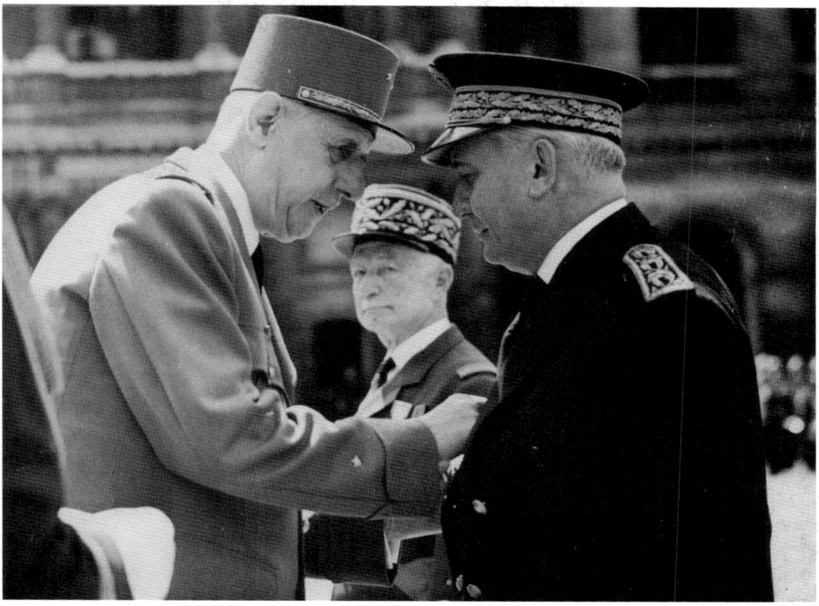

Paris, 13 juillet 1960 : Dans la cour des Invalides, le général de Gaulle remet à Jean Benedetti les insignes de la dignité de Grand officier de la Légion d'honneur.

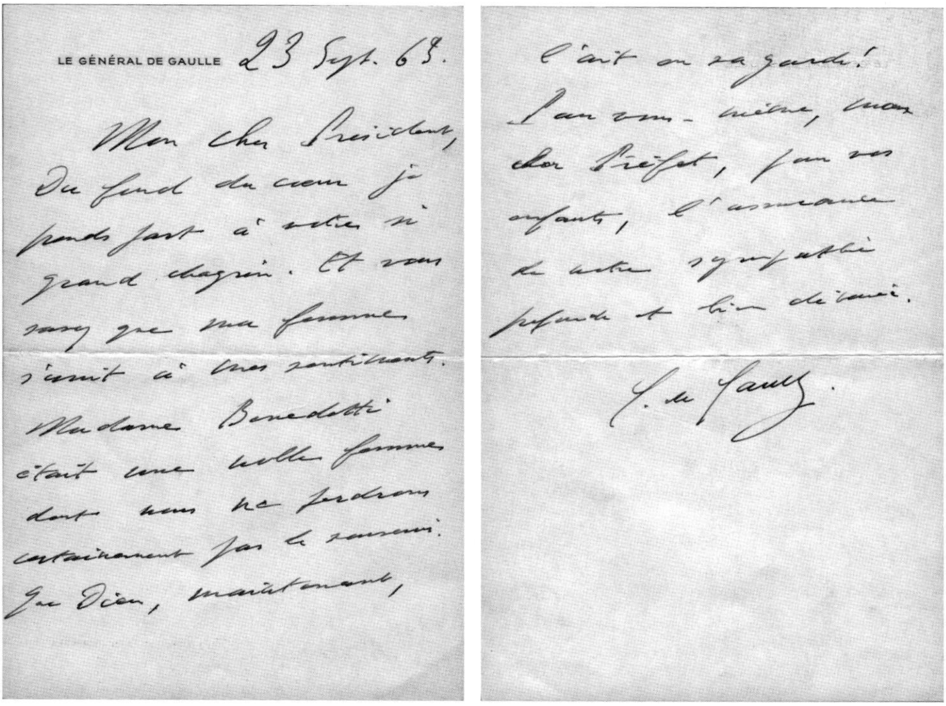

LE GÉNÉRAL DE GAULLE 23 Sept. 63.

Mon cher Président,

Du fond du cœur je prends part à votre si grand chagrin. Et vous savez que ma femme s'unit à mes sentiments. Madame Benedetti était une noble femme dont nous ne perdrons certainement pas le souvenir. Que Dieu, maintenant, l'ait en sa garde !

Pour vous-même, mon cher Préfet, pour vos enfants, l'assurance de notre sympathie profonde et bien dévouée.

C. de Gaulle.

Paris, 23 septembre 1963 : Lettre du général de Gaulle, portée au matin du décès d'Odette Benedetti, à l'Hôtel de Ville.

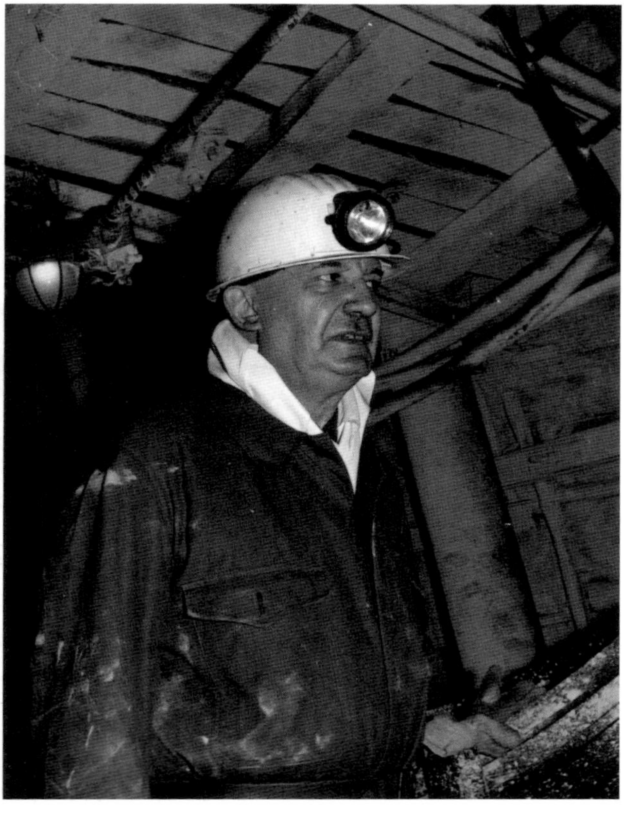

Vire, 14 avril 1973 : Remise des insignes d'officier de la Légion d'honneur par Jean Benedetti, au docteur Abraham Drucker, en présence de ses trois enfants, Jean, Michel et Jacques, de sa seconde femme et d'Olivier Stirn, Secrétaire d'Etat auprès du ministre chargé des Relations avec le Parlement.

Douai, 1964 : Jean Benedetti, Président du Conseil d'administration des Charbonnages de France, dans un puits de mine.

Ces proclamations de loyauté sont d'autant plus affichées qu'à Vichy, sous l'influence des collaborationnistes, on commence à douter sérieusement de la fidélité de certains hauts fonctionnaires. Depuis octobre 1942, la résistance s'est dotée en zone sud tout d'abord, puis en zone occupée à partir de l'été 1943, d'un réseau de noyautage des administrations publiques, plus connu sous l'acronyme NAP auquel viendra s'ajouter par la suite le super NAP chargé d'infiltrer les administrations centrales. C'est à Claude Bourdet, l'un des quatre dirigeants du mouvement « Combat », que l'on doit la création de ce dispositif[1] dont les premières terres de mission furent les PTT, la SNCF, la police mais aussi... les préfectures. Un sous-préfet, gendre de Camille Chautemps, Valentin Abeille[2], écarté de la préfectorale en septembre 1941 pour son appartenance à la franc-maçonnerie, va fournir au sein du mouvement « Combat », sous le pseudonyme « Colleone », de précieux renseignements sur l'état d'esprit régnant alors au sein du corps ; il insiste sur la volonté d'un certain nombre d'agents de servir la résistance, sous réserve de relever d'une organisation nationale. Il souligne la nécessité de préserver au mieux ceux qui effectueraient ce choix :

> « Je ne pense pas qu'on ait le droit d'exposer dans de telles conditions des hommes dont très certainement la compétence et l'expérience sont précieuses – car il est de fait qu'on ne saurait rien bâtir de solide sans ces deux qualités. La France doit être avare de son sang et de son intelligence – elle n'a de trop ni de l'un ni de l'autre.

1. Les objectifs du NAP consistent à : détecter dans les différents services publics les sympathisants ; organiser les éléments les plus utilisables pour leurs qualités et la place occupée en ces cellules bien cloisonnées, étanches ; les faire travailler pour le renseignement de la France Libre et pour la sécurité de la résistance ; leur faire exécuter tout sabotage que leur position professionnelle les met à même de réussir ; préparer l'insurrection et la prise de pouvoir administrative dans tous les services publics et à cet effet établir la liste des fonctionnaires à maintenir, à remplacer, à sanctionner, et proposer les remplacements ; accessoirement rendre à la résistance et aux agents de la France Libre tous les services éventuels (faux papiers, etc.). « Note pour la commission d'homologation des mouvements de résistance », POL 1946, AN 72 AJ 66, cité par Marc-Olivier Baruch, *Servir l'État français. L'administration en France de 1940 à 1944*, *op. cit.*, p. 495.

2. Il rejoindra Londres au printemps 1943. Devenu délégué militaire régional de l'Ouest, il est arrêté fin mai 1944 et meurt quelques jours plus tard. *Ibid.*, p. 458.

Actuellement le courage et le patriotisme demandent à certains postes le silence et l'absence de toute témérité[1]. »

Colleone liste enfin les services susceptibles d'être rendus par les préfets, secrétaires généraux et autres sous-préfets : le renseignement, le boycott des décisions gouvernementales et des ordres de l'occupant, la participation à la sécurité des patriotes et... le noyautage des administrations pour lequel il précise les conditions effectives de mise en œuvre :

> « Le noyautage des administrations, c'est exercer leur influence personnelle à donner le courage d'oser aux fonctionnaires qui placés sous leurs ordres ont des sentiments sûrs, mais qui craignent de s'engager ; c'est aussi et surtout couvrir les fonctionnaires résistants de leur autorité et assurer leur nomination à des postes clés[2]. »

Il convient également de veiller à l'étanchéité des relations entre la préfecture et les mouvements clandestins locaux, à l'exception de la connaissance par les préfets et leurs collaborateurs d'une mesure d'interpellation d'un membre de la résistance.

On reconnaît là pour partie l'épure au sein de laquelle s'inscrit maintenant depuis presque deux ans l'action de Jean Benedetti : informer les pourchassés, retarder, voire saboter les instructions de sa tutelle, alerter les résistants des risques d'arrestation qu'ils encourent et enfin créer un contexte professionnel propice à la désobéissance. Sur l'ensemble du spectre, agile et discret, Benedetti manipule les différents paramètres du profil de poste tel que Colleone l'envisage.

Les membres et les correspondants des NAP[3] et des super NAP effectuent en effet un travail d'infiltration, parfois au plus haut

1. Voir « Memorandum de Colleone (V. Abeille) sur le noyautage de l'administration en préfectorale » (AN JAG2 409), *Ibid.*

2. *Ibid.*

3. Claude Bourdet, dans la note qu'il rédige pour la Commission d'homologation des mouvements de résistance, distingue les P 1, ceux associés ou identifiés comme tels aux activités du réseau (dont feront partie Benedetti et ses collègues préfets arrêtés en mai 1944), des P 2, membres clandestins des NAP et super NAP.

Voir « Note NAP et super NAP en vue de la Commission d'homologation des mouvements de résistance », AN 72 AJ 66 ; et Marc-Olivier Baruch, *Servir l'État français*, *op. cit.*, p. 801.

niveau, qui se révèle souvent d'une précieuse utilité. Ainsi les rapports d'information des préfets sont connus du BCRA[1] mais mieux encore :

> « Tous les matins le rapport de police sur ce qui s'était passé dans toute la France pendant les dernières vingt-quatre heures arrivait au bureau d'un agent du super NAP avant qu'il n'arrive au bureau de Laval : ainsi que la liste des gens que la Gestapo chargeait la police française d'arrêter[2]. »

Cet exploit en matière de renseignements supposait de disposer d'agents placés non seulement dans les administrations centrales mais également à l'intérieur même des cabinets ministériels. Et on va voir que la mise à jour de ces complicités par les Allemands au premier semestre 1944 va être à l'origine d'une série d'arrestations en cascade.

C'est bel et bien dans cette galaxie que se situe le préfet du Vaucluse, au moment où par ailleurs le pouvoir milicien, dopé par la nomination de son chef au Gouvernement, ne cache pas sa volonté d'étendre son empire sur l'ensemble du ministère de l'Intérieur. Comme d'autres, Benedetti, qui bataille depuis Montpellier dans cette orbite de fonctionnaires en lien avec la résistance, est en cet hiver 1944 un homme fragilisé et bientôt en danger, d'autant plus que ses relations avec la milice sont notoirement exécrables, même s'il n'en laisse rien paraître dans ses rapports d'information. Dès 1943, une note adressée au BCRA fait état de l'hostilité entre autres des préfets de Montauban, Toulouse, Limoges et Montpellier à l'encontre du mouvement milicien[3]. Or, sous l'influence des collaborationnistes qui de Déat à Darnand gagnent en autorité, une atmosphère de liquidation des éléments les plus suspects ou seulement les plus modérés s'instaure à Vichy. Le rêve de la nouvelle Europe portée par les ultras va laisser peu de place à ceux qui, compromis parce

---

1. Créé en juillet 1940 par le général de Gaulle, le Bureau central de renseignements et d'actions (BCRA) est le service de renseignements et d'actions clandestines de la France Libre.

2. « Le NAP et le super NAP », rapport communiqué par Jean Gemachling du MLN, Paris, 12 novembre 1944, AN 72 AJ 35.

3. Marc-Olivier Baruch, *Servir l'État français. L'administration en France de 1940-1944*, *op. cit.*, p. 573.

que trop tièdes ou découverts parce que trop engagés, deviennent l'objet de tous les soupçons… et de toutes les dénonciations.

Son intuition comme sa connaissance fine des arcanes d'un régime en voie de fascisation l'ont alerté : Benedetti se sait surveillé. La prudence avec laquelle il rédige ses rapports ne saurait pourtant masquer plus longtemps le fond de ses convictions. Le vernis de l'homme officiel craquelle de toutes parts, et le durcissement du contexte politique aura raison des efforts du préfet pour tenir et résister à son poste. L'heureuse martingale qui lui a jusqu'à présent tant réussi s'épuise et la formule chanceuse qu'il est parvenu à décliner depuis 1940 se transforme en équation impossible.

Le premier coup, direct et visible, est porté par le secrétaire général du Rassemblement national populaire (RNP) dirigé par Déat, sous forme d'un courrier transmis au chef de cabinet du secrétaire d'État à l'Intérieur, le 3 mars 1944. Sans équivoque, le numéro deux du RNP, Georges Albertini qui connaîtra après-guerre une carrière d'homme de l'ombre, conseiller occulte tout à la fois de politiques et de patrons[1], dénonce le comportement du préfet du Vaucluse en s'appuyant sur une note qu'on vient de lui transmettre :

> « J'ai reçu un rapport sur l'attitude de M. Benedetti, préfet du Vaucluse. Chaque fois que ce fonctionnaire reçoit un visiteur il ne manque pas, me dit-on, de lui faire l'éloge de la dissidence. Je n'ai

1. Georges Albertini (1911-1983) : normalien, professeur d'histoire et de géographie, il rejoint avant-guerre la SFIO pour y défendre des positions pacifistes. Sous l'Occupation, il devient le numéro deux du RNP, formation dirigée par Marcel Déat. Il professe anticommunisme et antisémitisme. Il aide également au recrutement pour la Légion des volontaires français contre le bolchevisme (LVF). Arrêté à la Libération, il sauve sa tête malgré une condamnation pour intelligence avec l'ennemi qui lui vaut cinq ans de prison. Une grâce présidentielle l'élargit en février 1948. Commence alors une seconde vie, toute aussi dédiée à l'anticommunisme que la précédente, mais qui le voit protégé par les multiples réseaux d'amitiés qu'il a su nouer avant et pendant mais également après la guerre. Conseiller de la banque Worms, il prête ses services aussi auprès de nombreux hommes politiques sous la IVe et la Ve République. Très écouté de Pierre Juillet et de Marie-France Garaud, ses activités de documentation politique sont financées par de nombreux grands patrons. Il favorise aussi à la fin des années 1960 et au début des années 1970 le transfert vers la droite républicaine de jeunes militants d'extrême-droite comme Alain Madelin, Gérard Longuet, Patrick Devedjan, etc.

pas cessé d'être, proclame-t-il, l'ami de M. Daladier. Il aurait dit récemment : "le général de Gaulle se trompe peut-être mais il n'en est pas moins un grand général". Le résultat le plus clair de son administration est que la désertion est prêchée presque ouvertement à la jeunesse et que plus de 40 % de jeunes sont là-bas en toute sécurité en situation irrégulière. Je crois bon de vous communiquer ces informations afin que vous puissiez en faire vérifier le bien-fondé et en tirer les conclusions qui s'imposent[1]. »

Désormais dans le viseur des collaborationnistes, le préfet est de surcroît confronté, dans son département, à la multiplication des actes de résistances et des accrochages avec les troupes d'Occupation.

Le 10 janvier, un bar où se réunissaient quotidiennement les agents de la Gestapo est attaqué ; le même mois, une équipe du Vaucluse se rend à Marseille pour faire évader l'une de ses résistantes ; en février, des installations allemandes sont détruites alors qu'une patrouille subit un assaut[2]. Les voies ferrées et les infrastructures ferroviaires sont la cible d'une intense campagne : le 23 janvier, le Paris-Marseille est stoppé à la suite d'une explosion entre Sorgues et Bédarrides ; le 8 mars, des cheminots francs-tireurs partisans d'Avignon s'en prennent à un train de troupes avant de faire dérailler un autre véhicule dans la gare du Pontet ; le 12, du matériel allemand est détruit dans la gare de Pont-Saint-Esprit ; le 16, six wagons sont endommagés à la suite d'une explosion entre les gares du Pontet et d'Avignon ; le 19, ce sont quatorze locomotives dynamitées à Pertuis ; le 25, la ligne Avignon-Miramas est interrompue pendant de nombreuses heures, conséquence d'un nouvel attentat.

Mais c'est surtout dans la nuit du 19 au 20 février que l'opération la plus spectaculaire se déroule. Le dépôt des machines de Rotondes, dont le préfet n'a pas manqué dans son dernier rapport de signaler qu'il constituait sans doute un objectif stratégique, est pris pour cible[3]. Vingt-quatre locomotives sont gravement endommagées

---

1. CAC, 19910794, art. 27. Ce courrier, somme toute inédit, a été retrouvé dans le dossier de carrière de Jean Benedetti.

2. Aimé Autrand, *Le département du Vaucluse, de la défaite à la Libération, mai 1940-25 août 1944*, Aubanel, 1965.

3. Rapport préfectoral de février 1944, Archives départementales du Vaucluse, 3 W 20.

en moins d'une heure… Sans la complicité active des cheminots, l'action eût été impossible ; la résistance vauclusienne a pris l'initiative de fournir soixante bombes à ces combattants du rail qui se chargeront ensuite de la besogne[1].

Cette activité des mouvements de résistance surexpose un préfet qui ne manque jamais de se plaindre de la faiblesse des effectifs de police dont il dispose[2]. L'attentat des Rotondes constitue pour Benedetti une épreuve supplémentaire : il faut affronter la colère allemande et déployer autour des cheminots une ligne de défense aussi protectrice que possible sans donner le sentiment d'être complice de ceux qui sur le terrain combattent les occupants. Exercice délicat qui suppose diplomatie et sang-froid. La relation des événements qu'il livre à son Gouvernement vise essentiellement à préserver les agents de la SNCF soumis, on l'imagine, à une pression considérable et à dégager la responsabilité de ses services :

> « Le dépôt des machines d'Avignon, un des plus importants dépôts de France, abrite plus de deux cents machines et son personnel comprend cent trente ouvriers. Édifié sur un très vaste terrain sans clôture, la surveillance est particulièrement difficile[3]. »

Les autorités allemandes réagissent en annonçant que des otages seront passés par les armes mais, sur intervention du chef départemental de la Milice, elles vont renoncer à ce projet. Observation intéressante qui illustre cette autre réalité : l'interlocuteur officiel crédible aux yeux de l'occupant n'est pas dans cette circonstance le préfet mais le responsable milicien… Le glissement traduit la marginalisation des élites administratives au sein de l'appareil d'État au profit d'une avant-garde de la collaboration imposée par les Allemands. Le 24 février, ces derniers procèdent avec leur police de sécurité

1. Aimé Autrand, *Le département du Vaucluse de la défaite à la Libération, mai 1940-25 août 1944*, *op. cit.*

2. Suite à deux explosions devant les locaux de la Légion française des combattants et de la légion des volontaires français pour la lutte contre le bolchevisme, il note : « Ces attentats m'amènent à souligner une fois de plus l'insuffisance du personnel supérieur et subalterne de la police du département ». Rapport préfectoral de février 1944, Archives départementales du Vaucluse, 3 W 20.

3. Rapport préfectoral d'avril 1944, Archives départementales du Vaucluse, 3 W 20.

à l'arrestation massive de cheminots. Benedetti déploie alors une intense activité afin de desserrer l'étau policier qui menace de se refermer sur les suspects. Tour à tour, il reçoit des représentants du rail, alerte son Gouvernement et intervient auprès des occupants, réussissant à faire libérer cinq ouvriers dont deux sont à nouveau arrêtés quelques jours plus tard. L'émotion est si grande qu'il va jusqu'à faciliter l'audience d'une délégation de cheminots auprès du président Laval ; et à son retour celle-ci se félicite de son entretien avec le chef du Gouvernement qui a obtenu la libération de plusieurs de leurs camarades. Le préfet peut ainsi consigner, se permettant de retourner un conseil :

> « On ne connaît pas assez le Président, m'ont-ils dit, et ce serait une excellente chose si ses occupations lui permettaient de recevoir fréquemment des délégations ouvrières venues lui exposer tout simplement leurs soucis et leur inquiétude de l'avenir[1]. »

Quelle sincérité accorder dans ces instants dramatiques à des propos dont on ne sait s'ils ont été prononcés par les cheminots ou s'ils sont un artifice inventé par le rédacteur du rapport ? À coup sûr, Benedetti joue alors l'une des partitions des plus complexes de sa carrière. L'attentat des Rotondes mobilise son énergie car il s'agit d'un coup de maître opéré par la résistance et qui en tant que tel rencontre un grand retentissement. Quelle peut être alors sa priorité, si ce n'est de soustraire aux occupants le plus grand nombre de victimes potentielles de la répression, qu'elles soient ou non liées à l'action du 20 février ? Les archives confirment ce souci permanent du préfet de parvenir à la libération des cheminots emprisonnés. Une première démarche est entamée le lendemain des arrestations :

> « Dès le début de son enquête le SD (*Sichereitsdienst*[2]) a fait arrêter dix cheminots qui travaillaient au dépôt des machines pendant la journée du samedi 19 février 1944. En réponse à une démarche effectuée au nom du préfet, le chef du SD a donné les renseigne-

1. Rapport préfectoral d'avril 1944, Archives départementales du Vaucluse, 3 W 20.
2. Services Secrets.

ments suivants : "l'un des cheminots arrêtés a été immédiatement relâché en considération de ses charges de famille ; les autres sont maintenus en état d'arrestation à cause de présomptions de participation à l'attentat ou de complicité, car il n'est pas concevable qu'un tel attentat ait pu être perpétré sans que les allées et venues de personnes étrangères au dépôt et transportant des charges d'explosifs volumineuses n'aient attiré l'attention du personnel du dépôt. Leurs cas seront examinés et si aucune charge n'est relevée contre eux ils seront relâchés[1]". »

Les Allemands en sont persuadés et à raison : sans les cheminots, pas d'attentat. Benedetti, de son côté, continue de suivre de près le déroulement de l'enquête et de plaider la cause des agents de la SNCF qui ne sauraient être tenus responsables des destructions provoquées dans le dépôt. Le GFP (*GeheimFeldPolizei*[2]) poursuit ses recherches. Le 6 avril, le président du tribunal de Carpentras, soupçonné d'entretenir des liens avec la résistance et de prévenir celle-ci des actions intentées contre ses membres, est à son tour arrêté ainsi que d'autres responsables clandestins. Le commissaire de la GFP vient en informer en personne le préfet :

« Le commissaire de la GFP déclare enfin au préfet qu'après l'arrestation de certains chefs terroristes responsables de l'attentat commis contre le dépôt des machines il espérait pouvoir sous peu arrêter les exécutants qui mirent les explosifs en place. Le préfet fit remarquer au commissaire de la GFP que l'hypothèse de la culpabilité des cheminots paraissait écartée, il était du plus grand intérêt que les cheminots soient relâchés le plus rapidement possible[3]. »

Visite de pure forme visant à conserver un minimum de convention entre autorité d'Occupation et administration d'une France occupée ? Ou faut-il y voir une tentative discrète pour mesurer la réaction d'un

1. « Enquête menée pour la police allemande à la suite de l'attentat commis le 19 février 1944 au dépôt des machines des Rotondes à Avignon », Archives départementales du Vaucluse, document cité sur http://rail-en-vaucluse.blog-lever.com
2. *GeheimFeldpolizei* (GFP), police secrète de campagne.
3. Enquête menée pour la police allemande à la suite de l'attentat commis le 19 février 1944 au dépôt des machines des Rotondes à Avignon, Archives départementales du Vaucluse, document cité sur http://rail-en-vaucluse.blog-lever.com

préfet sur lequel commencent à peser des doutes sérieux quant à sa volonté de tout mettre en œuvre pour aider l'occupant dans sa lutte contre les maquis ?

S'il s'efforce d'œuvrer au secours des cheminots, il argumente pour déplorer les moyens insuffisants dont il dispose pour assurer la sécurité. Mais ses interlocuteurs allemands ne l'entendent pas ainsi et le lui font savoir par le biais de l'interprète qui assiste à leurs échanges :

> « M. Muller[1] a ensuite abordé la question de l'attentat commis contre le dépôt de machines à Avignon. "Je suis très heureux, m'a-t-il dit, que vous puissiez servir d'intermédiaire entre le préfet et moi-même car nous ne pouvons nous passer d'un interprète."
>
> Je vous demande donc, puisque vous en aurez l'occasion, de dire à M. le préfet que je ne puis accepter l'explication du résultat négatif de l'enquête sur l'attentat des Rotondes par la faiblesse de la police ! Il y a certainement assez d'inspecteurs pour mener à bien une enquête comme celle-là ; et si le commissaire en a besoin il faut me demander main-forte[2]. »

Force est de constater qu'en ce mois de mars 1944, les Allemands manifestent exaspération et méfiance, pressentant chaque jour que le terrain se dérobe sous leurs pieds. Ils fustigent l'état d'esprit de la population mais l'interprète tente de les rassurer :

> « J'ai répliqué qu'il n'était rien, et affirmé que je connaissais la mentalité de ce département dans lequel j'habite depuis plus de trente ans, mais ai-je ajouté il y a peut-être des éléments étrangers indésirables et sûrement des incursions de groupes venant des départements voisins[3]. »

Pour Benedetti, la situation est de plus en plus menaçante. Si l'exercice de sa tâche entraîne des difficultés qui deviennent progressivement insurmontables, c'est à l'extérieur du Vaucluse que s'amoncellent les nuages.

1. Sturnfüher Muller, chef du SD d'Avignon.
2. Note non signée du 4 mars 1944 relatant les échanges entre la visite effectuée par l'interprète au Sturnführer Muller, Archives départementales du Vaucluse, 6 W 33.
3. *Ibid.*

Des coups très durs sont portés au NAP et aux super NAP. Le 25 mars, Claude Bourdet est arrêté, quelques semaines après Maurice Nègre[1], un autre cadre du réseau. C'est à un haut fonctionnaire du Quai d'Orsay, Bernard de Chalvron, en charge alors des préfets pour l'organisation, qu'échoit la direction nationale des NAP et des super NAP qui se fondent alors au sein d'une même structure. L'intensification conjointe de la lutte contre la clandestinité entre les services allemands et la milice va décimer alors une grande partie des NAP. Les collaborationnistes de toute obédience ne cessent de le proclamer depuis des semaines : un complot de hauts fonctionnaires a pris forme dans diverses strates de l'administration. Un attaché d'ambassade, membre du cabinet de Pétain, Lachaize, et un sous-préfet, Jean Lagrive[2], proche de Laval, sont arrêtés à leur tour avant que ne le soit également le 11 mai Bernard de Chalvron.

À quelques semaines du débarquement, la dernière grande purge préfectorale d'un régime crépusculaire peut commencer. Jean Benedetti n'y échappera pas.

---

1. Marc-Olivier Baruch, *Servir l'État français. L'administration en France de 1940 à 1944*, *op. cit.*, p. 560.
2. *Ibid.*

11

Arrivant ce dimanche 14 mai à la préfecture du Vaucluse, la jeune fille de 18 ans, secrétaire de permanence ce jour-là, pouvait-elle imaginer que quelques instants plus tard elle serait la première à assister à l'arrestation du préfet ? Près de soixante-dix ans après, rien de son émotion du moment ne s'est estompée et le souvenir en est comme cristallisé, étayé par une mémoire factuelle de ce matin où le destin de Jean a basculé. Il faut dire tout d'abord le caractère improbable d'une rencontre avec le dernier témoin vivant de cette arrestation. Confronté à la matière éparse d'une existence disparue, le biographe s'aventure dans un labyrinthe où surgissent parfois des issues inattendues. Il faut aussi compter avec la chance, les conversations informelles et les surprises que ces dernières peuvent réserver. Ainsi cette discussion avec Philippe Reiller, fils du secrétaire général de la préfecture du Vaucluse sous l'Occupation et dont on ignorait, avant d'évoquer devant lui ce projet de livre, que son père avait croisé la trajectoire de Jean, offrit cette opportunité insoupçonnable d'identifier le tout dernier et sans doute l'unique témoin, toujours vivant, de l'interpellation qui conduirait Benedetti à Flossenbürg. De cette exhumation soudaine que retenir, si ce n'est qu'elle permet par son récit d'attester du caractère imprévisible de cette arrestation qui sur le moment va engendrer stupeur et incompréhension ?

De ce 14 mai 1944 donc, Huguette Morizet[1], alors toute jeune employée de la préfecture et fille de l'un des chefs de bureau de celle-ci, livre aujourd'hui une description que le temps n'a pas altérée. C'est une scène furtive, presque cinématographique que sa mémoire restitue. Ce début de matinée s'annonce en apparence calme dans une préfecture désertée par son personnel, repos dominical oblige. Le préfet, seul dans son bureau, rédige quelques courriers quand soudain deux agents de la Gestapo surgissent et demandent à la secrétaire de leur indiquer où se trouve Benedetti. Fortement impressionnée

1. Entretien avec Huguette Morizet, le 11 mars 2011.

par cette intrusion, Huguette ne peut répondre. Tout va alors très vite : les deux Allemands expliquent qu'ils sauront trouver sans aide le préfet, se dirigent vers son bureau et ressortent quelques minutes plus tard, encadrant celui-ci. Benedetti est emmené et on ne le reverra plus à Avignon.

L'incompréhension parmi le personnel préfectoral domine après une arrestation dont les mobiles laissent perplexes. Dès le lendemain, le sous-préfet de Carpentras se manifeste auprès d'Odette Benedetti en adressant un mot qui traduit tout à la fois le désappointement provoqué par l'événement et la brusquerie inattendue de celui-ci :

> « Chère Madame, c'est avec une bien douloureuse émotion que nous venons d'apprendre la stupéfiante nouvelle. J'avais vu M. Benedetti vendredi soir et nous avions fait des projets et pour le jeudi de l'Ascension et pour dimanche prochain... J'ai tenu, chère Madame, à vous dire toute notre sympathie et à vous assurer que l'équipe, bien qu'elle ne puisse faire beaucoup, reste entière et à votre disposition pour tout ce que vous pourriez croire qu'il est bon de faire. Ma femme est atterrée et se joint à tout ce que je puis vous dire. Excusez la forme décousue de ma lettre, mais j'avais pour M. le préfet tant de déférente et sincère affection que cette nouvelle m'a complètement bouleversé. J'espère cependant que d'ici quelques jours vous pourrez le revoir[1] [...]. »

D'autres collègues de Jean expriment à leur tour leur solidarité à son épouse[2]. Professionnellement et localement l'événement fait d'autant plus de bruit qu'il n'est pas isolé sur un plan national.

Dans le Vaucluse, le choc est profond et c'est une opinion consternée qui apprend l'interpellation de son préfet à laquelle s'ajoute celle de plusieurs autres personnalités. Manifestement, il s'agit là du point d'orgue d'un processus de crispation continu entre les auto-

---

1. Lettre de Raymond Arnaud, 15 mai 1944, sous-préfet de Carpentras à Odette Benedetti, Archives familiales.

2. Le 18 mai, le successeur de Jean Benedetti à Montpellier, André Chassagne, écrit : « Je suis de tout cœur avec vous et je serre les dents et les poings. Que puis-je vous dire de plus sinon que ma maison reste la vôtre et que vous pouvez disposer de moi ». Lettre d'André Chassagne, préfet délégué de l'Hérault à Odette Benedetti, Archives familiales. Le 31 mai 1944, le sous-préfet de Montbrison à son tour transmet un mot à Odette Benedetti, Archives familiales.

rités administratives départementales et l'occupant. En ce mois de mai, où les escarmouches avec la résistance ne cessent de gagner du terrain, les Allemands ont décidé de frapper un grand coup. Au début du mois, déjà, ils procèdent à l'arrestation pour des motifs de sécurité générale[1] de quatre officiers, dont deux d'active et deux appartenant aux cadres de réserve : le général Rugby, commissaire régional militaire, et le colonel Blanquefort, commandant de la subdivision d'Avignon pour les premiers et les généraux Martin et Mazer pour les seconds. Le 15 mai, une note de la préfecture du Vaucluse signale :

> « Les autorités allemandes ont procédé hier dimanche 14 au courant à l'arrestation de M. Benedetti Jean, préfet du Vaucluse. Cette nouvelle immédiatement répandue dans le département a provoqué une surprise générale au sein de la population. Le motif de cette arrestation est ignoré. Le public se perd en conjectures à ce sujet[2]. »

Les rapports des sous-préfets d'Apt et de Carpentras disent ce sentiment général de surprise. Ils dressent également un portrait de Benedetti confirmant la popularité rapide que celui-ci a su acquérir en peu de temps dans le département. Qu'il s'agisse de la population ou des élus, le préfet du Vaucluse laisse l'image d'un homme proche des gens et d'un administrateur soucieux de la défense de ses concitoyens :

> « Depuis son arrivée, qui remonte au mois de janvier, il s'était acquis la confiance de l'unanimité de l'arrondissement : ses initiatives s'étant étendues sur la plupart des questions qui font l'objet des préoccupations des populations. Des résultats tangibles avaient été obtenus, notamment sur les questions du ravitaillement général et, plus particulièrement, sur la question du lait [...]. Il convient de mentionner aussi que c'est grâce aux dispositions heureuses prises par M. Benedetti que bien des enfants ont vu et mangé des oranges pour la première fois de leur vie [...]. Enfin ce départ si brusque

1. « Note mensuelle des arrestations des ressortissants français opérées par les troupes allemandes ». Note du mois de mai 1944, département du Vaucluse, Archives départementales du Vaucluse, 6 W 37.

2. Note d'information du 15 mai 1944, préfecture du Vaucluse, Archives départementales du Vaucluse, 3 W 29.

> et si inopiné a contristé la population, mais aussi découragé bien des membres des diverses assemblées qui se réjouissaient d'avoir un administrateur, distingué, compréhensif, dévoué pour assurer la défense des intérêts du département tout entier[1]. »

Rejoignant son collègue d'Apt, le sous-préfet de Carpentras, tout en rappelant la confiance qu'avait réussi à susciter Jean Benedetti autour de lui, insiste sur les commentaires qui accompagnent cette arrestation ainsi que celle du président du tribunal civil de Carpentras et de l'ingénieur général Martin :

> « Cette émotion a été d'autant plus affirmée que cette arrestation passe pour ne pas être la seule et que celle de M. Bussière, préfet régional de Marseille, a été connue. Il en a été de même de l'arrestation de l'ingénieur Gérard Martin et de plusieurs autres officiers généraux, dont l'attitude ne pouvait donner lieu à aucune suspicion[2]. »

La stupéfaction précède les interrogations sur les motivations de l'occupant. Après tout, le préfet apparaît comme un serviteur loyal du régime, consciencieux dans l'accomplissement de son métier et dont chacune des déclarations publiques semble s'inscrire, quoique toujours avec modération, dans la ligne de Vichy. Rien dans son comportement, aux yeux de l'opinion, comme de ses collègues – encore que ceux-ci soient sans doute plus contraints dans leur expression par des mécanismes d'autocensure – ne laisse transparaître l'ombre d'une dissidence. Quant au principal intéressé, il ne manifeste aucune inquiétude particulière dans les jours qui précèdent le 14 mai, envisageant même quelques projets communs et amicaux avec Raymond Arnaud, son sous-préfet de Carpentras, pour l'Ascension et le dimanche suivant[3].

Malgré l'ampleur des problèmes que son administration doit affronter, l'homme est serein et son agenda à venir est celui d'un haut

1. Rapport bimestriel d'information du sous-préfet d'Apt au préfet du Vaucluse, 24 mai 1944, Archives départementales du Vaucluse, 3 W 20.
2. Rapport d'information du sous-préfet de Carpentras au préfet du Vaucluse, 26 mai 1944, Archives départementales du Vaucluse, 3 W 20.
3. Courrier de Raymond Arnaud, sous-préfet de Carpentras à Odette Benedetti, 15 mai 1944, Archives familiales.

fonctionnaire tout attelé à sa tâche[1]. C'est autour de cette perception immédiate de l'événement qu'il faut lire les premiers commentaires formulés par les administrés. Et bien plus qu'un comportement individuel, c'est un constat général qui est mis en exergue pour cerner les causes de l'arrestation :

> « Chacun pense, note le sous-préfet de Carpentras, qu'il s'agit moins en l'occurrence de mesures personnelles que de faits d'ensemble destinés à frapper l'esprit public[2]. »

Il faut pourtant suivre aussi la piste locale pour éclairer les déterminants de l'arrestation. Celle-ci résulte d'une combinaison où se nourrissent mutuellement les soupçons nationaux et départementaux au sujet des activités et du comportement de Benedetti. Tout laisse à penser que les relais centraux les plus collaborationnistes (RNP, Milice) sont alimentés par leurs cadres locaux. Le courrier de Georges Albertini, on l'a vu, fait état de renseignements collectés sur le terrain. Les archives familiales entrouvrent également une porte étroite[3]. Une mince coupure de presse, non datée et non sourcée, révèle la condamnation à la peine capitale par la Cour de justice du Gard d'un certain Jean Boutet[4], ingénieur industriel de 56 ans à l'Isle-sur-Sorgues. Il est condamné pour avoir dénoncé – entre autres – le préfet du Vaucluse.

Là où les documents familiaux, par leur dimension elliptique, suscitent énigmes et interrogations, les archives départementales du Gard, sans pleinement clarifiées l'épisode, fournissent des éléments factuels qui contribuent à préciser les conditions de l'interpellation de Jean Benedetti[5]. Ce dernier est l'objet d'une surveillance

1. Ainsi le 21 mai, par exemple, a-t-il prévu de présider la fête traditionnelle de Saint-Gens. Rapport d'information du sous-préfet de Carpentras au préfet du Vaucluse, 26 mai 1944, Archives départementales du Vaucluse, 3 W 2.

2. Rapport d'information du sous-préfet de Carpentras au préfet du Vaucluse, 26 mai 1944, Archives départementales du Vaucluse, 3 W 20.

3. Dossier d'instruction « Affaire Jean Honorat Paul Poutet », cote 3U7256. Arrêts de la Cour de justice du Gard (section de Nîmes), arrêt n° 341, Archives départementales du Gard.

4. En fait, il s'agit d'une coquille ; le nom est Jean Poutet.

5. Dossier d'instruction « Affaire Jean Honorat Paul Poutet », cote 3U7256. Arrêts de la Cour de justice du Gard (section de Nîmes), arrêt n° 341, Archives départementales du Gard.

accrue de la part des milieux les plus ultras de la collaboration. Indéniablement Jean Poutet, son dénonciateur, appartient à ceux-ci. Ancien combattant de la Première Guerre, il est également l'un des trois propriétaires de la Société des plâtrières du Vaucluse avec deux autres familles : la famille Rieu et la famille Char qui n'est autre que celle du poète et résistant du même nom[1]... Membre du Service d'ordre légionnaire (SOL), il milite également à partir de 1942 au PPF de Jacques Doriot. L'instruction laisse apparaître l'activisme dénonciateur de Poutet comme en attestent plusieurs dépositions contenues dans le dossier. L'homme est un collaborateur zélé dont les mobiles sont certainement idéologiques, mais parfois aussi plus personnels. Mobilisé lieutenant de réserve en 1939, il souhaite que son épouse lui succède à la tête des plâtrières du Vaucluse mais ses associés s'y opposent[2]. Le différend d'ordre privé se surajoute à des divergences politiques dans la mesure où les Rieu et les Char s'engageront à divers titres dans la résistance. L'animosité de Poutet est d'autant plus décuplée que les plâtrières contribuent avec d'autres réseaux à la protection des réfractaires au STO. Témoignant dans le cadre de l'enquête préliminaire de police, vraisemblablement au printemps 1945[3], le directeur des plâtrières, Albert Rieu, répercute l'entretien qu'il eut avec le préfet au sujet de l'attitude de son co-actionnaire :

« M. Poutet était très agressif, et m'indiqua vouloir se plaindre à M. Darnand, et que je ne l'empêcherai pas d'exercer ses activités...

« Il fut décidé de mettre M. Benedetti, préfet du Vaucluse, au courant. Je me rendis à la préfecture ; je fus reçu par le préfet Benedetti. Je le tenais au courant des agissements de Poutet et de mon attitude, des conséquences que ces faits pourraient avoir sur les jeunes gens protégés par la Corporation paysanne, par les Plâtrières, et par les Soufres d'Apt.

« M. le préfet me remercia de l'attitude prise, considéra l'affaire comme très grave et me conseilla de prendre toutes précautions pour tous et de ne pas coucher chez moi, me promettant de me prévenir de tout ce qu'il pourrait savoir.

1. René Char (1907-1988).

2. C'est Albert Rieu qui est nommé directeur, cf. dossier d'instruction, cote 3U7256. Archives départementales du Gard.

3. Dossier d'instruction, cote 3U7256. Archives départementales du Gard.

« Puis se levant et très ému, il vint vers moi et me serrant les mains me dit : Rieu, confidences pour confidences, j'ai été prévenu cette nuit par Vichy, je suis dénoncé par la même personne et je puis être arrêté d'un moment à l'autre.

« M. le préfet fut arrêté quelque temps après. »

Instructif, le récit d'Albert Rieu l'est pour plusieurs raisons. Il indique tout d'abord et confirme la connivence tissée par le préfet avec les réseaux d'exfiltration des jeunes appelés par le STO ; il infirme ensuite l'apparente insouciance que dégage Benedetti peu avant son arrestation, démontrant que celui-ci, parfaitement au courant des risques qu'il encourt, parvient à conserver une maîtrise de soi si ce n'est à toute épreuve, tout au moins suffisamment solide pour ne rien laisser transparaître de ses craintes aux yeux de ses multiples interlocuteurs ; il révèle enfin qu'à Vichy des liens subsistent entre l'administration centrale, voire le cabinet, et les préfets les plus exposés à la double répression de l'occupant et des miliciens.

Poutet, déterminé, fait feu de tout bois et la lecture des pièces du dossier d'instruction, encore une fois, illustre son énergie à traquer toutes les formes de dissidences, revendiquées ou dissimulées. Dans son audition du 15 février 1945, le chef de la résistance à l'Isle-sur-Sorgues, Jean Legier indique que l'homme « était l'instigateur de toutes les arrestations opérées à l'Isle-sur-Sorgues. Il était chef du district de la légion, recruteur PPF, organisateur de la milice locale[1]. »

En mai 1945, le commissaire de police Roton, en réponse à une commission rogatoire du juge d'instruction chargé de l'affaire, confirme que non seulement Poutet avait dénoncé de nombreux patriotes mais participait également aux opérations menées par les Allemands[2].

Le 7 juin 1945, c'est au tour de René Char de témoigner. Texte de plusieurs feuillets où le poète décrivant son engagement résistant revient sur les agissements du prévenu : « Je dépose au dossier la photographie de l'affiche de dénonciation où je figure avec plusieurs résistants du canton. Cette affiche écrite de la main de Poutet a été trouvée dans une partie de ses papiers qui demeurèrent dans

1. *Ibid.*
2. *Ibid.*

sa villa à l'Isle-sur-Sorgues, après sa fuite en Allemagne[1]. » Sans doute ce départ outre-Rhin vient confirmer le jusqu'au-boutisme d'un homme qui pressent que les charges qui pèseront sur lui à la Libération seront suffisamment lourdes pour qu'il ait à en répondre devant les tribunaux…

Le 20 juin 1945, les accusations se font plus précises au sujet de la déportation du préfet. Dans son rapport au commissaire du Gouvernement près de la Cour de justice du Vaucluse, l'inspecteur de police Veyris écrit :

> « M. Benedetti, préfet de Vaucluse ayant au printemps 1944 fait un discours à l'Isle-sur-Sorgues, Poutet rédigea un rapport contre lui qui fut transmis à la Milice et à la Gestapo. Lors de l'arrestation de M. Benedetti en mai 1944, Iolles (chef du PPF et indicateur de la Gestapo) se plaisait à dire que le rapport de Poutet y était pour beaucoup[2]. »

Convoqué le 15 décembre 1945 pour une première comparution devant le magistrat instructeur, le prévenu ne nie pas l'existence du document, validant les déclarations des divers témoins, mais en conteste le lien avec l'interpellation du fonctionnaire :

« Je ne m'explique pas du tout la réponse qu'aurait faite M. le préfet Benedetti à Rieu étant donné que c'est au cours d'un entretien très bref avec le chef que j'ai fait connaître à ce dernier qui me parlait de la visite du préfet à l'Isle-sur-Sorgues l'essentiel du discours qu'il avait prononcé. Autant que je m'en souvienne ce discours était très anodin et n'était pas de nature à motiver l'arrestation de M. Benedetti. La Milice a d'ailleurs manifesté une grande surprise lors de l'arrestation du préfet et je suis persuadé que ma relation de la visite du préfet à l'Isle-sur-Sorgues n'est pas à l'origine de cette arrestation[3]. »

Le 8 janvier 1946, alors qu'il est désormais préfet de Dijon, Benedetti est auditionné par le juge d'instruction Jean Bouchon. Sa déposition corrobore celles de l'ensemble des témoins à charge, tout en précisant les faits et en les éclairant d'un jour nouveau :

---

1. *Ibid.*
2. *Ibid.*
3. *Ibid.*

« Alors que j'étais préfet de Vaucluse, j'ai fait la connaissance pour la première fois du nommé Poutet Jean...
[...] Au cours de cette réunion j'avais été amené à parler de "la République". Peu après cette réunion, M. Reboul, maire de l'Isle-sur-Sorgues est venu trouver en mon absence le secrétaire général de la préfecture et lui fit savoir que M. Poutet avait demandé aux Allemands mon arrestation ainsi que celle de M. Reboul, et en me prévenant qu'elle devait avoir lieu le jour même. Pendant quelques jours je me suis abstenu de coucher à la préfecture et je me suis rendu à Vichy où j'ai fait connaître au directeur de Cabinet de M. Laval la menace qui pesait sur moi, en lui fournissant l'identification de la personne qui avait exigé des Allemands mon arrestation. Cette demande n'eut aucun résultat. À cette époque j'ai reçu la visite de M. Rieu...
M. Poutet était chef de la Milice, et je crois même membre du PPF. Dans la région il était de notoriété publique que Poutet était de tendance nazie... Personnellement j'ai été arrêté par les Allemands le 14 mai 1944. Ceux-ci m'ont reproché de manifester des opinions antiallemandes, mais n'ont cependant fait aucune allusion à M. Poutet ni aux déclarations que j'avais faites à l'Isle-sur-Sorgues. Mais les faits que j'ai rappelés ci-dessus me permettent d'affirmer que M. Poutet est à la base de mon arrestation.
En Vaucluse c'est de beaucoup lui qui avait la plus mauvaise réputation en tant que collaborateur, plus encore que M. Tresmard, chef départemental de la Milice. Si M. Poutet avait été arrêté au moment de la Libération il aurait certainement été exécuté sans jugement tant l'opinion publique était contre lui.
Après avoir relu, persiste et signe. J. Benedetti[1]. »

Dans sa fluidité, le récit précise les soubassements locaux de l'arrestation tout en témoignant du durcissement d'un contexte où les ultras manifestent leur détermination à épurer l'appareil administratif des dernières scories suspectes de républicanisme. La déposition, même si elle obéit inévitablement à des formes de reconstruction, consolide certains éléments que l'on a déjà rencontrés au sujet de Benedetti : en ce printemps 1944 il s'adonne à une liberté de ton que le secrétaire général du RNP a déjà dénoncé. Les propos qu'il tiendra à l'Isle-sur-Sorgues et dont il n'existe pas de traces écrites

1. *Ibid.*

ont somme toute été jugés suffisamment provocateurs pour susciter l'ire des collaborationnistes. En homme averti, on peut penser que Benedetti est conscient des risques qu'il prend mais en observateur tout aussi aigu, il mesure combien le conflit est à un tournant majeur. C'est donc une prise de risques calculée, maîtrisée, assurée, d'autant plus que malgré la montée en puissance de l'appareil milicien il pense disposer encore d'appuis complices à Vichy... Hélas, la démarche qu'il y effectue montre que ce qu'il reste de la structure politico-administrative du gouvernement Laval est non seulement parfaitement informée de ce qui se trame contre certains préfets mais demeure inerte, voire consentante face aux arrestations qui se profilent.

Dans le face-à-face entre le préfet et le milicien, le gouvernement Laval a manifestement choisi. Et l'histoire, dans son cours tortueusement ironique, emportera en Allemagne quelques semaines après que Benedetti lui-même eût été déporté, le soldat perdu Poutet[1] dans les wagons de la retraite de l'occupant.

***

À ce moment-là, les interprétations circulent sans parvenir à se fixer sur une explication susceptible d'éclairer avec certitude ce qui s'est passé à la préfecture. Quelque part, le fait se dérobe à la compréhension locale, ouvrant un espace à toutes les hypothèses. Tour à tour les rapports de force internes à Vichy, la volonté de l'occupant d'accroître la répression en s'en prenant à des symboles ou de supposés liens avec la dissidence et les Alliés sont avancés afin de cerner ce qu'une opinion perplexe ne parvient pas à saisir. Localement, ce sont les deux premières tendances qui se dégagent, comme l'indique un rapport des renseignements régionaux d'Avignon en date du 22 mai 1944[2]. Ce document, qui mentionne l'arrestation

1. Poutet est condamné à mort et à confiscation de ses biens pour intelligence avec l'ennemi par un arrêt du 6 novembre 1946 de la Cour de justice du Gard. Sa peine sera commuée en travaux forcés à perpétuité par décret du président de la République le 18 juin 1947. Il bénéficiera d'une libération anticipée en 1952 avec une obligation de résidence à Bastia.

2. Bulletin hebdomadaire de renseignements, semaine du 14 au 20 mai 1944, Service des renseignements généraux, Archives départementales du Vaucluse, 3 W, art. 28.

d'autres préfets dans toute la France, évoque tout d'abord une piste interne. Les préfets arrêtés l'auraient été dans la mesure où « soutiens » de Laval, celui-ci serait en passe de perdre son leadership gouvernemental au profit de Déat :

> « Les préfets qui viennent d'être ainsi arrêtés étaient, ajoute-t-on, les plus fermes soutiens du président Laval, et par conséquent ce dernier se trouvant privé de ses principaux collaborateurs, sera, toujours selon la même opinion, obligé d'abandonner la direction des affaires de l'État pour les passer à M. Marcel Déat, dont les récentes déclarations devant les principaux collaborateurs de son parti sont considérées comme très significatives[1]. »

À défaut d'identifier la cause des arrestations, cette réaction démontre qu'une partie de l'opinion perçoit avec une certaine lucidité les instances qui s'affrontent sur la scène du pouvoir. Benedetti à coup sûr, comme ses collègues qui subiront au même moment la répression allemande, n'est pas soupçonnable de sympathie pour les ultras de la collaboration et ce comportement est à plus d'un titre visible. Mais, tout en maintenant la fiction d'une obéissance à Laval dans le but de se préserver, il a, à l'instar des autres préfets déchus le 14 mai, franchi le pas qui en fait alors un atout précieux pour la résistance. Les liens qui l'unissent à celle-ci sont structurellement indéchiffrables pour le public et seul le laser policier est susceptible de pénétrer l'indispensable discrétion qui accompagne son action au service des NAP. Dès lors, faut-il aller chercher dans sa modération affichée, donc forcément suspecte en ce temps d'extrémisme, l'élément déclencheur d'une arrestation dans un contexte de tension incandescente qui exige désormais des hommes résolument engagés dans le combat contre les Alliés ? C'est ce versant-là que privilégie une autre partie de l'opinion alors qu'un débarquement anglo-saxon semble imminent :

> « Pour d'autres, par contre, ce n'est pas tellement l'évolution de la situation intérieure en France qui a incité les autorités allemandes à procéder à l'arrestation de plusieurs préfets, mais uniquement la crainte de la part de ces autorités de voir, en cas de débarquement anglo-américain, sur les côtes de France, des pouvoirs impor-

1. *Ibid.*

tants rester entre les mains de personnalités dont ils ne sont pas entièrement sûrs[1]. »

L'arrestation des préfets révèle tout d'abord la très grande confusion qui s'est emparée du pouvoir au printemps 1944. Si à Avignon, on cherche les mobiles qui ont pu conduire à l'interpellation de Benedetti, à Vichy les événements du 14 mai agitent également le microcosme politico-administratif. Et force est de constater que dans un premier temps, la surprise au sein de ce qui constitue encore le siège de l'État français est toute aussi grande que dans le Vaucluse. Car ce ne sont pas moins de treize préfets, dont quatre préfets régionaux, qui subissent un sort identique à celui de Jean Benedetti. Le coup de filet de la police allemande suscite nationalement des commentaires qui oscillent entre perplexité et supputation. Un observateur de la scène vichyssoise, Pierre Nicolle[2], illustre bien les interprétations hésitantes qui accompagnent alors l'épisode des arrestations. Évoquant des sources miliciennes faisant état d'un complot orchestré par des hauts fonctionnaires contre le régime[3], il doute dans un premier temps de la solidité de l'information, « surtout quand on connaît la méfiance toute professionnelle de certains des préfets arrêtés ». En creux, il confirme que la milice suspecte tout au moins ces derniers de déloyauté et on a déjà souligné à plusieurs reprises les relations conflictuelles de Benedetti avec la formation de Darnand. Mais en ce printemps 1944, le rapport de force s'est inversé et la préfectorale, notamment en matière de maintien de l'ordre et de sécurité, se mue progressivement en une armature vidée de sa substance. Ainsi les lois du 15 avril autorisent le transfert des pouvoirs de police par le ministère de l'Intérieur à tout autre délégué que le seul préfet. Dans le Vaucluse, Benedetti en fait l'amère expérience comme le montre un rapport que lui adresse le 4 mai, à la suite d'une opération de la milice dans son arrondissement, le sous-préfet de Carpentras qui n'a « reçu aucun compte-rendu ni explication[4]... »

1. *Ibid.*
2. Pierre Nicolle, *Cinquante mois d'armistice, Vichy 2 juillet 1940-26 août 1944, Journal d'un témoin*, éd. André Bonne, 1947.
3. Marc-Olivier Baruch, *Servir l'État français. L'administration en France de 1940 à 1944*, *op. cit.*, p. 560.
4. *Ibid.*, p. 541.

Dans ce climat marqué par les suspicions des collaborationnistes, Pierre Nicolle, passé le premier moment de doute ironique, confirme la thèse des miliciens :

> « Les préfets arrêtés auraient eu la légèreté d'apposer leur signature sur des engagements fermes de servir le cas échéant un nouveau gouvernement qui serait constitué au moment de l'invasion des libérateurs anglo-américains[1]. »

Si rien ne permet d'étayer cette dernière affirmation, l'arrestation opérée par les Allemands s'inscrit tout d'abord dans un contexte de resserrement de l'appareil policier qui jusqu'à l'intérieur du régime traque désormais ceux-là mêmes qui sont habilités à le servir. Mais l'événement s'insère également dans un moment où le maintien de l'ordre français, sous l'impulsion de Darnand, s'imbrique tous les jours un peu plus dans le dispositif de répression des occupants. Si l'histoire de cette purge préfectorale précédant le débarquement de quelques semaines reste à faire, tout laisse à penser que cette vague d'interpellations conduite par les Allemands fut précédée d'une campagne de dénonciations animée par les derniers maîtres de Vichy, partisans résolus d'une collaboration absolue et totale avec l'Allemagne nazie. La lettre de Georges Albertini, le numéro deux du RNP, dénonçant le préfet du Vaucluse va dans ce sens. Les multiples rumeurs propagées depuis plusieurs semaines par la milice sur les agissements « factieux » de hauts fonctionnaires confortent également cette hypothèse. Les arrestations du 14 mai sont le produit tout à la fois des luttes intestines qui se déploient à Vichy, de la collaboration désormais symbiotique des arsenaux répressifs français et allemands et de l'action policière de l'occupant visant à détricoter les réseaux enfouis jusque dans les strates administratives du gouvernement du maréchal. À Vichy, en effet, Darnand, secrétaire d'État au maintien de l'ordre, ne cache pas sa volonté de mettre la main sur la totalité d'un ministère de l'Intérieur qu'il ne juge pas suffisamment sûr. De ce point de vue, les arrestations s'apparentent à une forme d'épuration, certes marginale mais néanmoins réelle, de la partie du corps préfectoral la plus compromise avec la résistance. L'offensive milicienne pour

1. Pierre Nicolle, *Cinquante mois d'armistice, Vichy 2 juillet 1940-26 août 1944, Journal d'un témoin*, *op. cit.*

contrôler le ministère de l'Intérieur se double d'une accentuation des collaborations policières entre Allemands et Français. Et c'est sans protestation que le régime, affranchi des dernières ambiguïtés pouvant laisser penser à un éventuel double jeu, laisse l'occupant interner, puis déporter ses préfets. La logique de collaboration a évacué ses dernières contradictions : entièrement adossé, pour ne pas dire intégré, à l'Allemagne en guerre, le régime est devenu ce que les collaborationnistes les plus exaltés revendiquent depuis des années. C'en est fini de l'illusion de la souveraineté. Dans ce contexte, ceux qui, parmi les hauts fonctionnaires encore en place, ont fait le choix du refus et de se placer progressivement au service de la France libre, vont voir leur espace d'action rétrécir jusqu'à disparaître.

Benedetti est de ceux-là. Sans doute a-t-il cru, pragmatique parmi les pragmatiques, au double jeu du régime, une conviction qui n'exclut pas son engagement dans la nébuleuse des NAP. Mais voilà que les coups portés au plus haut niveau à celle-ci par les Allemands vont enclencher le démantèlement de la branche préfectorale du mouvement lancé par Claude Bourdet. De Chalvron arrêté le 13, les SS mettent à jour le réseau. Le même jour, un courrier signé du général Oberg, responsable de la SS pour la France, au général Von Stülpnagel, commandant en chef également en France explique les motifs des arrestations :

> « Conformément à mon rapport de ce jour, je vous envoie ci-joint dans une première annexe une liste de hauts fonctionnaires dont j'ai ordonné l'arrestation immédiate.
>
> Les fonctionnaires nommés dans l'annexe 2, ou bien ne sont pas tellement compromis pour qu'une arrestation immédiate soit nécessaire – c'est le cas du secrétaire d'État Lemoine – ou bien leur arrestation ne paraît pas opportune pour des raisons d'ordre politique.
>
> Pour cette raison, je propose d'entreprendre une action auprès du gouvernement français pour révoquer les fonctionnaires de la deuxième liste. L'ambassadeur d'Allemagne sera informé par moi personnellement[1]. »

1. Courrier du général Oberg, général SS et lieutenant général de police au commandant en chef en France, au général d'infanterie Von Stülpnagel, 13 mai

Jean Benedetti fait partie de la première liste, autrement dit du contingent de préfets dont les liens organiques et donc avérés avec la résistance, ne font aucun doute pour les SS. Le document annexé au courrier d'Oberg précise le contexte et les raisons des mesures immédiates prises à l'encontre de ces hommes :

> « Dans l'affaire d'espionnage maquis, des documents ont été découverts desquels il ressort clairement qu'un certain nombre de préfets travaillent pour la résistance. Il s'agit dans ce cas de rapports du super NAP qui avait pour tâche de gagner à la cause de la résistance les hauts fonctionnaires, rapports qui étaient destinés à la direction centrale des organisations de résistance.
>
> L'authenticité de ces documents a été confirmée par l'interrogatoire des chefs de la super NAP, actuellement en état d'arrestation, à savoir l'ancien sous-préfet et vice-consul De Chalvron et le journaliste Nègre, autrefois employé à l'OFI[1]. Chalvron qui, à la super NAP, s'occupait principalement des préfets a avoué lui-même avoir gagné à la cause de la résistance un certain nombre de préfets.
>
> Les préfets compromis se sont engagés à aider la résistance par tous les moyens. En particulier, ils ont fourni à la résistance des informations d'ordre politique et militaire de leur ressort. En plus, ils informaient la résistance des mesures qui étaient projetées contre elle. Quelques-uns de ces préfets se sont engagés à soustraire sur le contingent du département une partie des denrées alimentaires pour constituer des dépôts illégaux[2]. »

Inédite, cette pièce en dit tout autant sur la capacité des Allemands à débusquer les éléments subversifs qui agissent à l'intérieur de la technostructure vichyssoise que sur l'immense difficulté à soutenir une action organisée de désobéissance, dans la mesure où justement

---

1944, mention secrète, Archives nationales, dossier de carrière de Jean Benedetti, CAC, 19910-794, art. 27.

1. Office Française d'Information ; c'est-à-dire l'agence de presse contrôlée par le gouvernement de Vichy.

2. Courrier du général Oberg, général SS et lieutenant général de la police au commandant en chef en France, au général d'infanterie Von Stülpnagel, 13 mai 1944, mention secrète, Archives nationales, dossier de carrière de Jean Benedetti, CAC, 19910-794, art. 27.

toute forme d'organisation tend à exposer – par sa construction même – ses membres. Inévitablement, les fonctionnaires travaillant pour le NAP devaient être confrontés à ce risque, *a fortiori* dans ce contexte de la domestication accélérée début 1944 du régime pour les ultras de la collaboration. Au regard de cette nouvelle donne, les préfets les plus en pointe dans l'action résistante deviennent des cibles privilégiées que l'occupant finit par identifier. En dressant deux listes, distinguant ceux compromis de ceux seulement suspectés, les Allemands expriment une connaissance granulaire des nuances qui traversent alors l'administration de Vichy. Sur l'échelle de la suspicion, les SS établissent des degrés mais pour les préfets de la première liste le doute n'est pas permis et les preuves sont suffisantes. Et le général Oberg de décliner les noms, parmi lesquels quatre préfets régionaux (Bonnefoy à Lyon ; Hontebeyrie à Montpellier ; Bussière à Marseille ; Mumber à Saint-Quentin) et neuf autres dans des préfectures de diverses classes (Dupiech en Aveyron, Fougère dans la Manche, Daudonnet dans les Vosges, Chaigneau dans les Alpes-Maritimes, Domange en Seine-et-Oise, Gaudard en Loire inférieure, De Villeneuve dans les Côtes du Nord, Guérin à Rouen, Vaujour au ministère de l'Intérieur à Vichy, Benedetti dans le Vaucluse[1]).

> « En outre, poursuit Oberg, les hauts fonctionnaires suivants[2] sont compromis à la suite de l'interrogatoire de Nègre et De Chalvron, des informations qui nous sont parvenues jusqu'à ce jour du service des renseignements[3] […]. »

Pour autant, le général SS avance que les preuves à ce stade demeurent insuffisantes pour entraîner leur arrestation mais il préconise des « mesures de sûreté et d'éloignement de leur poste ».

1. *Ibid.*

2. Sont cités dans la note : Lemoine, secrétaire d'État à l'Intérieur, Pichat au ministère de l'Intérieur, Maljean préfet délégué à Marseille, Marion en Haute Savoie, Bouley dans les Pyrénées-Orientales, Le Gouic dans l'Eure, Musso en Indre et Loire, Grimaud chef du service logement, Voissenot préfet de la Creuse.

3. Courrier du général Oberg, général SS et lieutenant général de la police au commandant en chef en France, au général d'infanterie Von Stülpnagel, 13 mai 1944, mention secrète, Archives nationales, dossier de carrière de Jean Benedetti, CAC, 19910-794, art. 27.

La lecture de cette correspondance, outre qu'elle révèle les noms des préfets du premier cercle au service de la résistance, dévoile l'ampleur des défections avérées ou potentielles qui courant 1944 minent les assises du régime. C'est bien, préfecture après préfecture, une carte de France de la désobéissance qui se dessine où l'on note au passage la présence non négligeable de ces préfets régionaux, création de Vichy. Mais c'est tout autant une carte de France de la défiance allemande qui relève ainsi son niveau d'exigence dans la demande de collaboration. La collaboration fonctionnelle, avec ce qu'elle charrie de personnalités modérées, voire opportunistes, ne suffit plus aux Allemands alors que partout bruissent les rumeurs d'une grande offensive. Il faut à l'occupant, non plus des fonctionnaires d'autorité trop prudents, mais des collaborateurs idéologiques, ce que l'offre milicienne permet à n'en point douter d'obtenir. La purge de mai 1944 qui sera suivie d'autres arrestations est indissociable de l'inversion des rapports de force et de l'effet d'éviction auquel elle donne indéniablement lieu au profit des Alliés et des résistants. Étroitement tributaires des évolutions de la conjoncture, les engagements parfois tardifs des uns ne sauraient diminuer le courage authentique de la petite quinzaine de préfets interpellés le 14 mai. Parmi ceux-ci, Jean Benedetti, au prix d'un mouvement constant de désobéissance qu'atteste entre autres son comportement à Montpellier, puis à Avignon, constitue un cas d'espèce. Car l'autre versant de sa résistance est à rechercher du côté de sa femme, Odette qui, alors que son mari est au service de Vichy, a rejoint de son côté le réseau Nestlé-Andromède. Aventure improbable que ce couple où l'un, à son poste, diffère, contourne, atténue, détourne en toute discrétion les impératifs dont sa fonction est porteuse et où l'autre, avec une énergie à peine dissimulée, apporte son concours actif aux combattants de l'ombre. Pour comprendre Jean, ses réflexes souvent au fil du rasoir, il faut souvent en revenir à Odette, à l'intrépidité d'une femme qui par son audace et son sens politique insuffle à son mari ses ambitions et ses inspirations tactiques.

Odette et Jean sont complémentaires : elle apporte à sa modération cette aptitude à la transgression qui sous l'Occupation va façonner sa conduite de préfet. Sans elle, eût-il puisé cette énergie qui alimentera sa carrière ? Eût-il aussi vite apprécié, dès 1941, la réalité qui s'installait dans le pays ? Eût-il si rapidement pris les risques qu'il ne manqua pas d'assumer dès le début du conflit ? Odette a des intuitions, des ardeurs, des convictions qui à coup sûr l'éclairent, le confortent, le mobilisent. Mais elle existe aussi par elle-même, forte d'un goût manifeste pour l'action. À Vire, elle participe à l'évasion de prisonniers ; à Dunkerque, elle œuvre pour les orphelins de guerre ; à Montpellier, elle est aux côtés des De Lattre quand ceux-ci entrent dans la dissidence et elle prête son concours aux pourchassés ; à Avignon, la voilà donc rejoignant le réseau Nestlé-Andromède, crée par l'industriel Albert Kohan[1] et mené à partir de la fin 1943 par le colonel Jacquier-Garnier.

Spécifiquement dédié au renseignement, comprenant environ mille deux cents agents, bien implanté dans le Vaucluse où il est dirigé par le colonel Laporte, Nestlé-Andromède interdit à ses membres de participer à des actions de type militaire, comme le confirmera en 1975 l'un de ses anciens responsables, André Vincent-Beaume :

> « Nous avions des yeux, des oreilles, mais pas de bras même lorsque nos agents aux PTT nous transmettaient des lettres de dénonciation adressées à la milice ou à la Gestapo, il nous était interdit d'agir contre le délateur ou d'aviser le dénoncé. Nous devions simplement transmettre ces lettres au PC[2]. »

Sous le nom de code Marceau, Odette occupe des emplois d'agent de liaison et de renseignement au PC de la région. Le colonel Laporte, le chef du réseau pour Avignon, authentifie sa conduite et surtout certifie par ses propos qu'elle participait au fonctionnement de Nestlé-Andromède avant l'arrestation de son mari :

> « Lors d'événements graves pour le Réseau, son mari ayant été arrêté par la Gestapo et déporté en Allemagne, Mme Benedetti a fait preuve du plus grand courage, d'un cran magnifique et du plus ardent patriotisme en continuant à servir avec dévouement jusqu'à la Libération[3]. »

1. Albert Kohan (1886-1943) est décédé en décembre 1943 des suites d'un accident d'avion, à son retour d'une mission en France.

2. Courrier de A. Vincent-Beaume à Mme Mercier, 19 mars 1975, Archives nationales, 3 AG 2.

3. Discours de remise du grade de chevalier de la Légion d'Honneur, Archives familiales, François Benedetti.

Odette est-elle l'avant-garde de Jean dans la résistance ou son prolongement ? Tout se passe vraisemblablement selon un schéma qui, loin d'être préétabli, sédimente l'expérience de l'un et de l'autre ; de concert, ils avancent, croisant sans doute leurs démarches, la fonction de Jean protégeant pour une part les activités clandestines de son épouse. Invention au jour le jour que cette résistance en couple, si atypique puisque forcément les prérogatives de l'un exigeraient qu'il combatte les agissements de l'autre[1]... Comme à Montpellier, mais cette fois dans un contexte de fin de régime, la préfecture à Avignon se mue en plaque tournante du renseignement, de l'information et de la protection. Et l'agent Marceau dans cette situation manifeste une détermination sans faille ainsi qu'en témoigne la citation lui attribuant sa croix de guerre :

> « Agent très actif d'un réseau de la France Combattante, a assuré la liaison et la sécurité des membres de son réseau alors que le PC venait d'être occupé par la Gestapo à la suite de l'arrestation de ses chefs régionaux. Bel exemple de sang-froid et de courage[2]. »

Jean arrêté, Odette ne baisse pas les bras.

Bien que Jean ait manifestement été la cible d'un mouvement national de répression, des facteurs plus spécifiques à la région ont contribué très certainement à son arrestation.

Comme la plupart de ses collègues, il est interné à Compiègne. Odette cherche-t-elle à le faire libérer ? Cherche-t-elle à le voir ? Elle ne reste pas dans le Vaucluse, et malgré les sollicitations de nombreux de ses amis qui tous lui proposent de l'accueillir, elle part à Paris, espérant sans doute sur place parvenir à l'extraire des griffes de ses geôliers. Comme beaucoup d'épouses, elle se démène et multiplie les démarches, ne ménageant jamais sa peine pour soutenir

1. Le Dr Drucker conforte quelques années plus tard, à l'occasion de la remise de sa légion d'honneur, ce portrait d'un homme et d'une femme unis au service d'une même cause : « N'est-ce pas grâce à vous deux que de nombreuses personnes furent protégées ? N'est-ce pas à votre table, à Montpellier encore, que tant d'évasions se sont préparées, vers les Forces Françaises Libres ? Tu as continué pendant la durée de la guerre à braver avec courage et obstination l'occupant, allant jusqu'à organiser et centraliser le réseau de résistance à la préfecture même d'Avignon, où Jean par la suite fut arrêté et déporté... »

2. *Ibid.*

aussi celles et ceux qui se retrouvent dans une situation tout aussi inconfortable. Un courrier du secrétaire général adjoint du Secours national laisse supposer qu'elle a pu obtenir une entrevue auprès de Jean, son correspondant lui demandant par ailleurs de fournir *via* son mari des informations d'ordre familial au préfet de région Bonnefoy interné également à Compiègne[1]. Au détour, la lettre mentionne la poursuite des arrestations puisque le chef de cabinet du préfet de Lyon vient d'être interpellé le 31 mai. Un train transportant plusieurs personnalités, dont les préfets arrétés, quitte la gare de Bobigny le 30 juin pour Eiesenberg[2].

Évoquant les NAP et leur efficacité opérationnelle, leur fondateur, Claude Bourdet[3] les gratifie d'une autre utilité, de l'un de ces avantages dont la portée transcende, quitte à accroître les confusions mémorielles, les contingences du présent : « Et il n'est pas non plus négligeable, écrit-il dans ses mémoires, d'avoir permis à l'administration française de sauver son honneur. » Benedetti et ses collègues déportés ont indéniablement pris leur part à ce sauvetage.

---

1. Courrier de M. Maurice Garineau, secrétaire général adjoint du Secours national à Odette Benedetti, 21 mai 1944, Archives familiales, François Benedetti.
2. Thomas Fontaine, *Mémorial des déportés de France*, Tiresias, Fondation pour la mémoire de la déportation, T. II, p. 770.
3. Claude Bourdet, *L'Aventure incertaine*, Stock, 1975.

12

De sa captivité, Jean ne dira presque rien, ou si peu. Seule la mémoire familiale, fragile, incertaine, et encore par intermittence, pourvoit aux béances des témoignages et des archives. Du côté de sa famille, en Algérie notamment, on sait que Jean a été arrêté. Où est-il ? Est-il vivant ?

À Alger, son frère René cherche à savoir. Un ami, des services secrets de la France libre, apprend un jour à la famille que Jean a été déporté. Il reste alors à attendre et à espérer. La famille est soudée mais dispersée sur la diagonale des évènements : l'Afrique du Nord, la Corse où les parents sont bloqués depuis 1942... On s'inquiète sans doute mais on ne cède pas à la panique. L'époque a appris la fatalité, l'endurance et cette forme de patience qui ressemble à une mise à distance des tourmentes du présent. En ce printemps 1944, l'Algérie comme la Corse ont déjà été libérées. Tournant leur regard vers l'Hexagone encore occupé, ses parents, comme des millions de Français, appellent sans doute de leurs vœux un débarquement rapide que la rumeur ne cesse d'annoncer.

En métropole, Odette a donc quitté le Sud pour s'installer à Paris, rue du Commandant-Marchand, dans le 16e arrondissement. Sa résolution, son énergie ne s'émoussent pas : auprès de la Croix Rouge tout d'abord afin d'envoyer des colis à son mari captif[1] ; au sein de son réseau ensuite où elle déploie ses activités de liaison ; et bientôt, enfin, aux côtés de Mme De Lattre avec laquelle elle concourt à une œuvre sociale et humanitaire de première urgence[2].

À Flossenbürg, Jean, comme tant d'autres, apprend à survivre. Situé dans le Haut Palatinat en Bavière, le camp est surtout destiné aux politiques. Plaque tournante de toutes les oppositions au nazisme,

---

1. Courrier du ministère de l'Intérieur à Mme Benedetti, 23 juin 1943 : « Mme Benedetti, je viens d'être informé qu'il était possible de faire parvenir des colis aux fonctionnaires du corps préfectoral arrêtés par les autorités d'Occupation [...] », Dossier de carrière de Jean Benedetti, CAC, 19910794.

2. Simonne De Lattre, *Jean De Lattre, mon mari*, *op. cit.*

des plus modérés aux plus déterminés, Flossenbürg voit séjourner entre autres l'amiral Canaris qui y sera exécuté en avril 1945 ainsi que son adjoint Hans Oster et le théologien Dietrich Bonhœffer[1]. D'autres résistants connaîtront les rigueurs de la concentration et pour nombre d'entre eux un sort tragique. La liste du martyrologe est longue : la princesse Antonia de Luxembourg y sera torturée et décédera en 1954 des séquelles de sa détention ; le comte de La Rochefoucauld, membre du réseau « Prosper », n'en reviendra pas ; l'une des six femmes nommées Compagnons de la Libération par le général de Gaulle, Simone Michel-Levy y est pendue le 15 avril 1945 par les SS pour avoir avec deux de ses camarades saboté les machines de production de munitions ; Jean de Noailles, fils du duc de Noailles, transite aussi par Flossenbürg avant de disparaître quelques jours avant l'armistice à Bergen-Belsen ; membre de l'Organisation civile et militaire (OCM), futur parlementaire socialiste, André Boulloche est également déporté là-bas. Près de cinq mille trois cents Français passeront par le camp, dont un petit millier de femmes. La moitié n'en reviendra pas.

La vie à Flossenbürg est cauchemardesque. La mort n'en constitue pas pour autant la finalité systématique. Ici, tout d'abord, les détenus travaillent pour les usines d'armement de Messerschmitt et l'aéronautique, mais les travaux du sol y occupent également une part importante. On fore, on creuse, on extrait dans les carrières de granit ; on installe aussi des unités de production souterraine. La colonie pénitentiaire fonctionne à plein régime. Les vestiges du château médiéval s'élèvent au-dessus du site. Tout autour se déploient presque à l'infini les denses forêts de Bohême. Dans cet écrin montagneux de verdure, l'univers concentrationnaire se décline sous toutes ses facettes : travaux forcés, exécution, sous-alimentation, férocité des kapos, perversité sadique de l'encadrement comme ce Dr Heinrich Schmitz, adjoint du médecin SS, qui y pratique sans vergogne près de quatre cents interventions aussi fantasques que cruelles. Fin 1944, le rythme des exécutions s'accélère, d'autant

1. L'amiral Canaris, responsable de l'*Abwehr*, le service de renseignements militaires allemands, est impliqué avec son second Hans Oster dans le complot qui visait à éliminer Hitler le 20 juillet 1944. Dietrich Bonhœffer, opposant historique au nazisme dès les années 1930 et qui avait noué des liens avec l'*Abwehr* et l'amiral Canaris dans le but de se protéger et de poursuivre ses activités de résistance, est condamné à mort et supplicié le même jour que Canaris et Oster.

plus que le camp, du fait de son éloignement du front, a été retenu par les SS comme un lieu privilégié pour l'élimination discrète des adversaires politiques de toute obédience. Entre avril 1944 et avril 1945, environ mille cinq cents condamnés à mort y auraient été supprimés dans la cour du bunker. Au total, de 1938 à 1945, ce sont presque cent mille déportés qui « séjournent » à Flossenbürg ; quatre-vingt mille vont y trouver la mort, et encore les chiffres demeurent aléatoires.

Homme du Sud et de la lumière, Jean soudainement se trouve confronté à un monde sombre, brutal et dont la dureté, malgré l'expérience qu'il a pu acquérir ces dernières années dans le climat oppressant de la France occupée, dépasse l'entendement d'un être élevé dans la modération et une certaine douceur de vivre. Que savons-nous des douze mois passés par Benedetti, dans ce camp à l'extérieur duquel se dénoue le scénario de la guerre ? On peut imaginer que la perspective d'une issue proche du conflit, qui se dessine déjà au moment de son arrestation, constitue un précieux viatique moral pour tenir. La présence à ses côtés de quelques-uns de ses autres collègues préfets amortit sans aucun doute le choc de l'enfermement, de l'isolement et de la violence. Par un « heureux » hasard, il retrouve à Flossenbürg son supérieur et ami de Montpellier, Roger Hontebeyrie. Il s'y montre surtout solidaire et fraternel en soutenant l'un de ses compagnons d'infortune, membre déporté comme lui du corps préfectoral, le préfet de la Drôme, Robert Cousin, qu'il assiste au quotidien en l'aidant à s'alimenter. C'est le geste qui sauve son codétenu d'une mort certaine par sous-alimentation.

Encore une fois peu disert sur un événement douloureux de son existence, Jean, comme beaucoup d'autres déportés, ne livrera que quelques éléments épars sur sa captivité. Pas d'archive, pas d'écrit. Le vecteur de la transmission est familial, avec tout ce que cela suppose de reconstruction. Car l'évocation de son statut de déporté provoque en lui toujours le même réflexe, *a fortiori* quand cette expérience est mentionnée dans des circonstances officielles, notamment lors d'une prise de fonction. Ce sera le cas à Rennes en 1950 quand, tout juste nommé préfet de région et Inspecteur général de l'administration en mission extraordinaire (IGAME) pour la Bretagne, la presse locale lui rappelle cet épisode. « Tout ceci est derrière nous ». Réponse brève dont les journalistes doivent se satisfaire quand cette épreuve est excipée comme pour mieux valoriser, dans ces années d'après-guerre en quête d'héroïsme après tant d'humiliations, la qualité et le parcours du nouveau préfet. Pudeur ? Modestie ? Gêne ? Complexe de celui qui sait par expérience que douloureux, ce passé n'est rien au regard de ce que ses yeux ont pu saisir de la souffrance et de l'horreur de ces temps indicibles ?

Réponse destinée à évacuer une terrible blessure que seul le silence semble exorciser. « Ce dont on ne peut parler il faut le taire[1]. » Cette formule de Wittgenstein, n'est-ce pas le sésame que nombre d'anciens déportés ont adopté pour échapper aux réminiscences où l'effroi le dispute parfois au remords… De cette année de camp il ne cherche manifestement pas à faire une légende.

Libéré en avril 1945 par les troupes américaines, il revient physiquement diminué. Son épouse, engagée dans la réception des déportés au Lutetia à Paris, ne le reconnaît pas lorsqu'il se présente face à elle, terriblement amaigri. A-t-il participé aux terribles marches forcées, consécutives à l'évacuation des camps par les Allemands et prélude, pour les plus chanceux qui n'y laissent pas leur vie, à une libération tant espérée ? Sans doute, mais sur cette séquence également, il ne révélera que très peu, si ce n'est en effet qu'avant d'être recueilli par des unités américaines, lui et ses camarades ont beaucoup marché[2]… Car le 23 avril 1945, lorsque la deuxième division de cavalerie de l'armée des États-Unis atteint Flossenbürg, elle y trouve quelques centaines de prisonniers, tous gravement épuisés et malades. Entretemps, en effet, les SS ont fui avec leur précieux butin : quatorze mille captifs entraînés par la force dans l'une de ces marches de la mort où l'on tombe à bout de ressources physiques ou sous les balles des geôliers. Quand les Alliés finissent par rattraper le convoi, quatre mille prisonniers sont déjà morts, exécutés pour la plupart.

Jean échappera de cet enfer et de retour en France s'efforcera très vite de retourner à la vie. Question de tempérament somme toute où domine un goût inné pour les choses légères de l'existence. Il reviendra aguerri par l'épreuve, constant dans son ambition mais « taiseux » sur son expérience de déporté. Tout au plus quelques souvenirs, recueillis par la mémoire familiale, encore elle… De

1. Ludwig Wittgenstein, *Tractatus logico-philosophicus*, Gallimard, 1961.
2. Entretien avec François Benedetti, novembre 2011.

l'environnement carcéral il retiendra que les plus cruels n'étaient peut-être pas les Allemands mais les kapos polonais qui en sadisme rivalisaient amplement avec leurs maîtres. Il apprit qu'il n'était plus grand-chose le jour où il reçut de la part de l'un de ses gardiens un violent coup de crosse sur le pied. Arrêté quelques semaines avant le débarquement en Normandie, il fait l'expérience de ce paradoxe d'être *de facto* l'otage des Allemands dans l'ultime année qui les verra, désastre après désastre, perdre la guerre, pris dans un étau qui chaque jour se resserre. Que sait-il alors de la libération progressive de la France, de l'avancée fulgurante des Soviétiques et de la chute de ce régime dont il fut le préfet ? Se pose-t-il la question du sort administratif qui lui est réservé tant par l'État qui s'effondre que par celui qui s'apprête à renaître dans un pays qui se reconstruit une souveraineté ? Et dans un mouvement similaire que savent de lui ses parents, son frère, sa femme, ses amis du destin qui est le sien de l'autre côté du Rhin ? On cherche à savoir et on utilise tous les relais afin de disposer d'informations sur sa situation. Quelques pièces issues des archives témoignent des initiatives de la famille pour localiser Jean[1].

Écrivant en juin 1945 au préfet du Vaucluse, soit plus d'un mois après la libération de Benedetti, un cousin, rappelant qu'il avait été mandaté en son temps par Antoine et René Benedetti[2], cherche à son tour à avoir des nouvelles. Le 30 juin, le préfet d'Avignon confirme le rapatriement en France de son prédécesseur et sa récente nomination à Dijon[3] après des congés passés aux côtés de ses parents en Corse. Un autre courrier, antérieur à celui-ci, évoque avec chaleur le retour de Flossenbürg. Signé de René de la Croix, duc de Castries[4], il est adressé le 19 mai à Benedetti. Il rappelle tout d'abord les fidélités tissées par Jean à Montpellier, avant d'évoquer l'avenir :

1. Voir courrier de M. Philippe Castelli au préfet du Vaucluse, 29 juin 1945, Archives départementales du Vaucluse, 4 U 3686.

2. Respectivement le père et le frère de Jean.

3. Réponse du préfet du Vaucluse à M. Philippe Castelli, 30 juin 1945, Archives départementales du Vaucluse, 4 W 3686. Il va de soi que la famille proche est à ce moment non seulement parfaitement informée du retour de Jean mais a pu le retrouver, tout au moins pour ses parents installés en Corse.

4. René de la Croix (1908-1986), marquis dit duc de Castries, historien, membre de l'Académie française.

« Mon cher ami,
Par Hontebeyrie que je viens de quitter tout à l'heure je sais enfin où vous adresser mes félicitations et je puis vous dire toute ma joie.

Si souvent depuis un an nous avons pensé à vous et nous avons tremblé pour vous, comprenant combien l'épreuve doit être dure et combien devait vous être odieuse cette inaction forcée ! Du moins vous n'aviez jamais cessé d'espérer en cette victoire que nous attendions ensemble depuis ce mois de janvier 1942 où nous nous sommes connus, et dont la splendeur comble nos désirs les plus fous.

Ma lettre serait bien incomplète si à tout ce que nous voulons vous dire ma femme et moi nous n'associons le souvenir de votre femme qui depuis votre départ a forcé notre admiration par son magnifique courage, par son patriotisme, par son espérance. Elle nous parlait de vous avec tant d'émotion, qu'à elle comme à nous les larmes venaient à nos yeux[1] [...]. »

La question de son statut administratif et de celui de ses collègues toujours captifs des Allemands reste entière. La correspondance du duc de Castries montre que le retour de Benedetti au printemps 1945 se traduit par une désignation pour le moins soudaine qui *de facto* anticipe les résultats de la commission d'épuration, présidée par Aimé Jeanjean, un ancien administrateur de la Chambre des députés. Dans l'attente de sa libération d'Allemagne, Jean est placé en position d'expectative[2]. Une autre commission, chargée d'examiner les nominations et les avancements, et présidée par Roger Genébrier, un proche de Daladier, membre également du corps préfectoral, estime le rythme de ses promotions trop rapide :

« Monsieur Benedetti, préfet du Vaucluse (2)
Considérant que M. Benedetti a été nommé secrétaire général de la Somme (1er) le 16 novembre 1940, puis préfet délégué (3e) le 21 janvier 1942, puis préfet du Vaucluse (2e) le 16 décembre 1943,

1. Courrier du duc de Castries à Jean Benedetti, 19 MAC 1945, Archives familiales François Benedetti.

2. Décret du 17 novembre 1944 relatif aux préfets placés dans la position d'expectative, Dossier de carrière de Jean Benedetti, CAC, 19910794.

Considérant son avancement comme excessif, propose de le reclasser comme préfet de 3e classe à compter du 21 janvier 1942[1]. »

À la date du 3 février 1945, bien qu'il soit encore aux mains des Allemands, Benedetti est un haut fonctionnaire en expectative et rétrogradé d'une classe. Indéniablement, le processus d'épuration qui se met en place dès les premières semaines de la Libération frappe de plein fouet un corps préfectoral pour lequel l'exigence de sévérité fut nettement supérieure à celle qui sanctionnera les agents des administrations centrales[2].

Parmi les deux cents soixante-quinze préfets de Vichy, les deux tiers sont exclus du corps et la quasi-totalité du tiers restant est soumise à une sanction[3]. Le maintien en fonction demeure en conséquence une exception que même la déportation ne suffit pas toujours à assurer. Seuls des états de service particulièrement étoffés et attestés vont permettre à quelques-uns de ces préfets de se voir confirmer dans leurs attributions. Ce sera le cas, dès son retour en France, pour Jean Benedetti qui, dans cette exception, fait lui-même figure d'exception dans la mesure où il sera le seul préfet ayant servi sous Vichy à être immédiatement nommé avant que la sous-commission d'épuration ne se soit effectivement prononcée sur sa situation. Au-delà de son action et de son comportement sous l'Occupation, plusieurs facteurs expliquent cette désignation immédiate. L'implication d'Odette au sein d'un réseau durant toute cette année où s'opère la libération progressive du territoire et où son époux est encore captif contribue vraisemblablement à faciliter l'examen du dossier de Jean. À n'en pas douter, elle veille au mieux à ce que le retour de son

1. Avis de la sous-commission de reclassement des fonctionnaires de l'administration centrale et préfectorale, février 1945, Dossier de carrière de Jean Benedetti, CAC, 19910794.

2. Marc-Olivier Baruch, sans ambages, le constate : « Que la charge de préfet fut parmi les plus sujettes à épuration se lit dans un seul chiffre : parmi les quatre-vingt-dix-neuf préfets de Vichy occupant un poste territorial à la Libération, six seulement avaient été maintenus en affectation ou en expectative, soit 6,1 % des effectifs. Ce chiffre est à comparer d'une part à celui relatif aux hauts fonctionnaires de rang équivalent en poste à l'administration centrale (directeurs et directeurs adjoints) qui ne furent frappés qu'à hauteur de 56,5 % ». Marc-Olivier Baruch, « L'épuration du corps préfectoral », dans *Une poignée de misérables : l'épuration de la société française après la Seconde Guerre mondiale,* Fayard, 2003.

3. *Ibid.*

mari s'effectue dans des conditions professionnelles qui ne puissent donner lieu à aucune contestation tant sur la précocité que sur la nature de l'engagement de celui-ci. Odette n'est pas femme à tolérer que le capital de combat accumulé depuis plusieurs années puisse faire l'objet de soupçons. Le déclassement proposé par la commission Genébrier la choque et elle ne manque pas de le faire savoir[1]. La temporalité propre au retour de déportation inscrit sans doute aussi sa trace dans le jugement administratif et politique relatif à l'attitude de Benedetti durant le conflit. Le recensement des avis des Comités de libération et leur agrégation consolident également le dossier de Jean, renforçant sa cohérence, la perspective linéaire d'une relation aux événements qui gomme les éventuels doutes dont il aurait pu être l'objet, et la matérialité des actes qui accompagnent son parcours.

La sous-commission chargée de l'épuration des administrations centrales et du corps préfectoral va se réunir à deux reprises pour traiter du cas Benedetti, le 12 mai et le 25 juillet 1945. Outre Aimé Jeanjean qui en assure la présidence, elle est composée pour une part de représentants des mouvements de résistance et, d'autre part, de fonctionnaires dont l'engagement résistant n'est pas contestable[2].

Le fonctionnement de la sous-commission laisse toute latitude au ministre de l'Intérieur pour décider en dernière instance du sort réservé aux membres du corps préfectoral. Se réservant cette décision, après avis néanmoins de la sous-commission, le ministre, en l'occurrence Adrien Tixier, entend imprimer sa propre marque[3]. Soucieux de son rôle dans une affaire où il montrera sévérité, détermination et rigueur, Tixier agit avec la volonté de s'exempter du poids forcément passionnel des contextes locaux au sein desquels les Comités départementaux de libération (CDL) délibèrent et produisent leurs

1. Entretien avec François Benedetti, 27 novembre 2011.

2. Il s'agit pour les premiers de Lescuyer pour le Front national, d'Aimé Jeanjean pour l'OCM, de Robert Salmon du MLN qui sera remplacé par la suite par Pierre Bonavita, directeur politique de Libération-Nord ; pour les seconds le préfet Maurice Moyon, l'inspecteur général Petit, le sous-préfet Vivant et le sous-chef de bureau José Cotoni. Voir « L'épuration du corps préfectoral », *op. cit.*

3. Adrien Tixier (1893-1946) : professeur, invalide de guerre (il perd un bras durant la Première Guerre mondiale), il milite à la SFIO et représente le Bureau international du travail en 1920 et en devient directeur général en 1936. Protestant contre la demande d'armistice en 1940, il rejoint les États-Unis et se rallie à de Gaulle dont il devient le représentant à Washington. Il est nommé en septembre 1944 ministre de l'Intérieur, poste qu'il occupe jusqu'en janvier 1946.

avis. Peu enclin néanmoins à l'indulgence mais exigeant quant à la régularité et l'équité des décisions à prendre, le ministre veillera scrupuleusement à ce qu'aucun soupçon de partialité ne puisse entacher le processus qu'il a mission de conduire à bien.

Dès sa première instance au printemps 1945, alors que Benedetti tout juste de retour d'Allemagne est en passe d'être nommé à Dijon[1], la sous-commission, s'appuyant sur les avis des CDL, propose que lui soit confié un poste de premier plan :

> « L'attitude de M. Benedetti sous le régime de Vichy semble avoir été irréprochable, d'autre part, ses notes professionnelles sont excellentes et le présentent comme un fonctionnaire de classe [...] un poste important pourrait lui être confié à l'occasion d'un prochain mouvement préfectoral[2] ».

Le 25 juillet, alors qu'il est déjà en poste en Côte-d'Or, Aimé Jeanjean et ses collègues se réunissent à nouveau pour examiner son dossier. Très vite, ils entérinent le maintien dans l'administration préfectorale, validant de la sorte la nomination de janvier. Par ailleurs, contrairement à sa rétrogradation en 3e classe préconisée en février 1945 par la Commission Genébrier, ils confirment la position qui était la sienne au moment de son arrestation en mai 1944, celle d'un préfet de 2e classe, comme l'atteste sa désignation à Dijon :

> « La commission d'épuration réunie sous la présidence de M. Jeanjean a examiné à nouveau le cas de M. Benedetti rapatrié d'Allemagne et actuellement délégué dans les fonctions de préfet de la Côte-d'Or.
>
> Vu les avis très favorables des CDL du Calvados, de la Somme, du Nord, de l'Hérault et du Vaucluse,
>
> Considérant que M. Benedetti n'a cessé d'être hostile à la collaboration et qu'il ne cachait pas ses sentiments anti-allemands,

---

1. Il est *de facto* désigné délégué dans les fonctions de préfet de Côte-d'Or le 24 mai 1945, avec une prise de poste au 1er juin 1945. René Bargeton, *Dictionnaire biographique des préfets, op. cit.*
2. « Note sur M. Benedetti », du président de la sous-commission, ministère de l'Intérieur, 12 mai 1945, Dossier de carrière de Jean Benedetti, CAC, 19910794, art. 27.

Que dans ses postes successifs, il a constamment manifesté une attitude politique et nationale au-dessus de tout reproche,

Qu'il n'a pas hésité à freiner l'exécution des consignes de Vichy et à s'opposer aux exigences allemandes,

Qu'il a été arrêté par les autorités d'Occupation en juin 1944 et déporté en Allemagne où il a subi les rigueurs de captivité,

La commission d'épuration propose à M. le ministre le maintien de M. Benedetti dans l'administration préfectorale[1]. »

Jean est un « oiseau rare » dont le comportement aux yeux des autorités de la Libération dessine le portrait idéal d'un haut fonctionnaire professionnel et patriote. Dès juillet 1943, Michel Debré s'est vu confier par le cabinet du général de Gaulle la tâche d'identifier ceux qui participeront à la réorganisation du corps préfectoral après-guerre. À Londres, le chef de la France Libre, soucieux d'éviter une mise sous tutelle par l'administration alliée au moment de la Libération, travaille avec ses équipes au recrutement des futurs cadres administratifs de la nation, et principalement des préfets qui sur le terrain auront pour mission de rétablir la légalité républicaine. Le 3 octobre 1943, le général de Gaulle, le général Giraud et André Philip[2] cosignent la nomination de vingt commissaires de la République. Ce corps de « super préfets » dirigera à titre transitoire les régions créées par Vichy. Dans le même temps, Michel Debré, avec l'aide de deux anciens préfets, Achille Villey et Roger Verlomme, dresse une première liste de quatre-vingt-sept noms de préfets susceptibles d'entrer en fonction à la Libération. Benedetti y figure, réunissant cette double qualité de compétence administrative et d'engagement dans la résistance.

1. Sous-commission Jeanjean, 25 juillet 1945. CAC, 19910794, art. 27, dossier de carrière de Jean Benedetti.

2. André Philip (1902-1970), parlementaire SFIO, il vote contre les pleins pouvoirs à Pétain le 10 juillet 1940. Il rejoint de Gaulle en 1942 où il est nommé commissaire de l'Intérieur, puis commissaire chargé des relations avec l'Assemblée consultative. Député en 1946, il sera ministre de l'Économie à deux reprises dans le Gouvernement Blum (décembre 1946-janvier 1947) et dans le Gouvernement Ramadier (janvier-octobre 1947).

Paul Bastid, membre du Conseil national de la résistance, Teitgen auquel il a évité l'arrestation, Pelletier son préfet dans la Somme et Verlomme[1] également avec lequel il est en relation dès 1941 à Dunkerque dans les cercles progaullistes qui dans le Nord ne manquent pas de s'agiter : le chemin de Jean inscrit ses pas dans ce monde parallèle de la clandestinité avec lequel il entretient un dialogue récurrent depuis le début de la guerre. Rien d'étonnant alors qu'au moment où se noue le destin de ceux qui ont eu à œuvrer dans l'administration de Vichy, il reçoive, sans hésitation, l'onction de la France combattante.

Mais le pays dans lequel il rentre a beaucoup changé. Jean découvre à son retour un paysage où s'enchevêtrent les anciens problèmes, comme le ravitaillement, et des enjeux nouveaux, comme celui de l'épuration. Mais le préfet formé à l'école de la Troisième République se trouve surtout confronté à une culture administrative différente. À Dijon, le voilà installé, certes, mais avec une tutelle proche, inconnue, née de la volonté du général de Gaulle d'établir aux premières heures de la Libération l'armature administrative de la nation recouvrant sa souveraineté. Avec le corps des commissaires de la République[2], les préfets doivent compter avec une autorité nouvelle qui, pour ceux directement issus de la préfectorale, introduit un changement culturel vécu sans aucun doute comme une forme de déclassement et de déligitimation. Les pouvoirs dévolus aux commissaires sont exceptionnels, exorbitants au regard de la tradition administrative française. Ils cumulent les prérogatives des préfets régionaux de Vichy, tant en matière économique que policière, et de nouvelles dispositions sur le plan législatif comme celle du droit de suspendre lois et règlements ou sur le plan administratif d'un pouvoir de révocation et de nomination particulièrement étendu. Si l'on y rajoute le droit de grâce et celui, très exceptionnel, de battre

1. Roger Verlomme (1890-1950) : tour à tour sous-préfet, directeur de cabinet du ministre de l'Intérieur du front populaire, puis préfet de la Seine inférieure, il est révoqué en septembre 1940 en raison de son républicanisme. Directeur de l'hôpital Sainte-Anne à Paris durant la guerre, il s'engage dès 1941 dans la résistance. Nommé préfet du Nord en 1944 par le gouvernement provisoire, il devient en septembre 1946 préfet de la Seine.

2. Sur les Commissaires de la République, l'ouvrage de référence reste à ce jour celui de Charles-Louis Foulon *Le pouvoir en province à la Libération, fondation nationale des séances politiques*, *op. cit.*

monnaie dans certaines circonstances, les commissaires sont en effet investis de missions régaliennes qui en font dans ce moment très court de l'histoire de France des hommes omnipotents qui n'en réfèrent de fait qu'à leur conscience… et au général de Gaulle.

Situation transitoire certes, mais qui déborde bien au-delà de la pratique administrative et politique républicaine. Ce sont ces hommes, cohorte hétéroclite où se mêlent des universitaires, quelques politiques, des syndicalistes, des fonctionnaires qui vont néanmoins rétablir la République dans des conditions parfois chaotiques tant le pays à l'été 1944, est morcelé et dévasté.

Raymond Aubrac, nommé commissaire de la République à Marseille, débarque dans la nuit du 17 au 18 août 1944 sur les côtes de Provence avec un ordre de mission signé de Gaulle et non daté. Accompagné par un sous-préfet, Paul Escande, qui doit le guider dans sa tâche administrative et, par un policier qui disparaît dans les vingt-quatre heures, happé sans doute par une mission secrète, Aubrac, à tout juste 30 ans, doit tout à la fois procéder à l'épuration, aux nominations, assurer l'ordre public et les relations avec les troupes alliées, prendre les mesures pour pallier aux problèmes de ravitaillement qui sont considérables, en particulier à Nice. Près de soixante-dix ans plus tard, il confesse qu'il n'était pas préparé à l'ampleur de la mission et qu'attelé à son travail vingt heures sur vingt-quatre dans une atmosphère d'effervescence permanente il déléguait avec parcimonie[1].

À sa nomination à Dijon en juin 1945, Benedetti fait face à une situation qui a déjà évolué. Les commissaires de la République sont toujours en fonction mais les pouvoirs exceptionnels qui marquent la genèse de leurs mandats sont désormais limités[2]. Ainsi, contrairement à ses collègues de l'été 1944, Jean est nommé par le ministre de l'Intérieur et non par le commissaire de la République dont il va dépendre néanmoins. Il a également en charge la question

1. Entretien avec Raymond Aubrac, 5 décembre 2011.

2. Voir Charles-Louis Foulon, « Dès sa séance du 13 octobre 1944, le Conseil des ministres les limite. Les CRR doivent obligatoirement appliquer les ordonnances et décrets du gouvernement provisoire et n'ont plus le pouvoir de suspendre l'application des textes en vigueur […] Les nominations de hauts fonctionnaires régionaux ou départementaux, habituellement faites par décrets, sont à nouveaux réservées aux ministres », *Le pouvoir en province à la Libération*, *op. cit.*, p. 124.

récurrente du ravitaillement que de Gaulle, dans une instruction de janvier 1945, a placée désormais sous la seule responsabilité des préfets départementaux[1].

Bien que se réduise leur sphère de compétences sous le triple mouvement de la restauration de la légalité républicaine à laquelle ils contribuent, du retour progressif des partis politiques et de l'hostilité du corps préfectoral attaché au dialogue direct avec la tutelle ministérielle, les commissaires de la République, même diminués, pour certains d'entre eux mutés déjà sur d'autres postes, restent au printemps 1945 présents dans le paysage politico-administratif et entendent, pour les plus énergiques et déterminés d'entre eux, préserver l'espace que leur confère leurs prérogatives.

Jean Mairey, à coup sûr, est de ceux-là. Né en 1907 à Dijon, fils d'un enseignant et militant socialiste proche de Jaurès, enseignant lui-même, agrégé d'histoire, membre de « Combat » et délégué du NAP pour le Centre et pour l'Est, il remplace en septembre 1942 au pied levé le commissaire initialement nommé en Bourgogne, Jean Bouhey[2]. Entre Mairey, jeune commissaire de la République, homme d'autorité et de principes, et Benedetti, préfet déjà expérimenté et initié aux chatoiements de la chose politique, les rapports sont tendus, le second contestant la légitimité du premier, le premier souhaitant pleinement exercer sa tutelle sur le second. Raymond Aubrac, qui côtoya Mairey et qui, par ailleurs, connut quelques années après celui-ci les mêmes bancs et parfois les mêmes professeurs[3] du lycée

1. « Le 27 décembre 1945, par une lettre personnelle revêtue de sa griffe, le général de Gaulle annonce à chaque préfet départemental : "dès réception de cette lettre, vous serez, dans votre département, responsable de toutes les mesures touchant le ravitaillement et tous les moyens d'action seront concentrés dans vos mains" », Charles-Louis Foulon, *Le pouvoir en province à la Libération*, *op. cit.*, p. 248.

2. Jean Bouhey (1898-1963), fils d'un député socialiste, est maire de Villars-la-Faye, puis Conseiller général. Fondateur du quotidien *La Bourgogne républicaine*, il est membre de « Libération Nord ». Nommé Commissaire de la République (mars 1944), il est blessé très gravement à la suite d'une erreur des maquis. Il devient député à partir de 1946 jusqu'en 1958.

3. Tous deux auront pour professeur d'histoire Robert Jardillier qui tour à tour fut parlementaire, maire de Dijon et ministre de la Poste du Front populaire. Jardillier vote les pleins pouvoirs à Pétain et procède à l'évacuation de sa mairie durant la débâcle dans des conditions controversées. Mairey et Aubrac retrouvèrent Jardillier en 1945 à Marseille. Logé dans des conditions précaires, voire misérables, ils s'efforcèrent en vain de le sortir de la situation de quasi-indigence dans laquelle

Carnot de Dijon, met ces dissensions sur le compte de ressorts naturellement humains[1].

Un préfet aguerri, issu du sérail de la Troisième République, résistant et déporté par ailleurs pouvait-il, sans ombrage, accepter la tutelle d'un commissaire, plus jeune, moins capé professionnellement et à l'expérience administrative encore fraîche ? S'appuyant sur le parcours ultérieur de Jean Mairey[2], on imagine sans peine qu'il fit preuve très tôt de quelques-unes des qualités consubstantielles au métier de haut fonctionnaire du ministère de l'Intérieur : détermination, résolution, autorité, énergie, assurance… Contraintes de se côtoyer, de cohabiter dans une même préfecture, dans un même bâtiment, les deux personnalités s'entrechoquent, Benedetti s'insurgeant contre l'esprit tatillon de Mairey ; Mairey lui reprochant un certain dilettantisme et parfois une prédisposition au clientélisme.

Vingt-sept ans après, en 1972, Charles-Louis Foulon préparant son ouvrage relatif au pouvoir en province à la Libération, interrogera Benedetti, alors à la retraite, au sujet de son expérience préfectorale à Dijon. Foulon conserve le souvenir d'un homme encore à vif, et presque meurtri par cette période. L'évocation de ses relations avec Mairey suffit à réveiller l'acrimonie quelque peu condescendante du grand préfet vis-à-vis de son commissaire : « Vous vous rendez compte que ce petit professeur me convoquait à huit heures du matin dans son bureau[3]… »

Au-delà des conflits d'hommes, la cohabitation Mairey/Benedetti est emblématique de l'opposition du corps préfectoral historique, celui qui s'est constitué sous la Troisième République, aux commissaires imposés à la Libération. Foulon confirme ce rapport conflictuel :

> « Le corps préfectoral est un des pôles d'hostilité aux commissaires de la République […]. Les préfets, plus proches des notables locaux

---

il s'était enfermé. Jardillier refusa toute aide, à l'exception d'un paquet de tabac brun. Il mourut fin 1945. Entretien avec Raymond Aubrac, 5 décembre 2011.

1. Entretien avec Raymond Aubrac, 5 décembre 2011.

2. Préfet de la Seine-Inférieure après 1946, il devient directeur de la Sûreté nationale en 1954, secrétaire général du ministère de l'Intérieur en 1957 et 1958, IGAME (Inspecteur général de l'administration en mission extraordinaire) de Bordeaux.

3. Entretien avec Charles-Louis Foulon, novembre 2011.

et des parlementaires, ne font rien pour défendre les régions. Les relations préfets-commissaires de la République ont été trop souvent marquées par des conflits d'autorité[1]. »

La génération de préfets professionnels nés, comme Benedetti, dans les années 1900 a plus que toute autre peut-être le sens de sa corporation. C'est l'hypothèse formulée par Rémi Kauffer : « S'il s'agit d'éliminer les "étrangers", elle sait faire flèche de tout bois. À un résistant authentique mais préfet "amateur", on préférera toujours un vrai "professionnel"[2]. »

Tout laisse à penser que n'ayant pas vécu les premiers mois de l'ébullition libératrice et découvrant sans y être *a priori* préparé un environnement administratif à ses yeux inédit, Benedetti a eu plus de mal que d'autres à accepter une situation qui le plaçait *de facto* sous le contrôle d'un supérieur nouveau venu. Autant pouvait-il se soumettre à une tutelle légitimée par l'ancienneté dans le grade comme à Montpellier avec Hontebeyrie, autant à Dijon celle-ci s'avère-t-elle non seulement pesante mais presque insupportable. Encore aborde-t-il ce nouveau dispositif alors que celui-ci voit décroître son influence. Mais la coexistence de deux hauts fonctionnaires sur un même territoire et sous un toit commun génère inévitablement des tensions tant pour le partage des compétences que pour celui des préséances[3].

Le tandem Mairey/Benedetti constitue bel et bien l'idéal-type d'une dichotomie qui voit ainsi s'affronter deux caractères et deux approches de l'organisation politico-administrative. Le débat qu'ils entretiennent à distance pour les besoins de l'étude de Charles-Louis Foulon vingt-sept ans après les faits dessine sans artifice les contours du conflit. Se plaignant « d'être mis constamment sur la sellette, contrôlé, harcelé », Benedetti affiche clairement la conception qu'il se fait de son rôle :

« J'étais très partisan du département sans aucune contrainte, sans aucune sujétion et sans aucun contrôle ». Mairey, conscient des réserves de son préfet pour l'échelon régional, reste inflexible et « exige sa soumission[4] ».

---

1. Charles-Louis Foulon, *Le pouvoir en province à la Libération*, *op. cit.*, p. 253.
2. Rémi Kauffer, « Noyautage ou collaboration », *Historia* n° 610, octobre 1997.
3. Charles-Louis Foulon, *Le pouvoir en province à la Libération*, *op. cit.*, p. 254.
4. *Ibid.*

Bien qu'il puisse trouver quelques qualités à certains commissaires, (« Les commissaires étaient utiles quand il s'imposait politiquement »), Benedetti considère qu'« ils ont disparu à cause de l'opinion et des élus ». Enfonçant le clou, il lâche dans une forme de reconnaissance implicite du rôle du corps préfectoral dans cette disparition : « Les préfets n'attendaient qu'un moment : la disparition des commissaires. Même pour Verlomme, cela a été un souvenir pénible non pas pour l'administration courante *mais par sa présence, parce qu'il était là*[1]. »

Mairey a bien compris la réalité du rapport de forces que Benedetti entend lui imposer. Il le confirme à Charles-Louis Foulon dans l'entretien qu'il accorde à ce dernier en 1972 : « Les préfets préféraient être tout seuls[2] ». En dépit des tensions qui irriguent leur relation, le commissaire livre un regard *a priori* impartial, nonobstant quelques piques, sur le comportement professionnel et le caractère de son préfet. Dans la note qu'il transmet au ministre de l'Intérieur, Mairey observe que Benedetti « a pleinement réussi à s'imposer en quelques mois dans un département qu'il ne connaissait pas et où il a été servi par sa qualité de résistant et de déporté ».

Cette réussite saluée par le commissaire n'exclut pas chez Benedetti une sensibilité particulière au respect de ses prérogatives :

> « Un seul point peut-être, ce n'est pas une critique mais une constatation. Il pousse très loin le souci de ses fonctions au point d'être un peu chatouilleux sur les préséances et sur ses attributions. Il tient, et je suis en plein accord avec lui, à exercer pleinement ses fonctions de préfet de la Côte-d'Or mais il ne peut s'empêcher de marquer parfois, avec la plus grande courtoisie d'ailleurs, une irritation cachée à vivre à côté d'un commissaire de la République, ce qui se conçoit de la part d'un ancien préfet élevé au sein de la maison[3]. »

Commentaire plein de formes qui, sans aucun doute, tient compte des appuis dont bénéfice Benedetti au sein du ministère de l'Intérieur.

---

1. C'est nous qui soulignons. Toutes ces citations sont extraites des notes prises par Charles-Louis Foulon pour son étude. Entretien avec l'auteur, novembre 2011.
2. *Verbatim* de l'entretien Mairey/Foulon, janvier et avril 1972. Charles-Louis Foulon, *Le pouvoir en province à la Libération*, *op. cit.*
3. Note sur Benedetti du Commissaire de la République au ministre de l'Intérieur, 18 octobre 1945, CAC, 19910794, art. 27, Dossier de carrière de Jean Benedetti.

L'appréciation, tout en ne contestant pas les qualités professionnelles, se fait plus acide deux mois plus tard, les relations au cours des semaines s'étant manifestement tendues :

> « Jean Benedetti est le modèle type du préfet de carrière qui a gardé la nostalgie de la Troisième République. J'entends par là qu'il est très distingué, aimant beaucoup à recevoir, très soutenu par Mme Benedetti, elle aussi très "préfète". Il possède les qualités essentielles qu'on doit exiger du chef d'un département : culture, intelligence rapide, sens de l'autorité (avec quelques réserves sur la façon de l'exercer), sens des responsabilités et souci de ses fonctions. Ce dernier point, il le pousse parfois à l'extrême, très chatouilleux sur les questions de préséance et sur le domaine de ses attributions. En vérité, il est corse dans toute la force du terme, et à ce titre bouillant et parfois impulsif : ajoutons que ses accès de colère sont aussi vite calmés que déclenchés, mais si je ne peux dire qu'il se soit ainsi créé des ennemis, du moins s'est-il aliéné certaines sympathies. À ce titre également il a une tendance parfois fâcheuse à coloniser son administration de fonctionnaires venus de l'extérieur. Sur le plan administratif il connaît parfaitement son métier sous tous ses aspects et même avec toutes ses ficelles, car il possède la souplesse retorse de tout méridional.
>
> Proposition : M. Benedetti est un bon préfet qui par sa présentation, sa culture et ses connaissances administratives et sa fidélité au régime doit être titularisé dans la fonction de préfet de la Côte-d'Or et élevé à la 1re classe de son grade à l'occasion du reclassement de la préfecture de Côte-d'Or[1]. »

Compétence, élégance, assurance mais aussi malice, colère et clientélisme, le portrait se veut équilibré et exhaustif. Il est opéré par un enseignant qui s'efforce de pénétrer la psychologie profonde de son sujet. Dans une note confidentielle qu'il transmet le 10 janvier 1946 à la Direction générale des affaires politiques, le commissaire de la République, tout en maintenant son appréciation positive sur les compétences professionnelles du préfet, s'affranchit dans un style cette fois-ci plus direct de la relative bienveillance qui accompagnait jusqu'alors ses observations. Sans doute faut-il voir là une dégra-

1. Rapport du commissaire de la République, 6 décembre 1945, CAC, 19910794, art. 27, dossier de carrière de Jean Benedetti.

dation progressive des relations de travail qui régissent le quotidien des deux hommes :

> « Qualités intellectuelles et morales : intelligence vive et souple, honnêteté irréprochable, jugement rapide, mais parfois impulsif, esprit de décision réel en face des problèmes qu'il a à résoudre. Deux réserves : souplesse de caractère allant dans certains cas jusqu'à la duplicité, forte autorité sur les hommes, mais souvent trop brutale envers ses subordonnés.
>
> Qualités professionnelles : M. Benedetti, type du préfet de la Troisième République connaît parfaitement son métier administratif qu'il pratique avec une conscience indiscutable, et selon les méthodes classiques, auxquelles je reproche personnellement leur lenteur et certaines pratiques admises de longue date, bien que je n'aie cessé de m'élever contre elles (en particulier le fait de ne pas se trouver au bureau aux mêmes heures que le personnel).
>
> Qualités extérieures : excellentes qualités extérieures dans tous les domaines, présentation aimable, tenue élégante, très nombreuses relations, éloquence simple mais directe. M. Benedetti est très soutenu et très aidé dans sa tâche par une femme élégante, très intelligente, très habile et extrêmement ambitieuse.
>
> Attitude politique : antécédents rad-soc.
>
> Attitude sous le gouvernement de Vichy : sous-préfet, puis préfet sous le gouvernement de Vichy, a eu une attitude très nettement républicaine qui a fini par le faire déporter en Allemagne en mai 1944.
>
> Activité dans la résistance : a rendu des services réels, en contact avec les chefs de la résistance de sa région, en particulier par l'intermédiaire de Mme Benedetti appartenant à un réseau de liaison avec le BCRA.
>
> Orientation actuelle : très « ancienne troisième », ne voit pas sans regret certaines innovations, mais est prêt à accepter toutes les nouvelles directions qui pourraient lui être fournies.
>
> Possibilité d'avenir : bon préfet classique, M. Benedetti actuellement 2e classe peut être élevé à une préfecture de 1re classe.

Appréciations générales : préfet tout à fait dans la ligne de l'administration de la Troisième République, dont il possède toute la technique en même temps que l'esprit, M. Benedetti est un bon fonctionnaire, très ambitieux et qui a su s'entourer de collaborateurs dévoués dont il a colonisé la préfecture de la Côte-d'Or[1]. »

Vraisemblablement fallait-il un « petit professeur »[2], extérieur au sérail pour brosser un portrait sans concession du grand préfet, identifiant avec précision, mais non sans préjugé, les qualités et les aspérités du personnage. En quelques mois, la plume de Mairey se durcit, acérant son jugement, pointant non sans férocité certains traits de caractère. Bientôt, dans le climat toujours instable de l'après-guerre, leurs chemins se sépareront. En mars 1946, Maurice Thorez, ministre d'État en charge de la fonction publique, fait adopter la loi supprimant les commissaires de la République. Mairey part sous d'autres cieux, préfet de Seine inférieure, rejoignant ainsi la grande maison du ministère de l'Intérieur. Quant à Benedetti, la première classe s'apprête à lui tendre les bras.

1. Note confidentielle du Commissaire de la République à la Direction générale des affaires politiques, 10 janvier 1946, Dossier de carrière de Jean Benedetti, CAC, 19910794, art. 27.

2. Expression de Jean Benedetti rapportée par Charles-Louis Foulon, entretien novembre 2011.

13

Dijon, juin 1945. La France qu'il retrouve a bien changé. Libérée, certes, mais lestée de problèmes matériels, héritage de l'Occupation, en apparence inextricables, travaillée par les divisions et incertaine sur son avenir. En quelques mois, l'Histoire s'est accélérée ; or de cette fulgurante précipitation, il n'a pas connu sur le terrain les différentes étapes. Le contraste est sans doute saisissant pour un acteur qui, déporté avant le débarquement, se retrouve un an plus tard transporté dans un pays, le sien, transformé par la Libération mais en proie à de nouvelles désunions et au doute quant à la forme du régime futur. Le trou d'air constitué par la parenthèse concentrationnaire de Flossenbürg bouleverse vraisemblablement les repères d'un homme projeté du jour au lendemain dans une autre époque. À nouveau, les rapports préfectoraux qu'il rédige, tous les quinze jours cette fois-ci, sur l'opinion publique et l'évolution de la situation de son département, fournissent de précieuses indications tant sur son état d'esprit que sur la réalité sociale et politique de l'époque. Homme de compromis, peu enclin aux déchaînements des passions, pas plus ultra de la Libération et de ses espoirs qu'il ne le fut de Vichy et de ses velléités réformatrices, il s'inquiète, non sans émotion, des fractures encore violentes qui traversent cette société d'après-guerre entremêlant soucis matériels, désirs de vengeance, désillusion quant aux promesses de la République renaissante. Accueillant Benedetti le 20 juillet 1945 devant le Comité départemental de libération de Côte-d'Or, son président, Claude Guyot, après avoir rappelé la déportation[1] du nouveau préfet, insiste non sans ironie sur les difficultés matérielles du département :

> « Vous êtes dans un département à polyculture, un département où l'on produit du vin mais où l'on nous oblige à boire de l'eau, où

1. Séance plénière du CDC du 20 juillet 1945, Archives départementales de Côte-d'Or, 1630 W, art. 266.

l'on cultive du blé et où la soudure se fait très difficilement, où l'on élève le bétail sur une assez grande échelle et où l'on manque de viande[1]. »

Ému par l'évocation de son récent passé de déporté, Benedetti confirme tout à la fois sa tristesse et ses espoirs devant le CDL :

> « Il dit aussi sa déception, partagée d'ailleurs par tous ses camarades de camp à son retour, en retrouvant son pays si divisé et amoindri encore par le désordre qui y règne actuellement. Mais il est néanmoins persuadé qu'il existe des hommes de bonne volonté qui sauront, à n'importe quel prix, redonner à la France le calme et l'ordre sans lesquels aucun travail n'est possible[2]. »

Sur fond de pénurie, l'été 1945, loin d'offrir une atmosphère d'optimisme, est gagné par un sourd mécontentement où se confondent frustrations matérielles et ressentiments politiques, sans que l'horizon institutionnel du pays ne parvienne à garantir visibilité et stabilité.

Confrontées au triple défi du redémarrage institutionnel, économique et moral du pays, les autorités publiques veillent, localement, à reconstruire le lien d'un vivre ensemble mutilé par les années de guerre et les débordements de la Libération. À rebours d'une vision dominante de la période pensée en termes de ruptures, la séquence Occupation/Libération présente bien plus de continuité qu'il n'y paraît. L'économie psychique des opinions reste imprégnée des sentiments qui présidèrent aux attitudes des années sombres : le désir de vengeance, la peur, l'obsession matérielle, l'incertitude circulent comme autant de courants océaniques parmi des populations qui redécouvrent certes la liberté mais sans la stabilité, la République mais sans l'ordre, la paix mais sans la justice.

Aussi, bien des problèmes qu'il se doit de traiter ne constituent pas une matière nouvelle pour un haut fonctionnaire aguerri aux situations d'exception. Et celle de l'été 1945 exige les qualités d'analyse, de maîtrise dans l'art de décider et de sens de la mesure qui ont prévalu jusqu'alors dans l'exercice de son métier. Fort de

1. Séance plénière du 20 juillet 1945, Archives départementales de la Côte-d'Or, 1630 W, art. 266.
2. *Ibid.*

sa très grande expérience, il sait appréhender un contexte, sonder dans sa granularité un microcosme, lire les tensions d'une société et pourvoir avec doigté aux solutions de fortune qui apaisent les plaies du moment.

À Dijon, la situation alimentaire demeure précaire. L'enjeu est tel pour les populations qu'il occulte tout le reste, à commencer par l'avenir politique et institutionnel du pays. Le ravitaillement s'impose comme une priorité pour les pouvoirs publics comme pour celles et ceux qui ont à souffrir de la pénurie. Et les tensions sont d'autant plus vives qu'avec la fin de la guerre l'opinion se fait plus exigeante, impatiente d'en revenir à l'équilibre antérieur d'une consommation sans contrainte. Les bénéfices de la paix, plus d'un an après le début de la Libération, tardent à se faire sentir et, fin de l'Occupation oblige, les frustrations et les mécontentements s'expriment à haute voix et sans réserve, parfois instrumentalisés par l'agitation politique des militants communistes qui y voient un levier pour imposer leurs vues dans un climat propice aux prurits de violence sociale et politique. Dans une région à forte production agricole comme la Côte-d'Or, les difficultés inhérentes à la fourniture des denrées de première nécessité apparaissent le plus souvent incompréhensibles à des populations qui suspectent dès lors certaines catégories d'utiliser la pénurie à leur profit.

Dans ce contexte instable, la mission préfectorale revêt une dimension d'autant plus structurante que progressivement s'infléchissent les prérogatives et le poids des commissaires de la République. Et dans la lutte qui l'oppose à Jean Mairey, Benedetti mobilise tout le savoir-faire pratique, accumulé notamment durant les terribles années d'Occupation, pour s'imposer comme un administrateur résolu et expérimenté, apte à se saisir à bras-le-corps des problèmes immédiats.

Dès le 18 juillet 1945, tout juste en poste, il fait état dans son premier rapport de l'existence d'une sorte de malaise dans l'opinion publique[1]. Les critiques sur le plan politique[2] ne manquent pas mais semblent se focaliser sur la situation économique. Le tableau

---

1. Rapport du 15 juillet 1945, Archives départementales de la Côte-d'Or, 1189 W.

2. « Ils critiquent sur le plan politique, la lenteur et la faiblesse de l'épuration, les décisions de la Cour de justice, la survivance de certains organismes d'origine vichyssois », *Ibid.*

dressé met ainsi en lumière les récriminations de populations qui se plaignent de l'insuffisance du ravitaillement mais également les corporatismes qui contraignent la tâche de l'administration :

> « Il faut convenir que l'attitude des cultivateurs, qui se livrent parfois à de véritables chantages, ne contribue pas à faciliter la tâche des services du ravitaillement[1]. »

Ainsi à Auxonne, les dirigeants de la coopérative ordonnent à leurs adhérents de cesser l'arrachage des pommes de terre car les autorités ont refusé l'augmentation à huit francs de cette production. À Montbard, d'autres paysans refusent de s'acquitter de leurs devoirs fiscaux tant que leur attribution en vin ne leur sera pas fournie[2]. Conscient de ce climat de défiance où le désordre et les égoïsmes se conjuguent pour entraver les mécanismes de solidarité, il annonce, fidèle à son mode de fonctionnement, son intention d'entreprendre une tournée dans le département, retrouvant de la sorte ses réflexes d'homme de terrain et son goût pour les contacts.

Un mois plus tard, la tonalité demeure identique. Les préoccupations matérielles persistent à mobiliser l'opinion :

> « On a montré plus d'intérêt aux déclarations du ministre du Ravitaillement qu'aux divers comptes-rendus de la réception du général de Gaulle aux États-Unis. De même les promesses inattendues d'une amélioration substantielle du ravitaillement, en octobre, ont été beaucoup plus commentées que la cessation des hostilités au Japon ou les problèmes constitutionnels de l'heure présente.
>
> Aucune passion autour des grandes questions de politique intérieure, peu d'empressement à prendre position sur l'électorat, l'éligibilité et la constitution du pays[3]. »

Les rencontres qu'il effectue lors de ses visites dans les municipalités confirment cet état d'esprit. À Beaune comme à Montbard dont il revient, ce sont toujours les intérêts matériels, « le plus souvent

1. Archives départementales de la Côte-d'Or, 1189 W.
2. *Ibid.*
3. Rapport du 31 août 1945, Archives départementales de la Côte-d'Or, 1189 W 143.

d'ordre privé » qui occupent ses interlocuteurs. En ce mois d'août qui clôt à Hiroshima et à Nagasaki six années de conflit mondial, tout événement extérieur est vu au prisme de l'inconfort matériel :

> « La fin de la guerre dans le monde n'a provoqué que peu d'enthousiasme, mais a fait naître l'espoir d'une amélioration prochaine de la situation économique par des importations de l'étranger[1]. »

Les interrogations de ses administrés ne concernent jamais les politiques intérieures ou extérieures mais portent avec lancinance sur les sujets économiques, le plus souvent filtrés selon des critères corporatistes, voire très personnels. Repli sur soi, litanie des difficultés quotidiennes, souci du lendemain : la France qu'il rencontre semble se désintéresser majoritairement de son destin collectif. « L'exhortation à l'union et au travail n'a de résonance que dans une faible partie de l'assemblée[2] », observe-t-il, évoquant à nouveau le climat qui règne dans les réunions qu'il anime.

Inchangées, les sollicitations reviennent, traduisant les lignes de force d'une opinion toute concentrée par les soucis de sa vie quotidienne :

> « Mon administration enregistre toujours les mêmes doléances de la part du public : insuffisance des rations alimentaires, principalement en ce qui concerne la viande ; retards apportés aux distributions de vin ; manque de pommes de terre de la récolte nouvelle ; réclamation concernant les vêtements et les chaussures distribués avec parcimonie en raison de la modicité des contingents mis à ma disposition[3]. »

Il brosse le portrait d'un peuple non pas atone mais divisé, plus enclin à la satisfaction de ses égoïsmes qu'à l'adhésion à un grand dessein, atomisé par les soucis matériels mais en proie à de soudains accès de colère, traumatisé sans doute par des années sacrificielles et n'aspirant pas à la grandeur mais à des conditions d'existence décentes.

Cette France d'abord est une France irritée, désorganisée, plaintive et qu'il s'agit de ressouder. Benedetti est l'héritier d'une tradition

1. *Ibid.*
2. *Ibid.*
3. *Ibid.*

jacobine mais c'est un jacobin de compromis, de consensus dont l'art de décider vise à convaincre plus qu'à imposer, à faire adhérer plus qu'à dicter, à esquiver le conflit en privilégiant souvent la voie moyenne. Il écoute, il reçoit, il dialogue et constate que l'échelon administratif local n'est crédité, à l'instar des élus locaux, que d'une faible efficacité :

> « La population qui, de plus en plus, est en proie aux difficultés matérielles n'attend pas de l'Administration et des élus départementaux une amélioration de ses conditions de vie. Elle a de plus en plus l'impression que cette amélioration ne peut être apportée que par le Gouvernement[1]. »

Il attire l'attention de ses tutelles sur la nécessité de réexaminer la réglementation encadrant le marché de la viande. Dans son département où l'élevage permet d'être excédentaire, la libre circulation du bétail permise par les instructions ministérielles fait craindre que les grands centres urbains de Côte-d'Or soient privés d'un produit dont ils ne devraient pas manquer[2]. Cette situation est lourde de risques de troubles et les revendications se font pressantes. Le 13 septembre, il rencontre les syndicats ouvriers de Côte-d'Or qui soulignent que leurs camarades parisiens jouissent de conditions nettement plus favorables, réclamant tout à la fois une amélioration du ravitaillement et une augmentation salariale. La Fédération départementale des cheminots placarde, quant à elle, une affiche sur les murs de Dijon où, insistant sur les efforts consentis pour la remise en l'état du réseau, elle exige un relèvement du salaire mensuel.

> « Le mécontentement que l'on constate dans tous les milieux risque d'être exploité par certains éléments, et entraîne une désaffection certaine à l'égard des dirigeants du pays que l'on tient pour responsables de l'état actuel des choses[3]. »

Le regard politique du préfet n'est jamais loin, et ce dernier détecte les usages partisans qui immanquablement peuvent être faits

1. Rapport du 30 septembre 1945, Archives départementales de la Côte-d'Or, 1189 W 143.
2. *Ibid.*
3. *Ibid.*

des grognes très diversifiées induites par la pénurie. Très actif, en ces temps d'après-guerre, le Parti communiste ne rate jamais l'occasion de contester les mesures jugées trop faibles pour éradiquer les trafics qui gangrènent le ravitaillement tout en estimant insuffisante la liquidation du vichysme. En octobre 1945, le contexte reste inchangé. Le manque de viande dans le département nourrit l'exaspération et des incidents graves, aux yeux du préfet, sont à prévoir si des dispositions pratiques ou réglementaires ne sont pas rapidement prises[1].

Au mois de novembre, l'alerte préfectorale se prolonge, accentuant les risques sociaux que la situation peut entraîner :

> « La population ouvrière commence à élever de véhémentes protestations à l'encontre du ravitaillement qui se montre impuissant à lui procurer des pommes de terre. En effet, malgré tous les efforts des services intéressés, aucune distribution n'a pu être effectuée jusqu'à ce jour, et nombreux sont les consommateurs qui ne possèdent aucune pomme de terre pour passer l'hiver [...].
>
> Si des dispositions immédiates ne sont pas prises pour assurer de telles distributions ou de les compléter par de réelles et substantielles allocations de pâtes alimentaires, il est à craindre de sérieux mouvements de populations qu'il conviendrait autant que possible d'éviter[2]. »

Dans un rapport de décembre, Benedetti livre une analyse particulièrement pessimiste de la conjoncture. Le corps social paraît atomisé sous la pression des ressentiments catégoriels et des intérêts corporatistes :

> « Les difficultés matérielles qui surgissent de tous côtés, découragent les nombreuses bonnes volontés sur lesquelles on paraissait pouvoir compter au lendemain de la constitution du nouveau Gouvernement. La rareté de la plupart des produits de première nécessité et l'augmentation croissante du coût de la vie provoquent une irritation

1. Rapport du 15 octobre 1945, Archives départementales de la Côte-d'Or, 1189 W 143.
2. Rapport du 30 novembre 1945, Archives départementales de la Côte-d'Or, 1189 W 144.

grandissante chez tous ceux qui ne disposent que de ressources fixes et modestes[1]. »

Sur ce terreau économique se développent les ferments de dissension qui mettent en péril la cohésion sociale : d'un côté ouvriers, petits fonctionnaires, employés, retraités qui subissent de plein fouet les effets de la crise ; de l'autre, paysans et commerçants soupçonnés de tirer profit de la situation et de s'enrichir au détriment d'une population en souffrance[2]. La tectonique des classes est à nouveau en mouvement avec les affrontements potentiels qu'elle implique et qui répugne, sans aucun doute, à un haut fonctionnaire élevé dans le culte radical-socialiste de la synthèse sociale de la Troisième République.

Démobilisation des soutiens du Gouvernement, crispation des plus modestes, âpreté de certains secteurs professionnels... La situation est encore obscurcie par des décisions politiques mal comprises que le préfet répercute vers ses tutelles avec une pointe d'irritation parfois, comme si émergeait l'ombre d'un décalage entre des services de l'État qui localement s'efforcent de répondre aux urgences et un pouvoir central trop souvent impuissant à apporter les remèdes exigés par une situation exceptionnelle. Il en va ainsi du rétablissement de la carte de pain, initiative dont les effets psychologiques sont néfastes pour une population « qui s'étonne, à juste titre, que la liberté de vente ait pu être rendue à cette denrée en la basant uniquement sur les importations[3]. »

À plusieurs reprises, Benedetti, avec une grande liberté de ton, s'autorise des critiques à peine voilées à l'encontre de l'action gouvernementale :

« Il apparaît que les Français supporteraient mieux les difficultés matérielles actuelles, héritage de la guerre et de l'Occupation, s'ils étaient tenus régulièrement informés de la situation. Le Gouvernement obtiendrait plus facilement la confiance du public qui comprendrait mieux l'utilité des sacrifices demandés. C'est ainsi

---

1. Rapport du 15 décembre 1945, Archives départementales de la Côte-d'Or, 1189 W 144.
2. *Ibid.*
3. *Ibid.*

qu'il serait désirable qu'un bilan sincère de l'état de nos finances soit publié à bref délai[1]. »

Et il ne se prive pas de relever certains dysfonctionnements, prenant de la sorte souvent le parti de ses administrés, moins dupes qu'il n'y paraît et aptes à décrypter les atermoiements de leurs gouvernants. Revenant sur la question de la carte de pain dont le rétablissement est annoncé puis retiré, il rappelle que le démenti opposé par le pouvoir ne trompe personne :

« Le démenti officiel [...] alors que les titres de rationnement de cette denrée étaient mis en place dans les mairies et le recensement des stocks de farine opéré chez les boulangers, a créé un climat de méfiance en contribuant à accréditer les bruits selon lesquels la suppression de la carte de pain n'aurait été qu'une manœuvre électorale[2]. »

Début 1946, le malaise s'intensifie et paraît gagner l'ensemble de l'opinion, toutes catégories confondues[3]. Conjugué aux initiatives apparemment malencontreuses du Gouvernement, l'accroissement des problèmes matériels renforce les mécontentements. Le 4 janvier à Dijon, une manifestation est organisée, prenant pour cible principale la politique conduite par l'ancien ministre du Ravitaillement, Christian Pineau[4].

Vin, viande, pommes de terre : les manques se multiplient. La hausse du coût de la vie suscite inquiétudes et angoisses parmi les ouvriers et les petits rentiers.

L'heure est à la déception tant à l'égard des « dirigeants, en qui elle avait placé de grands espoirs » et qui « n'ont pas encore accompli les réformes qui apparaissent cependant urgentes » que des élus que l'on soupçonne « de n'être pas moins soucieux de leur réélection

---

1. Rapport du 30 décembre 1945, Archives départementales de la Côte-d'Or, 1189 W 144.

2. *Ibid.*

3. Rapport du 15 janvier 1946, Archives départementales de la Côte-d'Or, 1189 W 145.

4. Christian Pineau (1904-1995). Syndicaliste, il compte parmi les fondateurs du mouvement Libération Nord en octobre 1940. Il rallie de Gaulle en 1942. Arrêté en 1943, il est déporté à Buchenwald. Ministre du ravitaillement de mai à novembre 1945, il se fait élire député la même année et il occupera plusieurs fonctions ministérielles sous la IVe République.

que leurs prédécesseurs. Ce climat de scepticisme et de défiance est éminemment préjudiciable au relèvement du pays[1] ».

À ces désillusions protéiformes s'ajoute l'impatience irritée d'une opinion qui estime trop lente l'élimination des scories du régime de Vichy. Ainsi, les Comités d'organisations professionnelles, structures nées sous l'État français, n'ont toujours pas été supprimés, et la persistance de ces organismes, suspectés de susciter des arrangements contraires aux intérêts des consommateurs, agrègent bien des incompréhensions, sources de colères.

Ce début d'année 1946 s'annonce d'autant plus difficile qu'une vague de froid s'abat sur la région, le gel pouvant dans certaines zones atteindre moins douze degrés et détruire certaines emblavures particulièrement sensibles aux variations de températures. En outre, ce mois de janvier est marqué par un autre événement, politique celui-ci, qui tout en frappant de stupeur l'opinion, se trouve bien vite relégué à l'arrière-plan des difficultés quotidiennes :

> « On observe, en effet, une lassitude profonde et une apathie telle qu'aucun événement, si grave soit-il, ne semble plus devoir émouvoir personne et il est pénible de constater que le départ du général de Gaulle a eu dans l'opinion publique beaucoup moins de résonance que le rétablissement de la carte de pain[2]. »

Les évolutions, aussi spectaculaires soient-elles, des scènes politiques nationales et internationales passent toujours au second plan, loin derrière l'enjeu du ravitaillement qui ne cesse de s'aggraver dans les centres urbains, et de la situation financière ainsi que monétaire du pays[3]. Et c'est un électrochoc qui saisit la population à l'annonce, en février 1946, de nouvelles mesures d'économie visant à rétablir les comptes publics. Si le sentiment dominant crédite le gouvernement de Félix Gouin[4] d'une sincérité dans la présentation

---

1. *Ibid.*

2. Rapport du 31 janvier 1946, Archives départementales de la Côte-d'Or, 1189 W 145.

3. « Les paysans, dont les disponibilités en argent liquide sont particulièrement importantes, sont toujours préoccupés par la situation monétaire », Rapport du 31 janvier 1946, Archives départementales de Côte-d'Or, 1189 W 145.

4. Félix Gouin (1884-1977), parlementaire SFIO des Bouches-du-Rhône, maire d'Istres, fait partie des quatre-vingt parlementaires qui refusèrent les pleins pouvoirs

sans artifice d'un désastre qui dépasse les prédictions les plus pessimistes, le doute s'installe sur l'efficacité des dispositions annoncées : augmentation du billet de train et du tabac qui pénalise les plus modestes ; faiblesse de la fiscalité sur les transactions boursières ; complexité des déclarations d'impôts ; lourdeur des pénalités infligées par l'administration en matière d'évaluation qui serait jugée tronquée ou insuffisante pour ce qui concerne le patrimoine. De part en part, le désarroi gagne du terrain dans tous les secteurs sociaux : les commerçants et les industriels soucieux tout à la fois des mesures annoncées et de la dévaluation voient prix de revient et chiffres d'affaires s'infléchir inexorablement ; les fonctionnaires s'inquiètent pour leur traitement ; les paysans sont tentés par l'offre insidieuse des trafiquants, etc.[1]

L'administrateur mobilise son expérience pour comprendre les tendances qui agitent des populations dubitatives au regard de l'action des pouvoirs publics et désenchantées pour ce qui relève de l'avenir du pays. Les réflexes, toutes proportions gardées, paraissent puiser dans la mémoire de la débâcle de juin 1940 où le sauve-qui-peut tient lieu de comportement :

> « Dès lors, tout ce qui est tenté pour opérer un redressement leur paraît insuffisant sinon inutile et leur unique souci est de sauver du naufrage le maximum de bien qu'ils ont pu acquérir[2]. »

Les mois passent, le mécontentement s'accroît, le contexte alimentaire se détériore, allant jusqu'à provoquer des mouvements que seule une intervention efficace parvient à contenir[3]. Les élus locaux, par leurs initiatives, amortissent les chocs ainsi que le note le préfet dans son rapport du mois de mai 1946[4]. Mais les opposants au Gouvernement ne manquent pas d'instrumentaliser les difficultés pour

---

au maréchal Pétain. Il rejoint Londres et préside à partir d'octobre 1944 l'Assemblée consultative provisoire. Après la démission du général de Gaulle, il devient début 1946 le troisième président du gouvernement provisoire de la République française. Il occupera sous la IVe République diverses fonctions ministérielles.

1. Rapport du 15 février 1946, Archives départementales de Côte-d'Or, 1189 W 145.
2. *Ibid.*
3. Rapport du 9 mai 1946, Archives départementales de Côte-d'Or, 1189 W 146.
4. *Ibid.*

mieux stigmatiser l'action des pouvoirs publics[1]. « Le souci du pain quotidien passe avant celui de la constitution et du référendum »[2] consigne Benedetti.

Conjoncture propice aux tensions et aux conflits : le sismographe social enregistre des tremblements qui voient ruraux et citadins, ouvriers et paysans s'affronter. L'approvisionnement en viande cristallise les exacerbations et trouble l'ordre public. Ainsi à l'été 1946, des délégations de la CGT font irruption chez des éleveurs pour saisir et réquisitionner du bétail[3].

Sur le terrain, les oppositions se focalisent entre des propriétaires terriens d'une part, qui craignent une extension de ce type d'initiatives, et des urbains, d'autre part, qui approuvent celles-ci, exaspérés par de longues années de ravitaillement déficient et jugeant que les milieux paysans profitent de la pénurie :

> « Ils y voient une bonne leçon infligée à certains agriculteurs qui ont bénéficié au maximum de la situation présente en faisant fi de tout sentiment de solidarité sociale[4]. »

L'épisode ravive les animosités latentes entre ville et campagne, les ruraux de leur côté s'en prenant à la paresse des ouvriers[5]. Les préoccupations propres à l'avenir politique et institutionnel du pays, la perception des événements internationaux demeurent si ce n'est périphériques, tout au moins relatives au regard des enjeux. Sous l'apparence impersonnelle, les analyses préfectorales, par intermittence, laissent entrevoir des points de vue plus subjectifs où derrière le haut fonctionnaire se glisse l'homme avec ses convictions, ses espoirs et ses doutes. Ainsi ne dissimule-t-il rien de ses critiques lorsqu'il s'agit de porter son regard sur certaines orientations administratives. C'est tout d'abord un préfet qui entend l'être dans toute l'étendue de ses prérogatives, sans restriction de son autorité et dans l'exclusive de la relation directe avec le Gouvernement. Il réunit dès son arrivée à Dijon les chefs de service afin de leur

1. *Ibid.*
2. *Ibid.*
3. Note du préfet de la Côte-d'Or au ministre de l'Intérieur, juillet 1946, Dossier de carrière de Jean Benedetti, CAC, 19910794, art. 27.
4. *Ibid.*
5. *Ibid.*

rappeler quelques principes : le préfet n'est pas le représentant du seul ministre de l'Intérieur mais de tous les ministres et il convient au préalable de l'informer de toutes les affaires d'importance qui devraient être soumises aux tutelles[1]. Homme de la Troisième République, il n'hésite jamais à évoquer l'attachement des populations aux « vieilles administrations[2] » qui ont fait leurs preuves et ne dissimule pas qu'aux yeux de l'opinion la décentralisation est indissociable « d'un meilleur choix des fonctionnaires d'autorité[3] ». Critique à peine voilée d'une hiérarchie dont on devine qu'elle vise le commissaire de la République et à laquelle il ne manque jamais de se livrer. Ainsi déjà dans un rapport d'octobre 1945[4], évoquant la question lancinante de l'approvisionnement, il se fait le défenseur des administrations de terrain, mieux informées et garantes de l'ordre public alors que « l'administration supérieure », par des initiatives maladroites, accentue le fossé entre gouvernants et gouvernés, fragilisant l'exercice de l'autorité. Les survivances du régime de Vichy, à travers notamment les comités d'organisation professionnelle, dont la population attend la suppression, font également l'objet de son étonnement[5].

Au-delà des appréciations qui touchent au cœur de son métier et où se donnent à voir les représentations qu'il se fait de celui-ci, Jean Benedetti consigne mois après mois les humeurs et les sentiments d'une opinion qui balance entre indifférence et scepticisme. On solde Vichy et ses séquelles ; les ondes des grands procès des dignitaires du régime déchu suscitent de l'intérêt mais peu de réactions :

> « La condamnation de Pétain n'a provoqué que peu de commentaires : seuls les milieux communistes ont manifesté une certaine déception de la commutation de la peine de mort en celle de travaux forcés, à perpétuité[6]. »

1. Rapport du 15 juillet 1945, Archives départementales de la Côte-d'Or, 1189 W.
2. Rapport du 15 décembre 1945, Archives départementales de la Côte-d'Or, 1189 W.
3. *Ibid.*
4. Rapport du 31 octobre 1945, Archives départementales de la Côte-d'Or, 1189 W 143.
5. Rapport du 15 février 1946, Archives départementales de la Côte-d'Or, 1182 W 145.
6. Rapport du 31 août 1945, Archives départementales de la Côte-d'Or, 1189 W 143.

Tout juste peut-on percevoir un signe d'agacement contre des élus de la Troisième République, qui en creux dessine comme l'épure d'une indulgence implicite à l'endroit du vieux maréchal :

> « On note cependant que le déroulement du procès a fait naître dans l'opinion un mouvement d'hostilité contre certains hommes politiques de 1939 appelés à témoigner[1] ».

Les procès Laval et Darnand, quelques semaines plus tard, font apparaître la volonté du Gouvernement d'en finir vite avec l'épuration des principaux responsables de la collaboration. Les formes de ces procès provoquent parfois des réserves quant à leur impartialité, même si la culpabilité des prévenus ne laisse aucune place au doute :

> « Il convient de noter cependant que d'une façon générale on estimait pour Laval que les preuves de sa culpabilité étant suffisamment établies, il était inutile de le faire comparaître devant la Haute Cour qui n'est pas sortie grandie des débats. Il eut été préférable [...] de le citer devant une Cour martiale[2]. »

Plus généralement, l'enjeu de l'épuration continue d'occuper les esprits. Une circulaire du mois de février 1946, adressée par le ministre de l'Intérieur à ses représentants dans les départements, sollicite de ces derniers un rapport sur cette question[3]. L'état des lieux, que Benedetti décrit sur cinq feuillets, illustre un sentiment général où s'entremêlent insatisfaction, clivages politiques mais aussi volonté de tourner la page. Après un bref rappel historique où il insiste tout à la fois sur le « bel esprit de résistance » des populations de Côte-d'Or favorisé par la topographie[4] et le nombre peu élevé

1. *Ibid.*

2. Rapport du 15 octobre 1945, Archives départementales de la Côte-d'Or, 1189 W 143.

3. Rapport sur l'épuration et les réactions de l'opinion publique à cet égard à M. le ministre de l'Intérieur 15 avril 1946, Archives départementales de la Côte-d'Or, 1630 W 382.

4. « Le nombre et l'étendue des forêts, la dispersion des agglomérations et des fermes isolées se prêtaient d'ailleurs parfaitement à l'organisation des maquis qui apparurent dès 1943 et commencèrent à faire preuve d'activité en pourchassant les collaborateurs notoires et en punissant les traîtres et les dénonciateurs. »

de collaborateurs, le préfet esquisse le tableau de la Libération dans son département. Pas d'exécutions sommaires, de rares scènes de violences : les tribunaux d'exception sont saisis, les mouvements de résistance arrêtent les principaux collaborateurs et défèrent leurs dossiers au Comité départemental de Libération (CDL) Dans un premier temps, le processus d'épuration paraît suivre son cours sans agitation particulière mais l'engagement des affaires devant le CDL, la Cour de justice et la Chambre civique ainsi que l'élargissement de certains internés finissent par irriter les résistants, puis la population :

> « Cette irritation gagne la population qui, déçue dans ses espérances de retour à une facilité relative qu'avait fait naître la Libération, cherche une explication qu'elle crut trouver, à tort ou à raison, dans le freinage des éléments vichyssois restés en place dans tous les domaines. Elle ne peut aussi admettre qu'elle fut dans l'obligation de supporter des privations très dures, alors que ceux qui, par leur collaboration politique ou économique étaient, à des degrés divers, responsables des souffrances passées ou présentes, semblaient jouir d'une impunité relative en raison des lenteurs de la justice[1]. »

Le Parti communiste, notamment, est de ceux qui, s'appuyant sur les difficultés quotidiennes et bien réelles des Français, exigent une épuration nette et sans bavure. Ainsi l'un des organes du PCF en Bourgogne, *L'Avenir de la Côte-d'Or*, mène une intense campagne contre le commissaire Marsac qui sous l'Occupation s'est illustré par sa hargne à traquer les patriotes. Le 14 février, un meeting de protestation, réunissant vingt-cinq mille participants, est organisé à Dijon pour dénoncer la lenteur de la procédure engagée contre l'officier de police. À l'issue de cette manifestation, Marsac est extrait de sa cellule, lynché et son cadavre mutilé, exhibé et traîné dans les rues de la ville[2]. Moment paroxystique où la violence sacrificielle s'exprime à ciel ouvert, l'exécution du policier-collaborateur a peu de suites et nonobstant quelques tentatives de la presse communiste pour réactiver d'autres mouvements de même ampleur, le calme

. Rapport sur l'épuration et les réactions de l'opinion publique à cet égard à M. le ministre de l'Intérieur, 15 avril 1946, Archives départementales de la Côte-d'Or, 1630 W 382.

1. *Ibid.*

2. *Ibid.*

semble s'installer après cet épisode sanglant. Seuls quelques incidents sporadiques éclatent de-ci, de-là mais sans emporter l'adhésion massive de la population qui paraît vouloir tourner la page :

« Si la question de l'épuration a donné lieu à de nombreux commentaires et à de véhémentes discussions au cours de l'année 1945, elle ne paraît plus guère présenter d'intérêt aujourd'hui[1]. »

Désintérêt nuancé néanmoins : les poursuites judiciaires contre les collaborateurs politiques sont entachées d'un laxisme qui aux yeux de l'opinion demeure incompréhensible :

« Elle constate avec amertume que la plupart des personnes inquiétées ont été relâchées sans jugement ou n'ont fait l'objet que de mesures administratives incapables de les empêcher de nuire si elles en avaient l'intention[2]. »

Autant la Cour de justice est créditée d'une action efficace pour les cas les plus graves, autant les Chambres civiques sont soupçonnées d'avoir sanctionné avec timidité les délits plus secondaires :

« Une grosse satisfaction aurait pu lui être donnée si les chambres civiques avaient eu à connaître la plupart des cas et avaient distribué avec moins de parcimonie les années d'indignité nationale qui entraînent la radiation des listes électorales et la privation du droit de chasse[3]. »

La répression de la collaboration économique, en ces temps de pénurie, est jugée non seulement insatisfaisante mais inefficace : non-exécution des peines, inefficacité des confiscations et des amendes, poursuite de leurs activités par les commerçants sanctionnés, etc. L'épuration administrative engendre également son cortège de critiques et de perplexités :

« On considère le plus souvent qu'elle n'a pas été véritablement faite, les fonctionnaires qui se sont compromis sous l'Occupation, ayant été la plupart du temps simplement déplacés. Les résistants

1. *Ibid.*
2. *Ibid.*
3. *Ibid.*

voient là une des causes principales du discrédit dont les administrations sont l'objet[1]. »

Le constat des milieux de la résistance n'est pas partagé par tout le monde ; il reste une zone intermédiaire qui dans l'opinion estime que la désorganisation administrative résulte justement d'une épuration excessive :

> « Les personnes à l'attitude passive au cours de l'Occupation qui avaient été favorables à la résistance au lendemain de la Libération et celles qui, sans être collaboratrices, étaient des administratrices de l'ordre et de la force allemande, pensent au contraire que l'épuration a été trop forte dans le personnel dirigeant et les échelons supérieurs de la hiérarchie administrative et que la désorganisation actuelle résulte en partie de cette décapitation[2]. »

À vrai dire, autour de l'enjeu de l'épuration, une majorité se dégage pour pointer la conduite très imparfaite de cette dernière mais pour s'opposer aussi à sa relance, d'autant plus qu'avec le temps, la réouverture de certains dossiers souffrirait de l'imprécision des témoignages[3]. Plus généralement, la question épouse la gradation des clivages partisans : les modérés, à l'opposé des partis de gauche qui souhaitent sa poursuite, aspirent à la fin de l'épuration qui à leurs yeux a permis « à certains éléments troubles d'assouvir des vengeances et des jalousies personnelles[4]. » Les mouvements de résistance, quant à eux, en appellent « à une justice implacable contre les traîtres et non plus les scandaleuses parodies juridiques auxquelles on assiste trop souvent[5] ».

---

1. *Ibid.*
2. *Ibid.*
3. « D'ailleurs, en matière politique, la reprise de l'épuration, même si elle devait se limiter à quelques cas, soulèverait de réelles difficultés parce qu'avec le recul du temps il est beaucoup plus difficile d'obtenir des témoignages exacts et surtout parce que les enquêteurs se heurteraient à la réserve et souvent au mutisme des témoins déjà maintes fois constatés. »

Rapport sur l'épuration et les réactions de l'opinion publique à cet égard à M. le ministre de l'Intérieur, 15 avril 1946, Archives départementales de la Côte-d'Or, 1630 W 382.

4. *Ibid.*
5. *Ibid.*

Mais l'opinion se montre dubitative, portant un crédit limité aux déclarations de résistants auxquels elle reproche d'une part d'avoir délivré avec laxisme des titres de combattants, et d'autre part de rechercher, notamment au travers de l'épuration administrative, le moyen « de faire de la place pour caser d'anciens résistants sans que l'on se soucie beaucoup de la capacité réelle de ceux-ci[1] ».

La lassitude et l'emprise de la vie quotidienne laissent peu de place à la passion politique. Seuls quelques événements paraissent interrompre l'atonie générale, et encore ces ruptures sont-elles de courte durée. Les synthèses rédigées par le préfet dessinent néanmoins l'évolution des rapports de force locaux et les perceptions de la situation nationale et mondiale.

La question de la future constitution à l'été 1945 intéresse mais la technicité des débats ne retient l'attention que de quelques cercles initiés. Tout au plus espère-t-on que les institutions futures assureront stabilité et respect des libertés traditionnelles[2]. Quelques mois plus tard, en janvier 1946, les discussions autour de la Constituante ne trouvent que peu d'échos localement tant leur caractère théorique est éloigné des préoccupations des administrés[3]. En février, l'appréciation se raidit :

> « L'opinion publique laisse percer une profonde déception parce qu'au fur et à mesure que s'achèvent la vie et l'œuvre de l'Assemblée Constituante, elle se rend compte de l'impuissance de cette Assemblée devant les problèmes aussi complexes que nombreux qu'elle avait à résoudre[4]. »

Est-ce le départ du général de Gaulle début 1946[5] ? Le fait est qu'une défiance diffuse s'installe à l'encontre des formations politiques suspectées d'être plus concentrées sur la défense de leurs intérêts électoraux que sur la recherche de solutions au service du pays :

1. *Ibid.*
2. Rapport du 15 juillet 1945, Archives départementales de la Côte-d'Or, 1189 W 142.
3. Rapport du 15 janvier 1946, Archives départementales de la Côte-d'Or, 1189 W 145.
4. Rapport du 15 février 1946, Archives départementales de la Côte-d'Or, 1189 W 145.
5. Le général de Gaulle démissionne en janvier 1946.

« [L'opinion] regrette les discussions stériles et les divergences de vues qui séparent à chaque instant les trois grands partis et elle ne manque pas de leur reprocher de faire passer leur intérêt électoral avant celui du pays[1]. »

Au-delà des partis, l'ensemble des élus est emporté par une méfiance qui se généralise, allant jusqu'à décourager certains maires, de solliciter à nouveau un mandat[2].

Durant toute cette période où le mécontentement gagne du terrain, tant à la fois contre les pouvoirs publics et les forces politiques, la personnalité du général de Gaulle reste épargnée, s'élevant au-dessus des miasmes politiciens et de l'enchevêtrement des problèmes matériels. Déjà en novembre 1945, alors qu'il remet à la disposition de l'Assemblée constituante son mandat de président du gouvernement provisoire, sa reconduction est accueillie avec soulagement[3], tant son crédit demeure intact et tant la synthèse politique qu'il incarne paraît seule susceptible d'apporter stabilité et réforme :

« Le président du gouvernement provisoire représente, en effet, toujours aux yeux de l'opinion le symbole de la France libre ; c'est pourquoi sa réélection et la formule gouvernementale sur laquelle il a pu mettre d'accord les "trois grands partis" ont été accueillies avec une immense satisfaction[4]. »

Espérance de courte durée car en janvier 1946, le Général, en désaccord avec les orientations institutionnelles du futur régime, telles qu'elles sont soutenues par les principales formations politiques du moment, démissionne. À la stupeur initiale succède l'apathie, un sentiment de vide et parfois une incompréhension devant un départ interprété pour certains comme un « lâchage » au moment où s'accumulent les difficultés[5]. Plus encore, c'est l'absence de lignes

1. Rapport au 15 février 1946, Archives départementales de la Côte-d'Or, 1189 W 145.
2. *Ibid.*
3. Rapport du 15 novembre 1945, Archives départementales de la Côte-d'Or, 1189 W 144.
4. *Ibid.*
5. Rapport du 31 janvier 1946. Archives départementales de la Côte-d'Or, 1189 W 145.

directrices claires que paraît reprocher l'opinion au Gouvernement, et Benedetti s'appuit sur la presse locale pour illustrer son propos :

> « L'opinion qui est la plus fréquemment exprimée peut se résumer dans les phrases suivantes extraites de l'éditorial publié dans un journal local : "Plus que la parcimonie, c'est l'incohérence qui inquiète le pays. Les Français ont l'impression qu'on les a engagés, tête baissée, dans une aventure dont on ne sait pas très bien comment elle finira."
>
> C'est d'un mal profond que nous souffrons, d'un mal qui tient aux conditions dans lesquelles nous vivons, qui tient aussi et surtout aux méthodes de ces hommes. La France est pauvre et les Français ne s'étonneraient pas de vivre dans la pauvreté s'ils sentaient que l'on a trouvé la route pour en sortir, s'ils n'avaient pas l'impression que les hommes qui ont la charge de nous en sortir sont plus préoccupés d'assurer leur situation politique et de conserver l'autorité de leur parti que de sortir le pays de l'ornière[1]. »

Avec la renaissance de la démocratie parlementaire et de ses jeux chatoyants se reconstruit déjà cette critique des partis qui deviendra quelques années plus tard la pierre angulaire du combat gaulliste contre la Quatrième République. Dans l'immédiat, le pluralisme partisan refait surface avec ses oppositions, ses combinaisons, ses nuances, ses lignes de forces idéologiques, autant de caractéristiques dont la France de l'Occupation a été sevrée durant cinq années. En Côte-d'Or[2], comme ailleurs, le Parti communiste opère sans aucun doute la structuration militante la plus aboutie. Cet effort, décuplé par le tribut concédé à la lutte clandestine et par les succès de l'URSS, ne garantit pas des résultats électoraux mais il permet d'engranger les adhésions et de faire du PCF, la formation disposant des plus gros effectifs avec près de six mille adhérents. Le travail du parti vise également à contrôler divers mouvements issus de la résistance en y plaçant à leurs têtes des militants : ce sera le cas entre autres pour le Front National ou pour l'Union des Femmes Françaises. Force dominante de la Troisième République[3], le Parti radical entreprend

---

1. Rapport du 31 janvier 1946. Archives départementales de la Côte-d'Or, 1189 W 145.
2. *Ibid.*
3. *Ibid.*

également dès la Libération de se réorganiser mais il se heurte à de nombreux obstacles pour recouvrer l'influence passée : disparition de sa presse locale, déclin de ses militants, infléchissement de ses résultats électoraux avec un repli de ses positions au Conseil général, autant de signes qui traduisent un recul que les années suivantes ne feront qu'accentuer. Formation naissante, le Mouvement républicain populaire voir le jour en Côte-d'Or en février 1945 et connaît des débuts modestes, ne disposant que de deux sections, l'une à Dijon, l'autre à Beaune. Des incertitudes de la Libération le Parti socialiste paraît tirer profit localement. Auréolé de ses engagements dans la clandestinité, prudent dans ses orientations nationales, il peut s'enorgueillir de diriger soixante-deux mairies, le Conseil général et de disposer de deux parlementaires, tous deux issus de la résistance, Jean Bouhey, premier commissaire de la République de Dijon et Claude Guyot, président du Comité départemental de Libération[1].

L'immensité de la tâche liée à la reconstruction n'obère pas pour autant la normalisation démocratique, en dépit des critiques souvent virulentes dont les élus et les partis sont l'objet. Au printemps 1946, Benedetti continue cependant de noter que les préoccupations demeurent essentiellement économiques : ravitaillement, emploi, etc. C'est dans ce contexte que le projet de Constitution du 19 avril 1946, ratifié par l'Assemblée constituante, est rejeté par près de 53 % du corps électoral à l'occasion du référendum du 5 mars. En Côte-d'Or, le rejet est encore plus massif avec 58 % de votes défavorables au projet et plus de 20 % d'abstention[2]. Revenant sur les causes de cet échec et de son ampleur plus prononcée localement, le préfet y voit la trace des inquiétudes du monde rural :

> « Le résultat s'explique tout d'abord par le mécontentement dont les causes ont été exposées plus haut, mais aussi par le fait que dans un département essentiellement agricole [...] les électeurs ont voulu marquer leur désir de s'opposer à l'atteinte que la Déclaration des droits de l'homme leur paraît porter au droit de propriété et partant, à l'héritage. Il n'est également pas douteux que certains électeurs, dont les opinions politiques n'étaient pas très arrêtées, n'ont

1. *Ibid.*
2. Rapport préfectoral du 9 mai 1946, Archives départementales de Côte-d'Or, 1189 W 146.

pas suivi cette fois les consignes des partis de gauche vers lesquels ils avaient été attirés en octobre 1945[1]. »

Néanmoins, au seuil de l'été 1946, des signes d'amélioration se manifestent, ce que ne manque pas d'observer le préfet dans son rapport de juin[2]. Mais un mois plus tard le climat paraît se tendre à nouveau[3]. Benedetti puise dans son savoir-faire de négociateur pour éteindre le conflit qui oppose les milieux ouvriers aux éleveurs au sujet du ravitaillement en viande. Il prend des mesures énergiques comme l'interdiction de circulation du bétail dans le département tant que les centres urbains ne sont pas approvisionnés. Recevant le 20 juin les représentants des producteurs de viande et des consommateurs, il parvient à arracher un accord qui garantit l'approvisionnement des centres urbains durant environ un mois. Il réédite quelques jours plus tard avec une seconde table ronde, cette fois-ci avec les producteurs de légumes et de fruits. Là aussi un *modus vivendi* est trouvé mais à ses yeux ce ne sont tout au plus que « des mesures de fortune[4] ». Le préfet pallie localement aux insuffisances, mais c'est au plan national, insiste-t-il, que les solutions doivent être impulsées. Au demeurant, la nomination d'Yves Farges[5] comme ministre du Ravitaillement est particulièrement appréciée, d'autant

1. *Ibid.*

2. « Le vif mécontentement qui se manifestait depuis plusieurs mois dans les centres ouvriers et même parmi les non producteurs ruraux, par suite des difficultés grandissantes du ravitaillement, et qui avait atteint son maximum en avril avec la réduction des rations de pain, s'est sensiblement atténué en mai grâce au rétablissement intégral des rations de pain, à la mise en distribution de l'arriéré des rations de matières grasses et surtout à l'amélioration des approvisionnements en légumes et en fruits. La certitude d'une abondante récolte dans presque tous les secteurs de la production agricole, est aussi un facteur psychologique de première importance ». Rapport du 9 juin 1946, Archives départementales de Côte-d'Or, 1189 W 146.

3. Rapport du 10 juillet 1946, Archives départementales de la Côte-d'Or, 1189 W 147.

4. *Ibid.*

5. Yves Farges (1889-1953). Journaliste, il rejoint le mouvement de résistance Franc-Tireur où il participe à l'organisation militaire du Vercors. Nommé par de Gaulle commissaire de la République à Lyon à la Libération, il devient ministre du Ravitaillement dans le Gouvernement provisoire de Georges Bidault, de janvier à décembre 1946. Proche du PCF, il présidera le Mouvement de la paix. Il disparaît en 1953 dans un accident de voiture à Tlibissi en Géorgie.

plus que ce dernier s'est déclaré favorable à l'institution de la peine capitale contre les trafiquants du marché noir.

En cet été 1946 qui voit Georges Bidault[1], le successeur de Jean Moulin au CNR, remplacer Félix Gouin à la tête du gouvernement provisoire, Benedetti a déjà la tête ailleurs. Le moteur de l'ambition se remet en marche. La guerre n'a pas été une parenthèse. Parce qu'il a beaucoup risqué mais aussi beaucoup appris, le voilà déterminé et motivé à rendre d'autres services. À son retour de captivité, promesse lui a été faite d'une première classe. À Dijon, il a su tout à la fois s'imposer dans sa relation avec le commissaire de la République, se rendre indispensable pour apaiser les tensions catégorielles, et se montrer un administrateur encore une fois plein d'initiatives quand il s'agissait de résoudre les problèmes matériels. Il est parvenu surtout à soigner sa popularité auprès de ses administrés tout en travaillant avec bonheur son carnet d'adresses. Son entregent fait merveille et aidé par Odette, il sait recevoir. En avril 1946, à la suite d'une visite d'inspection dans le département[2], le vice-président du Conseil, Francisque Gay[3], se fend d'un télégramme qui va bien au-delà de l'amabilité protocolaire :

> « Je tiens à vous remercier de la manière la plus chaleureuse pour l'accueil que vous avez bien voulu réserver au Représentant du gouvernement provisoire de la République. Je garde de ma visite faite à notre département un souvenir inoubliable. Veuillez présenter mes hommages à madame la Préfète et garder pour vous l'assurance de mes sentiments cordialement dévoués[4]. »

1. « Dans le domaine de la politique extérieure, le président Bidault apparaît toujours comme l'homme le plus qualifié pour représenter la France dans les grandes conférences internationales et son élection au plus haut poste de la République, lui confère une autorité accrue auprès de nos grands Alliés ». Rapport du 10 juillet 1946, Archives départementales de Côte-d'Or, 1189 W 147.

2. Archives départementales de la Côte-d'Or, 1189 W 178.

3. Francisque Gay (1885-1963). Fondateur de *La Vie catholique*, à la Libération il participe à la création du MRP. Il siège à l'Assemblée consultative provisoire ainsi qu'aux deux Assemblées constituantes de la IVe République. Député de Paris jusqu'en 1951, il occupe le poste de ministre d'État dans le gouvernement De Gaulle (novembre 1945-Janvier 1946) avant d'être vice-président du gouvernement provisoire de janvier 1946 à décembre 1946.

4. Archives départementales de Côte-d'Or, 1189 W 178.

Lors du dîner offert au vice-président du Conseil, le commissaire de la République est certes placé en face du ministre mais c'est le préfet qui, tout juste à la gauche de l'hôte prestigieux, a l'oreille de ce dernier, le tout sous le regard que l'on imagine amusé et gourmand du futur député-maire de Dijon, le facétieux chanoine Kir[1]... Autre époque sans doute, mais Benedetti n'a pas oublié que si les temps changent, les hommes demeurent avec leurs codes et leurs pratiques. À compétences égales, tout se résume à savoir habilement se placer... Jean, en cette matière, est devenu un orfèvre.

1. Plan de table, Archives départementales de Côte-d'Or, 1189 W 178.

14

Quittant la capitale des ducs de Bourgogne, Benedetti entre dans une autre époque. Le temps des convulsions, des drames, des choix, où le destin se joue parfois brutalement, s'achève. Le moment qui commence, c'est celui du retour à une République normalisée, certes aux prises avec des questions brûlantes comme la reconstruction ou la décolonisation, mais réinstallée dans son écrin démocratique. Dès lors, l'histoire de Jean Benedetti, forte de son appartenance à la résistance mais également de sa genèse d'avant-guerre, s'inscrit dans une progressive ascension vers les sommets de la pyramide préfectorale. Les engagements initiaux au centre-gauche dans les années 1930, auprès de la France combattante durant la guerre s'estompent pour donner cours à une trajectoire désormais bien plus guidée par les logiques administratives que par des desseins politiques. Fonctionnaire d'autorité, Benedetti va pouvoir, en dépit des vicissitudes de l'après-guerre, endosser la tunique du grand préfet qui au-delà des majorités est tout d'abord un administrateur chevronné au service de l'État, du seul État.

Non que les jeux politiques aient définitivement disparu. Les chatoiements et les instabilités de la République renaissante n'atténuent pas toujours la politisation des nominations, mais à tout le moins les soubresauts parlementaires exigent une armature étatique solide, durable et expérimentée. Un nouvel âge d'or pour les préfets dont l'action territoriale compense quelque part la frénésie parlementaire. Quand la Chambre s'échauffe, la préfectorale offre le calme marmoréen des grandes traditions. Les précipitations du régime, tourmenté par le sort de son empire, sécrètent l'antidote d'une administration qui, à la « force qui va » de la Quatrième, oppose l'imperturbable assurance de sa mission. Sur cette scène, Benedetti a accumulé un capital, une autorité et une visibilité qui lui permettent de gravir un à un les derniers échelons de la carrière, porté tout autant par l'élan de son statut d'ancien déporté que par sa réputation de grand professionnel.

D'une certaine manière, sa trajectoire incarne une période d'apogée du corps préfectoral avant la montée en puissance des collectivités locales. Elle offre aussi un idéal type d'une vie réussie de préfet à travers trois régimes, comme si celui qui se hissait sur le pavois suprême de sa corporation emblématisait au plus près les vertus et les valeurs de celle-ci.

Lorsqu'il enterre son épouse le 23 septembre 1963, c'est toute la République qui rend hommage à cette dernière dans un même mouvement de respect unanime pour la défunte et de gratitude pour son mari. Accéléré d'une vie où se condensent les différentes strates d'une histoire : la famille bien sûr, les collègues préfets, les élus, les amis de toutes les époques, les combattants... Le décès d'Odette opère comme un catalyseur où s'offrent à voir soudainement de manière panoramique les scènes multiples d'une existence. Mais c'est aussi un moment de reconnaissance des pairs pour celui qui est encore le premier d'entre eux[1]. Au pied des Corbières à Vingrau, mêlés à la population du petit village et à la famille, les officiels se pressent en une longue procession derrière le catafalque. Parmi ceux-ci, la préfectorale fournit un contingent prestigieux et nombreux : anciens, nouveaux, jeunes et moins jeunes, ils sont là, remontant la petite route de campagne, écrasée de soleil, qui entre les vignes serpente jusqu'au cimetière. Les journalistes locaux qui le lendemain traitent des obsèques dans leurs colonnes égrènent la liste particulièrement étoffée des représentants du corps[2]. Sans compter « les honoraires », ce sont plus de vingt membres de ce dernier qui ont fait le déplacement : Haas-Picart, successeur de Jean à la préfecture de la Seine ; Morice, IGAME de la Ve région à Toulouse ; Pissière, préfet de l'Hérault ; Pelissier, préfet de l'Aude ; Combes, préfet de la Lozère ; Pomel, préfet de la Haute-Loire ; Massol, préfet de la Charente Maritime ; Vaujour, préfet de l'Allier ; Lahillonne et Garnier, secrétaires généraux de la préfecture de la Seine ; Roque, secrétaire général de la préfecture de police ; Sicart, chef de cabinet du préfet de la Seine ; Max Moulin, secrétaire général de l'administration civile des territoires d'Outre-mer, etc.

1. En 1963, Jean Benedetti vient tout juste de quitter la préfecture de la Seine où il a été nommé en 1958 pour prendre la tête des Charbonnages de France.

2. Édition du Midi Libre, du 27 septembre 1963, Archives familiales, Gérard Benedetti.

Au nom de l'association du corps préfectoral, il revient au préfet des Pyrénées-Orientales d'adresser les condoléances à la famille. Solidarité d'une haute administration qui entoure ainsi l'un des siens mais au-delà, c'est la carrière avec ses ramifications multiples qui défile. Aux côtés des préfets, les politiques ne sont jamais loin, notamment les élus de Paris dont la délégation est conduite par le président du Conseil municipal, Jean Auburtin, futur sénateur et par son prédécesseur Pierre Taittinger. Dans leur sillage, Alain Griotteray, rapporteur du budget de la ville, côtoie entre autres le sénateur de la Seine Jean-Louis Vigier et plusieurs membres du Conseil général, mais également les amis de toujours : le comte et la comtesse d'Ormesson ainsi que le duc et la duchesse de Castries.

Si les obsèques d'Odette Benedetti opèrent comme la métaphore d'une existence, elles peuvent se lire parallèlement comme le crépuscule d'une époque, ou tout au moins son annonce. Personnellement, tout d'abord, Jean vient de quitter après cinq années flamboyantes de service la préfecture de la Seine. Ce poste constitue l'acmé d'une carrière tant il incarne par le territoire qu'il recoupe, les prérogatives qu'il recouvre et les symboles qui lui sont associés, la plénitude de la fonction préfectorale. Dans les faits, le préfet de la Seine, non seulement *primus inter pares* parce qu'il préside l'association du Corps[1], dirige tout à la fois et sans distinction trois entités : une préfecture, une administration centrale et un Hôtel de Ville[2]. Atypique institutionnellement et administrativement, la configuration exige des qualités parfois antinomiques entre les dispositions propres à un grand commis de l'État et un savoir-faire inhérent au politique. La loi du 10 juillet 1964 portant réorganisation de la région parisienne[3], sans remettre en cause le principe des attributions du préfet de la Seine, redécoupe le territoire administratif en infléchissant vers une plus grande déconcentration l'action de l'État[4]. Durant son mandat,

1. Aujourd'hui c'est toujours le préfet d'Ile-de-France qui préside l'association du Corps.

2. C'est à Jean Riolacci, lui-même ancien préfet, et conseiller d'État que nous devons cet éclairage. Entretien mai 2011.

3. La loi n° 64-707 du 10 juillet 1964 porte sur la réorganisation de la région parisienne. *JO*, 12 juillet 1964.

4. La loi de 1964 supprime entre autres les départements de la Seine (remplacés par ceux de Paris, des Hauts-de-Seine, de la Seine-Saint-Denis et du Val-de-Marne) et de Seine-et-Oise (remplacé par ceux de l'Essonne, des Yvelines et du Val-d'Oise).

Benedetti a participé avec ses services aux discussions relatives à la réforme mais il a constamment privilégié une conception jacobine du dispositif. Au final, ce sont les partisans d'une déconcentration élargie qui emporteront l'arbitrage du général de Gaulle avec entre autres la création des préfectures des départements[1].

Au regard du contexte nouveau qui se met en place, son départ de la Seine, indéniablement, correspond à une progressive transformation du rôle de l'État. Certes, en 1963, la révision générale de la conception très jacobine qui prévaut encore dans les cercles politiques et la haute administration ne fait que s'esquisser. Mais la réforme de 1964 vise à rapprocher l'État de ses administrés, tout au moins en région parisienne. Un mouvement s'amorce ainsi qui peu à peu modifie l'exercice du métier de préfet, infléchit son autorité et tend à rompre avec le bonapartisme presque revendiqué de la fonction, tout au moins par ceux qui comme Jean Benedetti ont été éduqués dans ce culte très vertical de la haute fonction publique.

Accédant à la préfecture de la Seine, ce dernier atteint un objectif qu'il s'est fixé depuis de nombreuses années et dont – avec l'appui de sa femme – il n'a jamais dévié. Il sait ce qu'il veut, connaît ses concurrents, travaille ses réseaux dans ce sens.

Ce point d'aboutissement du cursus a connu toutes les étapes des grands préfets de l'après-guerre. Évoquant la figure de Benedetti, Jean Riolacci, membre du corps également mais d'une génération postérieure, estime que celui-ci incarne avec force « le préfet œcuménique de la Quatrième République ».

Avant qu'il n'entre en fonction, en octobre 1958, à l'Hôtel de Ville de Paris, son parcours va le conduire à Beauvais, Rennes et Lille. Le régime né de la Libération a besoin de cadres expérimentés, de préférence issus de la résistance et mus par une authentique culture républicaine. Sans conteste, Benedetti correspond au profil.

À Beauvais, Jean et Odette, après les années d'exception de la guerre et de la Libération, retrouvent une vie plus conforme au quotidien d'une préfecture. Préfet par temps de paix, Benedetti construit avec son épouse une famille. François, le premier enfant, est né à Dijon. Marie-Françoise, la fille, voit le jour quelques années plus tard dans l'Oise. Dans l'Oise justement, la première classe est enfin

1. Entretien avec François Benedetti, septembre 2012.

au rendez-vous. Cette fois-ci, la promotion est nette et les résultats obtenus à Dijon associés au statut d'ancien déporté n'y sont pas étrangers. D'ailleurs la presse dijonnaise, tout en regrettant le départ de « son » préfet, ne manque pas de rappeler le bilan très positif de celui qui a su gérer efficacement les problèmes du ravitaillement tout en parvenant dans cette période d'irritations sociales à apaiser les conflits :

> « Fonctionnaire de carrière M. Benedetti nous quitte pour Beauvais. L'avancement est sensible. Mais ce n'est pas sans regret que nous voyons partir ce parfait honnête homme, cet administrateur éclairé dont la sagacité et l'autorité eurent à s'exercer dans notre département dans des circonstances particulièrement difficiles. On sait la part importante et active que M. Benedetti prit dans les solutions apportées aux arides problèmes du ravitaillement. C'était son gros souci. Chaque fois il accueillait ses visiteurs avec un sourire affable et une humeur égale[1]. »

Le pragmatisme et la diplomatie constituent toujours la marque de fabrique de l'homme qui par ailleurs use avec un art consommé du sens de la convivialité et de la réception.

À Beauvais, entouré de ses fidèles, sa secrétaire particulière, Paulette Martin, et de son chef de cabinet, Maurice Gilles, qui l'accompagnent au gré de ses mutations, Jean est d'abord ce fonctionnaire d'autorité au service de l'État et peu enclin à se laisser emporter par les pressions partisanes. À des militants du tout nouveau RPF venus l'enjoindre d'assister à une réunion organisée dans le cadre de sa tournée nationale par le général de Gaulle, le préfet de l'Oise décline sèchement l'invitation, avançant la neutralité qui doit être la sienne.

Proximité de Paris, retour à une existence moins nerveuse se conjuguent aussi pour permettre à Jean de revoir de vieux amis que la guerre avait éloignés. Gustave Antebi est de ceux-là. Ancien responsable des corpos étudiantes d'avant-guerre, cet ingénieur, Juif originaire d'Alexandrie, ami d'Herriot, résistant et qui ne cache pas pour autant certaines amitiés avec des proches des milieux maurrassiens, est lui aussi un personnage atypique. Charmeur, bon

1. Archives familiales, coupures de presse non datées.

vivant, entreprenant, Antebi fait la connaissance de Jean durant les années 1920. Étudiants tous les deux, flirtant avec la politique, et grands amateurs de sorties où l'on fait danser les jeunes filles dans les bals dominicaux, les deux hommes sympathisent. Ils se retrouvent quelques années plus tard, en 1936, lors de l'exposition internationale où l'un comme chef de cabinet de Bastid, l'autre comme prestataire vont œuvrer en commun à la conduite du chantier. Elisabeth, fille de Gustave, se souvient de Jean :

> « Comme mon père, c'était quelqu'un d'ouvert, de tolérant, capable d'avoir des amis d'idées et de convictions parfois radicalement opposées – mais c'était l'époque qui voulait cela... C'était un séducteur lui aussi qui aimait les femmes, qui aimait rire[1]. »

Benedetti sait alterner le devoir et le plaisir, le travail et les amis, la carrière et la famille. Ce n'est pas un dilettante mais certainement pas non plus un besogneux. La Corse, les Pyrénées-Orientales sont également durant toutes ces années des thébaïdes où on revient s'abreuver aux sources familiales.

Ces moments de détente qui constituent cette part privée du personnage n'excluent pas de penser à l'avenir. Aiguillonné par Odette, Jean est aux aguets. La préfectorale est un champ de compétition où se font et se défont les chances, ou se jouent des parties serrées avec des champions qui se positionnent les uns par rapport aux autres, avec civilité certes mais sans indulgence pour les rivaux. À Beauvais où il gère encore les conséquences de la pénurie, il demeurera trois années, d'août 1946 à septembre 1949.

Le siècle a un demi-siècle, Jean s'en approche également. Les années de l'Oise ont pour une fois donné de la durée et de la stabilité à son action. C'est alors sa plus longue expérience dans un poste préfectoral. Accueillant son successeur et ami Maurice Cuttoli, fils et neveu de ses premiers protecteurs, le président du Conseil général de l'Oise François Bénard dressant le portrait du partant rappelle « les qualités éminentes d'un administrateur de grande classe, ignorant la passion partisane, soucieux de la décision équitable, aimant son métier et le faisant bien ».

Mais le temps est venu de redonner un coup d'accélérateur à la trajectoire. Benedetti appartient à l'élite de son corps, il en porte

1. Entretien avec Elisabeth Antebi, printemps 2012.

avec élégance toutes les marques. Il convient de faire fructifier ce précieux capital. L'un des élus de l'Oise, le maire SFIO de Creil, Jean Biondi, Corse comme lui, appartenant aux quatre-vingt parlementaires ayant refusé les pleins pouvoirs à Pétain, grand résistant également, va l'y aider. Secrétaire d'État à la fonction publique à partir de 1947, il constitue l'un des relais qui au sein de l'appareil gouvernemental appuie la volonté de progression de Jean. Une réforme va fournir le combustible à ses aspirations, démontrant qu'une existence professionnelle repose toujours sur le savant dosage issu de la rencontre entre l'habileté et les opportunités.

La loi du 21 mars 1948, portant autorisation de dépenses sur l'exercice 1948 et majoration de droit crée, dans son article 3, huit emplois d'Inspecteur général de l'Administration en Mission Extraordinaire (IGAME) : « Ces hauts fonctionnaires, précise le texte, ont rang, prérogatives et traitement de préfet hors classe ; un décret contresigné par le ministre de l'Intérieur et le ministre des Finances et des Affaires économiques déterminera les modalités d'application de ces dispositions[1] ». De fait, ce sont les grèves insurrectionnelles de 1947 qui invitent les pouvoirs publics et le ministre de l'Intérieur, Jules Moch, à créer cette super élite préfectorale qui aura prééminence non seulement sur les préfets de département mais également sur le général commandant la région militaire, sur le colonel de gendarmerie et le commandement du groupement de CRS[2].

En septembre 1949, Jules Moch, lui-même, vient installer Benedetti dans ses fonctions d'inspecteur général de la 3e région, et de préfet d'Ille-et-Vilaine. Ce dernier n'a pas tardé à saisir l'occasion que lui fournissent les dispositions de la loi pour conférer un nouveau cours à son destin. On peut penser aussi qu'à ce stade, son expérience constitue pour sa hiérarchie une garantie solide et rassurante. Quoi qu'il en soit, il est ainsi propulsé dans le cercle restreint des IGAME, proconsuls de fait d'une France encore hypercentralisée.

La Bretagne n'est pas terre inconnue pour Jean. Près de dix-sept ans auparavant, jeune chef de cabinet du préfet du Morbihan, il

1. Loi du 21 mars 1948, Journal officiel du 24 mars 1948.

2. Luc Rouban : « Les préfets entre 1947 et 1958 ou les limites de la République administrative », *Revue française d'administration publique*, ENA, 2003-2004, n° 108, p. 551-564.

y a fait la connaissance du futur colonel Remy, de son vrai nom Gilbert Renault, l'un des tout premiers Français libres qui rejoindra de Gaulle en juin 1940 et qui se verra confier au sein du BCRA l'implantation d'un réseau de renseignements sur le sol français. Nommé fin juillet 1949, en fonction en août, il reçoit son ministre le 22 septembre. S'adressant à la presse, l'occasion est donnée à Jules Moch de préciser sa conception du rôle des IGAMES, dont il est l'initiateur :

> « Je vous demande de ne pas parler de M. Benedetti comme d'un super préfet. En créant les inspecteurs généraux, le Gouvernement n'a pas voulu créer une nouvelle hiérarchisation mais s'assurer la présence dans chaque région d'un chef de la coordination des différents services de l'administration. J'attache au rôle de mes inspecteurs généraux une très grande importance car ils sont dans les différentes régions les représentants directs du Gouvernement et c'est pourquoi je tiens à les présenter moi-même[1]. »

L'événement est jugé suffisamment important pour que *Ouest-France*, dans son édition du lendemain, relate sur plusieurs colonnes, et avec force clichés, le déplacement ministériel. Cette visite a la vertu du rite et dans sa solennité, elle tend à installer dans l'opinion un homme – le préfet – qui jouit de toute la confiance du Gouvernement et dispose en conséquence de toute légitimité pour agir.

Elle se double accessoirement d'un autre objectif. Il s'agit pour Moch de scénariser au mieux sa venue et d'orchestrer de manière théâtrale son action. Dans cette séquence d'adoubement, le ministre n'hésite pas à jouer sur plusieurs registres : le travailleur infatigable qui dès 7 heures du matin converse avec le président du Conseil, Henri Queille, avant de décoller pour Rennes ; le baroudeur qui, pilote chevronné comme l'indique le journaliste de *Ouest-France* est aux commandes de l'appareil pour faire atterrir celui-ci ; le haut responsable gouvernemental pour lequel se succèdent les hommages militaires et qui dans une période où certains conflits peuvent prendre un caractère insurrectionnel, souhaite apporter toute la pompe inhérente à la démonstration d'un État tout-puissant et déterminé ; l'animateur de son administration qui réunit autour de l'IGAME les

1. *Ouest-France*, 23 septembre 1949.

douze préfets de la 3e région ; le grand politique à l'écoute des élus locaux avec lesquels il s'entretient, sans oublier l'aparté réservé aux camarades de la SFIO ; l'acteur de proximité soucieux de visiter les services de la préfecture ; le leader national qui enfin répond avec habileté aux questions des journalistes…

C'est donc un ministre aux multiples facettes qui à Rennes vient introniser son représentant. Énergie, sens de l'État, capacité d'écoute, solennité…

Le rituel républicain qui accompagne cette journée consacre le nouveau préfet. Ce ne sont pas moins de douze préfets qui désormais relèvent de son autorité, sans compter le primat qu'il exerce sur l'armée et la sécurité. Le changement d'échelle ainsi opéré place Jean Benedetti dans une situation qui lui offre d'autres perspectives. Posant ses pas le long de la voie royale de la préfectorale, il pénètre dans le cercle des prétendants légitimes et naturels au trophée parisien, but ultime d'une carrière au rythme aussi enlevé.

Ce sont six années qu'il s'apprête à passer à Rennes. Sur ces terres démocrates-chrétiennes, sa cordialité va s'imposer, ici comme ailleurs, auprès des élus et d'une population qui apprécie sa simplicité. Les notables louent son écoute, son sens du service, sa capacité à rapprocher l'État des besoins des collectivités. C'est l'un des tours de force de Benedetti – un secret de fabrication – que d'habiter avec modestie et bonhomie une fonction par bien des aspects exorbitante. Ce contraste entre l'étendue des prérogatives et la bienveillance du personnage opère comme un charme. De cette arme de séduction, il fait presque un outil stratégique au service de l'État qu'il contribue ainsi à humaniser par sa modestie, son humour aussi. Il incarne bien sûr la fonction – avec ses symboles, ses attributs et il ne déteste pas, loin s'en faut, les signes extérieurs du pouvoir même s'il n'est pas dupe de leur fragilité – mais il occupe cette dernière avec une souplesse qui rompt avec la froideur distante qui souvent enveloppe la haute fonction publique.

Tout juste arrivé à Rennes et recevant *Ouest-France*, il insiste sur la dimension très humaine qu'il entend donner à sa tâche, se faisant au passage le chantre du « métier de préfet » :

> « Ce métier de préfet pour lequel j'entends exercer comme je l'ai toujours fait, strictement, un rôle d'administration est en même temps

le métier le plus beau et le plus exaltant, parce que le plus humain, en ce sens qu'il permet des contacts permanents avec les hommes[1]. »

À Rennes, ses premiers actes obéissent à un authentique souci de communication. Les signaux qu'il envoie dès son arrivée s'adressent à la Bretagne résistante, aux maires dont il sait que s'attacher la confiance constitue un facteur de réussite, et plus largement à ses administrés confrontés aux difficultés de la vie quotidienne. La mémoire encore vive ; le politique ; l'opinion : autant de points d'appui auxquels s'adossent les toutes premières initiatives de l'IGAME. Ainsi le 1er septembre 1949, se rend-il dans la cour du Colombier et devant le stand de la Maillotière à Saint-Jacques-de-la-Lande, lieu d'exécution de nombreux résistants et otages, pour un hommage à ces derniers[2]. Quelques jours auparavant, le 27 août, ce sont les élus auxquels il écrit pour réaffirmer sa volonté de proximité et de dialogue :

« Et je veux croire – j'en suis sûr même – que cette confiance, base indispensable d'un travail en commun fructueux naîtra très vite de nos prochaines rencontres. Je les souhaite, quant à moi, aussi fréquentes que possibles, et en attendant que je puisse venir jusqu'à vous, je vous demande comme je vous y ai invité déjà il y a quelques jours, de considérer la préfecture comme la « Maison Commune » où vous trouverez toujours le plus attentif comme le plus cordial des accueils[3]. »

Le 7 septembre, dans une allocution sur l'antenne de Rennes-Bretagne, alors que se manifestent des problèmes d'approvisionnement en lait des centres urbains, Benedetti enjoint les maires à appuyer l'État dans sa volonté d'assurer la distribution d'un produit de première nécessité :

« Je dois vous mettre en garde contre une campagne qui s'annonce et qui a pour but de troubler la collecte et de raréfier les approvisionnements. M'adressant aux magistrats municipaux qui, je le rappelle, sont chacun les représentants de l'exécutif, je les invite très

1. *Ouest-France*, 22 août 1949.
2. *Ouest-France*, 2 septembre 1949.
3. Recueil des actes administratifs, 27 août 1949, Archives départementales d'Ille-et-Vilaine, 1065 W 36.

instamment à briser avec moi de telles manœuvres de désorganisation économique qui si elles aboutissaient en se généralisant ne tarderaient pas à nuire à l'autorité du pouvoir établi[1]. »

Résistant, homme de dialogue et de consensus, il entend également affirmer son autorité qui est aussi celle d'un État qui doit au nom de l'intérêt général veiller au bien-être de ses administrés et notamment des populations les plus fragiles : « Le lait n'est-il pas le pain de l'enfant et du vieillard, deux êtres faibles qui placés aux pôles extrêmes de la vie tirent de cet aliment les premiers éléments d'une constitution solide et d'un développement harmonieux, les autres au soir d'une existence trop souvent douloureuse, le moyen essentiel, pour ne pas dire exclusif, de la subsistance ».

La dimension sociale justifie l'expression de l'autorité, l'intervention d'un pouvoir ferme et énergique qui tout en comprenant les difficultés catégorielles, dans le cas présent celles des producteurs de lait, est appelé par nécessité républicaine à prendre des mesures rétablissant la solidarité et le bien public. L'action du préfet Benedetti, où qu'il se trouve, est animée par une certaine conception de la société, de la régulation de celle-ci. Une vision qui, si elle n'était pas portée par un homme issu de la tradition radicale, pourrait s'inscrire dans l'héritage du catholicisme social. Dans la Bretagne MRP des années 1950, cette philosophie a toutes les chances de rencontrer un écho favorable. Et quand il faudrait appuyer sur cette corde, Jean peut compter sur Odette qui prolonge par des initiatives caritatives la démarche de son mari. Le couple ainsi forme un tout professionnel, quasi organique, constructeur d'une image de complémentarité. Pour s'en convaincre, la lecture de la presse locale, au moment du décès d'Odette, vient rappeler une nouvelle fois l'engagement de celle-ci dans de nombreuses œuvres de charité :

« Dans notre ville, plusieurs années bénéficiaires de ce dynamisme et de cette bienveillance en tant d'occasions de toutes sortes, qui ne se souvient, orphelins, vieillards, malades, de ces fêtes organisées par elle et auxquelles son affectueuse et souriante présence apportait tant de joie ? [...]

1. Allocution de M. Benedetti, Inspecteur général, préfet d'Ille-et-Vilaine, sur l'antenne de Rennes-Bretagne, reproduite dans *Ouest-France*, 7 septembre 1949.

Noël des vieillards, Noël des orphelins, Noël des malades, etc.[1] »

De la sorte l'épouse renforce les liens, conforte l'enracinement, seconde son mari dans la sphère qui est la sienne. Ainsi le comité organisateur du « Noël de la vieillesse » qu'elle préside comprend toutes les notabilités féminines du département (responsables d'associations de secours, femmes d'élus, etc.)[2].

Les années bretonnes, heureuses, s'inscrivent dans la durée. Jean a aimé cette région ; il s'y construit de nouveaux socles amicaux, entre autres parmi les politiques qui longtemps après son passage se souviendront de lui ; il s'y forge surtout une ultime et forte certitude : Paris est désormais pensé comme le but final, le couronnement de sa carrière. Mais en excellent tacticien il sait que cet objectif exige de se positionner sur un des postes susceptibles d'alimenter la préfecture de la Seine. Ils sont trois à servir de source à cette ambition : Marseille, Lyon et Lille, avec un avantage pour le Nord qui dispose alors du plus grand bassin de population doté, en outre, d'un poids économique essentiel. Depuis quelque temps, Benedetti est en concurrence implicite avec l'un de ses collègues, plus jeune de quatre ans, mais tout aussi talentueux et entreprenant : Raymond Haas-Picard, cadre et militant socialiste, ancien de la France libre, représentant à Londres de la SFIO clandestine, membre de plusieurs cabinets ministériels dont celui de Jules Moch. Plus récent dans le corps mais doté d'une riche expérience préfectorale depuis la Libération, il a l'aura du résistant, les réseaux, l'énergie du grand administrateur. Esprit brillant et rapide, peut-être ne dispose-t-il pas du caractère tout de consensus et de compromis de son aîné. Quoi qu'il en soit, dès 1949, il est en course pour un poste d'IGAMIE et pressenti un moment pour Rennes. Mais Jean lui est préféré. Il hérite néanmoins de la préfecture de Dijon – qui sera élevée au rang d'IGAMIE en 1951 – et qu'il occupe jusqu'en 1955. Haas-Picard ne dissimule pas non plus son ambition : la préfecture de la Seine. Et tout comme Benedetti il ne saurait ignorer que l'accès à celle-ci est indissociable d'une étape intermédiaire. Dans le mouvement préfectoral de 1955, les deux hommes poursuivent ainsi leur rivalité

1. *Ouest-France*, 21 septembre 1963.

2. Coupure de presse *Ouest-France*, Archives départementales d'Ille-et-Vilaine, 1065 W 38.

à distance, toujours de bon aloi mais réelle. Alors qu'Haas-Picard est promu à Marseille, Benedetti est nommé dans le Nord, conformément à ses vœux et à ses anticipations de carrière.

L'expérience rennaise, au-delà des vicissitudes du régime plongé dans la décolonisation et dans le début de la guerre d'Algérie qui, au regard de ses origines familiales, ne manque pas de l'interpeller, parachève de l'imposer comme l'une des figures marquantes et l'un des leaders de son corps. Il en est l'un des hommes d'influence qui plaidera par la suite pour une plus grande ouverture de celui-ci, notamment aux administrateurs civils.

À l'instar de ses postes précédents, quittant Rennes et sa région, il y laisse les regrets des élus qui saluent sa promotion tout en déplorant son départ. La réception que donne le 10 juillet 1955 le maire MRP de Rennes, Henri Freville, en hommage au préfet partant s'inscrit dans une longue cérémonie des adieux où tour à tour Jean et ses interlocuteurs font assaut d'amabilité, de cordialité et d'émotions sincères. Écrivant une dernière fois le 8 juillet aux maires du département, il leur témoigne sa reconnaissance :

> « Je vais vous quitter et à la veille du départ je me fais encore difficilement à cette idée. Mais la réalité est là : elle se manifeste par de multiples témoignages qui m'émeuvent profondément et beaucoup d'entre vous m'ont écrit pour m'exprimer souvent plus que des félicitations : des regrets. Les miens, soyez-en sûrs, sont très grands[1]. »

Dans le tourbillon d'une existence où les empreintes de la guerre ne sont jamais loin réapparaissent des amis d'autrefois et non des moindres, comme ce compagnon des jours de combats, Camille Ernst, son secrétaire général de Montpellier qui vient lui succéder à Rennes. Dans le petit monde préfectoral les destins se croisent et s'entrecroisent.

Quelque quarante-huit heures avant son départ pour Lille, Jean, qui nonobstant ses pincements au cœur aborde son nouveau poste avec un mélange d'appréhension et d'appétence, remercie l'un de ses soutiens,

1. Adieux de M. Jean Benedetti, préfet d'Ille-et-Vilaine, Inspecteur général de l'administration, à MM. les maires du département, 8 juillet 1955, Archives départementales d'Ille-et-Vilaine, 1065 W 36.

le ministre radical de l'Industrie et du commerce, André Morice, qui a joué un rôle non négligeable dans sa nomination lilloise :

> « Monsieur le Ministre,
> Me voici donc arrivé au terme de mon séjour à Rennes et j'aurai d'ici quelques jours quitté ce beau département où six années de séjour ont fait de moi un Breton d'adoption.
>
> Ce n'est certes pas sans regrets que je le quitte d'autant que je ne me fais pas d'illusion sur les difficultés de la tâche qui m'attend.
>
> Vous savez mieux que tout autre les conditions dans lesquelles est intervenue ma nomination et je n'aurai garde d'oublier à ce propos la part que vous y avez prise et ce que je vous dois ; veuillez donc, monsieur le Ministre, trouver ici l'expression de ma très vive reconnaissance pour l'appui que vous avez bien voulu m'accorder[1] […]. »

Ce Nord, il le retrouve avec bonheur, lui l'ancien sous-préfet des jours terribles à Dunkerque. Ce Méditerranéen portera toujours une vive affection pour les populations de cette région dont il apprécie le sens d'une hospitalité sincère. L'accueil qui lui est réservé à l'été 1955, tant par la presse que par les élus, est encore fortement marqué par le souvenir de 1941, de Dunkerque, du jeune sous-préfet qu'il était dans un arrondissement dévasté. Quatorze ans ont passé, mais la mémoire de l'époque reste vive.

Quelques jours avant sa désignation, des coupures de presse bruissent de son éventuelle nomination : « M. Jean Benedetti, sous-préfet de Dunkerque pendant l'Occupation allemande, sera-t-il nommé préfet du Nord ? », titre *Le Nouveau Nord* qui poursuit sur le souvenir laissé par celui-ci aux heures difficiles de l'Occupation : « En même temps qu'il se mettait avec une ardeur intrépide à l'effroyable tâche matérielle qui s'imposait, M. Jean Benedetti prenait une position courageuse, digne et même héroïque envers les Allemands[2] ». Rappelant l'épisode déjà évoqué de la liste d'otages, le rédacteur insiste : « Le

1. Courrier de Jean Benedetti, préfet d'Ille-et-Vilaine, Inspecteur général de l'administration à M. André Morice, ministre de l'Industrie et du commerce, 9 juillet 1955. Archives départementales d'Ille-et-Vilaine, 1065 W 36.

2. *Le Nouveau Nord*, non daté, Archives François Benedetti.

patriotisme du jeune sous-préfet avait éveillé la méfiance des autorités d'Occupation. Elles exigèrent qu'il fût envoyé dans un poste moins critique à leurs yeux ».

Les élus départementaux, qui le connaissent bien, saluent son arrivée sans oublier de réactiver la mémoire de la guerre, contribuant à renforcer sa stature de grand préfet résistant. Dans sa séance du 24 octobre 1955, le Conseil général l'accueille. Il revient au président de l'Assemblée et futur sénateur MRP, Jules Émaille, de lui souhaiter la bienvenue dans des termes particulièrement élogieux et chaleureux[1]. Mais c'est Jules Houcke, ancien résistant et parlementaire gaulliste qui, en tant que maire de Nieppe, l'une des communes de l'arrondissement de Dunkerque, rend l'hommage le plus appuyé, en puisant pour la circonstance dans ses souvenirs :

> « En cette circonstance et en quelques mots, je me permettrai d'évoquer ici un souvenir qui nous est commun. Je le fais d'autant plus volontiers que je n'ai joué aucun rôle dans le fait que je vais relater, sinon celui de témoin.
>
> C'était en 1941. Tous les maires intéressés par des livraisons de lait aux aviateurs allemands cantonnées à Merville avaient été brutalement convoqués à la *Kommandantur* de Bailleul pour insuffisance de livraisons. Par suite d'une indiscrétion dont j'ai d'ailleurs été l'auteur – je n'ai plus aucune raison de le cacher – les services de la sous-préfecture en avaient été informés.
>
> À l'heure de la réunion, nous vîmes arriver une personnalité que personne ne semblait connaître – je m'en excuse monsieur le Préfet – qui s'adressa à l'officier allemand en ces termes – que je vous répète textuellement tellement ils sont restés profondément gravés dans ma mémoire :
>
> « Monsieur, vous vous êtes cru autorisé à convoquer plusieurs maires de mon arrondissement sans en référer à l'autorité de tutelle. Je suis le sous-préfet de Dunkerque et ma présence ici signifie que l'administration française continue et qu'elle continuera envers et contre tous. »

1. Procès-verbaux des délibérations du Conseil général, 2e session ordinaire de 1955, Archives départementales du Nord, 700 W 17.

Je n'ai pas à commenter ces paroles qui se passent d'ailleurs de commentaire et qui ont gardé toute leur valeur. Je veux simplement rappeler une seule chose : la date, 1941. »

Dans ce Nord que l'homme a déjà arpenté près de quinze années auparavant, la guerre se présente toujours comme un fait majeur de sa trajectoire. À cette aune, l'administrateur est jaugé non pas uniquement sur ses qualités professionnelles mais au regard de quelque chose qui en appelle à d'autres valeurs : l'engagement, le courage, le tempérament. Dans une époque qui, épuration oblige, estime avoir soldé son passé, la figure du « préfet résistant » tel que Benedetti l'incarne consolide l'idée encore dominante d'une administration qui dans son ensemble n'aurait pas failli à sa mission. C'est ainsi qu'il convient de lire la conclusion de l'intervention de Jules Houcke :

« Je rends ici un hommage aux autorités de tutelle quelles qu'elles soient qui ont su, par la force de leur caractère et de leur patriotisme, s'imposer à l'ennemi et faire en sorte [...] que l'Administration française continue, avec tout ce que cela représentait de grandeur et de dignité[1]. »

Dans l'allocution qu'il prononce ce même jour devant l'Assemblée départementale, le préfet n'hésite pas, lui aussi, à convoquer le passé et ce faisant à s'inscrire dans une généalogie qui s'enracine dans l'histoire combattante de la région. Trepont, le préfet du Nord déporté durant la Première Guerre mondiale et dont Leroy, son premier mentor, fut le collaborateur ; Jean-Baptiste Lebas, député-maire SFIO de Roubaix, ministre du Travail du Front populaire, résistant de la première heure et mort en déportation ; Paul Machy[2], maire et

1. Procès-verbaux des délibérations du Conseil général, 2e session ordinaire de 1955, Archives départementales du Nord, 700 W 17.

2. « J'ai partagé, en déportation, le sort de deux d'entre eux qui ne sont malheureusement pas revenus, deux de mes collègues : le président Jean-Baptiste Lebas, dont le chef de l'État évoquait à Roubaix [...] le grand caractère et l'ardente figure, et Paul Machy, conseiller général et maire de Rosendaël, que j'ai bien connu à Dunkerque, âme forte dans un corps fragile ». Procès-verbaux des délibérations du Conseil général, 2e session ordinaire de 1955, Archives départementales du Nord, 700 W 17.

conseiller général socialiste de Rosendaël disparu également comme Lebas dans un camp en Allemagne : se dresse ainsi le panthéon des héros dans une filiation revendiquée, couvrant les occupations successives du Nord et réactivant le souvenir des sacrifices des élus, de l'administration publique et de ses agents :

> « Puis lorsque […] j'ai pénétré dans l'enceinte de votre Assemblée, deux autres marbres ont attiré mon attention : ils rappellent dans une énumération hélas ! trop longue le sacrifice de tous ceux, élus du département et fonctionnaires de la grande famille administrative qui, au cours de deux guerres, sont morts pour la patrie. Ce n'est pas par hasard que leurs noms sont confondus. Avant que d'être unis dans un destin commun, ne l'étaient-ils pas, en effet, dans un égal attachement à la cause du service public[1] ? »

Cet hommage aux combattants se double d'une autre référence qui en appelle aux grands prédécesseurs et anciens dans le poste de préfet du Nord, à commencer par Roger Verlomme, l'un des grands artisans, déjà rencontré dans ce récit, de la reconstruction du corps à la Libération[2] et Marcel Lanquetin[3] auquel il succède. De ce dernier qui a contribué, parmi d'autres, à sa nomination à Lille, il dresse un portrait que l'on dirait presque gémellaire :

> « Avec une grande expérience des êtres et des choses de l'administration, une connaissance parfaite d'un métier qu'il aimait par-dessus tout, une affabilité, une bonne grâce qui étaient le reflet d'une naturelle bonté, il a pendant neuf ans […] administré ce département qui l'a tellement attaché[4] […]. »

1. *Ibid.*

2. « Enfin de ce bureau où vous l'avez approché tant de fois, comme moi pensez-vous souvent, depuis que je l'occupe, à l'ombre familière du grand administrateur que fut Roger Verlomme, Roger Verlomme qui m'honorait de son amitié et qui s'est éteint à sa table de travail ». Procès-verbaux des délibérations du Conseil général, 2e session ordinaire de 1955, Archives départementales du Nord, 700 W 27.

3. Marcel Lanquetin (1891-1956), chef de cabinet du Premier ministre de l'Intérieur du Front populaire Roger Salengro, il sera ensuite sous-préfet de Montbéliard, puis préfet de la Drôme. Révoqué par Vichy, il est renommé préfet du Loiret à la Libération.

4. Procès-verbaux des délibérations du Conseil général, 2e session ordinaire de 1955, Archives départementales du Nord, 700 W 17.

C'est sous le sceau d'une double geste, celle de l'histoire et de ses tragédies d'un côté, celle de la préfectorale et de sa grande tradition de l'autre, qu'il place d'entrée son action dont il dévoile en quelques mots les principes directeurs : empirisme et pragmatisme, proximité et humanité, modestie et simplicité, efficacité et autorité. Ce souci des administrés et la priorité qu'il accorde à l'écoute attentive des requêtes et sollicitations, il en fait un leitmotiv de sa démarche tant dans sa pratique désormais bien connue des visites aux maires sur le terrain, que dans ses propos qui opèrent comme un discours de la méthode :

> « Ce sont des familles, des individus dont nous avons la charge et mon souci majeur est qu'ils trouvent en toutes circonstances auprès des services une information rapide et objective qui, si elle ne répond pas toujours à leur attente, leur donne tout au moins le sentiment qu'ils ont d'être écoutés et compris. « Pour faire de grandes choses, a dit Montesquieu, il ne faut pas être un grand génie, il ne faut pas être au-dessus des hommes, il faut être avec eux » : je n'ai pas d'autre ambition[1]. »

Mais la tradition dont il se réclame, le cœur du métier auquel il se réfère – administrer – n'exclut pas d'anticiper et d'intégrer les missions nouvelles d'un corps confronté à de nouveaux enjeux. Pour être encore très politique, la préfectorale n'en voit pas moins certaines de ses fonctions en voie de technocratisation. Le rôle économique, adossé à une conception sociale du développement, compte dorénavant parmi les attributs d'un préfet qui se fait aussi aménageur de son territoire :

> « Les responsabilités du préfet moderne ne se limitent plus en effet [...] au règlement d'affaires strictement administratives. Le social et l'économie occupent dans la gamme de ses soucis et de ses préoccupations une place sans cesse grandissante[2] [...]. »

Cette tâche, Benedetti la réinsère dans son contexte : une région dont l'histoire économique moderne a pris son élan avec la révolution industrielle et qui constitue au moment où il s'exprime, un

1. Procès-verbaux des délibérations du Conseil général, 2e session ordinaire de 1955, Archives départementales du Nord, 700 W 17.
2. *Ibid.*

poumon du système productif du pays mais dont on pressent déjà que sous l'effet de l'internationalisation de la concurrence, il sera contraint à son lot d'adaptations :

> « Et que dire, alors, lorsqu'il s'agit du préfet du Nord, de ce département qui, s'il a été il y a cent ans d'une façon audacieuse à la pointe de la révolution économique et industrielle du pays, peut être aujourd'hui, dans une compétition qui dépasse déjà sensiblement les limites du territoire national, appelé à connaître des jours sinon graves du moins difficiles. Vous pressentiez sans aucun doute ce risque lorsque, pour faciliter les adaptations indispensables de nos structures économiques, vous avez compris l'impérieuse nécessité d'appliquer dans ce cadre plus étroit du département et dans la limite raisonnable de ses possibilités contributives, des formules originales qui ne visaient rien moins qu'à favoriser son développement et sa modernisation[1]. »

Des banquets républicains et des comices agricoles de ses débuts à la préoccupation implicite de la compétitivité, le chemin ainsi parcouru illustre les bouleversements d'un monde qui transforme les conditions d'exercice du métier. Manifestement, Jean Benedetti saisit les évolutions inhérentes aux activités préfectorales. Son pragmatisme se traduit par une grande perméabilité au changement et une disposition certaine à en tirer des enseignements très pratiques. Les fonts baptismaux de la Troisième République ont vu son accession à la carrière : de cette genèse, il a sans doute gardé bien des usages et des réflexes, mais il parvient à négocier les tournants de son temps, conscient que le préfet pour, conserver sa légitimité et son autorité, doit accepter la modernisation permanente de ses fonctions.

De mémoire familiale, le Nord constituera l'une des étapes les plus heureuses de son parcours. Il s'y épanouit dans ses relations avec les élus, les décideurs économiques, les corps intermédiaires, la presse. Mais il y apprécie surtout ces « Ch'tis » dont la spontanéité semble dépourvue de toute duplicité. Avec sa garde rapprochée[2], son direc-

---

1. *Ibid.*

2. Toujours dans sa première allocution devant le Conseil général, il rend hommage à ses collaborateurs les plus proches : « Enfin, je sais pouvoir me reposer sur la phalange fidèle et dévouée de mes collaborateurs de la Préfecture. Je l'ai, ce personnel, pratiqué sous bien des cieux et je lui dois cette reconnaissance de m'avoir tout simplement appris mon métier ». Procès-verbaux des délibérations

teur de cabinet Maurice Gilles qui le suit depuis les jours sombres d'Avignon, sa secrétaire Paulette Martin qui l'accompagne depuis l'Hérault et son secrétaire général Claude Massol, dont il va faciliter la promotion au rang de préfet, Benedetti anime avec souplesse ses services. Son autorité, il l'habille de bonhomie et de cordialité, en usant sans y toucher, avec parcimonie, soucieux de la paix sociale et de la cohésion de ses équipes. Encore une fois, il souligne avec force la solidarité qui le lie à l'ensemble de son administration :

> « Mais l'homme seul ne peut rien, et pour poursuivre cet ambitieux projet, je compte avant tout sur le concours de mes collègues de l'administration préfectorale qui forment autour de moi [...] une garde affectueuse et vigilante, et des chefs des grands services départementaux et régionaux dont j'ai pu également apprécier les solides qualités[1]. »

Au-delà du labeur quotidien, l'un des moments forts de son passage dans le Nord sera constitué par le voyage de la toute jeune Elisabeth II et de son époux en avril 1957. La préparation de la visite de la reine donne lieu à une agitation fébrile. La préfecture doit tout à la fois gérer au plus près les questions protocolaires et s'assurer de la protection ainsi que de la sécurité du couple royal. Cette mission sensible mobilise au premier chef le préfet et ses équipes qui redoutent sur un gradient – allant du simple incident à l'attentat – diverses formes d'agression aux mobiles protéiformes. À cette fin, plusieurs réunions sont organisées autour du directeur de cabinet de Benedetti, Maurice Gilles, afin d'étudier tous les scénarios, y compris les plus alarmistes. Ainsi les 13 et 15 février, en présence du contrôleur général Albayez, directeur du Service des voyages officiels, sont fixés les principes opérationnels que devront mettre en œuvre et respecter les services d'ordre et de sécurité[2]. Il s'agit prioritairement de veiller à identifier « dans les milieux suspects tous les renseignements susceptibles de déceler en temps utile l'organisation de manifestations ou même d'attentats[3], et de procéder

---

du Conseil général, 2e session ordinaire de 1955, Archives départementales du Nord, 700 W 17.

1. *Ibid.*

2. Note à l'attention de M. le directeur départemental des services de police du Nord, Archives départementales du Nord, 485 W 141846.

3. *Ibid.*

à un contrôle très serré des étrangers (en particulier les Grecs, les Chypriotes et les Irlandais du Nord) et les éléments douteux (principalement les Nord-Africains[1]). »

En ces temps de conflit algérien, l'appréhension demeure vive quant au potentiel terroriste dont peuvent faire preuve certaines communautés ; et sous les contraintes inhérentes à l'encadrement de la visite royale se dessinent les mécanismes de stigmatisation policiers qui à l'époque visent instinctivement plusieurs catégories de population. Les craintes sont suffisamment vives pour que dans une lettre du 6 avril adressée au préfet et signée du chef du service régional de Police judiciaire, ce dernier se plaigne de l'insuffisance d'exemplaires de listes de suspects, accompagnées de clichés photographiques, transmis à ses services[2].

L'opinion est également sondée, tout à la fois pour anticiper toute éventualité d'incidents et pour appréhender politiquement ses réactions. Un rapport des renseignements généraux du mois d'avril vient opportunément éclairer l'administration préfectorale à ce sujet[3]. À quelques jours seulement de l'arrivée de la reine, l'indifférence initiale semble s'estomper, tout au moins dans l'agglomération lilloise, pour laisser la place à des expressions variées et parfois contradictoires :

> « Le déplacement à Lille et à Roubaix de S.E. la reine Elisabeth d'Angleterre commence à passionner une opinion publique restée longtemps indifférente après l'annonce de l'événement. Cette opinion publique réagit tant sous forme de réaction personnelle que sous forme de commentaire de ce que les moyens d'expression, en particulier la presse, lui offrent en pâture[4]. »

Le rédacteur de la note observe que les journaux informent abondamment, mais tendent à crisper l'opinion sur le caractère ostentatoire du voyage :

1. *Ibid.*
2. Courrier du commissaire divisionnaire, chef du Service régional de police judiciaire à M. le préfet, 6 avril 1957, Archives départementales du Nord, 458 W 141848.
3. Note du chef du service des Renseignements généraux au préfet du Nord, 6 avril 1957, Archives départementales du Nord, 458 W 141848.
4. *Ibid.*

« On sait que les deux reproches majeurs formulés à l'occasion du déplacement du couple royal en France sont, par ordre d'importance, le coût exorbitant des manifestations et l'exagération de l'étiquette. Or, la population, à la lecture du détail de l'organisation des différentes réceptions, suppute les frais que cela représente. Des personnes sensées déclarent que le seul déplacement du Nord coûtera un milliard de francs à l'État[1]. »

Abordant l'attitude des formations politiques, les renseignements généraux signalent la discrétion de ces dernières quant à l'événement, à l'exception d'une pointe d'ironie qui perce chez les dirigeants du PCF. Les milieux algériens font l'objet d'une attention particulière mais manifestement la période du Ramadan ne les prédispose pas à porter le moindre intérêt à la visite royale[2].

L'autre versant du voyage est alimenté par des questions de protocoles et de programmes. Une grande latitude est laissée au préfet par les diplomates britanniques et, *de facto*, c'est bien ce dernier qui lors de cette ultime journée du déplacement de la reine en France a la main pour organiser celui-ci. En concertation avec l'Élysée et le ministère de l'Intérieur, le voilà en charge d'orienter dans les moindres détails l'opération, devant gérer les enjeux de préséance, les susceptibilités locales et le contenu de la visite. Il est averti dès l'automne 1956 de la venue de la reine par une note de l'ambassade de Grande-Bretagne qui le sollicite pour donner son avis sur un préprogramme et le modifier si nécessaire[3].

Benedetti n'est pas inconnu des services de Sa Majesté, notamment de son ambassadeur en France, le très distingué Sir Gladwyn Jebb avec lequel il a noué d'excellentes relations depuis une visite de la reine-mère en Bretagne. Lorsque fut envisagé le choix d'une ville de province pour clore la visite royale, c'est en souvenir de ce déplacement que Lille s'imposa en raison... de son préfet dont les talents de réception étaient maintenant connus de l'autre côté de la Manche. Les contacts avec Sir Gladwyn Jebb, nombreux et toujours chaleureux, incitèrent le diplomate à proposer à la reine d'attribuer au préfet les insignes de Commandeur de l'ordre de Victoria, qu'il

1. *Ibid.*
2. *Ibid.*
3. Note de l'ambassade de Grande-Bretagne, 20 novembre 1956, Archives départementales du Nord, 458 W 141848.

arborera en lieu et place de la croix de la Légion d'honneur le matin du 11 avril pour accueillir Elisabeth II sur le terrain d'aviation de Lesquin.

À gros traits, les autorités britanniques font savoir l'intérêt de la reine « d'être vue par le plus grand nombre de personnes, surtout par la classe ouvrière, et aussi de faire un geste envers une région qui est par tradition si anglophile[1]. » Elles relayent aussi la volonté de l'altesse royale de visiter une usine et précise, enfin, que le président de la République n'accompagnera pas Elisabeth II.

Dans cette phase de préparation, le préfet est l'objet de demandes à caractère folklorique pour certaines, parfois plus délicates pour d'autres et qui exigent un savoir-faire relationnel et politique. Le 18 février, le président du Cercle choral de Lille suggère que sa société puisse à cette occasion exécuter le Vivat des Flandres[2]. Le 2 avril, c'est au président du Syndicat de la presse quotidienne régionale du Nord et du Pas-de-Calais de demander au préfet de désigner les deux correspondants qui auront la possibilité de participer au déjeuner officiel, les membres du syndicat ne parvenant pas à se mettre d'accord[3]...

Quoi qu'il en soit, le programme de la visite se précise et le préfet en sera le maître de cérémonie[4]. Après un violent orage de grêle, l'avion royal atterrit à Lesquin à 11 h 15 sous un ciel bas et pluvieux : Eugène Thomas, élu du Nord et secrétaire d'État aux PTT, représentant à ce titre du chef de l'État et du Gouvernement, et Benedetti sont présents pour accueillir officiellement Elisabeth II et le prince d'Édimbourg. Une fois les hommages militaires rendus, le couple royal prend place dans une Rolls Royce escortée par un cortège de vingt DS 19. Le cortège file vers Lille où attendent des spahis à cheval. Sur la place de l'Hôtel-de-Ville, une foule compacte se presse pour assister à l'arrivée de la reine, accueillie sur le parvis de la mairie par le premier magistrat de la capitale des Flandres, Augustin Laurent. La réception n'excède pas une demi-heure, la reine salue les membres

1. Entretien avec François Benedetti, octobre 2012.

2. Courrier du président du Cercle choral de Lille, Archives départementales du Nord, 458 W 141.

3. Courrier du président du Syndicat de la presse quotidienne régionale du Nord et du Pas-de-Calais, Archives départementales du Nord, 458 W 141.

4. Programme de la visite officielle, Archives départementales du Nord, 458 W 141846

du conseil municipal et à 12 h 15, les personnalités se retrouvent pour une cérémonie de dépôt de gerbe au monument aux morts. À 12 h 30, la reine et le prince Philip arrivent à la préfecture. Odette Benedetti accueille, en s'inclinant, Elisabeth II ; puis c'est au tour de Jean de procéder à la présentation individuelle des principales personnalités conviées à la préfecture : le gouverneur du Hainaut, l'avant-dernier président du Conseil de la Troisième République Paul Reynaud, Maurice Schumann, le député-maire de Roubaix, le maire de Tourcoing et le directeur des filatures Prouvost, Albert Prouvost, sont parmi les quelques privilégiés qui saluent la reine. À 12 h 45, début du déjeuner : « Six tables rondes à sept couverts ; aucun invité ne tourne le dos à la reine. Le président de la table lui fait face. À l'issue du déjeuner, Vivat Flamand », indique le programme officiel[1].

À la table d'honneur où figurent entre autres Paul Raynaud et Maurice Schumann, la voix de la France Libre, la reine est encadrée par Eugène Thomas et Jean Benedetti pendant qu'Odette Benedetti est à la droite du prince Philip. À 14 h 15, après un menu composé d'un filet de sole, d'un caneton nantais, chambertin et de fraises à la crème[2], la délégation royale quitte la préfecture pour se rendre tout d'abord place du Général-de-Gaulle afin de visiter l'exposition florale qui se tient dans l'enceinte de la Bourse du commerce. La reine sous la statue de Napoléon y signe le livre d'or. On rejoint ensuite Roubaix pour y être reçu par le maire et se rendre au peignage et à la lainière des usines Prouvost. À 18 heures, le Viscount Royal décolle pour Londres, achevant la visite officielle.

Incontestablement, cette journée dans le Nord a conféré au tout premier voyage sur le sol français de la nouvelle reine une atmosphère de ferveur populaire digne des kermesses des Flandres. Dans un département qui garde encore vivaces les stigmates de la dernière guerre, le déplacement lillois réactive les solidarités combattantes à un moment où se surajoute pour les deux empires coloniaux l'épineuse gestion de leurs décolonisations. La presse locale se montre enthousiaste, relatant abondamment ce moment qui à l'échelle de la

1. Visite officielle de Sa Majesté Elisabeth II, Archives départementales du Nord, 458 W 141846.

2. Composition du menu offert à la Préfecture, Archives départementales du Nord, 458 W 141846.

région prend une dimension historique. Ainsi *La Voix du Nord* peut titrer : « Le Nord a fait aux souverains britanniques un accueil dont ils se souviendront » ; et en page intérieure de poursuivre dans la même veine : « L'inoubliable visite à Lille et à Roubaix ». Même tonalité dans *Nord Matin* : « Les populations de Lille et de Roubaix ont chaleureusement acclamé le couple royal », indique le journal qui observe plus loin dans ses colonnes : « Des milliers de Lillois se sont relayés là pour leur exprimer l'amitié qui unit notre région à l'Angleterre[1]. »

Tout juste avant de s'envoler pour Londres, la reine fait remettre au préfet, par l'intermédiaire de son ambassadeur, une lettre de remerciements[2] :

> « Monsieur Benedetti, préfet du département du Nord.
> Mon mari et moi avons été très heureux de notre visite dans le département du Nord et très touchés de l'accueil chaleureux que nous avons reçu des habitants de Lille, Roubaix, Tourcoing.
>
> Le Nord est étroitement lié à la Grande-Bretagne et je suis heureuse d'avoir, par ma présence aujourd'hui pu exprimer la reconnaissance de mes sujets pour la camaraderie et la bonté que les gens du Nord de la France ont eue à l'égard des troupes de Grande-Bretagne et du *Commonwealth* au cours des deux guerres mondiales.
> Veuillez exprimer mes remerciements sincères aux Maires et à tous les responsables de l'organisation pour notre visite.
> J'espère que cela aura servi à renforcer l'amitié de nos deux pays, amitié qui s'est manifestée de façon si frappante par la réception enthousiaste que nous ont réservée les gens du Nord de la France.
> Elisabeth R. »

Benedetti répercute immédiatement le courrier royal aux élus, aux services ayant concouru à la conduite de l'opération et à la presse. Succès réel, tant sur le plan de l'adhésion populaire que sur celui de l'organisation, la visite d'Elisabeth II contribue à nourrir la réputation du préfet et son aptitude à tenir son rang, c'est-à-dire à représenter l'État au plus haut niveau et dans toute circonstance. De

1. Coupures de presse, *La Voix du Nord* et *Nord Éclair*, 12 avril 1957, Archives départementales du Nord, 458 W 141846.
2. Archives départementales du Nord, 458 W 141846.

l'absence du président de la République à Lille, ne tire-t-il pas le meilleur profit pour la suite ? Avec prestance, il incarne la fonction et confère tout le lustre indispensable à la représentation de l'État. Il sait communiquer : voici un atout maître dans le jeu concurrentiel qui peut l'opposer à ceux de ses collègues partageant des visées identiques.

On imagine que Jean, bien que très à son aise dans ses habits d'IGAME de la deuxième région, pense à l'avenir. Peut-être se donne-t-il encore un peu de temps dans ce Nord qui, aussi éloigné soit-il de sa culture méditerranéenne, lui rend avec prodigalité et simplicité l'affection qu'il porte à cette région qui déjà, par deux fois et à quinze années de distance, le vit à l'œuvre. La ligne d'horizon parisienne reste en perspective, mais pour l'heure le poste est occupé par Pelletier.

Ce sont encore une fois, comme c'est souvent le cas, des événements d'une puissance insoupçonnable qui vont accélérer le destin. La Quatrième République n'en finit pas de mourir. La question algérienne taraude un régime dont les convulsions ne cessent de s'accroître au rythme de l'irrésolution de ses responsables et d'une instabilité gouvernementale chronique. Le soulèvement de 1958 à Alger va sonner le glas des institutions nées de l'après-guerre. Étrange destin que celui d'un homme qui voit les décombres de deux Républiques ériger le décor des grands tournants de sa carrière : l'effondrement dans la défaite de la Troisième avait présidé à l'entrée dans le tragique de l'histoire de ce caractère presque primesautier ; la chute de la Quatrième le confronte, lui, le préfet des Républiques d'assemblée, à servir désormais un homme qu'il respecte et admire sans doute mais dont certains choix ne correspondent pas toujours à sa sensibilité profonde. Indirectement, ironie d'une vie, l'Algérie presque natale le précipite sur l'orbite visée... Après que les Cuttoli, trente ans auparavant, l'ont aidé à mettre le pied à l'étrier préfectoral, cette fois les émeutiers du forum, des « agités » dont dans son for intérieur il doit observer avec circonspection les agissements, précipitent la mécanique qui, imprévisible, va faciliter ses plans...

Le retour du Général bouscule l'agenda. Pelletier nommé à l'intérieur en juin 1958, la Seine est désormais libre... Ils sont alors deux à pouvoir légitimement y prétendre. Dans le tournoi à fleurets mouchetés qu'ils engagent, Haas-Picart et Benedetti disposent de qualités différentes mais tous deux partagent le socle commun indispensable aux grands serviteurs de la France gaulliste : la connaissance fine de l'État et l'héritage de la résistance. Pressenti, Haas-Picart, son cadet, attendra son tour. Plus ancien dans la préfectorale, fort d'une relation permanente avec Pelletier dont il fut en 1940 le secrétaire général à Amiens, bénéficiant de l'intense *lobbying* effectué par son épouse, peut-être plus consensuel aux yeux du corps qu'un Haas-Picart à l'énergie parfois cassante, Jean Benedetti est nommé le 1er octobre 1958 préfet de la Seine et installé le 11 à l'Hôtel de Ville par son prédécesseur et désormais, autorité de tutelle. De Lille à Paris, la transition s'effectue en une semaine. L'accompagnent dans son nouveau poste, Maurice Gilles, et la fidèle Paulette Martin, toujours présents depuis les années 1940. Le premier sera son directeur-adjoint de cabinet, la seconde sa chef du secrétariat particulier. À ceux-ci viennent se joindre peu après un préfet et un sous-préfet. Le préfet, c'est Claude Massol, un homme dont il a fait la connaissance à Lille et qui fut son secrétaire général dans le Nord. Massol arrive du Lot pour diriger d'abord le cabinet, avant de devenir l'un des trois secrétaires généraux de la Préfecture. De Cahors, il a facilité les relations de Jean avec le président du Sénat, Gaston Monnerville, élu radical du Lot, alors suspicieux vis-à-vis de tout haut fonctionnaire désigné par le Général. Le sous-préfet, c'est David Massoni, un compatriote insulaire rencontré en Bretagne qui se chargera des affaires réservées, et principalement des dossiers corses. Un autre collaborateur « lillois », Paul Defay, complète le dispositif importé du Nord.

C'est un cabinet étoffé, de plus d'une cinquantaine de personnes, qui entoure le nouveau préfet. La machine administrative qu'il dirige est territorialement étendue, politiquement complexe puisqu'il fait office, par ses fonctions, d'exécutif de la capitale, et particulièrement exposée au regard de sa proximité avec le pouvoir central. Une différence notable néanmoins par rapport à ses attributions antérieures : il ne gère pas les questions de sécurité qui sont dévolues à la préfecture de police qui, quelques mois avant qu'il ne rejoigne Paris, dispose d'un nouveau titulaire en la personne de Maurice Papon, lequel a été nommé en mars 1958 par Jules Moch et s'est vu confirmé par Pelletier.

Ce sont cinq années que Jean Benedetti effectue à « la Seine ». Installé dans le plus vaste des bureaux de la République, il y déploie au sommet de sa carrière et de son art une très grande convivialité entre l'administration et les élus, favorisant un climat propice aux échanges et aux dialogues entre notables de couleurs opposées[1]. C'est bien le vieux fond de culture radicale qui s'exprime dans ces circonstances. Le préfet n'aura de cesse de rechercher le consensus entre les groupes politiques, s'efforçant d'aplanir les conflits ou à défaut d'éviter leur exacerbation. Son *leadership*, en aucun cas électoral, mais organiquement dévolu par la loi, il ne le conçoit qu'en enracinant sa légitimité dans la reconnaissance, lui l'autorité de l'État, que les élus peuvent lui accorder.

Dans cette enceinte d'un genre particulier que constitue l'Assemblée municipale, le préfet est un homme politique atypique, sans onction démocratique, mais qui doit composer avec la démocratie et principalement les notables. Il soigne ses relations avec les présidents successifs du conseil municipal avec lesquels il sera appelé à collaborer[2] mais également avec le Rapporteur général des finances de la ville, le bouillant Alain Griotteray. Mais au-delà, il parvient à élargir le cercle et sur tous les bancs son savoir-faire rencontre l'écho d'une adhésion certaine. Il est vrai aussi que fort d'une longue expérience avec le monde politique, il en connaît tous les codes et toutes les pratiques. D'une certaine manière son approche des relations publiques s'insère dans une démarche déjà très professionnelle pour son époque. L'un des artisans de ce professionnalisme est son épouse qui remplit auprès de lui le rôle d'une authentique directrice de la communication, même si dans ces années-là, la fonction n'existe pas encore. Car outre des qualités éminentes en matière de réception, Odette sait s'informer méticuleusement sur le parcours des multiples interlocuteurs de son mari[3]. À cette fin, elle met en œuvre un dispositif de fiches retraçant la trajectoire personnelle de chacun des acteurs susceptibles d'interagir à un moment ou un autre avec le préfet. Peut-être rien d'innovant en soi, mais le procédé traduit un sens du détail qui ne laisse que peu de place à l'improvisation : pour avancer, mieux vaut connaître son monde !

L'Hôtel de Ville est le centre d'une intense activité mondaine. L'usage de la réception permet d'affiner la gestion des relations politiques, tout en entretenant non sans faste le prestige d'une admi-

1. Entretien avec Jean Riolacci, mai 2012.
2. Entretien avec François Benedetti, septembre 2012.
3. *Ibid.*

nistration parisienne qui veille sur près de six millions d'habitants. Bel exemple de cette stratégie d'ouverture : la soirée que le préfet offre au printemps 1959 aux élus municipaux et départementaux. À la lecture de la presse, celle-ci a tout d'un événement digne du surintendant Fouquet, à une exception près néanmoins : le préfet dispose de toute latitude pour déployer les ors de la République afin de s'assurer la plus large adhésion possible du corps politique parisien. Le général est un ascète mais son régime ne « mégote » pas avec le prestige. Dans son édition du 17 juin, *Le Figaro* fournit la description prolixe d'une réception qui relève de la chronique politico-mondaine, tout en illustrant à sa manière l'œcuménisme brillant dont Benedetti se fait l'artisan :

> « De prime abord, j'ai cru rêver. La duchesse Edmée de La Rochefoucauld croquait un petit-four à quelques centimètres de M. Raymond Bossus. Un peu plus loin, M. Maurice Berlemont buvait une coupe de champagne à proximité de Cécile de Rothschild. Je n'étais pas le seul à être étonné, MM. Maurice Berlemont et Raymond Bossus étant des vedettes du Conseil municipal de Paris. Une fois remis, j'ai trouvé très bien que, pour la première fois, les élus d'extrême gauche aient accepté si démocratiquement de venir prendre leur place à l'occasion de cette réception à l'Hôtel de Ville dans l'éventail des invités du préfet de la Seine[1]. »

Et il est vrai que l'éventail s'ouvre amplement : de Gaston Monnerville à Maurice Genevoix, de Mme René Pleven à Mme Jacques de Lacretelle, de Pierre-Henri Teitgen aux ambassadeurs du Japon, d'Uruguay, de Grande-Bretagne ou de Suisse, sans oublier le Nonce apostolique en passant par Jules Romains et la styliste Germaine Lecomte dont on se demande si elle « avait raflé toutes les fleurs de la maison pour orner sa robe imprimée », tout un carrousel de personnalités des mondes politique, culturel, littéraire, diplomatique et plus généralement de la haute société parisienne défile dans les salons de la Préfecture. L'œil de Malaparte eut fait merveille pour saisir dans toutes ses nuances la magnificence du point d'orgue festif, mais non dénué de visées politiques, du règne préfectoral. Ce soir-là, on y célèbre tant les restaurations réussies du

1. *Ibid.*

patrimoine de l'Hôtel de Ville, qu'une atmosphère où se conjugue pour un temps une entente collective qui n'hésite pas au fil des conversations à emprunter les détours de l'anecdote poétique. En effet, en quelques mois seulement, la Préfecture, sous la houlette de ses nouveaux hôtes, a entrepris de nombreux travaux intérieurs et extérieurs. Ce que ne manque pas de souligner dans un style fleuri et admiratif le chroniqueur du *Figaro* :

> « Sur les murs crème fraîchement repeints, les magnifiques tapisseries ont retrouvé vie et luminosité. Sous l'effet d'éclairages savants, un éclat chaleureux, comme des vitraux d'église sous le plein soleil. Et c'est une heureuse idée que d'avoir aménagé un des étroits salons latéraux en galerie de peinture. Un Saint-Pierre-de-Montmartre signé d'Utrillo y a des voisins bien agréables à regarder, tel ce Saint-Étienne-du-Mont vu par Waroquier [...]. Le jardin, lui aussi, était tout égayé. Par de petites charrettes de pétunias et par des oiseaux. Des oiseaux bien vivants : perruches dans une volière toute neuve, rafraîchie par une pièce d'eau guère plus grande qu'un franc lourd, aras rutilants dans des cages blanches[1]... »

À grand renfort de décorateurs, d'artisans, de jardiniers et de corps de métiers divers et variés, l'Hôtel de Ville est rafraîchi, retrouvant les feux d'une histoire qui l'érige comme l'un des centres de la vie non seulement politique et administrative mais aussi mondaine et culturelle de la capitale.

Quoi qu'il en soit, l'ostentation de la mise en scène ne doit pas dissimuler l'essentiel. En ces temps de guerre d'Algérie et de déchirures encore violentes de la société politique, localement, le préfet fait tenir ensemble des sensibilités qui *a priori* se combattent. Mais le temps d'une soirée les élus communistes peuvent cohabiter avec la droite « mondaine ». Benedetti est un homme d'apaisement dont on loue, et jusqu'à l'extrême-gauche, le sens du compromis et l'urbanité. Lorsqu'il quitte la Seine en 1963, c'est le sénateur divers droite Julien Bruhnes qui se fend d'un mot au ministre de l'Intérieur, Roger Frey, pour se féliciter des années écoulées : « Je tiens à vous dire à quel point les élus de la Seine, comme moi, sont reconnaissants à notre ancien préfet, M. Benedetti dont les exceptionnelles

1. *Ibid.*

qualités, s'ajoutant à la cordialité, ont permis d'excellents rapports entre nous[1]. »

Mais son action, pour être pacificatrice politiquement et soucieuse de transcender les clivages, reste marquée par le travail administratif. C'est là l'essence du métier ; l'homme est d'abord un administrateur, au sens romain : il organise, gère et bâtit. Pour ce faire, il s'appuie sur ses quarante-trois mille agents, les fonctionnaires auxquels il ne cesse de rendre hommage. Management social du personnel qui, tout au long de son mandat, met en avant les vertus du dialogue. Les agents, les plus modestes notamment, louent l'humilité de Jean Benedetti, et lui octroient un brevet certain de popularité[2]. Dans le compte-rendu[3] qu'il rédige à l'issue des cinq années parisiennes, il insiste d'emblée sur la qualité de son administration, sans laquelle il n'eût pu conduire avec tant d'intensité son action :

> « S'agissant d'une Préfecture aussi vaste, toutes les réalisations exigent le concours, non seulement des hauts fonctionnaires à qui incombe plus directement la gestion des services, mais aussi, à quelque échelon qu'il se situe, d'un personnel appartenant à toutes les catégories administratives et techniques[4] ».

Les enjeux d'organisation tiennent une place importante dans l'action de l'administration préfectorale. Ils conduisent entre autres à réformer les services hospitaliers, médicaux et sociaux ainsi qu'à innover : on crée par exemple une direction de l'aide sociale à l'enfance et à la protection de la jeunesse. Les directions de l'architecture, de l'urbanisme et de l'habitation voient également leurs périmètres redessinés, leurs services décloisonnés et leurs attributions redéfinies. L'exercice des libertés municipales et départementales constitue un autre aspect, et non des moindres, du mandat qui couvre la période courant de 1958 à 1963. Un décret du 6 janvier 1961 va

---

1. Dossier de carrière, CAC, 19910794, art. 27.
2. Entretien avec Jean Riolacci, mai 2011.
3. *Cinq ans d'administration dans le département de la Seine : octobre 1958/octobre 1963. Un bilan, un témoignage*, Préfecture de la Seine, Imprimerie nationale, Hôtel de Ville, 1963. Que Mme Cattan-Rochat, responsable du service de la documentation de la Mairie de Paris, soit sincèrement remerciée pour m'avoir transmis avec diligence ce document.
4. *Ibid.*

desserrer l'étau, engageant un mouvement de libéralisation locale puisque désormais seront soumises à délibération toutes les matières sur lesquelles les Conseils municipaux et généraux n'étaient jusqu'à présent que consultés. Le décret rend aussi exécutoires d'elles-mêmes les délibérations. Dans le même esprit et afin de rendre plus efficace l'action des conseils, le Gouvernement allège sa tutelle sur les emprunts votés par les deux assemblées dont les délibérations étaient antérieurement soumises aux approbations respectives de l'Intérieur et des Finances, mais aussi à l'appréciation des organismes de crédit, qui ne se limitaient pas ainsi au seul exercice visant à déterminer le montant de l'emprunt. Le préfet peut dès lors légitimement se féliciter de cette réforme de structure :

> « Le vote d'un seul emprunt annuel d'équilibre pour chaque collectivité simplifia considérablement cette procédure. Mais le décret du 6 janvier 1961 rendit en outre exécutoires les délibérations concernant les emprunts contractés auprès des grands établissements de crédit [...]. »

L'évolution du cadre normatif vise à faciliter la planification des projets et des investissements, et à inscrire celle-ci dans la dynamique d'une politique plus globale, moins morcelée et moins soumise aux à-coups de la vie propre aux tutelles.

Abordant le champ des réalisations, Benedetti insiste tout d'abord sur le quotidien de son administration, livrant un panorama social du Paris du début des années 1960 :

> « En 1962, deux cents cinquante mille enfants ont été accueillis dans les écoles de la capitale, vingt mille malades ont été quotidiennement soignés dans les hôpitaux psychiatriques et le service d'aide à l'enfance a assumé la charge de trente-cinq mille enfants abandonnés ou moralement en danger.

> « Pendant cette même période, cent trois mille dossiers d'aide sociale ont été examinés, l'assistance sous toutes ses formes a exigé des crédits s'élevant à près de six cents cinquante millions. Sur un autre plan il a fallu chaque jour distribuer pour la seule ville de Paris un million de mètres cubes d'eau potable, cinq cents mille m^3 d'eau brute, entretenir deux mille km d'égouts, nettoyer mille cent trente-cinq km de chaussées, tout en enlevant deux mille huit cents tonnes d'ordures

ménagères, équiper les installations portuaires [...]. Indépendamment de ces activités essentielles, quoique souvent obscures [...], il a fallu faire face à l'accueil des rapatriés, combattre les méfaits des intempéries ou bien mettre en alerte l'opinion sur des problèmes importants comme la pollution atmosphérique, la propreté de Paris ou le logement des étudiants[1]. »

Cette vie quotidienne de l'administration des hommes et des choses sous le préfet Benedetti revêt un caractère social prononcé car le Paris de ces années, confronté dans certaines zones à des problèmes de sous-équipement majeurs, reste encore marqué par des stigmates d'indigence.

Il gère l'immédiat, l'urgence, la vie dans ses aspects les plus infinitésimaux. Formé pour une part à l'école de la guerre et de la pénurie, Jean Benedetti s'active, lui et ses collaborateurs, sur un terrain familier ; sa besogne est parfois celle d'un pompier qui s'efforce de réparer, de préserver, de secourir... Mais elle n'exclut pas une politique plus prospective, imaginative qui au demeurant ne s'avère pas contradictoire des aspects plus quotidiens de l'action préfectorale. Dans cette perspective, les chantiers s'enracinent autour de trois priorités : l'aménagement urbain qui consiste à « prévoir la cité future, adapter la cité actuelle aux besoins de ses habitants[2] » ; la réalisation et la fourniture des équipements techniques ; les actions hospitalières et médico-sociales.

La gestion du fait urbain est tout à la fois préparation de l'avenir et préservation du patrimoine. Les plans d'urbanisme ont vocation à dessiner la problématique du Paris de demain. Les services de la Préfecture contribuent au plan d'aménagement et d'organisation générale de la région parisienne, tout en impulsant le plan directeur de la Ville.

Acquisition foncière, destruction et rénovation d'îlots insalubres rythment la mécanique de transformation du tissu urbain qui s'accompagne aussi de décisions plus spectaculaires comme le transfert des halles centrales à Rungis ou d'initiatives qui modifieront en profondeur le visage de certains quartiers comme le périmètre du Maine-Montparnasse, notamment avec le lancement des premières études relatives à la future tour qui donnent lieu à de multiples polémiques.

1. *Ibid.*
2. *Ibid.*

S'il est un domaine auquel Benedetti attache, entre tous, une attention particulière, c'est celui de la préservation du patrimoine. Paris et son histoire préparent à ses yeux le Paris futur. Il renforce les aides financières afin que les propriétaires procèdent au ravalement des façades. Une première campagne est conduite sur les Champs-Élysées, les grands boulevards et la rue du Faubourg-Saint-Honoré. Le succès de cette première action pilote décide le préfet à lancer un plan quinquennal sur l'ensemble de la capitale. Dans la foulée, l'Hôtel de Ville est également ravalé. La sauvegarde du Paris historique s'inscrit dans cette démarche, et sous son administration, alors que la notion de secteur protégé n'a pas encore vu le jour. Les premiers hôtels particuliers du Marais (l'Hôtel de Sens, de Lamoignon, d'Aumont) sont restaurés en même temps que sont acquis ceux de Guénegaud, de Saint-Aignan, Sale, Libéral-Bruant et d'Herbonville. *De facto* sa politique de restauration et de rachat par la Ville prépare le sauvetage d'un quartier historique, menacé d'insalubrité : « Par une belle soirée du mois de juin 1960, écrit-il dans une petite brochure consacrée à l'illumination des façades qu'il soutient grâce au concours du Conseil municipal, le Marais est brusquement sorti de l'ombre [...]. Comme derrière un voile levé se révélaient à tous, au travers des restes d'une splendeur passée, la grandeur et la gloire d'une des plus harmonieuses parures de notre capitale[1]. » De ce point de vue, et sans trop se payer de mots, il peut être considéré comme le sauveteur de ce qui constitue aujourd'hui l'un des symboles du Paris « bobo et branché ». S'en doutait-il ?

Toute à la fois ville et département la préfecture est l'objet de jeux d'équilibres entre la capitale et la banlieue. À l'épreuve de la dynamique urbaine de sa région, le préfet se veut avant tout le garant d'un modèle social qui préserve l'individu. Le 14 novembre 1958 dans son premier rendez-vous avec les élus du conseil Général il se fait le chantre d'un développement harmonieux : « la position dominante occupée par la capitale doit nous conduire à veiller à l'avenir des communes suburbaines. Le progrès de l'expansion économique, le rayonnement sans cesse accru de Paris, nous impose un impératif fondamental : réaliser dans le domaine social un contrepoids humain au développement du machinisme industriel. La Seine ne doit pas devenir un immense groupement d'usine et de bureaux

1. *Lumières sur le Marais*, imprimerie municipale de l'Hôtel de Ville, 1961.

où l'homme se sente écrasé ». Dans l'élan des Trente Glorieuses, l'action de l'État consiste néanmoins à aménager la cité au regard des besoins suscités par la croissance. L'époque n'est pas à la crise mais à la satisfaction d'attente matérielle.

Au début des années 1960, la région parisienne est confrontée, comme de nombreuses grandes métropoles, à l'accroissement continu du nombre de ses habitants. Cette progression de la population, traduction de son attractivité économique, incite les pouvoirs publics à investir dans le renforcement de l'offre d'équipements techniques. La question de la voiture se pose déjà crûment, et l'époque, loin d'envisager le désengorgement automobile par des transports alternatifs, vise à absorber le flux de véhicules par une amélioration de la voirie. Les chiffres suffisent à illustrer la dimension de l'enjeu : entre 1959 et 1963, le nombre d'automobiles pour le seul département de la Seine a bondi de neuf cents cinquante mille à un million quatre cents mille[1]. Pour faire face au défi, on élargit les chaussées, on aménage des carrefours, on creuse des passages souterrains, on construit des voies nouvelles à grande circulation comme le périphérique, on ouvre les quais, on développe le potentiel de stationnement en lançant des concours pour la mise en place de nouveaux parkings. L'époque ne s'interroge pas alors sur le fait automobile qui est perçu encore comme irréversible. Croissance économique oblige, la voiture incarne l'émancipation, la liberté, l'individualisme consumériste. On ne se désintéresse pas pour autant des transports collectifs et publics : le réseau express régional est à l'étude ; la modernisation du métro se poursuit avec l'usage des pneumatiques, l'édification de nouvelles stations et l'accroissement des capacités de transport.

Conscient de sa dimension structurelle, la question de la circulation suppose aux yeux du préfet de la durée pour parvenir à une régulation optimale :

> « [...] que l'usager parfois légitimement impatient veuille bien songer un instant que depuis 1959 le parc automobile a, dans la Seine, augmenté de 50 % et que les difficultés de circulation ne se sont pas aggravées très sensiblement depuis cette époque. On le doit à un

1. *Cinq ans d'administration dans le département de la Seine. Octobre 1958-octobre 1963. Un bilan/un témoignage*. Préfecture de la Seine, imprimerie municipale, l'Hôtel de Ville, 1963.

effort considérable des services techniques. Dans ce laps de temps, pour la seule ville de Paris, huit cents millions de travaux ont été exécutés. Ces efforts se poursuivent mais leurs résultats ne s'apprécient pas tous dans l'immédiat. Certains se jugeant sur plusieurs années[1]. »

Ce sont bien les enjeux politiques modernes qui en pointillé se dessinent dès le début de ces années 1960. Les enjeux d'aujourd'hui s'objectivent déjà, qu'il s'agisse des transports mais aussi de la gestion de l'eau et des déchets. On assiste ainsi à la genèse de l'agenda politique à venir avec ses préoccupations de vie quotidienne, d'aménagements, de pollutions, etc. Mais persiste néanmoins à se poser le problème de l'accès pour tous et ininterrompu à certains biens collectifs, comme l'eau potable pour laquelle la distribution n'est pas exempte d'incidents. Afin d'écarter cette hypothèque, on procède à l'augmentation des ressources en eau par l'entremise de nouvelles adductions et des capacités de stockage par le biais de la modernisation des réservoirs. En banlieue, « où la marge de sécurité était plus faible encore[2] », le Syndicat des communes de la banlieue de Paris pour les eaux entreprend un programme d'amélioration des équipements, avec entre autres la construction de l'usine de Mery-sur-Oise. Parallèlement, des investissements importants sont engagés pour augmenter les réseaux d'égouts et créer de nouvelles stations de traitement de déchets.

Les dispositifs sociaux regroupant l'action hospitalière, médico-sociale et les mesures en direction de la jeunesse complètent l'action préfectorale, fortement marquée par la volonté de tout mettre en œuvre pour moderniser et acquérir de nouvelles infrastructures aptes à répondre aux besoins des administrés. Le changement d'échelles des enjeux, la complexité des solutions à mettre en œuvre, la division croissante du travail indissociable de l'extension des problèmes à résoudre annoncent les mutations du métier de préfet, et notamment du métier de préfet en région parisienne. La technicité croissante des défis à relever transforme les missions, exige un exercice beaucoup plus polycentrique du pouvoir tenant compte des collectivités, et *in fine* une déconcentration approfondie des moyens. L'âge d'or du paternalisme préfectoral s'efface pour laisser la place à une pro-

1. *Ibid.*
2. *Ibid.*

gressive dépolitisation de la fonction et à une technocratisation du profil. Quelque part, Benedetti, dernier préfet de la Seine de la Quatrième République et premier préfet de cette même Seine de la Cinquième, agit dans cet entre-deux ou incarnant le préfet type des régimes précédents, il assiste aux bouleversements, en les endossant mais sans délaisser son rôle politique, qui érige un nouveau modèle préfectoral auquel se conformera avec bonheur son successeur Haas-Picart dont l'heure va finir par sonner.

Le président du Conseil général, Georges Dardel, décerne à Jean la médaille d'or du département le 20 novembre 1963. L'événement est l'occasion de retracer sa carrière ses différents postes, sa guerre, le parcours d'un homme qui s'est consacré avec un plaisir évident à la préfectorale. Revenant sur son action à la Seine, l'élu salue un bilan qui a allégé la tutelle, autorisé un budget d'investissements premier acte fondateur d'une liberté locale en cours d'émergence, facilité de nombreuses réalisations.[1]

Cinq années à la préfecture de la Seine : il s'agit là d'une belle longévité. Bien sûr le régime naissant privilégie la stabilité sur les postes en vue. Mais Benedetti dispose d'une proximité avec de Gaulle qui explique aussi cette durée. Tout d'abord, Odette entretient une relation soutenue avec l'épouse du chef de l'État. On échange, notamment au sujet de problèmes d'attribution d'appartements. La Ville gère, en effet, un parc immobilier considérable. Mme de Gaulle transmet à Mme Benedetti des listes de personnes l'ayant saisi pour des questions de logements à Paris. Les dossiers sont traités entre le secrétariat particulier d'Odette, tenu par Geneviève Drouai, et la conseillère qui au cabinet est en charge des attributions prioritaires, Jacqueline Picaud. On active ainsi le contingent de logements sociaux ou du secteur libre appartenant à la SAGGI. Sur ce sujet, la correspondance est dense et précise. À plusieurs reprises, Yvonne de Gaulle saisi le préfet ou son épouse pour l'alerter sur des situations individuelles. Les lettres de la première dame de France, sont manuscrites, parfois sans en tête, ou avec la seule mention du 55 rue du Faubourg-Saint-Honoré. Elles interpellent le préfet sur des

1. Discours de Georges Dardel, Président du Conseil général de la Seine, à l'occasion de la remise de la médaille d'or du département à Jean Benedetti, octobre 1963.

« cas tragiques de familles non logées », de mutilés de guerre père de familles nombreuses, d'enfants handicapés dont les parents risquent de se retrouver à la rue. Ainsi le 13 avril 1959[1], Mme de Gaulle, préoccupée par les innombrables sollicitations dont elle est l'objet adresse à Benedetti un courrier accompagné d'un dossier exhaustif recensant les demandes de logements lui parvenant.

> « Cher Préfet,
> À ce jour et pour le premier trimestre 1959, 196 lettres suppliantes m'ont été adréssées pour l'obtention d'appartements. Je sais combien ce problème est difficile à résoudre et que les maisons ne surgissent pas de terre sous le coup d'une baguette magique. Mais si vous pouviez, disons une fois par mois, faire donner satisfaction à l'un de mes candidats – ce serait pour moi une vraie joie, et un motif de supporter plus allègrement les servitudes de ma situation...
> Avec confiance, je joins à cette lettre quelques-unes des demandes classées par ordre de préférence.
> Recevez cher préfet, l'expression de mes sentiments distingués.
> Y. de Gaulle »

Les correspondances, comme le révèlent les annotations préfectorales, sont traitées en urgence et les réponses de l'épouse du Général ne manquent jamais de saluer l'action diligente du préfet.

> « Chère Madame, le préfet m'a doublement gâté pour Noël, je vous demande de le lui dire avec mes remerciements recevez tous deux mes vœux et mes sentiments très sympathiques.
> Y. de Gaulle. »[2]

Les de Gaulle reçoivent également le couple à déjeuner ou à dîner, et ce plusieurs fois par an et en très petit comité. Le général suit de près les affaires de la Ville qu'il juge à plus d'un titre connexes de celle de l'État. Il s'informe directement auprès de son préfet, n'hésitant pas à s'économiser le filtre du ministre de l'Intérieur. Et Benedetti, se sentant suffisamment libre dans sa relation avec le chef

1. Courrier d'Yvonne de Gaulle au préfet de la Seine, 15 avril 1959, Archives familiales, François Benedetti.
2. Courrier d'Yvonne de Gaulle à Mme Benedetti décembre 1960 Archives François Benedetti.

de l'État, n'hésite pas à lui faire remonter tout aussi directement les émois d'un corps dont il préside aussi l'association. C'est notamment le cas quand son ancien collaborateur dans le Nord, puis à Paris, est démis de ses fonctions, sans autre forme de procès, à la suite de l'évasion d'un chef de l'OAS de la forteresse de l'île de Ré. Massol est alors préfet des Charentes-Maritimes et sa mise à pied, aussi rapide que brutale, émeut les membres du corps. Pressé par ses collègues mais aussi par amitié pour Massol, Benedetti demande audience auprès du Général qui accepte bien volontiers de le recevoir mais qui engageant l'entretien précise à son préfet qu'il considère que l'objet du rendez-vous – l'éviction – est un dossier clos. Autant dire que dans la bouche du chef de l'État le préalable n'appelle alors aucune contestation, ni complément d'explication. La décision prise est irrévocable et le général, comme si de rien n'était, poursuit la conversation en invitant Benedetti à lui parler des affaires de la ville...

Les rapports qu'il est parvenu à tisser avec le Général témoignent de l'estime et de la confiance que lui accorde ce dernier. Premier préfet en grade du régime, le lien avec de Gaulle lui garantit, nonobstant des tentatives de déstabilisation ou tout au moins d'érosion de sa position née au sein même du corps, le soutien indispensable à sa longévité.

C'est d'ailleurs le Général qui le 14 juillet 1960 lui remet aux Invalides les insignes de Grand Officier de la Légion d'Honneur, au cours d'une cérémonie où un compagnon de la Libération, le général Legenthilhomme, ancien commandant des Forces Françaises Libres au Soudan et en Érythrée, est élevé à la dignité de Grand-Croix.

Ses relations avec ses ministres de tutelles sont tout aussi excellentes, qu'il s'agisse de Pelletier qui l'a nommé, de Berthoin[1] ou de Chatenet[2]. Plus complexes avec Roger Frey[3] dont la personna-

1. Jean Berthoin (1895-1979) ancien préfet, résistant, membre du Conseil de la République, puis sénateur de l'Isère. Il occupera plusieurs postes de ministres, dont ceux de l'Éducation nationale et de l'Intérieur de janvier à mai 1959.

2. Pierre Chatenet (1917-1997) ancien membre du cabinet d'Alexandre Parodi, ministre du Travail à la Libération, il dirige la Fonction publique de 1954 à 1959 avant d'occuper plusieurs postes ministériels dont celui du ministère de l'Intérieur de 1959 à 1961.

3. Roger Frey (1913-1997), journaliste, il rejoint la France Libre dès 1940, adhère au RPF en 1947. Il est plusieurs fois ministre. Il assure à partir de 1974 la Présidence du Conseil constitutionnel.

lité lui échappe. Sous ce dernier, des manœuvres de déstabilisation commencent à se faire jour pour relancer Haas-Picard, en poste à Marseille et toujours en course pour Paris. Mais la présence au sein du cabinet de l'Intérieur d'un de ses proches, Claude De Peyron, marié à une parente de son village corse, semble avoir fluidifié la relation avec un ministre qu'il juge versatile et ambigu.

Les adieux à la Seine correspondent à d'autres adieux, plus déchirants ceux-là. Sachant son épouse en fin de vie, il prévient son ministre au printemps 1963 qu'il souhaite être déchargé de son poste. Dans la nuit du 23 septembre, à l'hôpital américain du Neuilly, celle qui depuis les années 1930 le suit, dans l'adversité ou la lumière, le conseille, et très souvent œuvre à ses promotions, s'éteint des suites d'un cancer de la peau, diagnostiqué trop tardivement. C'est l'ami Abraham Drucker, celui des temps lointains de la Normandie, qui ferme les yeux de la défunte. Le matin même Mme de Gaulle vient se recueillir devant la dépouille d'Odette. Parallèlement, dès 10 heures, un mot manuscrit du Général[1] arrive sur le bureau de Jean. Des lignes simples, chaleureuses, empreintes d'une référence religieuse spontanée qui ne dissimule rien des convictions chrétiennes de son auteur :

> « Mon cher Président,
> Du fond du cœur je prends part à votre si grand chagrin. Et vous savez que ma femme s'unit à mes sentiments. Mme Benedetti était une noble femme dont nous ne perdrons certainement pas le souvenir. Que Dieu, maintenant, l'ait en sa garde ! Pour vous-même, mon cher Préfet, pour vos enfants, l'assurance de notre sympathie profonde et bien dévouée. »

La lettre est à en tête du général de Gaulle, et non de l'Élysée. C'est bien l'homme privé et non le chef de l'État qui manifeste ainsi sa compassion. Tout se passe comme si la grandeur se mesurait à la simplicité. De Gaulle dans ce geste exprime, loin de toute froideur, une proximité toute humaine pour l'un de ses grands serviteurs.

Ce dernier, brisé par cette disparition prématurée, s'éloigne de la préfectorale à laquelle il a consacré plus de trente années de son existence professionnelle. À 61 ans, veuf, père de deux enfants, la

1. Archives familiales, François Benedetti.

voie qui s'ouvre à lui laisse place à diverses hypothèses, mais c'est encore une fois le service de l'État qui l'appelle. De Gaulle envisage sa nomination comme ministre résident à Monaco, un fauteuil doré pour une fin de carrière que son collègue et ami Pelletier a occupé. Il décline, arguant que cette fonction, toute en représentation et si peu en exécution, exige la présence d'une épouse à ses côtés. Peut-être pense-t-on finalement que ses talents de négociateur peuvent se révéler plus utiles dans des milieux bien autrement opérationnels qu'une principauté sise sur un rocher au bord de la Méditerranée. Il est alors pressenti pour prendre la présidence d'EDF et sa nomination est imminente, quand le destin en décide autrement. À l'été 1963, le président des Charbonnages de France, Alexandre Verrey, périt dans un accident de la route. Les mines ont connu de mars à avril un conflit d'une longueur exceptionnelle. Le mouvement, largement soutenu par l'opinion qui se mobilise pour aider les mineurs en envoyant argent et marchandises mais aussi par des réseaux étrangers qui fournissent aux grévistes des moyens matériels et financiers, surprend par son ampleur. Le Gouvernement décrète début mars la réquisition du personnel. Afin de panser les plaies et de préparer les adaptations des houillères à un nouveau contexte de production, le pouvoir cherche un homme de compromis, habile négociateur, et familier quelque peu du secteur. C'est presque naturellement que le choix se porte sur Jean Benedetti dont la longue expérience et la connaissance du Nord minier constituent de précieux atouts. Reçu par de Gaulle, ce dernier lui fixe une feuille de route comprenant deux objectifs : apaiser le climat social et préparer la réduction de production de charbon en France. Le Général insiste pour que ce traitement dont il mesure le caractère singulièrement délicat se fasse humainement[1]. C'est à cette tâche qu'il s'attellera d'octobre 1963 jusqu'à la fin de 1968, secondé par un jeune directeur-général tout à la fois polytechnicien et mineur, Jean-Claude Achille. Il y travaille également avec l'un de ses collègues préfet, alors directeur de cabinet d'Olivier Guichard, ministre de l'Industrie : Paul Camous.

Les années aux Charbonnages, qui lui font dire parfois sur le mode de la plaisanterie qu'il est le premier mineur de France[2], n'excluent pas d'autres sollicitations plus politiques. Ainsi n'a-t-il pas la surprise

1. Entretien avec François Benedetti, septembre 2012.
2. Entretien avec Charles-Louis Foulon, novembre 2011.

de voir un jour l'un de ses vieux amis parlementaires, député de Saint-Mandé, Robert André-Vivien[1], venir lui faire une proposition inattendue. Pourquoi ne présenterait-il pas sa candidature lors du renouvellement sénatorial de 1968 incluant les sièges parisiens, pour ensuite diriger le groupe gaulliste au Palais du Luxembourg ? On pense à lui et André-Vivien est le messager. L'élection constituerait une formalité pour un homme qui cinq années durant a œuvré au cœur du Paris des élus et des notables. Sa présence aurait en outre un formidable effet d'entraînement pour les autres candidats de droite qu'il a tous côtoyés de près. Lui, dont le sens politique fut rarement pris en défaut, va refuser, estimant qu'il manque de ruse et de savoir-faire pour conduire un groupe politique. Il se considère comme « insuffisamment retors[2] », selon ses termes, pour s'acquitter d'une telle mission. Aveu étonnant venant d'un homme qui a mené sa vie d'une manière si politique mais qui pour être un acteur du pouvoir se méfie des combinaisons politiciennes. Comment distinguer ce qui, dans cette prévention, revient à l'expérience du haut fonctionnaire qui a assisté *in vivo* à l'effondrement des classes politiques de deux régimes, et ce qui revient à un caractère qui, longtemps forgé dans le cadre de l'aristocratie d'État, observe avec défiance les jeux électoraux ? Mystère d'une conduite qui au seuil d'entrer dans une nouvelle voie décline une sollicitation qui, au vu de son parcours, n'a rien d'inédite et peut même se concevoir comme le prolongement naturel d'une carrière toute tournée vers la chose publique. Jean n'a pas la vocation, au sens que lui confère Max Weber[3], du politique. Les incertitudes du suffrage universel, même indirectes et forcement notabiliaires, ne l'inspirent pas[4]. Il ne sera pas sénateur, et désormais préférera cultiver son jardin. Un décret du 28 avril 1967 lui a accordé l'honorariat dans le grade de préfet[5]. En février 1969, il est fait président honoraire des Charbonnages de France[6]. Le grand commis a bien servi. Peut-être se dit-il que c'est mieux ainsi.

---

1. Robert André-Vivien (1923-1995), ancien FFI, député-maire de Saint-Mandé.
2. Entretien avec François Benedetti, septembre 2012.
3. *Le Savant et le politique*, Max Weber. Plon, 1959.
4. Entretien avec François Benedetti, septembre 2012.
5. Dossier de carrière, CAC, 19910794, art. 27.
6. *Ibid.*

Conclusion

Les dernières années de Jean Benedetti s'écoulent dans son appartement de la ville de Paris, rue du Pont-Louis-Philippe, au cœur de ce Marais qu'il contribua, l'un des premiers, à réhabiliter. Auprès de sa seconde épouse, Stella, il se consacre à ses enfants et petits-enfants, partageant son existence entre le domicile parisien chargé de souvenirs, le mas des Pyrénées et la villa des Tilleuls en Corse où il retrouve, rituel familial immuable, les cousins Salini. Si elle ne rentre pas dans notre propos, cette histoire de l'homme privé avec ses nuances, ses protagonistes, ses contextes, au scalpel de l'écriture, pourrait offrir un beau récit, celui du soir qui approche à pas de loup au cœur d'une vie consacrée au service de l'État. Jean n'a jamais, tout au long de sa carrière, oublié sa famille. Il y avait en lui cette veine méditerranéenne qui en faisait, là où il était, un protecteur bienveillant et attentionné pour les siens, qu'ils soient parents, enfants, neveux, cousins... Quand une partie de cette famille à partir de 1962 doit d'Algérie regagner la métropole, il est là pour amortir le choc du déracinement, accueillir, héberger, aider à trouver un emploi aux uns et aux autres. Le haut fonctionnaire gaulliste, qui regarde en silence le drame algérien se dénouer dans une atmosphère de guerre civile et d'abandon, garde sa réserve mais n'en pense pas moins... Il a appris la pudeur des grands serviteurs qui savent souffrir en silence.

De loin en loin, mais toujours avisé, il suit cette scène politique à laquelle *in fine* il se refusa. En 1974, par fidélité, il vote Chaban-Delmas lors du premier tour de l'élection présidentielle et choisit ensuite Giscard qu'il préfère à Mitterrand, voyant en celui-ci un aventurier. La décision de Valéry Giscard d'Estaing de procéder à l'élection au suffrage universel du maire de Paris, si elle ne le choque pas, est à ses yeux une erreur politique qui se retournera contre son initiateur. Ne dit-il pas que Paris est un État dans l'État ? Le côté « chien fou » de Jacques Chirac l'inquiète. Voilà, tout ceci est une autre époque et peut-être faut-il comprendre que désormais le mouvement du monde n'est plus tout à fait à son rythme, bien que la bienveillance ironique soit toujours à l'œuvre dans son regard.

Est-ce un effet de l'heureuse providence qui toute une vie fut la sienne ? Il s'éteint à 79 ans entre les deux tours de l'élection présidentielle de 1981 ; de la sorte il ne saura rien de l'accession de François Mitterrand à l'Élysée, pour lequel encore une fois son estime demeure mesurée. Il ne verra rien non plus des démêlés judiciaires de son ancien collègue Maurice Papon, et tout laisse à penser qu'il n'eût pas apprécié cette justice sacrificielle, plusieurs décennies après les faits. Lui qui sans le savoir fut de ces justes inconnus n'était-il pas prêt à toutes les indulgences, de ces indulgences qui abritent l'histoire vécue et non pas l'histoire reçue ?

Il a connu la guerre et la paix, la France et l'Algérie, le monde d'avant 1914 et la société de l'entre-deux-guerres tour à tour soulagée, frénétique dans ses années 1920, nerveuse par la suite et courant à l'abîme. Sous l'Occupation, entre chien et loup, peut-être n'a-t-il pas dit tout de suite oui à la rébellion, mais dès le début au moins a-t-il su dire non à la soumission et à l'inacceptable. Toute la question consiste à savoir s'il fut une rare exception au comportement moyen de la haute administration. Sans doute d'autres monographies plus approfondies permettraient-elles d'aller au-delà du brouillard qui continue de perturber notre visibilité sur une période qui n'en finit pas de susciter le trouble, les jugements péremptoires et les certitudes tranchantes.

Homme de réseaux mais sans être franc-maçon, républicain sincère mais dépourvu de tout dogmatisme, haut fonctionnaire issu du sérail mais se défiant de tout esprit de caste, conscient de ses responsabilités mais sans arrogance : ainsi se dessine le portrait d'un homme qui jamais ne se départit d'un regard ironique sur l'existence, les individus et les situations. Sa part d'histoire se construit à travers toutes les contradictions des époques propres à l'étendue d'une vie : les colonies, la Troisième République, le Front populaire, la guerre, l'Occupation, Vichy, la déportation, la Libération, la Quatrième puis la Cinquième République…

À l'instar des hommes de sa génération, il traverse un monde entraîné par des bouleversements souvent immenses, jamais paisibles, toujours marqués par l'incertitude et le conflit. Là ou d'autres n'évitent pas les chausse-trappes, s'embourbent, ou subissent de plein fouet les événements, lui semble se faufiler, parvenant parfois avec chance, souvent avec astuce à poursuivre son chemin. Pour être pragmatique, il n'est pas opportuniste, sachant démêler – ce que sa conduite durant la guerre illustre par des actes toujours mûrement réfléchis et empreints d'humanité – ce que le calcul ne doit pas concéder à l'inacceptable. Au contraire, il sait s'opposer quand sa morale réprouve des gestes qu'il juge contraire à ses valeurs. C'est une constante qu'entre les hommes et le système, sa pente naturelle consiste à choisir les premiers contre le second. Il domine les routines, les peurs, les lâchetés induites par les applications automatiques de la norme du moment. C'est en un mot un homme suffisamment libre pour transgresser quand il le juge nécessaire et indispensable. Il le fait à sa manière, usant de toutes les ficelles de la ruse, triturant avec duplicité même les apparences. Au grand jeu de ces dernières, il manie les illusions, joue en permanence de ses relations, et sait se dissimuler sous les feintes de la cordialité, de la courtoisie et du sourire. Une prudence de félin en quelque sorte, mais des audaces qui surgissent quand il le faut. Pour être loyal, il n'est pas servile. Les combinaisons multiples de son existence privilégient toujours le facteur humain au détriment de l'ordre établi. S'il est une leçon que sa vie délivre, n'est-ce pas ce soin justement qu'il apporte à se déprendre des rigidités institutionnelles ou formelles au profit de l'individu ?

Ce n'est pas une posture, mais l'expression profonde de sa conviction. Cet ambitieux n'est pas froid. Ce calculateur n'est pas cynique, ce grand commis n'est pas formel. Il se refuse à une exécution abstraite de l'autorité, laissant libre cours à son libre arbitre et à l'autonomie que celui-ci implique. Entre la mécanique du pouvoir et les hommes, entre le texte et l'administré il concède une place à l'interprétation, à l'intelligence humaine et relationnelle, à la souplesse d'une partition propre. Il ne le dit jamais aussi bien que lorsqu'il livre sa vision devant des élus, caisses de résonance de son empirisme préfectoral :

> « Les lois et les règlements ne valent [...] que par l'esprit avec lequel ils sont appliqués, et, dans ce pays qui a si souvent combattu pour le respect de la dignité de l'homme, rien ne paraîtrait plus odieux que l'exercice rigide et implacable d'une administration anonyme et insensible à la personnalité de l'être. »

Force des mots et des adjectifs pour un être tout en modération. Il sait rester un homme avant d'être une fonction et vraisemblablement faut-il saisir dans cette disposition permanente la clef de son comportement sous l'Occupation. Le préfet n'aura jamais abdiqué son humanité parce qu'il pensait sans doute qu'aucun service, y compris celui de l'État, ne saurait justifier cet abandon.

Sources

I. Archives publiques

A) Archives nationales

CARAN
3AG/2
AJ 40/540(1)
AJ 40/545
72 AJ/35
72 AJ/66
F1b1(1930)
F1b1(1092)

CAC
19910794, art. 27 : dossier de carrière de Jean Benedetti
19770346 (photographies prestation serment préfets)
19800035/577 : dossier Odette Benedetti

B) Archives de la Préfecture de Police

EA 166(XIV) : dossier de Jean Benedetti, préfet de la Seine

C) Archives départementales

Les sources consultées aux archives départementales sont de trois types : les rapports rédigés par le préfet sur la vie politique et économique de son pays. Les dossiers de carrière de Jean Benedetti. Enfin, toutes les sources policières sur la vie du département.

Archives départementales du Calvados

AM 51
Z2851
Z2850
Z2859
Z2808

Archives départementales de la Côte-d'Or

1189W178	1189W142
160W266	1189W147
1189W143	1189W146
1189W145	1630W382
1189W144	

Archives départementales de l'Hérault

2W612	1000W108
18W27	1000W119
18W18-1	1000W316
91J15	1000W3322
999W131	1000W art. 9
1000W102	1000W art. 10
1000W74	1000W art. 27

Archives départementales du Nord

459W142093	700W20 (1957)
458W141889	700W21 (1958)
458W141846	1W1130
458W141847	1W1560
458W141848	1W1590
700W17 (1955)	458W141905
700W18 (1956)	1010W139
700W19 (1956)	

Archives départementales de Vaucluse

3W20	4W3686
3W28	6W33
3W29	6W37
3W110	22W3
3W113	24W3
3W115	24W4
4W3311	238W34

Archives départementalesd'Ille-et-Vilaine

1065W36	1514W21
1514W20	511W17

II. Archives familiales François Benedetti

Bibliographie

Éric ALARY, *La Ligne de démarcation*, Perrin, 2003.
Robert ARON, *Les Grands Dossiers de l'histoire contemporaine*, Perrin, 1962.
Aimé AUTRAND, *Le Département du Vaucluse, de la défaite à la Libération, mars 1940-25 août 1944*, Aubanel, 1965.
Jean-Pierre AZEMA et François BEDARIDA, *Vichy et les Français*, Fayard, 1992.
Jean-Pierre AZEMA (dir.), *Jean Moulin face à l'histoire*, Champ Flammarion, 2000.
Jean-Pierre AZEMA, Olivier WIEVIORKA, *Vichy 1940-1944*, Perrin, 2004.
René BARGETON, *Dictionnaire biographique des préfets, septembre 1820-mai 1992*, Archives nationales, 1982.
Marc-Olivier BARUCH, *Servir l'État français*, Fayard, 1997.
Marc-Olivier BARUCH (dir.), *Une poignée de misérables*, Fayard, 2003.
Emmanuel BERL, *La Fin de la IIIe République*, Gallimard, 1968.
Marc BLOCH, *L'Étrange défaite*, Gallimard, 1990.
Philippe BOEGNER, *Carnet du Pasteur Boegner*, Fayard, 1992.
Gérard BOULADOU, *L'Hérault dans la résistance, 1940-1944*, Lacour-Ollé, 1999.
Claude BOURDET, *L'Aventure incertaine*, Stock, 1975.
Philippe BURIN, *La France à l'heure allemande*, Seuil, 1995.
Centre de documentation juive contemporaine, *L'Activité des organisations juives en France pendant l'occupation, 1940-1944*, Édition du Centre, 1947.
Daniel CORDIER, *Alias Caracalla*, Gallimard, 2002.
Simone de LATTRE, *Jean de Lattre, mon mari*, Perrin, 1970.
Anatole de MONZIE, *Ci-devant*, Flammarion, 1941.
Jean DUTOURD, *Au bon beurre*, L'École des loisirs, 2008.
Laurent DOUZOU, *La Résistance française : une histoire périlleuse*, Seuil, 2005.
Charles-Louis FOULON, *Le Pouvoir en province à la Libération*, FNSP-Armand Colin, 1975.
Michaël IANCU, *Spoliation, déportation, résistance des juifs à Montpellier et dans l'Hérault*, Édition A. Barthélemy, 2000.
Michaël IANCU, *Vichy et les juifs. L'exemple de l'Hérault (1940-1944)*, Presses Universitaires de la Méditerranée, 2007.
Pascal JARDIN, *La Guerre à 9 ans*, Grasset, 2003.

Pascal JARDIN, *Le Nain jaune*, Julliard, 1997.
Pierre LABORIE, *L'Opinion française sous Vichy*, Seuil, 2001.
Pierre LABORIE, *Les Français des années troubles*, Seuil, 2003.
Pierre LABORIE, *Le Chagrin et le venin*, Bayard, 2011.
Irène NEMIROVSKY, *Suite Française*, Denoël, 2010.
Pierre NICOLLE, *Cinquante mois d'armistice, Vichy 2 juillet 1940-26 août 1944. Journal d'un témoin*, André Bonne, 1948.
Henri NOGUERES (en collaboration avec Manel DEGLIAME-FOUCHE et Jean-Louis VIGIER), *Histoire de la Résistance en France*, Robert Laffont, 1967.
Pascal ORY, *Les Collaborateurs*, Seuil, 1976.
Robert O. PAXTON, *La France de Vichy, 1940-1944*, Seuil, 1997.
Robert O. PAXTON et Michaël MARRUS, *Vichy et les juifs*, Calmann-Levy, 1981.
Émile PELLETIER, *Traversée d'une époque*, Chez Émile Pelletier, 1974.
François ROUQUET, *Une épuration ordinaire (1944-1949)*, CNRS Éditions, 2011.
Éric ROUSSEL, *Le Naufrage*, Gallimard, 2009.
Henry ROUSSO, *Un château en Allemagne : Sigmaringen 1944-1945*, Fayard, 2010.
Henry ROUSSO, *Le symptôme de Vichy de 1944 à nos jours*, Seuil, 1990.
Pierre-Henri TEITGEN, *Faites entrer le témoin suivant, 1940-1998 : de la Résistance à la Ve République*, Ouest-France, 1988.
Joseph WEILL, *Le Combat d'un juste*, Cheminements, 2002.
Ludwig WITTGENSTEIN, *Tractacus logico-philosophicus*, Gallimard, 1961.
Limore YAGIL, *Chrétiens et juifs sous Vichy (1940-1944)*, Cerf, 2005.
Limore YAGIL, *La France, terre de refuge et de désobéissance civile (1936-1944). Exemple du sauvetage des juifs*, Cerf, 2010.
Sabine ZLATIN, *Mémoires de la Dame d'Izieu,* Gallimard, 1992.

Remerciements

Remercier c'est dire sa dette. Celle-ci est élevée, tant ce livre fut aussi une aventure collective. J'ai en effet beaucoup sollicité, rencontre, écouté. À l'origine de ce projet il me faut d'abord citer Jean-François Colosimo qui m'a non seulement accompagné par ses conseils et son attention toujours amicale mais a cru dès le départ à la force d'une recherche à laquelle il insuffla la touche très personnelle qui parfois peut s'en dégager, voire surprendre. Jacques Baudouin et Grégoire Kauffmann m'ont entouré de leur patience, immense, de leurs précieuses observations et de l'élégance toujours avisée de leurs commentaires. J'ai déjà dit ce que ce travail devait à Aude Chamouard. Sans elle, et ce n'est pas se payer de mots, ce travail eût été impossible. Ses questionnements toujours précis, sa méticulosité professionnelle ont évité bien des impasses et résolu bien des énigmes.

François Benedetti m'a non seulement ouvert ses dossiers, livré ses souvenirs, fait part de ses interrogations, mais il m'a encouragé, stimulant soudainement par une subite réminiscence une piste nouvelle, une découverte inattendue, un regard inédit. Nos conversations, nombreuses et informelles, ont nourri ce livre. Délaissant nos représentations inévitablement affectives, nous avons partagé cette même soif de comprendre, quitte à entrer parfois en contradiction avec les mémoires familiales.

À plusieurs reprises, Marc-Olivier Baruch m'a éclairé de son immense érudition sur la haute administration française sous Vichy. Au regard de l'acuité de son analyse, sans doute ce travail lui paraîtra-t-il bien imparfait mais à tout le moins dois-je lui dire toute ma reconnaissance pour la part qu'il prit dans cette enquête. Charles-Louis Foulon, trente ans après son maître-ouvrage sur les Commissaires de la République, m'a permis d'accéder à ses notes. Ses souvenirs d'entretiens avec Jean Benedetti ont conservé une fraîcheur teintée d'humour ; son éclairage sur la libération a constitué un viatique incomparable pour recontextualiser la période. Il m'a offert aussi ce privilège rare de m'entretenir, quelques mois avant sa disparition, avec Raymond Aubrac qui, avec clarté et simplicité, m'a rappelé les conditions d'exercice de la fonction de commissaire tout en évoquant les facettes les plus saillantes de son collègue et ami Jean Mairey. Katy Hazan a retracé pour moi les diverses modalités de sauvetage des enfants, le rôle de l'OSE et son articulation avec la préfecture de Montpellier. Ses analyses m'ont permis de mieux appréhender les mécanismes de résistance civile à l'occupation. Les passages consacrés à la protection des enfants sont redevables de ses propres recherches. Anne Castillo m'a ouvert des portes précieuses dont celle de Paul Niederman, rescapé de cette période sombre. Tous deux, la première par sa passion à perpétuer la mémoire des enfants, le second par la dynamique propre d'un témoignage exceptionnel, ont contribué à enrichir ce travail. Jean Fridrici m'a facilité l'accès aux archives de son père, Roger. Grâce à lui, et à ses souvenirs, matière m'a été fournie afin de mieux cerner le fonctionnement souterrain et souvent atypique de la préfecture de l'Hérault entre 1941 et 1943. Jean-Gabriel Parly a favorisé ma rencontre avec le dernier acteur vivant du cabinet du maréchal Pétain. Paul Racine, alors jeune secrétaire du Dr Menetrel, m'a relaté non sans talent l'atmosphère conflictuelle régnant à Vichy et les jeux d'influences multiples dont l'Hôtel du Parc était l'objet. Le complice Philippe Reiller a suivi avec une attention constante mes démarches, m'aidant de manière insoupçonnée dans l'identification de plusieurs témoins – et œuvrant à l'accomplissement de « trouvailles » inédites. Paul Camous m'a écouté, offert des angles de compréhension originaux et fourni en quelques traits lumineux un portrait psychologique acéré du préfet Benedetti. Sa bienveillance fut un réconfort, sa vivacité un bonheur, sa culture une source d'émerveillement. Jean Riolacci a procuré les clefs indispensables pour saisir la complexité de la préfecture de la Seine entre 1958 et 1963 ; son expérience a dessiné des voies fécondes pour une compréhension avisée des enjeux de ces cinq années. Puisant dans ses souvenirs d'enfance, avec un sens précis du récit, Elisabeth Antebi a dit avec une simplicité toute féminine ce qu'une vie, par-delà les seules contingences professionnelles, pouvait devoir aussi au culte de l'amitié. André Marbach et François Vuillemin ont souvent été mes premiers lecteurs, tempérant mes élans, et m'incitant à corriger des versions intermédiaires. Enfin Françoise Gaillard, Véronique Toula et Coralie Baud ont subi sans broncher l'épreuve du déchiffrage d'une écriture difficile et des remises à plat successives d'un manuscrit plusieurs fois recommencé.

Table des matières

Composé par Nord Compo Multimédia
7, rue de Fives, 59650 Villeneuve-d'Ascq

Achevé d'imprimer en décembre 2012
sur les presses de la Nouvelle Imprimerie Laballery
58500 Clamecy
Dépôt légal : décembre 2012
N° d'impression : 212032

Imprimé en France

La Nouvelle Imprimerie Laballery est titulaire de la marque Imprim'Vert®